박옥수, 이요한, 유병언의
구원파를 왜 이단이라 하는가?

죠이선교회는 예수님을 첫째로(Jesus First)
이웃을 둘째로(Othrs Second)
나 자신을 마지막으로(You Third) 둘 때
참 기쁨(JOY)이 있다는 죠이정신(JOY Spirit)을 토대로
하나님 나라의 확장을 위해 지역교회와 협력, 보완하는
선교단체로서 지상명령을 성취한다는 사명으로 일합니다.

죠이선교회출판부는 그리스도를 대신한 사신으로
문서를 통한 지상명령 성취와 하나님 나라 확장을 위해 노력합니다.

판권 ⓒ 2004, 2010 정동섭, 이영애

박옥수, 이요한, 유병언의
구원파를 왜 이단이라 하는가?

정동섭, 이영애 지음

추천사 정통 교회를 이단에서 지키려는 일념으로 고 옥한흠 목사 외 8인 **6**

머리말 무너지는 가정을 구하는 사명으로 **11**

1. 이단에서 정통으로 돌아오기까지 : 나의 자전적 고백 **16**

2. SOS! 이단에 빠진 사람들 **80**

엄마를 이단에서 구해 주세요 80 | 여자친구를 바른 길로 인도하고 싶어요 82 | 남편이 구원파에 빠졌어요 83 | 이성친구가 다니는 교회가 이상해요 84 | 구원 공포증으로 잠을 이루지 못하고 있어요 86 | 제 여동생이기에 포기할 수 없어요 87 | 구원파 교회에 실망하고 정통 교회로 돌아오다 89

3. 구원파로 고통 받는 이들에게 희망을 **98**

이단이란 무엇인가? 99 | 이단과 이교는 어떻게 다른가? 101 | 성경은 이단에 대해 무엇을 가르치고 있는가? 102 | 왜 기독교에는 사이비와 이단이 그렇게 많은가? 105 | 어떤 사람들이 이단 교주가 되는가? 109 | 이단에 미혹되는 사람은 어떤 사람들인가? 111 | 이단에는 어떤 종류가 있는가? 112 | 구원파는 어떤 집단인가? 114 | 정통교단에서 구원파를 이단으로 규정한 이유는 무엇인가? 129 | 이단과 정통은 큰 그림에서 어떻게 다른 모습을 보이는가? 133 | 구원파 지도자들은 성경을 하나님의 말씀으로 믿고 설교하는데, 왜 이단이라 하는가? 134 | 죄 사함, 거듭남의 비밀을 깨달으면 의인이 되어 회개하지 않아도 된다는 가르침은 무엇이 잘못되었는가? 138 | 한 번 죄 사함을 깨닫고 용서 받은 후 다시 회개하고 용서 받아야 하는가? 153 | 구원 받은 날짜를 대야 한다는 것이 왜 잘못인가? 160 | 한국 개신교회는 왜 박옥수를 포함한 구원파의 세 계파를 모두 이단이라고 규정했는가? 166 | 기독교복음침례회, 속칭 구원파가 가르치는 교리의 핵심은 무엇인가? 168 | 원조 구원파는 기도, 예배, 교회, 종말에 대한 가르침이 어떻게 잘못되었는가? 178 | 구원파는 결국 이단이다 200

Contents 차례

4. 구원 확신의 우물에 빠진 이들에게 : 상담 사례를 중심으로 208

구원파에 빠진 남편에게 이혼당했어요 210 | 구원파 교인들이 구원파 교회에 오라고 강요해 212 | 내가 받은 구원, 진짜 구원인가? 214 | 구원파 집회에 참석했다가 협박 분위기에 상처받아 217 | 구원파를 탈퇴하기까지 부부 싸움과 갈등 자주 겪어 220 | 구원 확신 후 깨달으라고 하는데, 저절로 깨달아지는가? 224 | 아들이 구원파에 나가더니 가족과 대화 단절돼 225 | 가정주부가 집안일 뒤로하고 자녀 데리고 가출해 230 | 이방인과 더 이상 살 수 없다면서 이혼을 강요해 231 | 구원 받은 사람이면 결혼에 학벌이 문제가 되나? 233 | 교인 집에 가서 테이프만 듣고 오는 것이 예배인가? 233 | '죄 사함, 거듭남의 비밀'은 더 이상 비밀이 아니다 235

5. 이단 분별과 대처 240

성경은 이단에 대해 무엇을 말하고 있는가? 240 | 어떻게 이단을 분별할 수 있는가? 243 | 이단은 추종자를 어떻게 세뇌시키는가? 255 | 우리는 이단에 어떻게 대처해야 하는가? 263

부록 276

문제성 종교의 폐해와 극복 방안 276 | A Psycho-theological Critique of the Salvation Sect's View of Conversion(구원파의 회심관에 대한 심리신학적 비판) 301 | None Dare Call It Heresy! 319 | 감리교 목사의 객관적 증언 330

추천사

정통 교회를 이단에서 지키려는 일념으로

한국 교회는 지금 위기를 맞고 있습니다. 종교사회학자 이원규 교수가 지적한 것처럼, 한국 교회는 교파 분열이 심하고 사이비 이단종파가 너무 많으며, 품위 없는 성직자가 많습니다. 모두 타당한 지적이지만, 특히 이단 문제는 우리가 간과할 수 없는 문제로 부각되고 있습니다.

이단이 하는 일은 무엇입니까? 이단은 언제나 하나님의 진리를 왜곡해 영혼을 멸망케 하고 가정을 파괴하며 하나님의 교회를 분열로 이끄는 특징을 가지고 있습니다. 이단은 가정을 파괴하지만, 정통 교회는 가정을 세워줍니다. 20세기의 가장 위대한 설교자 마틴 로이드존스(Martyn Lloyd-Jones)는 다음과 같이 지적합니다.

"신약 교회의 지도자가 수행해야 할 임무는 하나님의 말씀을 적극적으로 강해해 주는 것뿐만 아니라 그릇된 가르침이 교회에 침투하지 못하도록 막아내는 것이다. 여러 해 동안 목회 경험을 통하여 본인이 관찰할 수 있었던 것은 긍정적으로 뿐 아니라 부정적인 면에서도 진리를 배우지 못한 사람들이 언제나 이단과 사교집단에 끌려간다는 것이다. 그들은 미리 경고받고 무장할 수 있는 기회가 없었던 것이다. 오늘날 우리가 직면하고 있는 가장 큰 위험은 거짓 선지자와 거짓 선생들 사이에서 일어나고 있는 위험이다. 우리에게 거짓 선지자와 참 선지자를 구분하는 것보다 중요한 것은 없다."

오늘날 우리가 처해 있는 현실을 아주 잘 지적한다고 생각합니다. 이단이나 사이비종교를 연구하는 데는 대중적이고 통속적인 접근과 신학적이고 교리적인 접근, 사회학적·심리학적 접근이 있습니다(Ruth Tucker).

고 탁명환 소장님이 사회적으로 문제를 일으키는 이단을 사건 중심으로 파헤치는 대중적이고 통속적인 접근을 했다면, 이 책 저자인 정동섭 교수와 이영애 사모는 이단의 정체를 파헤치는 데 신학적 접근과 함께 사회학적·심리학적 접근을 하고 있습니다.

사랑의교회를 목회하던 1980년대 초에 정동섭 교수 내외를 처음 만났습니다. 이단 구원파에서 8년 간이나 생활하다가 그들의 행태에 실망하고 방황하던 중에 사랑의교회에 출석하게 된 것입니다. 이단 교리에 세뇌되어 만신창이가 된 그는 처음으로 정통 교회에 와서 진리의 말씀을 들었다고 했습니다. 그는 아내를 사랑하지 않은 죄를 회개하고 극적으로 주님 품에 돌아와 '그리스도 안에서 새 사람'이 되었습니다. 내가 그를 어둠에서 빛으로, 이단에서 정통으로 인도할 수 있었던 것은 커다란 축복이 아닐 수 없습니다.

그 후에 그는 기독교교육과 상담심리, 가정생활을 전공하여 기독교 심리학자 가정사역자가 되었습니다. 그는 가는 곳마다 그리스도 안에서의 자유와 축복을 간증하였습니다. 그가 몸담았던 구원파에서는 그를 추적하여 자료를 수집해서 그를 명예훼손 혐의로 구속시켰습니다. 정권을 등에 업은 이단은 그를 구속시켰지만 그는 15일 만에 석방되어 그 후 6년 간 38번의 재판을 받았습니다. 1996년 대한민국 대법원은 "이단교주를 비판하는 것은 명예훼손에 해당하지 않는다"는 판결을 내려 그에게 승리를 안겨 주었습니다.

정 교수 내외는 많은 위험 부담이 있는데도 이단으로부터 가정을 보호하고 이단의 마수로부터 정통 교회를 지키자는 일념으로 어려운 총대를 메었습니다. 이 책이 구원파에 빠져 있는 분들의 눈을 뜨게 할 뿐만 아니라, 정통 교회 성도들이 그들에게 미혹되지 않도록 막는 일에 한 몫을 담당하게 되기를 바랍니다.

고 **옥한흠 목사**(전 한국목회자협의회 회장, 전 사랑의교회 원로목사)

나는 정 교수가 구원파에서 돌아와 하나님의 인격적인 사랑에 감격해하던 때를 지금도 기억하고 있다. 이영애 사모가 구원파에서 돌아와 하나님의 품에 안기게 하는 과정에 나의 호세아서 강해가 사용되었다는 사실은 나에게 늘 감사제목으로 남아 있다. 이분들의 용기 있는 증언이 이단에 미혹되어 있는 이들에게 빛을 비춰 주고 순진한 성도들을 올바른 믿음으로 인도하는 데 귀하게 사용되기를 바란다.

이동원 목사 (지구촌교회 담임목사)

구원파는 구원지상주의자들이다. 구원, 거듭남, 죄 사함 등 성경적 용어를 정통 교회와 다른 의미로 사용하여 한국 교회에 끼친 피해는 엄청나다. 회개와 믿음이 빠진 이들의 구원은 초대 교회 영지주의자들을 생각나게 한다. 이단 퇴치와 가정을 세우는 일에 앞장서 온 정동섭 교수와 이영애 사모의 사랑의 수고가 이단에 미혹된 많은 분들을 빛으로 인도하기를 바라면서 이 책을 적극 추천하는 바다.

최삼경 목사 (전 한국기독교총연합회 이단사이비문제상담소장,
주간 「교회와 신앙」 상임이사, 빛과소금교회 목사)

대한예수교침례회와 기독교복음침례회는 한국 교회가 이단으로 규정한 구원파의 이름이다. 구원파에서는 침례교단 이름을 사용하고 있어, 정통침례교인 기독교한국침례회와 성서침례교가 가장 많은 피해를 입고 있다고 할 수 있다. 이러한 때에 정동섭 교수 내외가 정통과 이단의 차이를 명쾌하게 밝혀 준 것에 감사하며 이 책이 이단의 미혹으로부터 가정과 정통 교회를 보호하는 데 큰 역할을 해줄 것을 기대한다.

한명국 목사 (기독교한국침례회 증경총회장, 이단대책위원회 위원장,
전 한국기독교총연합회 부위원장 겸 이단사이비대책위원회 부위원장)

정 교수와 나는 둘 다 이단에 몸담고 있다가 하나님의 은혜로 정통 교회로 돌아왔다. 안식교가 할례당과 같은 율법주의 이단이라면, 구원파는 율법에서의 자유를 지나치게 강조하는 반율법주의 이단이다. 이단의 마수로부터 가정을 보호하자는 일념에서 박옥수, 이요한, 유병언을 지도자로 하는 구원파의 실체를 신학적으로 규명한 정동섭 교수와 이영애 사모의 용기에 박수를 보낸다.

진용식 목사(한국기독교총연합회 이단사이비대책위원회 부위원장, 상록교회 담임목사)

구원파는 안상홍증인회와 무료 성경신학원과 함께 한국 교회에 가장 많은 피해를 입히고 있는 이단이다. 오대양 사건의 실체를 파헤치다가 10년 전에 순교하신 고 탁명환 소장님이 특히 정 교수 내외분의 노고를 치하하시리라 생각한다. 여러 위험 부담이 있는 가운데, 구원파의 정체를 밝혀주신 두 분의 노력이 피해자 가족의 회복으로 열매 맺을 수 있기를 바라마지 않는다.

탁지원(월간 「현대종교」 대표)

1989년 정동섭 교수가 미국에서 박사 과정을 마치고 귀국할 때, 하나님은 나로 하여금 정 교수를 만나 함께 기도할 수 있는 기회를 허락하셨다. 하나님은 '망치에 두드려 맞는 다이아몬드'의 형상을 보여주심으로, 그가 귀국하여 억울한 일을 당할 것을 예고하셨다. 그는 구원파의 고소로 구속되는 시련을 겪었으나 결국 6년 간에 걸친 이단과의 싸움에서 승소하여 한국 교회와 가정을 세우는 일에 앞장서는 지도자가 되었다. 영혼을 치유하고 가정을 세우는 일에 동역하는 지체로서, 두 분의 노고에 감사드리며 이 책을 추천한다.

제프 리틀톤(Jeff Littleton, 열방대학 태평양 아시아 지역 상담보건대학 코디네이터)

캠퍼스에서 들려오는 이단들에 의한 피해 사례를 접하다 보면 더 구체적이고 실제적으로 돕지 못해 안타까운 마음이 많은데, 때마침 이단을 바르게 분별할 수 있도록 길잡이가 되어줄 책이 출간되어서 기쁘다. 이 책은 특히 IYF라는 이름으로 활동하며 캠퍼스를 병들게 하는 구원파에 대한 바른 이해와 정보를 제공하며 나아가서 올바른 진리를 지키기 위한 열정 가득한 노력들이 더 많아지는 데 결정적 역할을 할 것이다.

강남호(학원복음화협의회 서울학복협 총무)

대전은 종교백화점이라 할 정도로 사이비기독교 단체와 이단이 많이 활동하는 곳이다. 한국 교회가 오래전에 이단으로 규정한 박옥수 씨의 대한예수교침례회도 대전에 본부를 두고 포교 활동을 벌이고 있다. 구원파를 몸소 경험하고 정통 교회로 돌아와 구원파의 실체를 속 시원하게 밝혀주신 정동섭 박사 내외분께 대전기독교연합회를 대신하여 감사드린다.

오정호 목사(대전광역시 기독교연합회 이단사이비대책위원회 위원장, 새로남교회 담임목사)

머리말

무너지는 가정을 구하는 사명으로

나는 하나님의 은혜가 아니면 세상에 머리를 들고 다니기 부끄러운 과거를 지닌 사람이다. 가정생활과 교회생활, 사회생활에 두루 실패했었을 뿐 아니라, 오대양 사건을 통해 세상에 널리 알려져 있는 구원파에 8년 동안이나 충성했던 부끄러운 '전과'가 있기 때문이다. 구원파에 빠져 있는 동안 나는 가정을 등지고 살았으며, 우리 식구들은 나를 포기했었다.

사도 바울이 바리새파 교인으로 정통 교회를 핍박했던 과거를 회상하면서 "내가 전에는 훼방자요, 핍박자요, 포행자였다"(딤전 1:13)고 고백한 것처럼, 나도 과거에 정통 교회에는 구원이 없다며 교회를 부정하고 오만방자하게 행동했던 사람이다. 그러나 이러한 행동은 내가 '바른 교훈'을 통해 올바른 믿음을 갖기 전에 알지 못하고 행한 것이므로, 하나님은 나에게 자비를 베푸셨다.

가정적으로나 신앙적으로나 나는 실패했다가 다시 일어난 사람이다. "사람이 마음으로 자기의 길을 계획할지라도 그 걸음을 인도하는 자는 여호와시니라"(잠 16:9). 하나님은 그의 놀라운 섭리 가운데 나를 '역기능적인 가정'에서 자라나게 하시고 구원파와 몰몬교, 지방 교회 등 각종 이단(어둠)을 경험케 하신 다음 정통 교회(빛)로 돌아오게 해주셨다.

영국대사관과 미국대사관에서 외국 대사의 연설을 통역하고 이단에서 교주의 설교를 통역하던 나의 입을 변화시켜 하나님의 말씀을 통역하는 사람으로 만들어 주셨다. 선한 목자 되시는 우리 주님은 나에게 한국과 미국에서 신학과 심리학을 연구할 수 있도록 인도해 주셔서 이단과 정통의 차이를 신학적으로, 사회심리학적으로 확실하게 분별할 수 있게 하셨다. 어둠과 빛을 두루 경험하게 하신 다음 주님은 당신의 때가 되었을 때 교회와 사회 앞에 진실을 말할 수 있도록 여건을 만들어 주셨다.

대부분 독자들은 내가 구원파 교주의 정체를 폭로한 '명예훼손죄' 혐의로 1990년 11월 억울하게 투옥되었다가 전국 교회의 지원과 기도에 힘입어 15일 만에 구속적부심을 통과해 석방되었다는 것을 기억할 것이다. 그 뒤 6년 동안에 걸쳐 38차례 법원을 드나들면서 지리한 재판을 받았는데, 1996년 10월 드디어 대법원에서 "이단교주를 비판하는 것은 개인감정 때문에 한 것이 아니고 가정을 파괴하는 집단의 정체를 사회에 알릴 목적으로 공공의 이익을 위해 한 것이기 때문에 명예훼손에 해당하지 않는다"는 이유로 무죄를 선고했다. 진리의 하나님이 거짓을 이기게 하신 것이다.

나는 모든 것을 사실 그대로, 내가 경험한 대로 솔직하게 말했다. 앞뒤를 가리지 않고 진실을 말했기 때문에 억울하게 옥고를 치르기도 했다. 어떤 사람들은 내가 너무 순진하여 쓸데없는 실수를 잘한다고 지적해 주기도 한다. 그러나 나를 주님께 인도하신 고 옥한흠 목사님이 말씀하신 것처럼, 나는 "하나님이 인간의 실수를 통해서도 역사하신다"고 믿는다. 구원파 교회에 나가는 분들도 자신을 돌아보고, 빛으로 돌아올 수 있으면 더 이상 바랄 것이 없겠다. 이 책이 각종 이단으로 인해 물리적으로, 가정적으로, 정신적으로 피해를 입은 분들에게 조금이라도 위로와 소망을 안겨 주기를 바란다.

내가 이단과 법정 투쟁을 한 지도 여러 해가 흘렀다. 이제는 내가 전공한 상담과 가정사역에만 전념하고 싶다. 그러나 이단 구원파가 가정과 교회를 파괴하는 일이 계속되고 있다. 구원파를 몸소 경험한 사람으로 이를 그냥 두고 볼 수가 없어 사명감으로 이 글을 쓴다.

이 책이 처음 출간된 이후 2008년 말까지 15,000권 이상이 판매되었다. 그

만큼 구원파 사상으로 인해 피해를 입는 사람이 여전히 많다는 반증일 것이다. 2007년 2월 원조 구원파의 교주 유병언 씨는 이 책 내용으로 자신의 명예가 훼손되었다며, 나를 출판물에 의한 명예훼손, 출판금지가처분신청, 1억 원 손해배상, 5천만 원 손해배상 소송을 동시에 제기하였다. 1990년 명예훼손 및 신용훼손 혐의로 10여 차례 고소를 당한 이후로 14번째 피소된 것이다.

2008년 말 현재 나는 구원파와의 법정투쟁에서 모두 승소하였다. 구원파 측에서는 재판 과정에서 저자가 "유병언과 구원파가 오대양 사건의 배후이거나 폭력집단이라는 발언을 하지 않으면 모든 소송을 취하하겠다"는 제의로 자신들의 정체를 가리고자 시도하였다. 나는 "구원파 측에서 위 사실을 시인하고 앞으로는 반대자에게 폭력을 행사하지 않겠다고 약속하면 나의 발언을 자제할 의향이 있다"고 역으로 제의하였다. 결국 조정은 실패했고 구원파 측에서 낸 1억 원 손해배상소송은 서울고등법원이 기각판결을 내림으로 우리 내외가 승소하였다.

이 책에서 비판 대상으로 삼고 있는 박옥수 씨도 나를 대전시 기독교연합회 회원들과 함께 명예훼손 혐의로 고소한 적이 있다. 결국 나는 다른 분들과 함께 무혐의처분을 받았고, 이단사이비대책위원회 회장 오정호 목사(새로남교회 담임)와 총무 이획수 목사만 명예훼손 혐의로 기소되었으나 2006년 10월 대법원은 그들에게 무죄를 선고한 바 있다. 이번에 원조 구원파라 할 수 있는 기독교복음침례회(구원파)와의 법정투쟁에서 다시 한 번 무죄판결을 받아낼 수 있었던 것은 기도와 후원을 끝까지 아끼지 않은 한국 교회 덕분이라고 생각한다. "송사에 원고의 말이 바른 것 같으나 그 피고가 와서 밝히느니라"(잠 18:17)는 말씀이 이루어진 셈이다.

원조 구원파의 두 지도자 가운데 한 명인 고 권신찬 씨는 그의 저서 「세칭 구원파란?」(1981)이라는 책에서 "누구든지 우리가 주장하는 진리가 성경에 위배된다고 생각한다면 얼마든지 우리를 비판해도 상관없다"(15쪽)고 호언한 적이 있다. 그래서 나는 정통신학을 연구한 기독교상담학자로서 구원파의 가르침이 성경에 위배되는 이단사상이 분명하다고 믿기에, 학자적 양심과 사명감을 가지고 이 책을 저술하였다. 혹시 내용상 중첩되는 부분이 있어도 이해해주기 바란다.

예수님은 거짓 선지자의 실체는 그 교리와 행위의 열매를 보고 분별할 수 있다고 말씀하셨다. 유병언, 이요한, 박옥수라는 구원파 지도자들의 잘못된 성경해석이 영혼 멸망과 가정파괴라는 열매로 나타나고 있다. 사도 바울이 진단한 것처럼, 이들은 "마땅치 아니한 것을 가르쳐 집들을 온통 엎드러치고" 있다(딛 1:11).

가정과 교회와 천국은 하나님이 직접 만든 공동체다. 이단은 영혼을 멸망케 하며 가정을 무너뜨리고 교회를 분열시키나, 정통은 영혼은 구원하고 가정을 세워주며 교회를 하나가 되게 한다. 거듭 밝히지만, 내가 위험을 무릅쓰고 이 글을 쓰는 것은 이단을 몸소 경험한 사람으로서 가정을 무너뜨리는 집단의 정체를 빛 가운데 드러내어 선량하고 순진한 사람들을 이단의 미혹으로부터 보호하는 데 그 목적이 있다. 나의 조그만 노력이 한국기독교총연합회에 가입한 모든 정통 개신 교회와 독자의 가정을 이단 사교집단의 횡포에서 보호하는 데 한 몫을 담당하게 되기를 기도한다.

2010년 겨울

정동섭 전 한국기독교총연합회 이단사이비대책위원회 부위원장
대전시 기독교연합회 이단사이비대책위원회 자문위원, 가정사역학회 초대회장
전 침례신학대학교 상담심리학 교수, 현 가족관계연구소장

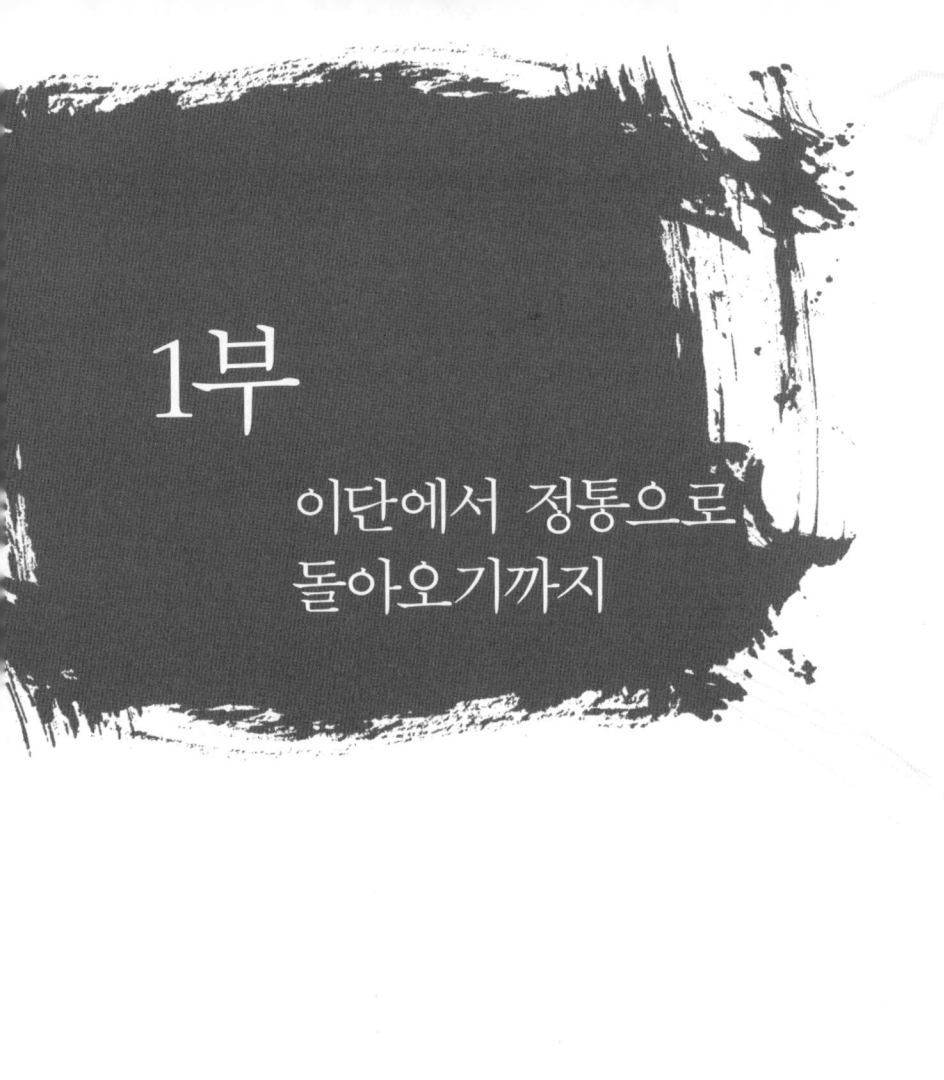

1부
이단에서 정통으로 돌아오기까지

1. 이단에서 정통으로 돌아오기까지 나의 자전적 고백

나를 받아주신 하나님

내가 부름 받은 소명은 상담심리학자이자 가정사역자, 가정생활을 가르치는 교사이지, 설교자나 목회자가 아니다. 나는 하나님과의 관계와 대인관계, 특히 가족관계를 강화하고 향상시키는 일에 특별한 관심을 갖고 있는 관계신학자다.

기독교상담학자이며 가정사역자로 하나님의 교회를 섬기도록 부름 받은 나는 사람을 이해하고 치유하며 세워주는 일에 주력하고 있다. 그래서 정서적 갈등이나 대인관계 문제로 고민하는 사람들의 내면적 치유에 관심이 많다.

나는 가정적으로나 신앙적으로 별로 자랑스럽지 못한 과거를 지니고 있다. 심리학자들이 흔히 말하는 '역기능(逆機能) 가정'에서 자라난 성인아이다. 예수님을 인격적으로 만나기 전, 8년이라는 긴 시간을 세상에 '구원파'라고 알려져 있는 악명 높은 이단집단에 빠져 교주의 앞잡이 노릇을 하기도 했다.

이 책에서 나는 보통 사람들이 부끄럽고 창피하게 생각할 수 있는 이야기를 할 것이다. 지금도 내가 땅에 파묻어버리고 싶은 그런 과거 이야기를 나누기로 용기를 낸 데에는 몇 가지 이유가 있다.

첫째, 나처럼 불우하고 역기능적인 가정에서 자라난 분들에게 위로와 희망의 메시지를 전해주고 싶었다.

둘째, '기독교복음침례회', '기쁜 소식 선교회' 또는 '대한예수교침례회'라는 이름으로 활동하는 이단 구원파가 얼마나 무섭고 위험한 집단인가를 알리고 싶었다.

셋째, 아무리 흉악한 죄인이라도 예수님 앞에 나와 뉘우치고 회개하면 용서 받고 새로운 삶을 살 수 있다는 것을 독자들이 다시 한 번 확인할 수 있기를 바라는 마음이 간절해서다.

마지막으로, 예수님은 우리를 구원하실 뿐 아니라 우리를 치유해주시고 성숙하게 하시며 인도해주시는 선한 목자시라는 진리를 되새기기 위함이다.

중요한 타인, 폴 투르니에의 영향

심리학자들은 우리의 자아 개념에 중요한 영향을 끼친 사람들을 '의미있는 타인'(중요한 타인, significant others)이라고 부른다. 그리스도인이 된 후, 나에게 가장 큰 영향을 끼친 '중요한 타인'은 스위스의 기독교 심리학자 폴 투르니에(Paul Tournier) 박사다. 활발히 저술 활동을 하시는 그 분은 개인적으로 우리 내외에게 직접 편지를 보내 상담해주시고 격려해주셨다. 내가 은사처럼 생각하고 있는 상담자 폴 투르니에의 말을 인용하면서 내 이야기를 시작하고자 한다.

하나님은 우리의 불확실성과 모호함에도 불구하고 심지어 우리의 실패와 실수를 통해 우리를 인도하신다. 그는 종종 우리로 하여금 왼쪽을 향해 출발하게 하시지만 끝내 오른쪽에 도달하게 하신다. 그렇지 않으면 오랫동안의 우회 끝에 오른쪽으로 되돌아오게 하신다. 이는 우리가 하나님을 순종한다는 믿음 아래 왼쪽을 향해 떠나는 실수를 범했기 때문이다. 하나님은 단계적으로 한걸음씩 이 사건에서 저 사건으로 우리를 인도하신다.

우리는 우리가 걸어 온 길을 되돌아보며 우리의 삶 속에 있었던 중요한 순간들을 다시 되새겨 볼 때에, 훗날 우리 생애의 전 과정을 되돌아 볼 때에, 비로소 우리가 알지 못하는 사이에 인도함을 받았다는 느낌을, 즉 하나님이 신비스럽게 우리를 인도하셨다는 느낌을 경험하게 된다.

우리로 하여금 그때 그 사람을 만나게 하고, 어떤 발언이나 설교를 듣게 하며, 그때 그 책을 읽게 해서 우리 생애에 갖가지 결정적 영향을 미치게 했던 분은 바로 우리의 선한 목자 하나님이셨다. 우리는 아마 그 당시에는 그것을 알아보지 못했을 것이나 세월이 지난 뒤에야 그 뜻을 알 수 있게 된다. 따라서 엠마오 도상의 제자들은 예수님을 알아보지 못한 채 그와 대화를 나누었던 것이다.

처음에는 이해할 수 없었던 꿈을 통해, 심각한 질병을 통해, 이상한 망설임을 통해, 또는 쓰라린 실패를 통해 우리의 길을 막으셨던 분은 바로 예수님이셨다. 또한 성공을 통해 우리를 이끄시고 우리에게 예기치 못했던 새로운 지평을 열어주셨던 분도 예수님이셨다. 우리를 번뇌케 하는 성공과 실패의 해답이 바로 여기에 있다. 하나님의 목적(뜻) 안에 있는 우리의 실패는 더 이상 실패가 아니다(투르니에의 「모험으로 사는 인생」, IVP).

'심리적 고아'의 뿌리는 가정에서 싹튼다

미국이 낳은 침례교 부흥사 밴스 하브너(Vance Havner)는 교회 안에 세 종류의 사람이 공존한다고 간파한 적이 있다. 그는 "현대의 많은 사람들에게 지식적인 논쟁거리다. 상당수 사람에게 기독교는 연기거리(performance)며, 극소수 사람에게 인격적이고 개인적인 체험이다"라고 했다. 나는 어떤 의미에서 이 세 가지 단계를 차례로 거쳤다고 할 수 있다.

솔로몬은 일찍이 "본향을 떠나 유리하는 사람은 보금자리를 떠나 떠도는 새와 같[다]"(잠 27:8)고 했다. 사도 베드로는 예수님을 따르는 성도들에게 "너희가 전에는 양과 같이 길을 잃었더니 이제는 너희 영혼의 목자와 감독 되신 이에게 돌아왔[다]"(벧전 2:25)고 했다.

이 성경 말씀처럼, 나는 보금자리를 떠난 새와 길 잃은 양과 같이 오랜 방황 끝에 '내 영혼의 목자 되시는 예수님'을 만났다. 바로 1980년 8월 15일이었다. 그리고 29년의 세월이 흘렀다. 그때의 감격과 그 이후 주님께 받은 사랑을 말하기 전에 주님이 나를 찾아주시기 전까지 방황할 수 밖에 없었던 배경을 먼저 상담심리학적인 관점에서 되새겨보는 것이 좋겠다. 이것이 독자들이 나를 이해할 뿐아니라 독자들 자신과 이웃을 이해하고 수용하는 데 도움이 되기를 바란다.

가정의 영향을 벗어날 수 없다

우리가 자라난 가정은 우리의 인격형성, 즉 우리의 정서발달과 태도 및 행동양상에 많은 영향을 끼친다. 그래서 나의 스승 찰스 셀(Charles Sell) 박사는 "우리는 우리의 가정을 떠나지만, 우리 가정은 우리를 떠나지 않는다"고 했다. 우리는 언젠가 태어나고 자란 가정을 떠나지만, 원가정에서 받은 영향은 우리를 평생 따라다닌다는 말이다.

성경은 "마땅히 행할 길을 아이에게 가르치라. 그리하면 늙어도 그것을 떠나지 아니하리라"(잠 22:6), "어미가 어떠하면 딸도 그렇다"(겔 16:44), "아비들아 너희 자녀를 격노케 말지니 낙심할까 함이라"(골 3:21) 등의 말씀을 통해 가정이 자녀에게 끼치는 영향을 힘주어 말하고 있다.

「몸에 밴 어린 시절」(가톨릭출판사)의 저자 휴 미실다인(Hugh Missildine)은 "우리의 과거 속에 숨어있는 위로받지 못한 내면의 아이는 성인이 된 우리 속에 그대로 살아 있다"는 이론을 제기한 적이 있다. 부모의 가치관과 태도, 행동양식이 어린이의 인격형성을 좌우하는 핵심요인이 된다는 것을 우리는 잘 알고 있다. 그는 "지난날의 어린 시절은 그 시절의 모든 감정이나 태도들과 더불어 우리의 삶이 끝나는 날까지 실질적으로 우리를 따라 다닌다"고 했다.

심리학자들은 습관적으로 술을 많이 마시는 알코올중독자, 가정을 돌아보지 않고 돈 버는 일이나 직장에만 열중하는 일중독자, 충동적으로 놀음을 하지 않으면 견디지 못하는 도박중독자(노름꾼), 충동적으로 음식을 과식하거나 거식하는 음식중독자, 외도를 해 다른 살림을 차리고 자식들을 돌아보지 않는 성중독자 아버지, 이혼할 가정의 편부나 편모, 재혼한 가정의 계부나 계모, 엄격하고 율법주의적인 신앙생활을 고수하는 부모, 뇌성마비 같은 중병을 앓는 장애자, 아내를 구타하는 의처증 남편을 둔 가정, 기본적인 식생활을 할 수 없을 정도로 가난한 가정을 통 틀어 '역기능 가정'이라 부른다.

순기능 가정이 ① 가족끼리 서로 사랑과 고마움을 표현할 줄 알고, ② 명확하게 의사소통을 할 수 있으며, ③ 가족이 함께 하는 즐거운 시간이 많으며, ④ 위기와 스트레스에 능동적으로 대처할 수 있는 행복한 가정이라면, 역기능 가정은 서로 자존감을 떨어뜨리며, 감정표현이 자유스럽지 않고, 명백한 문제가 있는데도 드러내놓고 말할 수 없으며, 외부 세계에 대해 닫혀 있는 가정이라고 할 수 있다.

'역기능 가정'에서 자라난 '성인아이'

심리학자들은 '역기능 가정'에서 자라난 사람들을 '성인아이'(adult child)고 부른다. 특히 팀 슬레지(Tim Sledge)는 이와 같이 불행한 가정에서 자라난 어른들은 여러 가지 면에서 그 내면세계가 어린아이 상태를 벗어나지 못하고 있기 때문이다. 그들의 기억이나 잠재의식 속에는 어린 시절의 쓰라린 경험으로 말미암은 정서적 잔재가 계속 남아 있다.

"근원가정에서 해결되지 않은 어린 시절의 문제, 즉 미해결과제(unfinished business)를 아직 처리하고 있는 성인"을 성인아이라고 정의한다.

역기능 가정에서 자라난 성인은 겉으로는 강한 것 같으면서 속으로는 연약하고 두려움에 차 있다. 그래서 크리스 해리슨(Chris Harrison)은 "사랑이 결핍되거나 부모로부터 거절당한 아이가 자라면, 육체적으로, 정서적으로, 영적으로 어느 한 구석에 아이가 묶여있는데, 누군가 엘리베이터 버튼을 누르듯 이 버튼을 누를 때마다 감추어져 있던 유치한 어린아이가 나온다. 그러면 그는 원하지 않는 말을 하고, 원하지 않는 행동을 하게 되고, 하고 싶어 하지 않는 생각을 하게 된다"라고 말한다.

나는 삼 대째 역기능 가정에서 자라난 '성인아이'다. 나는 충청북도 음성군 장호원 부근 산간 마을에서 6남 4녀의 대가족에 넷째 아들로 태어났다. 할아버지는 이름난 난봉꾼으로 나의 아버지 한 분만 외아들로 두시고는, 가정을 돌아보지 않고 여러 마을을 떠돌아 다니셨다고 한다. 일 년에 몇 차례 집에 들러서는 할머니를 구타하고 못살게 했다고도 한다.

이러한 역기능 가정에서 아버지의 사랑을 받지 못한 채 외아들로 자라난 나의 아버지는 자식을 10남매나 두었으나 그 누구에게도 따뜻한 정을 줄 줄 몰랐다. 아버지는 할아버지의 생활에 싫증을 느껴 착실한 농사꾼으로 가정을 지켰으나, 도박하는 습관을 그대로 이어 받으셨다. 원만한 대인관계를 할 수 없었던 아버지는 87세로 돌아가시기 전까지 화투와 투전, 장기를 벗 삼아 노름꾼으로 한평생을 보냈다.

나에게는 어머니가 두 분 계신데 내가 본 적이 없는 큰 어머니는 3남매를 두고 논에서 일을 하시다 홍수 물살에 휩쓸려 불행하게 돌아가셨다고 한다. 반면 열여섯 살 어린 나이에 중매쟁이의 소개로 정씨 집안에 시집온 친어머니는 전형적인 한국의 어머니로 무엇이나 나누어주기를 좋아하는 인정이 많은 분이었다. 사람들은 이런 어머니를 두고 법이 없어도 살 수 있는 분이라고 했다.

아버지는 양반의 권위만을 내세우는 '성인아이'로 자기밖에 모르는 고집쟁이셨다. 갑자기 역정을 내고 밥상을 둘러엎는 성격장애자였다. 헌신과 희생의 표상이던 어머니는 유순한 노예처럼 억울한 감정을 삭히면서 23살이나 연상인 남편과 연로하신 시어머니를 모시면서 한 많은 한평생을 보내셨다. 아버지는 의학이 발달하지 않았던 시대에 늑막염과 해수로 우울한 나날을 보내셨다. 이 모두가 역기능 가정의 폐해를 가중시키는 요인이 되었다.

사람은 누구나 자신의 가정을 정도 이상으로 미화시키고 싶어한다. 내가 돌아가신 부모님을 언급하는 것은 오늘의 나를 객관적으로 이해하고 진단하기 위해서다. 정확한 진단은 언제나 정확한 치료의 지름길이다. 이러한 여건은 하나님의 섭리 가운데 나에게 주어진 것이지 내가 이런 환경을 만들어 낸 것이 아니라는 데에 유의하기 바란다.

사람은 부모를 모방하거나 반대로 행동한다고 한다. 아버지는 할아버지가 할머니를 구타하는 것을 보고 일찍이 손찌검을 하지 않기로 작정하셨다. 그래서인지 아버지가 밥상을 엎으시는 모습은 자주 목격했지만, 어머니를 구타하는 것은 본 적이 없다. 그런데 나는 아버지가 밥상을 엎으시는 것을 보고 일찍이 결혼하면 절대로 밥상을 엎지 않기로 작정했다. 그러나 마음대로 화를 내고 아내에게 잔소리하는 것은 그대로 본받았다.

양자미수사건

나는 여러 식구들 사이에서 자라났지만 '심리적인 고아'로 성장했다. 부모로부터 신뢰감과 소속감을 확인해야 할 나이에 부모와 식구들에게 깊은 배신감과 소외감을 경험했기 때문이다.

네 살 쯤 되던 해, 부모님은 넷째인 나를 자식이 없는 집에 양자로 보내기로 작정하고 나를 여러 차례 설득하려 했다. 내가 자지러지게 울자 설득을 뒤로 미뤘던 부모님은 아들 없는 아저씨의 끈질긴 부탁으로 이번에는 형제자매들과 합세하여 여러 차례 더 설득하려 했다. "너는 원래가 우리 식구가 아니다. 다리 밑에서 주어왔다." 어린아이는 직관적으로만 사고한다. 따라서 어른들의 말을 객관적으로 좋게 해석해서 이해할 능력이 없다는 것을 어른들은 이해하지 못했다.

물론 부모님은 악의 없이 좋은 의도로 한 행동이었을 것이다. 어머니의 말씀이 지금도 생생하다. "우리 집에서는 손님이 사탕을 사와도 네 차례가 가지 않지만 그 아저씨 집에 가면 모든 것이 네 차지가 된다. 가서 호강하고 살아라." 나는 어머니 치마폭을 붙들고 오열함으로 이 위기를 모면할 수 있었다. 그러나 이것은 나에게 정신적 외상이 되어, 치명적인 상처(trauma)를 안겨주었다.

에릭 에릭슨(Erik Erikson)은 영유아기의 발달과업이 부모와 기본적인 신뢰감을 형성하는 것이라고 했다. 어머니는 안정감과 포근함과 평안함을 제공해주는 가장 근본적인 원천이다. 때문에 어린이는 엄마에게 깊은 애착을 느끼기 마련이다. 그러나 나는 양자로 보내 버리겠다는 부모님에게 신뢰감이나 소속감을 도저히 형성할 수가 없었다.

게다가 식구들은 나를 '다리 밑에서 주워온 아이'라고 놀려댔다. 어른들은 재미로 그런 말을 했는지 모르지만 나는 정말 나 자신의 뿌리에 대해 자신이 없어졌다. 심한 분리불안에 빠지게 된 나는 더욱 어머니와 밀착하려 했다.

여섯 살이 되어서야 엄마 젖을 떼는 고통스런 이유(離乳)과정을 거쳐야 했다면 믿겠는가? 자율성이 개발되지 못한 나는 늘 정서적인 불안에 시달렸으며, 초등학교 4학년이 되어서야 한글을 겨우 깨우쳤고 5학년에 겨우 야뇨증을 극복할 수 있었다. 엄마가 시키는 대로 키를 쓰고 소금을 꾸러 이웃집에 갔다가 물세례와 부지깽이 세례를 받고 울면서 되돌아 온 것이 한두 번이 아니다.

누나와 형들은 소외감과 불안의 와중에서 전전긍긍하는 나의 내면세계를 이해하지 못한 채 툭하면 나를 "숙맥, 등신 같은 놈"이라고 놀렸다.

'중간아이'라는 출생순위

알프레드 애들러(Alfred Adler)는 우리의 출생순위가 성격형성에 결정적 영향을 끼친다는 학설을 제창한 바 있다. 외아들이나 중간아이, 맏아들이나 막내의 성격이 달리 형성된다는 이론이다.

나는 중간아이로 자랐기 때문에 늘 '열외' 취급을 받았고, 잊혀진 아이와 조용한 아이 역할을 강요당했던 나는 항상 불안과 고독, 소외감의 와중에서 자존감(自尊感, self-esteem)을 확인하려 몸부림쳐야 했다. 자폐증에 빠진 아이의 내면세계를 이해하지 못한 어른들은 나를 입이 무겁고 과묵한 아이, 심지가 깊고 점잖은 아이라고 불렀다. 언제 팔려갈지 모른다는 두려움이 나를 고독의 늪에 빠지게 했던 것이다.

내가 건전한 자아상을 확립할 수 없었던 또 하나의 이유가 있는데 나의 생일이 서른 살 위인 큰 형님과 같은 날이라는 사실이다. 장유유서를 기본으로 하는 양반집 가족구조에서 어린이의 생일이란 별로 중요하지 않다. 결국 나는 군대 갈 때까지 생일이면 큰 형님 집에 가서 미역국을 '얻어먹는' 일을 해마다 되풀이해야 했다. 지금도 돌아가신 어머니께서 내 생일이 되면, "큰 형님 집에 가서 미역국 얻어먹고 학교에 가거라" 하시던 음성이 귀에 쟁쟁하다. 'Happy Birthday', 즉 즐거워야 할 생일이 내게는 얻어먹으러 가는 '거지'임을 확인하는 비참한 날이었다. 출생순위로 말미암아 어쩔 수 없이 부모와 주위의 사랑을 박탈당할 수밖에 없었던 나는 점점 더 숫기 없는 아이, 패기 없는 아이, '싹수가 노란 아이'로 변해 갔다. 불안과 외로움, 열등감과 수치심이 나의 내면세계를 끊임없이 괴롭혔다.

게다가 나에겐 용모준수하고 모든 면에 뛰어난 셋째 형이 있다. 아버지가 병약한 우리 가정에 셋째 형님은 사실상 장남과 같았다. 그런 만큼 부모님의 사랑과 관심이 이 형에게 모아진 것은 당연한 일이었다. 그런 형은 자폐 증세를 보이는 나를 "바보, 천치, 병신"이라 놀리기 좋아했다. 고등학생, 아니 대학생이 된 동생을 보고도 "등신, 숙맥, 곰, 앞뒤가 꽉 막힌 인간"이라고 부르며 무시했다. 나 역시 미진아처럼 행동하고 싶지 않았으나 어쩔 수 없었다. 정서적 발육이 미진했던 나는 실제로 하는 일마다 모자라는 아이처럼 행동했다. 친구들은 나에게 '엉거주춤'이라는 별명을 붙여주기도 했다.

이와 같이 열등감과 부족감으로 자아상이 허물어져가고 있을 때, 그래도 자존감이 박살나지 않도록 나를 붙들어준 것은 '인격 감각이 뛰어나고 정서적으로 민감한' 어머니와 셋째 누나, 그리고 둘째 형수다.

내가 자라난 역기능적 가정 배경으로 나는 버림받은 기분을 잘 느끼고 조용하며, 수줍음을 잘 타고 초조감을 잘 느끼며, 위기상황에서 당황하고, 쉽게 좌절하며, 경쟁심이 강하고, 부당한 대우나 불의에 저항하는 성격의 소유자가 되었다.

반면 긍정적인 면에서, '넷째 아들'이라는 나의 위치는 나를 사교적이고 인정에 약하며 사람들이 불화하고 갈등하는 상황에서 화해시키고 중재하기를 좋아하는 사람으로 만들었다.

후일 내가 그리스도인이 되었을 때, 열두 사도 가운데 예수님의 보좌관 역할을 한 안드레를 제일 좋아하고 닮고 싶어한 것도 이런 배경 때문일 것이다. 소개하며 중재하기 좋아하는 성격 탓에 그후 통역과 번역을 즐겨하게 하였다. 안드레의 삶과 나의 생활양식에는 분명히 여러 공통점이 있다.

성인이 되어서도 정상적인 것을 잘 몰라

역기능 가정에서 자라난 성인아이들은 정상적인 인간관계의 생활양식을 보지 못하고 자라기 마련이다. 때문에 일상생활의 많은 영역에서 정상적인 것이 무엇인지 잘 모른다. 그러므로 성인아이들은 대인관계에 어려움을 겪으며 부족감을 잘 느끼고 분노처리에 어려움을 겪는다. 그리고 굳이 하지 않아도 될 때도 거짓말을 한다.

찰스 휫필드(Charles Whitfield)는 이외에도 "성인아이들은 상처를 잘 받고 부끄러움과 죄책감, 우울감을 잘 느끼며, 책임감이 지나치거나 무책임하다. 또한 남의 부탁이나 초청을 거절하기가 어렵고, 충동적으로 결정하거나 눈치를 보는 데 빠르고, 완벽주의적이며 동성 또는 이성 간에 친밀하고 따뜻한 관계를 맺는 데 어려움을 겪는다"고 말한다.

혹시 독자들 가운데서도 불우하고 비정상적인 가정, 즉 일중독자나 알코올중독자, 도박꾼, 정신질환자, 근본주의적 종교인을 부모로 모시고 자란 사람은 이러한 진단에 공감할 것이다. 찰스 셀은 성인아이는 그리스도인이 된 뒤에도 자신을 용납하고 자신이나 남을 용서하는 데 어려움을 겪는다고 말한다.

어릴 적에 나는 '생일'을 축하받은 경험이 없기에 성인이 된 지금도 다른 사람이 나의 생일을 축하해주는 것에 익숙하지 않다. 서른네 살 되던 해, 아내의 설득과 애정 어린 권고로 '나의 배경을 이해하는 친구' 세 명과 함께 생애 처음으로 나만을 주인공으로 한 생일 파티가 있었다. 이때부터 나는 '생일에 대한 새로운 학습'을 시작했다고 할 수 있다. 나는 지금까지 남의 생일도 귀한 줄 모르고 살아왔다. 나는 생일만 되면 비참한 소외감을 경험해야 했기 때문에 차츰 각종 집안행사를 멀리하는 사람이 되었다. 어른들은 나의 내면세계를 이해하지 못하고 "대학까지 나온 놈이 집안도 몰라본다"며 자주 흉을 보았다. 생일 때마다 상처를 받고 자라난 나는 결혼이나 장례와 같은 모든 종류의 집안행사를 회피하였다. 따라서 성인이 된 지금도 집안행사에서 어떻게 처신해야 좋을지 몰라 쩔쩔매고 있다.

나는 구원파에서 아내를 만나 결혼했는데, 폐백이 '신부가 처음으로 시부모에게 드리는 인사'라는 기본적인 상식조차 습득할 기회가 없었다. 결국 나는 어떤 미신적인 행사로 오해해 폐백 순서를 빼고 결혼식을 올렸다. 우리 어머니는 내가 처가 쪽에 우겨서 폐백을 취소시킨 것을 모르고 생전에 계실 때 아내에 '폐백도 하지 않고 시집온 며느리'라며 서운해하셨다. 이밖에도 정상적인 것이 무엇인지 모범을 보지 못했기 때문에 벌어진 희비극이 한두 가지가 아니다.

설날이나 추석과 같이 온 집안 식구들이 모이는 날이 되면, 갖가지 핑계를 대서 집안모임을 회피하려고 안간힘을 쓰는 '성인아이'의 가련한 심정을 20년 동안 나의 심리치료사 역할을 맡아 온 아내만은 잘 이해하고 있다. 명절만 되면 대인공포증세에 시달리는 '성인아이'를 어린애처럼 달래어 상경하는 아내의 고충을 역기능 가정에서 자라난 사람을 곁에 둔 사람이라면 어느 정도 이해할 것이다.

한글을 제대로 읽지 못한 성격장애아

앞에서 이야기한 어린 시절의 여러 가지 외상적인 경험들은 나의 지능발달과 정서발달에 심한 타격을 주었다. 중학교 2학년 때 지능지수 검사결과가 86으로 나올 정도였다. 심리학자들은 지능지수 80 이하를 정신지체아라 부른다.

아무리 노력해도 한글을 읽는 속도가 초등학교 1학년 정도 수준에서 더 나아가지를 못했다. 나는 모든 것을 끈기로 버텼다. 고등학교 3학년이 되어서야 나사가 풀린 듯 정상 속도로 한글과 영어를 읽을 수 있게 되었다.

그런 만큼 나는 늘 '머리가 나쁘다'는 열등감과 싸워야 했고, 버림받은 기분과 소외감에 시달려야 했다. 자주 '행복하고 원만한 가정, 대화가 많은 가정'에 태어나지 못한 것을 한탄했으며, 머리가 우둔한 것에 대해 어머니에게 책임추궁을 하기도 했다.

할머니와 어머니는 문맹이셨는데, 아버님의 병이 악화될 때마다 푸닥거리나 굿을 하고 갖가지 미신적 의식을 행하셨다. 나는 이런 것을 보면서 자라났다.

못 배우고 무식한 것이 모든 문제의 원인이라고 판단한 나는 초등학교 5학년 때 충주에서 가까운 주덕으로 이사한 것을 계기로 공부에만 몰두했다. 그때까지 한글을 터득하긴 했으나 제대로 읽지는 못했다. 그런데 전학 후 학교에서 책을 읽지 못해 한 번 망신당한 것을 계기로, 매일 학교에서 돌아오면 책 읽는 연습만 했다. 이때부터 나는 책을 가까이하는 공부벌레가 되었다.

나와 같은 세대의 많은 분들이 어렵게 공부한 것처럼, 나도 중고등학교 시절에 신문팔이와 잡지배달로 학비를 조달했다. 고등학교 때에는 죽으로 끼니를 이으면서 영양실조와 축농증으로 고생한 적도 있다. 극한 가난에 시달리던 둘째 형 집에서 생활하며 억척스런 노력으로 1등을 유지해 가던 나는 고등학교 2학년 때 등록금을 내지 못해 학교에서 강제로 쫓겨나기도 했다. 배우는 즐거움에 '중독'되었던지라 선생님이 출석을 부르고 나가면 몰래 교실에 들어가 도둑공부를 하며 진도를 따라간 기억도 있다.

이때 공부와 책은 나의 유일한 피난처였다. 나는 열등감과 외로움, 가난의 아픔을 나에게 상처를 주지 않는 책 속에서 보상하려 했던 것이다. 따라서 나는 경제적, 심리적 안정감과 신체적 건강을 박탈당한 가운데에서도 중·고·대학 모든 과정을 우등으로 졸업할 수 있었다.

빌리 그레이엄의 영어 설교에 매료돼 영문학도가 되다

서울에서 미션계 고등학교에 입학한 것이 계기가 되어 교회를 출석하게 되었다. 미신적이고 무지한 가정 배경에 대한 반작용으로 기독교를 지식적인 추구의 대상으로 삼은 것 같다. 무조건 아는 것이 힘이라고 생각했다. 어디에서도 소속감을 느끼기 어려웠던 나는 장로교, 감리교, 성결교 등 여러 교회를 선전하며 종교와 철학서적을 탐독하기 시작했다. 어디를 가도 소속감을 느끼지 못하고 겉도는 것이 나의 고질적인 문제였다.

영어를 남달리 좋아한 나는 고등학교 때부터 당시 기독교방송과 극동방송을 통해 빌리 그레이엄(Billy Graham) 목사님의 〈결단의 시간〉(Hour of Decision) 프로그램을 경청하며 영어 실력을 다듬었다.

결국 나는 세계적인 부흥사의 영어에 매료되어 대학 전공으로 영문학을 선택했다. 영자신문 「코리아 헤럴드」 주최 전국 영어웅변대회에서 대학부 1위를 차지할 수 있던 것은 방송설교를 통해 간접적으로 나를 도와준 빌리 그레이엄 목사님의 덕택이라고 생각한다.

그리고 대학 4년 동안 기독교 영어회화 클럽인 죠이클럽 (JOY Club, 오늘날 죠이선교회)에서 활동하면서 교리에 반대하지 않고 수긍하기만 하면 저절로 그리스도인이 되는 것으로 생각했다. 기독교를 하나의 지식적인 유희로 생각했다고 할까? 나는 하나님을 만난 적도, 예수님을 영접한 적도 없었으나 스스로 그리스도인이라 생각했다. 나는 경희대 기독학생회 회장과 죠이클럽 회장까지 하면서 훌륭한 그리스도인 행세를 했다. 영어가 자유로웠던 나는 미국 그리스도인들의 간증을 통째로 베껴 "I accepted Jesus Christ as my Lord and Savior"(나는 예수 그리스도를 구주로 영접했다)라는 말을 반복해 죠이선교회에서 거짓 간증을 한 것이 한두 번이 아니다. 사람들은 나의 영어간증에 미혹되어 나를 회장으로 추대하기도 했다.

하나님과 인격적인 관계가 없었지만, 대학 2학년 때에는 빌리 그레이엄 목사님의 세계관에 공감하여 그의 저서 「불타는 세계」를 생명의 말씀사를 통해 번역 출판하기도 했다.

거짓 선지자에 바친 애증의 8년

이토록 나는 기독교를 지식적 논쟁거리로 삼고, 지식축적에서 삶의 의미를 찾아보려고 방황하였다. 그러다가 대학 3학년 때 성경을 깊이 있게 깨달았다고 자부하는 '유사 기독교 집단'에 빠져들게 되었다. 자아정체감이 확립되지 않았던 나는 교주를 처음 만날 때 얼굴을 들지 못한 채 무릎을 꿇고 인사를 했다.

세상에 구원파, 깨달음파, 중생파, 구원깡패라고 알려져 있는 이 사이비 기독교 집단에서 그 뒤로 8년 동안 충성하는 사이, 나의 정서적 장애는 더욱 악화되었다. 교주 유 씨와 권 씨의 형상을 따라 흑백논리와 허위의식에 빠져 극히 교만하고 배타적인 인격으로 변해갔다. 솔로몬은 일찍이 "그 마음의 생각이 어떠하면 그 위인도 그러[하다]"(잠 23:7)고 간파했다. 사람은 배운 대로, 생각하는 대로 행동하기 마련이다.

나의 머리는 구원파의 세계관과 가르침으로 서서히 세뇌되어 갔다. 유병언과 권신찬 목사는 8년 동안 다음과 같은 내용의 설교로 나의 머리를 채웠다. "유대인은 예수를 마음에 영접함으로써 구원 받지만 우리 이방인은 죄 사함의 복음을 깨달음으로 구원을 받는다. 하나님은 인간을 사랑하시나 인간은 하나님을 사랑할 수 없다. 하나님은 구원파 교회를 예정하셨고 개인은 예정하지 않으셨다. 하나님은 사람의 영을 구원하시기 때문에, 일단 죄 사함을 받으면 육신으로 어떻게 생활하든 관계없다. 모든 종교 행위와 율법의 요구에서 해방되는 것이 구원이다. 복음의 진리를 피동적으로 깨달으면 구원 받는 것이지, 인격적인 회개나 믿음의 결단은 필요 없다. 성도의 교제가 바로 기도이며 예배다. 새벽기도는 한국인의 미신적 종교성의 표현이다. 세계 역사상 새벽기도를 통해 신령하게 된 사람은 없다. 모임의 일, 즉 한강유람선을 운영하고 스쿠알렌 식품을 팔며 컴퓨터 모니터를 생산해 시판하는 (주)세모의 일이 하나님의 일이며 사업을 논의하는 것이 성도의 교제며 예배다. 손으로 지은 교회는 필요 없다. 교회의 참 모습에 대한 비밀은 구원파가 처음으로 깨달았다. 구원파 모임에 붙어있는 자만 예수님 재림하실 때 들림받는다."

이것이 이른바 기독교복음침례회(구원파)에서 가르치는 교리의 핵심이다. 청년 시절 나의 머리는 이와 같은 이단 사상으로 꽉 차있었다. 예수님 안에서 하나님과 인격적인 관계를 누리는 사람들은 이들의 주장을 들으면서 단번에 이들의 이단성(거짓됨)을 분별하리라 믿는다.

구원파는 초대교회 때 하나님의 교회를 어지럽히던 이단 영지주의와 율법폐기론(반율법주의), 즉 니골라당이 현대판으로 재현된 것이다. 이들은 하나님의 영성을 강조할 뿐, 하나님의 인격성을 부인하며 예수님의 신성은 강조하나 그의 인성을 격하시킨다. 성령은 한국의 구원파 안에서만 역사한다는 독선에 빠져 있다.

이와 같이 이들은 입으로는 하나님을 시인하나 행위와 사상으로는 부인한다. 그들은 칭의와 영화를 힘주어 말하나 '성경에서 말하는 개인적 성화나 그리스도인의 생활'을 가르치지 않는다. 교제와 사업중심적인 삶을 '생활의 구원'이라고 가르친다. 신앙생활은 개인이 아닌 교회가 대신한다고 가르친다. 그리고 유대인은 예수를 영접함으로 구원을 받았으나 우리 이방인들은 복음을 깨달음으로 구원을 받는다고 한다. 그래서 빌리 그레이엄, 한경직, 김충기, 김준곤 목사님 같은 분들도 예수를 영접하라고 설교하기 때문에 구원을 받지 못했다고 한다. 따라서 이들은 자기들만 죄 사함을 받았다고 착각하면서 구원을 노래하나 우리를 구원해주신 구주 하나님을 찬양하지는 않는다.

그러나 구원파의 교주 유 씨는 가정에서 소속감을 느끼지 못하고 자라난 나에게 마치 아버지나 형님 같은 존재였다. 그는 나에게 살아 있는 예수님이었다. 모든 것을 그와 의논했고 그가 지시하는 대로 했다. 물론 내가 이렇게 의존적으로 반응하게 된 책임이 교주에게만 있었던 것은 아니다.

그는 처음에 나의 영어실력을 이용할 가치가 있다고 생각해서 나를 인정하고 받아주었지만, 일단 그의 손 안에 들어왔다 싶자 기계나 연장처럼 함부로 다루었다.

내가 건강한 그리스도인이 된 이후에 알게 된 일이지만, "권위주의적이거나 방임적인 가정에서 소속감을 느끼지 못하고 성장한 사람들이 이단집단에게 현혹되기 쉽다"(Jack Balswick. *The Family*, Baker, 1989, 99쪽)는 것을 사회심리학자들은 한결같이 지적하고 있다.

극동방송 아나운서와 통역으로 충성 봉사

나는 구원파에서 극동방송을 운영했던 1972년과 1973년, 즉 2년 동안 권신찬 씨의 〈은혜의 아침〉 프로그램 사회를 맡으면서 아나운서 역할을 했다. 권 씨의 사위 유병언 씨는 나의 영어실력을 인정해 외국인과 대화가 필요할 때마다 나를 통역으로 활용했다. 이것은 나에게 어느 정도 소속감과 성취감을 안겨주었다. 그래서 나는 군대생활 3년을 포함하여 8년 동안 그를 '20세기의 사도 바울'로 믿고 따랐다.

미국과 유럽여행 때에도 유병언 교주를 수행했다. 그런데 나의 절대적인 복종의 대상이었던 그는 여러 차례 비인격적으로 나를 대했다. 예를 들어, 1973년 그의 수행원으로 미국을 방문했을 때 나는 미시건 주에 살던 미국 친구 집에 묵었다.

당시 나는 중국인 신비주의자 워치만 니(Watchman Nee)의 글에 심취해 있었다. 친구 아버지가 그의 책을 여러 권 나에게 주었다. 워치만 니의 책들을 받아들고 흥분하던 나에게 유 씨는 "책은 솔로몬의 첩들과 같은 역할을 해 너의 영혼을 파멸로 이끌 수 있다. 그 책들을 가지고 당장 한국으로 돌아가든지 책을 버리고 나를 따르든지 지금 선택하라"고 다그쳤다. 물론 나는 후자를 선택할 수밖에 없었다. 나는 내게 '사도 바울'같은 존재였던 그가 어떻게 그렇게 무리한 요구를 하는지 도저히 이해할 수가 없었다.

열심히 통역을 해도 칭찬받은 적은 없고 질책만 받았다. 미국여행 중 시카고 팀선교부(극동방송을 설립한 미국 선교단체) 직원예배에서 유 씨가 설교를 하고 내가 통역을 맡았다. 그런데 그는 말을 길게 해 통역이 불가능할 정도였다. 충실한 통역이 되기를 원한 나는 말을 조금 짧고 느리게 해달라고 부탁했다. 모임을 마치고 돌아오는 차 안에서 그는 "여러 사람 앞에서 나를 그렇게 무시할 수 있느냐?"고 계속 야단쳤다. 지금까지도 구원파에 충성하고 있는 '홀트아동복지회' 창설자의 외동딸 말리 홀트가 옆에서 나를 변호해도 유 씨는 계속 나를 질책했다.

귀국 직후 권신찬 씨 집에 모여 수십 명의 교인들 앞에서 보고회를 할 때다. 그때도 그는 나를 공개적으로 내려깎고 비하하는 언동을 보며 도저히 이해할 수 없었다. 내가 변호할 기회는 없었고 무안만 받았다. 이렇게 이유 없이 내가 유 목사에게 계속 무안을 당한 것에 대해서는, 나의 군대친구 하비 메어틴(Harvey Maertin)이 산 증인이라고 할 수 있다. 그는 나의 설득으로 4년 동안 구원파에 빠졌다가 그의 기도생활을 비웃는 것에 상처를 받고는 미국으로 돌아가 정통 교회에서 정상적인 신앙생활을 하고 있다.

나중에 알게 된 일이지만, 나는 그를 무시하는 마음이 없는데도 권신찬 씨는 내가 자신을 무시한다는 피해망상에 시달린 것 같다. 당시에 나는 도저히 그의 언동을 이해할 수 없었다.

그런데도 나는 가족들과 관계를 거의 단절한 채 지냈다. 가족과 상의도 하지 않고 결혼을 추진할 정도로 이상한 사람이 되어 가고 있었다. 그들의 전도 방법대로 가족에게 전도를 시도하다 말을 듣지 않자, 나는 가족을 '상대할 가치도 없는 인간들'이라고 단정하고 오직 구원파에만 더욱 충성했다.

유럽여행과 현실인식 그리고 하나님

나는 그들이 가르치는 대로 가정생활과 직장생활에는 가치를 부여하지 않고 온통 교회 중심으로 생활했다. 그래서 1976년 영국 대사관 직원으로 두 달 동안 유럽 출장을 가게 되었을 때, 교주 유 씨에게 독일여행을 제안해 그를 대동하고 한 달 동안 외국여행을 했다.

먼저 한달 동안 영국에서 공부를 마치고, 독일에서 교주 유 씨를 만나 구원파 소속 간호원들을 위한 집회를 인도하고, 한 달 동안 독일, 스위스, 이탈리아 등 유럽 여러 나라와 이스라엘을 순방했다. 지금 돌이켜 보면, 내가 혼자 영국에서 보낸 한 달은 내가 현실에 눈을 뜨는 결정적 계기가 되었다. 실로 8년 만에 처음 구원파의 영향권을 떠나 자유의 몸이 된 것이다. 나는 유병언과 권신찬 씨로부터, 구원 받은 그리스도인은 한국 구원파 안에만 있을 뿐 유럽에는 더 이상 성령이 역사하지 않기 때문에 교회는 죽었으며, 교인이 있어도 가짜뿐이라고 배웠다. 외국에는 그리스도인이 없다는 것이다. 그래서 나는 권 씨의 간증을 영어로 번역해 이를 전도지로 만들어 런던에서 만나는 사람들에게 뿌리기도 했다.

여행 중 한번은 영국 북부 스코틀랜드 수도 에딘버러에서 수요일을 보내게 되었다. 그래서 에딘버러 제일침례교회 수요 예배에 참석해 보았다. 다 죽었다고 생각했던 교회에는 수요일인데도 7백여 명이 운집해 목사님의 강해설교를 듣고 있었다.

한국에서 왔다고 하니 나의 정체를 알지 못하는 청년회장은 나를 청년회 상사로 초청해 한국 교회의 부흥에 대해 말해 달라고 했다. 그래서 나는 "1973년, 빌리 그레이엄 목사가 여의도에서 백만 명 전도집회를 인도했을 때 나는 극동방송 아나운서로 집회를 취재했는데, 그때 수백 명의 결신자가 나왔다는 것은 모두 거짓이며 모두 사단의 역사"라고 주장했다. 한국의 교회가 성장하는 것은 사실이지만 그것은 구원파 교회뿐이고 나머지는 모두 사단의 거짓 역사라는 나의 확신을 말해주었다. 다시 말해, 나는 권신찬 씨가 세뇌시킨 사상을 그대로 발표한 것이다. 청년회장은 어이가 없다는 듯 듣고 있다가 나의 말을 중단시키고 강제로 착석시켰다. 나는 호텔로 돌아오면서 내가 "하나님의 의를 위하여 핍박을 받는다"고 자위했다.

그 뒤 나는 워치만 니의 전기와 「정상적인 그리스도인의 생활」(생명의말씀사)을 집필한 앵거스 키니어(Angus Kinnear)를 만났고, 로고스 전도선을 운영하는 OM 총재 조지 버워(George Verwer)를 만났다. 이 분들과 대화하면서 그리고 여러 교회를 방문하는 동안 나는 빌리 그레이엄이 구원 받지 못했다는 구원파 지도자 권신찬 씨의 주장이 근거 없는 독선임을 깊이 확인하게 되었다.

또한 나는 여러 교회 성도들이 기도하고 찬양하는 모습을 보면서 처음에는 그들을 비웃었으나 점차 기도를 부인하는 구원파에 깊은 회의를 품게 되었다. 당시 내가 겪은 극심한 갈등은 주체사상에 세뇌된 공산주의자이자 KAL 여객기 폭파범인 김현희 씨가 침례교인으로 회심하는 과정에서 느낀 갈등과 비슷한 것이었다.

한 달 동안 영국에서 여러 교단의 성도와 어울리는 가운데 스스로 내린 결론은 "그리스도인이면 마땅히 개인기도와 합심기도를 해야 한다"는 것이다.

실망과 환멸 그리고 귀국

한 달 동안 영국에서 공무를 마친 뒤 나는 한국에서 온 유병언 '목사님'과 독일에서 만난 구원파 간호원들과 함께 시간을 보냈다. 간호보조원들은 대부분 그곳에서 중노동으로 돈을 벌어 본국의 가족을 지원하는 생활을 하고 있었다. 그들은 그곳에서 유병언, 권신찬 목사의 설교테이프를 통해 '구원을 깨달은' 사람들이다. 그들은 본국에서 '존경하는 목사님'이 온다며 거금을 가불해 헌금까지 했다.

그런데 유 씨는 이런저런 고가품을 구입해 수백 마르크의 돈이 일주일 안에 바닥났다. 이를 놓고 고민하던 간호원 대표들의 모습을 나는 지금도 기억한다. 그러나 그들은 하루만에 "유 목사님이 사는 물건은 개인을 위한 것이 아니라 교회를 위한 것"이라고 합리화함으로 문제해결을 보았다고 자위했다. 간호원들과 같이 구원파에 빠져 맹신하는 처지지만, 나는 돈을 물 쓰듯 하는 유 씨의 행동을 납득할 수 없었다.

간호원을 위한 수련회를 마치고, 나는 교주 유 씨를 한국의 '가장 위대한 기독교 지도자'로 부상시켜 독일 기독실업인회와 이스라엘 유대인 교회에 강사로 세웠다. 그는 제한된 시간 동안 말씀을 전해달라는 부탁을 받았으나 시간에 개의치 않고 별 내용 없는 설교와 간증을 하다 두 차례 모두 중단당하는 망신을 당했다. '20세기의 사도 바울'에 대한 나의 존경심은 한순간에 실망과 환멸로 바뀌었다.

그러던 중 삼우트레이딩 고위 직원 서너 명이 당시 내가 근무하던 영국대사관으로 찾아와 유 씨의 돈 씀씀이 대하여 말하지 말라고 위협했다. 나는 아무리 생각해도 이해가 되지 않아, 불광동 자택으로 권신찬 씨를 찾아갔다. 외국에서 본 유병언 씨의 여러 가지 행동이 이해되지 않는다고 했더니, 나를 책망하면서 돌아온 그의 대답이 걸작이었다. "정 형제는 우리 모임에 함께한 시가 벌써 8년이나 되는데 아직도 깨닫지 못하느냐? 예수님의 제자들도 당시에는 예수님의 언행을 깨닫지 못하다가 나중에야 깨달았다고 했는데, 유 사장의 행동을 지금 다 이해하려면 어떻게 하느냐?"

장인 권신찬 씨도 사위 유 씨를 '성령의 기름 부음 받은 자'로 추앙하고, 나도 그 당시까지 유 씨를 현대의 사도 바울 내지 '모임의 머리'로 떠받들고 있던 터였다. 그렇지만 나는 권 씨가 사위 유 씨를 예수님에 비유하는 것에 아연실색하고 그때부터 서서히 이 모임을 떠나야겠다는 생각을 품기 시작했다.

뒷날 나는 이상심리학(異常心理學)을 공부하면서 이단교주들이 한결같이 자기중심적으로 남의 말을 믿지도 곧이듣지도 않는(벧후 2:10) 과대망상과 피해망상 징후를 나타내는 성격장애자(character disorder)라는 것을 알게 되었다.

초교파적인 교제와 기도 제안으로 받은 살해위협

나는 모임을 위한다는 마음으로 귀국 즉시 영국에서 경험한 것을 근거로 서OO 부사장에게 "초교파적인 교제와 기도의 필요성"을 제안했다. 그런데 이것이 화근이 되어 갑자기 나는 "교회를 무너뜨리는 마귀와 같은 존재"로 전락했다. 그리고 우리 내외는 그후 4개월에 걸쳐 협박과 공갈에 시달렸다.

소문이 퍼지면서, 의문을 품은 교인들이 계속 내가 근무하던 영국대사관으로 찾아왔다. 나는 유 목사의 돈 씀씀이와 기도의 필요성, 그리고 구원 받은 사람은 외국에도 많이 있다는 것을 유럽에서 경험한 대로 말해주었다. 그리고 생각이 단순한 나는 잘못된 신앙에 기도만 도입하면 좋은 교회가 될 줄로 생각하고 찾아오는 교인들에게 외국에서 보고 느낀 것을 그대로 말해주었다.

유병언은 서OO과 유도 5단이라는 자기 동생, 월남전에서 사람 많이 죽인 것을 전력으로 내세워 새벽시간에 전화를 걸어 협박하던 경호원 등 세 명을 보내 "순교할 각오가 되어 있느냐?"고 협박해 왔다. 결국 심약한 우리 내외는 거의 매일 잠을 설치는 가운데 불안과 공포에 떠는 신경증 환자가 되어가고 있었다. 나는 "사람이 포도나무(구원파)에 붙어있지 아니하면 영적으로 멸망한다"는 교리에 세뇌되어 있었으므로 할 수만 있으면 구원파에 붙어 있어 '기도와 예배'에 대한 잘못된 교리를 개혁해야 한다고 생각하고 있었다.

1977년 4월 그들은 나를 서울시청 옆 다방으로 불러냈다. 세 명 가운데 한 사람이 나의 어깨에 손을 얹고 "어깨가 근질근질하냐? 순교할 각오는 하고 왔겠지. 오늘 너 죽이고 나도 교회를 위해 순교할 작정이다"고 협박했다. 나는 교회개혁은 둘째 치고 내가 살아야겠다는 절박감을 느꼈다. 나는 '이제부터 당신들과는 상관도 하지 않겠다'고 말하고 다방을 뛰쳐나왔다. 저들의 협박 앞에 나는 8년 동안 애정을 쏟으며 절대적 충성을 바친 구원파를 아내와 함께 떠날 수밖에 없었다. 지금 돌이켜보면 하나님은 이와 같은 방법을 통해 내가 이단의 무리를 떠날 수 있도록 인도하신 것이다.

하나님은 유다서 13절에서 이단 지도자들에게 "캄캄한 흑암이 예비되어 있다"고 말씀하셨다. 베드로는 "주께서 경건한 자는 시험에서 건지시고 불의한 자는 형벌 아래 두어 심판 날까지 지키[신다]"(벧후 2:9)고 하였다. 내가 이 당시 종말을 맞았다면 틀림없이 지옥의 형벌을 받았을 것이다. 나는 하나님과 관계없는 종교생활을 하면서 그럴듯한 착각 속에 허둥대고 있었다.

그 당시 나는 인간적으로도 완전히 길 잃은 양의 신세가 되었다. 가족관계도 친구관계도 두절된 지 오래였다. 어느 곳에도 도움을 요청할 곳이 없었다.

이단에서 또다시 이단으로

처음에는 이단의 억압과 감시와 속박에서 벗어난 해방감을 만끽할 수 있었다. 몇몇 기존 정통 교회를 출석해 보았으나 8년 동안 세뇌된 교리 때문에 도저히 적응이 되지 않았다.

지금도 구원파 교인들이 교회 지도자들에게 실망하여 모임을 떠났다가 다시 구원파로 돌아가는 심정을 이해한다. 나는 그들의 왜곡된 구원관과 배타적인 교회관을 떨쳐버리지 못했다. 그후 3년 동안이나 이른바 위트니스 리(Witness Lee)의 지방교회(Local Church), 폐쇄적인 형제교회(Brethren Church),

몰몬교(말일성도 예수그리스도의 교회)를 전전하며 혼란과 회의, 번민의 안개 속을 방황했다.

구원파 소속 교인으로 있는 동안 나는 워치만 니의 「영에 속한 사람」 세 권과 빌리 그레이엄의 「불타는 세계」와 「하나님과의 평화」 등 10여권의 책을 생명의말씀사를 통해 번역 출판했다. 그러나 기독교에 환멸을 느낀 나는 이 모든 것을 후회하기에 이르렀다. 현 시점에서 돌이켜 볼 때 이는 하나님과 인격적 관계가 없을 때 벌인 하나의 이지적인 활동(번역에는 별 문제가 없다고 봄)이었지만 나에게는 이 모든 것이 진리와 실재(reality)를 찾기 위한 몸부림이었다.

행복한 가정에 대한 향수를 버리지 못하고 있던 나는 '가정은 지상의 천국'이라는 말로 성도들을 유인하는 몰몬교에 심취해, 미국대사관 재직 당시 직속상관의 권유로 유타주 솔트 레이크시 몰몬교 본부를 찾아가는 열성을 보이기도 했다.

그러나 몰몬교에 입교하려는 순간, 믿음과 은혜로만 구원 받는다는 「하나님의 평화」(빌리 그레이엄)의 메시지를 기억하고 몰몬교의 '행위에 의한 구원' 교리를 뿌리칠 수 있었다. 이런 것을 볼 때, 과거의 번역활동이 나에게 무익한 것만은 아니었다고 본다. 따라서 나는 과거의 모든 경험이 하나님의 섭리 가운데 있다고 믿는다.

1980년 8월 15일, 이단의 속박에서 해방되다

직장을 미국대사관으로 옮긴 나는 갖가지 사회학 및 심리학 서적을 읽으며 이단집단의 생성과정을 규명하고 나 자신의 정체감을 확인하려 몸부림쳤다. 삶의 구심점을 상실한 나는 구원파를 떠나온 지 2년 만에 각종 이단 교회에 적응하지 못하는 자신을 발견하고 일체의 교회생활을 중단했다.

생활의 균형과 마음의 평안을 찾아보려 애썼지만 캄캄한 터널의 끝은 끝내 나타나지 않을 것만 같았다. 우리 내외는 구원파에서 만나 결혼했는데, 아내는 내가 방향을 잃고 표류하던 이 시기를 가장 불행한 기간으로 기억하고 있다. 갈피를 잡을 수 없었던 나는 허탈감을 메울 길이 없어 그릇된 것일지라도 어떤 확신이 있으면 좋겠다고 생각하기도 했다.

그러나 "잃어버린 자를 찾아 구원하러 오신 예수님"은 끝까지 나를 놓지 않았다. 1980년 8월 10일, 나는 웨슬리 웬트워스(Wesley Wentworth)라는 미국인 자비량 선교사의 권유로 서울 사랑의교회(당시 옥한흠 목사 시무)를 찾아갔다.

목사님의 설교와 뜨거운 찬양에서 희망을 발견한 우리 내외는 나흘 뒤 광복절에 열린 사랑의교회 개척 2주년 기념 여름 수련회에 참석했다. 지금 생각하면 그 수련회는 나를 만나주시기 위해 하나님이 배설하신 천국잔치였다.

옥한흠 목사님은 요나서를 강해하셨는데 선포되는 말씀을 통해 성령님은 내가 얼마나 흉악한 죄인인가를 처음으로 깨우쳐주셨다. 구원파에서 아담의 범죄로 말미암아 내가 죄인으로 태어났다는 사실은 깨달았으나, 하나님 앞에서 나의 자범죄에 책임을 져야 하는 죄인이라는 사실을 깨달은 적이 없었다.

앞에서 밝힌 대로, 유년 시절부터 사람들에게 갖가지 상처를 받은 나는 자폐증, 신경증, 성격장애자의 아픔을 되씹으며 어른들의 기대에 순응하는 모범생의 길을 걸어왔다. 내가 하나님 앞에 죄인임을 실존적으로 깨닫기란 쉽지 않았다. 나는 죄인(sinner)이라기보다는 피해자(victim) 의식이 더 강했다. 주변 사람들이 나에게 지은 죄가 많았다(I have been sinned against)고 할 수 있다.

그런데 성령님은 내가 가장 가까운 이웃인 아내에게 결혼하고 6년 동안 말로 상처 입히고 기분 내키는 대로 화를 내며, 그 인격을 무시하고 함부로 대한 것이 하나님 앞에 무서운 죄임을 깨닫게 해주셨다. "당신 말이 아무리 맞다 해도 내가 여자 말을 듣고 바뀔 줄 아냐?" 내가 아내에게 자주 했던 말이다. 잠언 말씀은 바로 나를 두고 하는 것이었다. "혹은 칼로 찌름같이 함부로 말하거니와"(잠 12:18).

하나님은 "범죄하는 그 영혼은 죽을지라. 아들은 아비의 죄악을 담당치 아니할 것이요 아비는 아들의 죄악을 담당치 아니하리니 의인의 의도 자기에게로 돌아가고 악인의 악도 자기에게로 돌아가리라"(겔 18:20)고 말씀하셨다. 신명기 24장 16절에서는 "각 사람은 자기 죄에 죽임을 당할 것이니라"고 했다.

성경은 가정이 우리에게 입힌 피해와 우리의 행동 반응에 대한 우리 자신의 책임을 구별해서 말하고 있다. 우리는 타락한 세상에서 환경과 가정의 영향으로 고난을 당하는 희생자(피해자)며, 또한 우리가 한 행동에 스스로 책임을 져야 할 죄인이다. 나는 비로소 나의 삶에 책임을 져야하는 죄인임을 절감했다.

성령께 책망받은 나는 의지할 데 없는 고독한 죄인으로 거룩한 하나님 앞에 떨면서 앉아 있었다. '거룩한 두려움'에 떨고 있었다. 그때에 목사님은 "포악한 니느웨 백성을 용서하고 받아주신 하나님이 사랑으로 받아주지 못할 죄인이 어디에 있겠느냐?"고 호소하셨다. 거짓 목자를 만나 온갖 수모를 당한 채 상처투성이가 된 나는 의지가 약할 대로 약해져 있었다. 죄인을 부르시는 예수님의 다정한 음성 앞에 자신이 없어 어찌할 바를 모르고 머뭇거리고 있었다. 성령님은 당신의 종을 통해 계속 말씀하셨다.

"너는 내게로 돌아오라 내가 너를 구속하였음이라"(사 44:22).

"내가 저희 불의를 긍휼히 여기고 저희 죄를 다시 기억하지 아니하리라"(히 8:12).

"용서해 줄 터이니 두려워 말고 어서 오라"는 주님의 음성에 자신이 없어 머뭇거리고 있을 때, 나에게 담대한 믿음을 불어 넣어준 것은 그 수련회에서 성도들과 함께 부른 작자 미상의 복음성가였다. 성령님은 나의 죄를 책망하시면서 죄 사함의 확신도 인쳐 주셨다.

> 흙으로 사람을 지으사 그 코에 생기를 불어 넣으신 주 하나님
> 우리 위해 아들을 세상에 보내신 사랑의 주 하나님을 사랑해
> 나는 하나님 형상 따라 지음 받은 몸이니 이 몸을 주께 바치리
> 항상 내 생활 중에 주를 부인하지 않으며 내 주를 섬기렵니다

이 찬송을 거듭 부르는 동안 구원파에서 세뇌 받은 두 가지 비뚤어진 사상이 바로 잡혔다. 바로 "하나님의 형상을 따라 지음 받은 가치 있는 존재"라는 것과 하나님이 나를 사랑해주셨으니 내가 주님을 사랑하는 것은 당연한 반응이라는 사실이다.

하나님의 용서하시는 사랑에 감동된 나는 앉은뱅이가 일어나듯 벌떡 자리에서 일어났다. 그리고 나의 마음을 온전히 주님께 드렸다. 주님은 상한 갈대, 아니 꺼져가는 등불과도 같은 탕자를 측은히 여기시서 "달려 나와 나의 목을 안고 입을 맞추어주셨다."

나는 세상에 태어나서 처음으로 인격적인 대우를 받은 것이다. 내 모습 그대로를 받으시고 사랑해주셨다. 나는 어른들에게 야단을 맞으면 버림받은 기분 때문에 삐쳤다. 그런데 내가 회개하고 주님의 손에 내 마음을 드렸을 때, 나의 마음은 마치 엄마 품에 안긴 어린아이처럼 평안하고 고요해졌다. 예수님은 용서하고 용납하는 사랑으로 나를 받아주셨다. 그야말로 뿌리칠 수 없는 무조건적 은혜였다. 빌리 그레이엄 목사님의 책 제목대로, 나는 드디어 '하나

님과 평화'하게 되었고, 하나님의 사랑이 나의 마음에 부은바 되었다(롬 5:5).

하나님의 심부름꾼으로

조건 없이 받아주시는 아버지의 사랑에 감동된 나는 주님의 품에 안겨 영혼 깊은 곳에서 북받쳐 흘러내리는 눈물을 참지 못한 채 울고 또 울었다. 이단을 거쳐 폐인이 된 채 부적응증 환자로 세상을 살아가는 무수히 많은 사람 중에 특별히 선별하여 자비를 베풀어주신 하나님의 사랑을 생각하면 시도 때도 없이 눈물보가 터졌다. 버스를 타고 가다가도, 편지를 쓰다가도, '성인아이'의 성격장애를 오래 참아준 아내 앞에 용서를 빌다가도, 나는 아버지의 사랑에 거듭거듭 감격할 수밖에 없었다. 아내는 시도 때도 없이 흐르는 나의 눈물이 8개월 동안 계속 되었다고 이야기한다. 인격적인 하나님의 사랑은 나를 인격적인 남편과 인격적인 아버지로 변화시켰다.

예수님을 만난 뒤 나는 거짓 선생들의 가르침과 달리 나 자신이 하나님의 형상을 따라 지음 받은 고귀하고 사랑스런 존재며, 독생자를 내어주고 구속할 만큼 가치 있는 중요한 존재임을 확인하게 되었다. 주님은 말씀하셨다.

"그들(어미)은 혹시 잊을지라도 나는 너를 잊지 아니할 것이라"(사 49:15).

"내가 무궁한 사랑으로 너를 사랑[한다]"(렘 31:3).

"너희를 범하는 자는 그(하나님)의 눈동자를 범하는 것이라"(슥 2:8).

하나님은 한결같은 사랑과 인도와 보호를 약속하셨다. 주님의 자비와 인자를 맛본 나는 드디어 하나님을 사랑한다고 고백할 수 있게 되었다. 또한 이단의 눈치를 보지 않고 찬양과 기도의 특권을 마음껏 누리게 되었다.

그후 선한 목자 되신 우리 주님은 "사람의 줄, 곧 사랑의 줄"(호 11:4)로 나를 이끌어주셨다.

게리 콜린스를 통해 상담자로 부르신 하나님

내가 그리스도인이 된 지 4개월 되었을 때, 하나님은 기독교 심리학자 게리 콜린스(Gary Collins) 박사를 처음으로 한국에 보내 목회상담 세미나를 인도하게 하셨다. 당시 서울 침례교회를 목회하던 이동원 목사님이 통역으로 예정되어 있었는데, 이 분이 '때를 맞추어' 과로로 쓰러지셨다.

당시 나는 글라이스틴 미국 대사의 통역으로 봉직하고 있었는데, 이동원 목사님 대신으로 갑작스레 통역을 요청받았다. 나는 콜린스 박사의 상담 특강을 통역하면서 하나님의 위로의 음성을 들으며 감격하여 수차례 눈물을 흘렸다. 말씀 하나하나가 나를 위한 것으로 들렸다. 통역자가 감격해 수시로 흐느껴 우는 바람에 5일간 지속된 세미나는 여러 차례 중단될 수밖에 없었다. 통역하는 사람으로 가장 행복한 시간이었다. 이것을 계기로 나는 "남을 이해하고 도와주며 사랑하는 상담사역"에 여생을 바치라는 하나님의 부름을 받았다. 그리고 1980년 11월 어느 날, 세미나가 열리던 수원 아카데미 하우스 숲 속에 들어가 하나님 앞에 '제단을 쌓고' 상담사역에 내 남은 생을 바치겠다고 주님께 약속하고 삶을 드렸다.

아내는 나보다 일 년 뒤 이동원 목사님의 설교 테이프를 듣다가 자신이 영적인 고멜임을 깨닫고 '은총과 긍휼과 진실함으로' 만나주시는 하나님의 사랑을 경험하게 되었다. 그 뒤로 아내는 나의 사역에 마음을 같이 하는 동역자가 되었다. 우리 내외는 드디어 "그리스도를 경외함으로 피차 복종하는" 부부가 된 것이다(엡 5:21).

얼마 뒤, 나는 미국 대사 통역 자리를 그만두고 하나님의 심부름꾼으로 나섰다. 유학을 준비하며 기다리는 동안 나는 두란노서원 하용조 목사님과 남서울교회 홍정길 목사님의 격려로, 3년 동안 데니스 레인(Denis Lane) 목사님의 강해설교 세미나에서 통역으로 봉사하는 특권을 누렸다. 그리고 아무런 대책도 세우지 않고 대사관을 그만두었던 나는 도서출판 나침반에서 경건생활을 위한 월간지 「오늘의 삶」(Daily Walk) 번역을 도우며 신구약 성경 전체를 통독할 수 있었다.

게다가 사랑과 은혜가 넘치는 사랑의교회에서 2년 동안 집사로 주님을 섬기며, 마치 병원에 입원한 환자처럼 우리 내외는 영적으로 정서적으로 많은 부분에서 치료를 받았다. 주님의 인도하심을 따라 그 교회를 떠날 때는 '치료받은 환자는 퇴원하는 법'이라고 자위하면서 눈물을 머금고 거처를 대전으로 옮겼다.

여러 지체를 통해 신학을 재정립

유학을 준비하던 나는 친구 이동원 목사의 권고에 따라 1982년 침례신학대학 대학원에 입학하였다. 그 뒤 4년 동안 훨웰(Falwell) 교수와 쉘톤(Shelton), 부쉬만(Bushman) 교수의 강의를 통역하면서 기독교교육과 상담을 연구하는 가운데 "예수 그리스도의 은혜와 그를 아는 지식"에서 자라가는 축복을 누렸다.

하나님은 아내의 말처럼 원격조정에 능하신 분이다. 주님은 내가 만난 모든 이들을 통해 나의 모난 부분을 다듬으시고 치료하시며 인도하셨다.

책을 좋아하는 나에게 하나님은 나의 스승 콜린스 박사를 통해 스위스의 기독교 상담가 폴 투르니에를 알게 해주셨다. 세 살 때는 아버지를, 여섯 살 때엔 어머니를 각각 사별하고 알코올 중독자인 외삼촌 밑에서 자폐아로 성장한 고아 출신 상담가 투르니에는 1986년 88세를 일기로 주님 품에 안기기까지 저서와 편지로 우리 내외를 상담해주고 격려해주셨다. 바울이 "내가 그리스도를 본받는 자 된 것같이 너희는 나를 본받으라"고 권면했는데, 고아 투르니에는 심리적 고아로 성장한 나에게 여러 면에서 동일시의 모범이 되어주셨다.

투르니에는 그의 책 「모험으로 사는 인생」(The Adventure of Living, IVP)에서 "우리의 삶은 하나님이 지휘하시는 모험"이라면서 담대한 믿음으로 모험의 길을 떠나도록 권유하였다. 결국 나는 그의 도전에 힘입어 가족과 함께 유학이라는 모험의 길에 들어섰다. 그리고 '나의 사랑하는 친구이자 스승이신 투르니에 박사'는 하나님의 부름을 받아 소천하기 전, 내가 번역하려고 한 그의 대표작 「모험으로 사는 인생」의 한국어판 서문을 써주셨다.

꿈같이 보낸 트리니티 4년

선한 목자 되신 우리 주님은 드디어 나의 소박한 기도에 대한 응답으로 유학길을 떠나게 해주셨다. 1985년부터 1989년까지 4년 동안 46개국에서 모인 1,500명의 신학생들과 함께 트리니티 복음주의 신학교(Trinity Evangelical Divinity School)에서 상담심리 석사 과정과 가정사역 전공 철학박사 과정을 서둘러 공부하는 동안 나는 늘 부족감에 시달렸고, 도중하차할지 모른다는 불안과 싸워야 했다. 늘 우등만 하던 학생이 외국학교지만 첫 학기에 어떤 과목에서든 B학점을 받기란 쉬운 일이 아니다. 나는 늘 마음을 다해 즐거운 심정으로 공부하면서도 쫓기는 심정이기도 했다. 방학도 없이 계속된 유학생활 4년은 그야말로 "눈 붙일 겨를도 없이"(창 31:40) 보낸 힘든 세월이었다.

주님여 이 손을 꼭 잡고 가소서 약하고 피곤한 이 몸을
폭풍우 흑암 속 헤치사 빛으로 손잡고 날 인도하소서
외치는 이 소리 귀기울이시사 손잡고 날 인도하소서

교정에 있는 기숙사와 교실을 오가면서 나는 이 찬송을 얼마나 여러 번 불렀는지 모른다. 이것은 내가 매일같이 드리는 기도이기도 했다. 그런데 늘 부족감에 시달리며 논문만 통과할 수 있게 붙들어 달라고 기도하던 나에게 하나님은 박사 과정 학생 80명 을 대표해 기독교교육 표창(Lidell Christian Education Award)과 상금을 받게 하심으로 나를 놀라게 하셨다. 네 살부터 심리적인 고아로, 열두 살 때까지 자폐아로, 고등학생이 되어서야 정상속도로 한글을 읽을 수 있었던 나, 귀중한 대학시절을 이단집단에서 허송했던 나를 높이 드셔서 한국인으로 태어난 것을 자랑스럽게 만들어주신 하나님의 사랑과 지혜에 감격하고 또 감사할 수밖에 없었다.

믿음의 선배 요셉의 고백대로, 사람들은 나에게 여러 가지 피해를 입혔으나 하나님은 이를 선으로 바꾸시고 모든 것이 합력하여 선을 이루게 하셨다. 나는 지금까지 생애 가운데 여러 가지 충격과 상처를 안겨주었던 집안 식구들와 구원파 교주에게 요셉처럼 말할 수 있다. "당신들은 나를 해하려 하였으나 하나님은 그것을 선으로 바꾸사 오늘과 같이 만민의 생명을 구원하게 하시려 하셨나니 ……"(창 50:20).

더 이상 방황은 없다

나는 나 자신이 하나님의 형상대로 지음 받은 귀한 존재임을 알고 있다. 또 하나님이 피 값을 주고 산, 주의 소유된 자녀임을 알고 있다. 나는 더 이상 환경과 부모와 가족을 탓하지 않는다. 기구하고 불우했던 성장과정을 하나님의 섭리로 믿고 수용하기 때문이다. 이제 더 이상 소속감을 찾아 방황하지 않는다. 우리 영혼의 목자와 감독 되신 예수님이 나를 받아주셨을 뿐 아니라(롬 15:7), 친히 손잡고 인도하시기 때문이다.

나는 그리스도 안에 있는 하나님의 사랑스런 아들이다. 나는 '나밖에 모르는' 성인아이, 성격장애자였다. 영적으로 눈이 먼 나는 사랑하고 사랑받고 싶은 욕구를 책과 공부에서, 이단 교주를 열심히 섬기는 활동에서 채워보려고 허둥댔다.

나를 측은히 여기신 예수님은 잃어버린 양을 찾아 구원해주시고 나를 충성 되이 여겨 직분을 맡겨주셨다(딤전 1:12). 예수님은 참 좋으신 분이다. 우리의 부끄러운 과거와 반항과 불순종에도 우리를 받아주시고 사랑해주신다.

명예훼손 및 신용훼손 혐의로 피소

"여호와는 내 편이시라. 내게 두려움이 없나니 사람이 내게 어찌할꼬"(시 118:6). 종교개혁자 마르틴 루터가 제일 좋아했다는 이 말씀은 내가 구원파(기독교복음침례회) 교주 유병언의 고소로 전격 구속되기 직전 하나님이 아침 경건 시간을 통해 주신 말씀이다. 우리 아버지는 그의 자녀에게 환난을 허락하실 때 이를 감당할 수 있도록 미리 도와주시는 인격적인 분이시다.

1990년 11월 학기말이 다 되어가던 어느 날, 당시 나이 사역터 침례신학대학에서 강의를 마치고 집에 돌아왔을 때, 아내가 "유병언이 명예훼손으로 당신을 고소했다고 서부경찰서로 출두하라는 통지서가 와있다"며 경찰서 출석 요구서를 보여주었다. 나는 드디어 '올 것이 왔구나'라는 생각과 함께 가슴이 덜컹 내려앉는 것 같은 두려움을 느꼈다. 평생 경찰서 같은 곳에는 가본 적이 없기에 법적인 문제에 어떻게 대처해야 할지 알지 못했다. 불안과 두려움이 엄습했다.

11월 19일, 나는 대전 서부경찰서에 나가 세 시간 동안 피의자 조사를 받았다. 이때 나를 사랑하는 침신대학보 기자들이 동행해 경찰서 밖에서 기다리며 마음을 같이 해주었다. 구원파 교주이며 (주)세모 사장인 유병언과 그의 추종자 6명(전양자, 윤소정, 정행덕, 김경길, 이용화, 손영록)은 8가지 혐의사실을 걸어 내가 허위사실을 퍼뜨려 저들의 명예를 훼손했다며 형사처벌을 요구해왔다. 유병언과 그의 추종자들이 무슨 혐의로 나를 고소했는지 궁금할 것이다. 그래서 유병언이 허위 사실이라고 주장하는 고소 내용을 간략하게 소개한다.

"유병언은 기독교복음침례회 즉 구원파의 교주로서 각종 미신적, 비신앙적인 방법으로 모금운동을 벌여 교인들의 재산을 헌납케 해 삼우트레이딩 및 (주)세모 등 회사를 운영하고 있다. 유병언은 깡패 출신으로 여자관계가 문란하여 부인으로부터 두 번이나 이혼당할 뻔했다. 독일과 이스라엘에서 초청강연을 하다 지리멸렬한 내용을 연설하며 시간을 끌다가 강제로 중단당하는 망신을 당하였다. 구원파에서는 한강 유람선, 세모 스쿠알렌, 14척의 연안여객선, 세모 페인트, 세모 컴퓨터 모니터 등을 운영하면서 직원들의 월급을 제대로 주지 않고 임금을 착취해 무역실적을 올리고 있다. 유병언은 극동방송과 홀트양자회를 탈취하려다 미수로 그친 적이 있다. 오대양 교주 박순자는 구원파 교인으로 유병언이 길러낸 사람이며 박순자, 송재화가 유병언에게 개발비 명목으로 사업자금을 대주었다."

이상 8가지 혐의로 내가 출판물과 강연을 통해 유병언의 명예를 훼손하고 12억 원의 사업상 손실을 끼쳤다는 내용이다. 그래서 유 씨는 나를 명예훼손과 신용훼손으로 고소해 형사처벌을 요구해 온 것이다.

유병언이 허위사실이라고 주장하는 내용은 내가 1981년에 두란노서원에서 나눈 간증, 1984년에 썼던 침례신학대학 석사학위 논문 "구원파(기독교복음침례회)와 미 남침례회의 비교연구", 1986년 「현대종교」에 연재했던 논문, 미국 시카고, 밀워키, 캔자스시티 등에서 했던 구원파 비판강연, 호놀룰루 기독교

TV 대담, 1990년 서울 강남중앙침례교회와 대덕연구단지 연합신우회 집회에서 나누었던 간증, 1990년 5월 「현대종교」에 실었던 간증 등에 담겨 있는 내용을 말하는 것으로, 고소인들은 나의 간증과 강연을 복사하거나 녹취해 방대한 책을 만들어 이를 증거물로 경찰서에 제시했다.

사실을 말해도 명예훼손죄?

"왜 그런 말을 했느냐?"는 형사의 질문에 나는 "모두가 본인이 경험한 사실이기 때문에 사실을 말했을 뿐"이라고 대답했다. 나는 사실을 말해도 명예훼손이 된다는 법률상식을 알지 못하고 있었다. 그래서 유 씨의 고소내용이 모두 사실이기 때문에 별일이 없을 것이라고 생각하고 귀가했다. 도둑놈을 보고 도둑놈이라 해도 명예훼손이요, 간통죄를 지은 전력이 있는 사람을 보고 바람둥이라고 하고, 사기꾼을 보고 사기꾼이라 해도 명예훼손죄가 성립된다는 것을 나는 검찰 조사를 받으면서 비로소 터득했다(그러나 개인비방 목적이 아니라 공공의 이익을 위해 특정인을 비판했을 때는 명예훼손이 성립되시 않는다).

1968년부터 1977년까지 8년 동안 교주 유병언의 통역 및 홍보를 담당하다가 이탈한 지 13년이 흘렀는데, 그들이 지난 13년 동안 나의 행적을 샅샅이 추적하며 고소자료를 수집했다는 사실을 나는 경찰서에서 피의자 조사를 받으면서 알게 되었다. 나의 말 하나하나가 방대한 책으로 꾸며져 증거물로 제시된 것을 보고 나 자신이 어떤 의미에서 '굉장히 중요한 인물'이라는 것을 새삼 느끼게 되었다.

평소에 하나님과 사람 앞에서 부끄러울 것 없이 위에서 말한 내용을 사실대로 말했기에 별문제 없을 것이라 생각했다. 그리고 마무리 조사를 위해 잠간 들러달라는 담당형사의 말을 믿었다. 그래서 금요일인 11월 23일 여느 때와 같이 강의를 위해 출근하던 길에 서대전 경찰서에 다시 출석한 나는 전격적으로 보호실에 수감되었다. 그날 밤 자정에 구속영장이 떨어져 같은 경찰서 안에 있는 유치장으로 이감되었다. (자정에 보호실 반대편에서 나의 이름을 부르는 소리가 들렸다. 구원파 사람이 내가 수감된 것을 확인하기 위해 내 이름을 불렀다는 것을 후에 형사가 확인해 주었다.) 사태는 급박하게 진전되어 사흘 뒤에는 검찰로 송치되었고, 그날 밤 자정에는 대전에 있는 진잠교도소로 이감되었다. 출옥한 뒤에 나는 구원파에서 정부의 비호를 받아 사전영장을 준비해 두었다가 상부의 지시에 따라 나를 구속시켰다는 사실을 뒤늦게 알게 되었다.

갑자기 유치장 신세를 지게 되자, 보통 당황한 것이 아니었다. 그러나 곧 "사람이 감당할 시험밖에는 너희에게 당한 것이 없나니 …… 너희로 능히 감당하게 하시느니라"(고전 10:13)는 말씀이 떠올랐다. 내가 이런 일을 감당할 수 있다고 인정하시고 '영광스런 십자가'를 지게 하신 하나님의 은혜가 감격스럽게 느껴졌다.

하나님은 그의 자녀에게 어려운 일이나 환란을 허락하시기 전에 먼저 준비시키시는 분이다. 미국 유학생활 4년을 마칠 무렵 하나님은 예수전도단의 제프 리틀톤(Jeff Littleton)이라는 형제를 만나게 하셨다. 주님은 그를 통해 내가 귀국하게 되면 '마치 망치에 두드려 맞는 다이아몬드와도 같이' 억울한 일을 당하게 될 것이라고 예언해주셨다.

교도소에 들어가서야 그 말의 의미를 이해하게 되었다. 모든 일이 하나님이 아시는 가운데 이루어지는 일임을 확신한 나에게는 수갑을 차고 포승줄에 묶인 채 검찰청을 오고가는 일도 곧 익숙해졌다. 여러 성도가 나를 위해 기도하고 있다는 사실도 큰 힘이 되었다.

조사를 받으러 검찰청에 나가는 날이 아니면 유치장이나 감방에 있는 동료 죄수들에게 "오대양 교주 박순자를 길러낸 (주)세모 사장 유병언을 비판하다 명예훼손으로 고소당했다"며 나의 죄를 자랑했다. 보호실에서는 고아 출신 특수강도를 상담하면서, 교도소에서 같은 방에 배치된 공무원 출신 죄수들에게 내가 구원파란 이단에 빠졌다가 어떻게 예수님을 만나 생애가 변화되었는지를 간증하면서 즐거운 시간을 보냈다. 동료 죄수 3명 모두 사회에 나가면 신앙생활을 열심히 하겠다고 약속했다.

그러나 예수님이 얼마나 좋은 분인지를 간증하는 시간도 하루 이틀뿐, 나흘 뒤에 교도소 측의 '특별배려'로 독방으로 이감되었다. 격리수용해야 할 죄수도 아닌데 나는 구원파의 계략에 따라 가정파괴범이나 사형수들이 수용되어있는 독방으로 옮겨져 추운 겨울을 일주일이나 보내야 했다. 교도소에서 한가하게 보낸 시간은 주말밖에 없을 정도였고 대부분의 시간은 검찰청에 불려나가 검사 조사를 받는 데 소비되었다.

교도소 생활은 여러 가지로 제약 받는 고통스러운 생활이다. 형벌과 교화를 목적으로 죄수를 교도소로 보낸다는 진리를 나는 짧은 기간에 몸으로 체험한 셈이다. 교도소 안에는 쇠붙이가 일체 허용되지 않기 때문에 플라스틱 안경을 맞출 때까지 사흘 동안 안경 없이 생활해야 했고, 독방으로 옮겨진 뒤에는 거울도 면도기도 없이 찬물에 세수만 열심히 했다. 일정한 시간에 취침하고, 기상하고, 점호하고 매일 세끼 똑같이 들어오는 쌀 섞인 보리밥과 김치와 깍두기도 곧 익숙해져 감사함으로 식사할 수 있었다. 찬물에 양말, 수건, 내의를 빨아도 걸어놓을 줄이 없어 말리기 어려운 것이 여간 불편하지 않았다.

감시를 목적으로 밤새도록 켜놓은 형광등 아래서 잠을 청하는 것도 고통스러운 일이었다. 아침 기상과 저녁 취침 전에 한두 시간씩 교도소 방송으로 대부분 오락프로그램을 녹음했다 틀어주는데 그리스도인인 나에게는 보통 스트레스가 아니었다. 비누, 수건, 칫솔 등 기본적인 생활필수품 말고는 모든 것을 박탈당한 생활이었다.

힘의 원천이 된 하나님 말씀

교도소 생활은 여러 가지 제약이 따랐다. 그러나 성경 읽는 것이 허용된 것은 여간 감사할 일이 아니었다. 시편과 바울의 옥중서신을 읽는 가운데 여러 말씀이 새롭게 다가왔다. 여호와 하나님이 나에게 일어나는 모든 일을 낱낱이 알고 계시다는 사실(시 139편)이 큰 위로가 되었다. 1980년 예수님을 영접한 이후로 나의 '선한 목자'가 되어주신 주님은 나의 가는 길을 아시고 나의 생각과 언행심사를 익히 아신다. 내가 비록 감방에 와 있을지라도 "거기서도 주의 손이 나를 인도하시며 주의 오른 손이 나를 붙드[신다]"(시 139:10)는 말씀이 특히 그러했다.

아내가 넣어준 성경을 펴니 시편 86편 말씀이 들어왔다. "내게로 돌이키사 나를 긍휼히 여기소서 주의 종에게 힘을 주시고 주의 여종의 아들을 구원하소서. 은총의 표징을 내게 보이소서. 그러면 나를 미워하는 저희가 보고 부끄러워하오리니 여호와여 주는 나를 돕고 위로하심이니이다"(시 86:16-17). 옥중 경건의 시간에 주님이 나에게 주신 이 말씀으로 나는 매일 수십 번 이 기도를 "나의 피난처와 나의 힘, 나의 피할 바위, 나의 방패, 나의 소망이 되시는" 아버지께 드렸다.

대전 진잠교도소에는 3,500명의 죄수가 수감되어 있었다. 그 가운데 6백여 명의 그리스도인 죄수가 연일 "정동섭 교수를 통해 하나님의 뜻이 이루어지기를 기도하고 있다"는 것을 교도관들이 수시로 나의 감방을 찾아와 알려주었다. 지금도 그때 자주 나를 찾아와 감방 창살을 사이에 두고 교제했던 여러 교단의 교도관들의 사랑을 잊지 못한다. 로마 옥중에서 바울이 최후로 썼던 편지 내용이 새로운 의미로 다가왔다. "원컨대 주께서 오네시보로의 집에 긍휼을 베푸시옵소서. 저가 나를 자주 유쾌케 하고 나의 사슬에 매인 것을 부끄러워 아니하여 로마에 있을 때에 나를 부지런히 찾아 만났느니라"(딤후 1:16-17).

어느 날 아내와 학생 대표가 면회를 마치고 돌아간 후, 교도소 복도를 따라 걸어가는데 멀리서 천사의 합창소리 같은 것이 들려왔다. 그리스도인 죄수들이 부르는 찬송 "평화의 기도"였다. 나는 눈물을 흘리며 "주여 나를 평화의 도구로, 사랑의 도구로 써주소서" 노래를 따라 불렀다. 그때의 감동을 평생 잊지 못할 것이다.

구속적부심 통과, 자유의 몸으로 재판정에 서다

구원파와 그 사교집단 교주 유병언을 비판하다 현직 신학대학 교수가 부당하게 구속되었다는 소식이 일간신문은 물론 기독교방송, 극동방송, 국민일보를 통해 알려졌다. 그러자 내가 속한 침례신학대학 교수와 학생, 기독교한국침례회를 비롯한 한국기독교 총연합회에 속한 여러 교회에서 기도와 헌금과 탄원으로 나에 대한 사랑과 지원을 보여주었다.

거의 매일같이 면회를 와주었던 아내를 통해 들은 이야기이지만, 나는 '하나님 교회'(그리스도의 몸)의 유기적인 통일성에 감탄할 수밖에 없었다. 전국 각지의 격려전화와 기도에 힘을 얻어 아내는 "속사람을 능력으로 강건하게"(엡 3:16) 하라며 권면하고 위로했다. "전국에 있는 교회가 당신 때문에 하나로 뭉치고 있으니 일찍 나올 생각하지 마시고, 오래 있을 각오로 대비하세요. 저도 당신과 함께 목숨을 걸 테니 저들에게 굴복하지 말고 끝까지 싸웁시다." 나는 아내가 이때처럼 사랑스럽고 자랑스러워 보인 적이 없었다!

하나님은 놀라운 방법으로 성도들의 기도를 응답해주셨다. 하나님은 그리스도인 판사가 나의 사건을 심사하도록 섭리하셔서 우리 모두의 기도를 응답해주셨다.

나는 구속적부심을 통과하여 옥중생활 15일 만인 12월 7일에 자유의 몸이 되었다. 그 뒤 반년이 지난 다음 1991년 5월 22일에 대전지방법원에서 열린 첫 번째 공판에서 나는 "앞으로도 오대양과 같은 피해를 예방하기 위해서 법이 허용하는 범위 안에서 구원파를 계속 비판할 것이다"라고 법정에서 담대하게 진술했다. 잠언 17장 15절에 이런 말씀이 있다. "악인을 의롭다 하며 의인을 악하다 하는 이 두 자는 다 여호와의 미워하심을 입느니라." 나는 기독교 지도자를 양육하는 신학교 교수로서 반사회적인 인물 유병언과 같은 이단교주의 정체를 계속 드러내야 한다고 믿는다. 그래서 나는 이단으로부터 가정과 교회를 보호하기 위해 정통 교회를 대변해야 한다는 확신을 말했던 것이다.

집단자수극을 연출한 유병언

권력과 그 재물의 풍부함을 의지하여(시 52편) 죄악을 은폐하려고 기도하던 구원파 교주 유병언은 나의 법정발언에 자극돼 서둘러 오대양 변사사건이 구원파(세모)와는 무관한 것처럼 사실을 왜곡시키기 위해 7월 10일 김도현 등 7명을 집단자수시켰다. 유병언의 이단교리에 세뇌된 그들은 일사분란하게 거짓말을 했지만, 하나님은 의외의 방법으로 당시 김현 의원과 박찬종 의원의 폭로회견을 통해서 구원파와 세모와 오대양을 둘러싼 진실을 드러내셨다. 에스더서에서 볼 수 있는 것처럼, 우리 하나님은 자기 백성을 지키기 위하여 졸

지도 주무시지도 않으셨다. 국회의원과 구원파 피해자와 신문기자들, 정치인, 검사들의 마음을 움직여 모든 사건을 주장하고 섭리하셨다.

7월 10일, 나는 대전 지방법원에서 제3차 재판을 받았다. 유병언은 그날 재판에 고소인측 증인으로 출두하게 되어 있었다. 그런데 그는 법정에 모습을 드러내지 않았다. 뒤에 알고 보니 대부분 고소내용에 대해 혐의가 없는 것으로 처리한 검사의 일차조사 결과에 불만을 품고 서울 고등검찰청에 재차 조사를 요청하고 그 조사가 끝날 때까지 출두하지 못하겠다고 통보해 왔다고 한다. 자신의 죄가 드러나는 것이 두려웠는지 지연전술을 써서 법정출두를 기피한 유병언은 같은 날 오후에 오대양과 관련된 구원파 신자 6명을 집단자수시켰다. 죽은 박순자 씨가 시켜서 한 일이고 사채 행방에 대해서는 자신들이 타살해 암장한 노순호 씨가 알고 있다고 그럴듯한 각본을 세뇌시켜 모두 똑같은 소리를 되풀이하게 했다.

'사단의 앞잡이' 유병언은 그의 머리를 짜내, 87년 사건이 났을 때와 마찬가지로 정치의 비호와 막대한 재력을 믿고 마치 구원파를 떠나서 '오대양교'가 따로 존재하는 것처럼 언론을 오도해, 국민들의 시선을 세모와 구원파로부터 분리시키려고 안간힘을 썼다. 그러니 하나님은 진실이 가려지는 것을 허락지 않으셨다. "여호와께서 온갖 것을 그 쓰임에 적당하게 지으셨나니 악인도 악한 날에 적당하게 하셨느니라"고 잠언 16장 4절을 통해 말씀하신다. 하나님은 악인과 선인, 믿는 성도와 하나님을 신뢰하지 않는 정치인까지 동원하셔서 자기의 뜻을 이루신다는 것을 나는 이 사건을 겪으면서 실감했다.

독자들은 그동안 텔레비전과 신문 등의 보도를 통해 오대양 사건을 보면서, 구원파 교주 유병언이 거짓말과 이간질과 책임전가를 일삼는 '희대의 사기꾼'이라는 표현을 자주 접했을 것이다. 대표적인 예로, 1991년 8월 3일 동아일보에서 분석한 대로, 그는 자신의 비서였으며 처남댁이 되는 송재화를 모른다고 시치미 뗐다. 그런가 하면 1972년 목사안수를 받고 목사 행세를 했으면서도 헌금과 사채로 사업을 운영한다는 비난을 모면하기 위해 "나는 목사가 아니라"고 거짓말을 서슴지 않았다. 대전 모금책 박순자와 긴밀히 돈거래를 했으면서도 "나는 박 여인을 만난 적이 없다"고 했다. 구원파를 창설해 이날까지 이끌어온 장본인이면서도 "나는 구원파와 관계가 없다"고 새빨간 거짓말을 계속하고 있다. 문제는 이런 새빨간 거짓말을 하는 것이 그를 추종하는 구원파 교인들에게 아무런 문제가 되지 않는다는 점이다.

앞서 밝혔듯이 나는 대학 3학년 때 유병언에게 포섭되어 1968년부터 1977년까지 8년 동안 유병언의 통역과 홍보를 담당하는 자리에 있었다. 그가 겸손한 평신도 행세를 하다가 목사안수를 받고 극동방송 부국장 행세를 할 무렵, 나는 그의 '대변인'처럼 충성스럽게 봉사했다. 그의 장인 권신찬과 그의 이단적인 정체가 드러나 방송국에서 쫓겨났을 때, 교인들의 헌금을 모아 사업에 손을 대던 시기에도 나는 그를 가까이서 지켜볼 수 있었다.

정통 교회의 가르침에 배치되는 교리

당시 그들이 나에게 세뇌시켰던 구원파의 기본교리는 다음과 같다.

"사람은 예수 그리스도를 영접함으로 구원 받는 것이 아니라 죄 사함의 비밀을 깨달음으로 구원을 받는다. 죄를 회개하고 예수를 영접하라고 설교하는 빌리 그레이엄 목사는 구원 받지 못했다(권신찬의 말). 하나님은 인간을 사랑하시나 인간은 하나님을 사랑할 수 없다. 하나님은 구원파 교회를 예정하셨고 개인은 예정하지 않으셨다. 의지적인 회개나 믿음의 결단 없이 복음의 진리를 피동적으로 깨달으면 구원 받는다. 모든 종교행위와 율법과 양심의 가책에서 해방되는 것이 구원이다. 식사기도, 새벽기도와 같은 형식적인 기도는 필요 없다. 모임의 일, 즉 유병언이 주도하는 사업을 의논하는 것이 교제이자, 기도며, 예배다. 손으로 지은 유형의 교회는 필요 없다. 성도는 교제하기 위해 자주 모일 뿐, 예배형식은 필요 없다. 회사가 무너지면 교회가 무너지고 교회가 무너지면 성령은 한국에서 떠난다. 교회의 비밀을 2천 년 역사상 구원파에서 처음으로 깨달았다. 개인은 신앙생활을 할 수 없고 교회가 신앙생활을 대신한다. 구원파(포도나무)에 붙어 있는 자만이 예수 재림하실 때 들림을 받는다."

나는 이미 이러한 그들의 교회관에 세뇌된 상태여서 "이 모임을 떠나면 영적으로 멸망한다"고 믿고 있었다. 할 수만 있으면 구원파를 떠나지 않고 자체적인 개혁을 유도할 생각이었으나, 살해 위협 때문에 하는 수 없이 그 집단을 떠나게 되었다.

가끔 그때 그런 협박을 받고 구원파의 굴레를 벗어나지 못했다면 오대양의 희생제물이 되었을지도 모른다는 생각을 하곤 한다. 이 모든 사건 배후에 나를 사랑하시는 주님의 손길이 있었다는 사실을 알게 된 것은, 내가 그리스도인이 된 다음의 일이었다.

아직도 끝나지 않은 싸움

구원파는 그 지도자의 형상을 닮아 서서히 폭력적인 집단으로 변모해 갔다. 1977년에는 그냥 말로 협박하는 것으로 그쳤다. 그 다음 1983년 2월에 헌금을 사업에 투자하는 것에 반기를 들었던 이복칠 목사 측에는 신체적인 폭력을 행사했다. 1987년에는 서울 사채 모집책 강석을의 남편 이석형 씨에게 12시간 집단 린치를 가했고, 1987년 8월에는 32명을 집단자살, 타살(?)하는 정도까지 그 포악성이 점점 노골화되었다. 1991년 여름 오대양 사건 당시, 정구

영 검찰총장의 지시에 따라 50명의 수사진이 동원되어 총력 수사체제로 전환해 온 국민이 의아해 하던 '사채 행방과 자수동기, 그리고 집단변사의 진상에 대한 수사를 벌였다. 수사는 8월 20일로 일단락되었다.

국내 모든 언론이 평가한 것처럼, 5, 6공의 정치적인 복선 때문인지 어떤 의문점도 명쾌하게 풀리지 않은 채, 1987년 수사 때와 비슷한 결론을 내리고 오대양 사건에 대한 조사는 일단 마무리된 상태다. 과연 유병언 사장이 구속된 것으로 공정한 수사를 한 것일까? 진실은 끝내 밝혀지는 법이다. 천만 성도를 비롯해 1991년 7, 8월 동안 '납량특집'을 함께 경험한 국민 모두와 함께 진실을 밝혀질 그날을 기다려 본다.

시편 52편은 유병언과 같은 인물을 예리하게 기록하고 있다. "네 혀가 심한 악을 꾀하여 날카로운 삭도같이 간사를 행하는도다. 네가 선보다 악을 사랑하며 의를 말함보다 거짓을 사랑하는도다. …… 이 사람은 하나님으로 자기 힘을 삼지 아니하고 오직 그 재물의 풍부함을 의지하여 제 악으로 스스로 든든케 하던 자라 하리로다"(2-3, 7).

이 사건은 기도와 예배를 부인하는 구원파라는 이단 사교집단과 기도로 하나님을 의지한 그리스도인들과의 싸움이었다. 진실과 거짓의 대결이자 정통과 이단의 한판 승부였다. 어떤 이들은 이를 여호와의 이름만 의지한 다윗과, 권력과 금력을 의지한 골리앗의 싸움 또는 모르드개와 하만의 싸움에 비유하기도 했다. 현대의 하만 유병언은 모르드개를 죽이려고 준비한 그 나무에 달리는 꼴이 되고 말았다.

유 씨는 내가 옥중생활을 했던 대전교도소 독방에서 법의 준엄한 심판을 기다리고 있다가 결국 종교를 빙자한 상습사기범으로 대법원에서 4년형이 확정되었다. 형을 다 마치고 출소한 지금은 세모 회장으로 군림하고 있다. 결국 하나님은 진리와 공의의 편이심을 만천하에 드러내주셨다.

나는 유병언이 자신은 목사가 아니라고 말하고, 구원파와 자신은 관계가 없다고 억지를 쓰는 데 의분을 느꼈다. 그런데 나를 아끼는 많은 분이 전면에 나서지 말고 잠잠히 기다리라고 권면했다.

첫 재판이 있은 다음날인 1992년 5월 23일, 그들은 전화를 걸어 "계속 오대양을 들먹이면 나를 '목포 사람들'을 시켜 팔아버리든지 없애버리겠다"고 협박해왔다. 그러나 나는 목숨을 걸고 진실을 말하기로 결단했다. 여기에 여러 방송과 신문 기자들이 계속 찾아와 질문공세를 했다. "사람을 두려워하는 자는 올무에 걸리게 되거니와 여호와를 의지하는 자는 안전하리라"(잠 29:25), "여호와는 내 편이시라 내게 두려움이 없나니 사람이 내게 어찌할꼬"(시 118:6).

에스더 4장 14절에 "네가 왕후의 위를 얻은 것이 이때를 위함이 아닌지 누가 아느냐"는 말씀이 생각났다. 그래서 7월 24, 25일 양일에 기자회견을 통해 구원파 교주의 실체를 폭로했던 것이다. 8월 8일에는 한국기독교총연합회 주관으로 서울 엠배서더 호텔에서 두 번째 기자회견을 가졌다. "유병언은 구원파의 실세이며, 오대양 사건은 구원파 사건이다. 오대양 사건은 처음부터 따로 존재하지 않았다. 유병언은 탁명환 소장과 나를 상대로 벌이고 있는 재판에서 승소하기 위해 오대양과 세모가 무관한 것처럼 자수극을 연출했다. 이번 사건으로 가장 큰 피해를 입은 집단은 기독교한국침례회를 비롯한 정통 개신교단이다"라는 것이 회견의 주 요지였다.

저들이 허위사실을 유포했다고 나를 고소한 내용들이 그동안 언론보도와 검찰수사를 통해 모두 허위가 아닌 '사실'로 밝혀졌다. 나는 지난 10여 년 동안 외로운 싸움을 해왔다. 이제는 외롭지 않다. 나의 하나님이 박찬종, 김현 의원, 탁명환 소장의 폭로회견, 언론의 공정하고 신속한 보도, 그리고 검찰의 수사를 통해 어느 정도 나의 원통함을 풀어주셨다. 그동안 격려를 아끼지 않은 여러 교단, 여러 단체에 속한 성도 여러분께 이 지면을 빌어 감사의 말씀을 드린다.

"내가 고통 중에 여호와께 부르짖었더니 여호와께서 응답하시고 나를 광활한 곳에 세우셨도다. 여호와는 내 편이시라 내게 두려움이 없나니 사람이 내게 어찌할꼬. 여호와께서 내 편이 되사 나를 돕는 자 중에 계시니 그러므로 나를 미워하는 자에게 보응하시는 것을 내가 보리로다. 여호와께 피함이 사람을 신뢰함보다 나으며 여호와께 피함이 방백들을 신뢰함보다 낫도다"(시 118:5-9).

많은 분들이 염려하시는 것처럼 나에게 사교집단으로부터의 테러 위험성은 늘 있다. 그러나 나는 오늘도 진실과 공의의 편이신 하나님이 "내 편이 되사" 나를 보호해주시고 인도해주신다는 믿음을 가지고 기독교의 이름으로 가정을 파괴하고 사회혼란을 야기하는 이단 사교집단에 맞서 "믿음의 선한 싸움"을 싸우고 있다. "여호와는 내 편이시라. 내게 두려움이 없나니 사람이 내게 어찌할꼬!"

하나님은 사도적 신앙과 전통(유전)을 지키는 정통 교회의 편이지, 기도와 예배를 부인하며 가정을 파탄으로 이끄는 사교집단 구원파의 편이 아니다. 우리 하나님은 진리의 하나님이지, 거짓의 하나님이 아니시기 때문이다.

의미 있는 "믿음의 선한 싸움"

1992년 8월에 4차 재판이 속개된 이후 1993년 10월까지 무려 18차례의 재판이 매달 한 번 꼴로 대전 지방법원에서 열렸다. 1991년에 시작된 재판은 6년에 걸쳐 계속되었다.

나를 '허위' 유포혐의로 고소했던 유병언 교주를 비롯한 7명의 구원파 교인들도 검찰측 증인으로 법정으로부터 소환장을 받았다. 그러나 사태가 자신들에게 불리하다고 판단되자 재판날짜에 그들은 법정에 모습을 드러내지 않았다. 그래서 재판은 한 달씩 연기되었다. 학교에서 강의를 하고 전국 각지에서 일주일에 두 번 꼴로 열리는 집회를 인도하면서 재판을 받는 것은 여간 번거롭고 신경 쓰이는 일이 아니었다.

유병언은 본래 '12억 원 신용훼손' 혐의와 '명예훼손' 혐의로 나를 고소했다. 내가 집회와 저술로 그들의 사업체를 공개했기 때문에 세모 스쿠알렌과 한강 유람선 운영에 손실이 많다는 것이다. 구원파가 각종 사업에 손을 대 막강한 중소기업체로 부상하고 있는 것은 사실대로 폭로했으나, 나는 그들의 제품이 안 좋으니 이용하지 말라고 말한 적이 없었다. 나를 조사한 검찰은 "신용훼손을 한 혐의 없음"으로 사건을 처리하였다. 이에 약이 오른 유병언 사장은 검찰에 다시 조사해줄 것을 요청하였다. 대전지법의 김진관 검사는 다시 한 번 "혐의 없음" 처리를 통고했다.

그뿐만 아니다. 유 씨의 '비서'로 일하다가 남편의 의처증 때문에 이혼했다는 박 모 여인이 구원파의 지시에 따라 1992년 말 재혼한 남편과 함께 LA에서 날아와 유 씨가 그녀와 불륜의 관계를 맺었다는 발언을 하게 된 경위를 따져 물었다. 믿을 만한 사람에게 들어서 말한 것일 뿐 무슨 악의가 있어서 한 말이 아니고 구원파 교인 전 모 여인이 유도해서 한 말임을 상기시켜 주었다. 나는 누구인지도 모르고 어떤 여자라고만 했는데 제 발이 저린지 본인이 나타나서 나를 고소한 것이다. 유 씨에 대한 그의 존경과 사랑은 대단했다. "나는 우리 사장님이 대법원에서 무죄로 석방되리라 확신합니다." 대단한 믿음이었다. 박 모 여인은 해명서를 써줄 것을 요구했는데 내가 이를 거절하자 서부경찰서에 나를 명예훼손 혐의로 고소하고 미국으로 돌아갔다. 뒤에 알고 보니 유 씨와 나의 법정투쟁에 사용하기 위해서 구원파 변호사의 지시에 따라 이루어진 일이었다. 나는 다시 내가 수감되었던 서부경찰서에 드나드는 '고초'를 겪어야 했다. 이 사건도 검찰로 송치되어 "혐의 없음"으로 처리되었다.

1991년, 나는 두란노서원에서 발행하는 「목회와 신학」에 "구원파를 왜 이단이라 하는가"라는 제목의 논문을 기고한 적이 있다. 그런데 구원파에서는 이 글이 편파적이고 그릇된 사실을 담고 있다는 이유로 언론중재위원회에 제소했다.

결국 두란노서원 원장 하용조 목사님을 상대로 민사소송을 하기에 이르렀다. 이 사건은 고등법원까지 항소되어 나는 바쁜 강의 중에 서울고등법원에 증인으로 출두해야 하는 번거로움을 겪어야 했다. 결국 서울고법 판사들은 나의 주장이 모두 사실임을 인정하고 「목회와 신학」에 자기들의 입장을 발표할 기회를 갖게 해달라는 요청을 기각하였다.

저들은 나를 괴롭히기 위해 계속해서 소송을 제기하였으나 그때마다 "하나님은 내 편이 되셔서" 통쾌한 승리를 안겨주셨다. 나는 이 모든 것이 의미 있는 "믿음의 선한 싸움"이라고 믿고 검찰의 요구에 매번 충실하게 응하였다. 그리고 이것이 내게 놓인 십자가라고 믿고 외롭지만 즐겁게 십자가를 지려고 했다.

그동안 대전지법 제1호 법정에서 열리는 명예훼손 재판은 월례적인 일정처럼 되어버렸다. 어떤 때는 재판시간이 학교 수업시간과 겹쳐 강의를 제대로 하지 못할 때도 있었다. 학생들에게 늘 미안했으나 그들은 복음의 최전선에서 이단과 싸우는 교수에게 뜨거운 지지를 보내주었다.

나는 두세 번씩 헛걸음하기도 일쑤였다. 검찰 측 증인으로 소환되었던 권신찬, 유병언, 정행덕, 김경길, 전양자, 김춘자 등 구원파 교인들이 이런저런 핑계로 재판정에 나오지 않다가 구인(拘引) 되기 직전 법정에 모습을 드러내었기 때문이었다. 그들은 피고인인 나를 심리적으로 괴롭히자는 저의를 가지고 그렇게 하는 것 같았다. 그러나 나는 이를 '진실을 밝히기 위한 싸움'에 어쩔 수 없이 치러야 하는 대가로 생각하고 감수하였다.

재판정의 '삽화'

구원파 교인들은 유병언을 '모세'에 비유하고, 권신찬을 '아론'에 비유하기 좋아한다. 재판부는 먼저 '아론'을 법정에 증인으로 소환했다. 혈압과 당뇨로 고생하고 있는 권신찬 씨는 신병을 이유로 법정 출두를 하지 않다가 세 번째 소환에 응해 50여 명의 교인들을 대동하고 8월 26일 법정에 나타났다. 그러나 국민일보에 보도된 대로, (변호사는 철저하게 신문조서를 준비하였으나) 이 날은 검사가 신문사항을 준비하지 않았기 때문에 다음 달로 재판이 한 차례 더 연기되는 해프닝이 일어나기도 하였다. "여러 번 소환하여도 나오지 않아 오늘도 출두하지 않을 줄 알고 신문준비를 하지 않았습니다"라고 한 검사의 해명에 방청객들은 모두 실소를 금치 못했다.

권 씨는 그 뒤 신병을 이유로 또 한 차례 나로 하여금 헛걸음을 하게 하더니, 한 달 뒤인 1992년 10월 28일 8차 재판에 모습을 드러냈다. 그는 변호사의 핵심적인 질문에 모두 "모른다, 생각이 나지 않는다"고 답변했다. 권신찬은 자신이 거짓말을 한다는 것을 의식해서인지 3미터 앞에 있는 피고인석에 한 시간 동안 단 한 번도 눈길을 주지 못했다. "진리를 말하는 자는 의를 나타내어도 거짓 증인은 궤휼을 말하느니라"(잠 12:17)라는 말씀이 생각났다.

안양교도소에 복역하고 있는 유병언은 죄수복을 입고 불려나와 1993년 2월 17일 증언대에 섰다. 5, 6공 당시 민정당 재정후원 회원과 월계수회 회원으로 막강한 권력과 재력을 등에 업고 사기행각을 일삼았던 유 씨는 신학교 교수 정도는 쉽게 처리할 수 있다고 믿고 나를 먼저 구속시켰으나, 이제 그는 상습사기범으로 신분이 확정되어 수의를 입은 채 끌려나왔다.

내가 구속되었을 때 주광기 변호사가 아무리 접촉을 시도해도 회피하던 그였다. 그런데 하나님은 그의 궤계를 무너뜨리시고 법정 앞에 진실을 대면하도록 '강요'하셨다. 억울하게 희생될 뻔한 나는 자유로운 '피고인'의 자격으로 진실을 밝힐 수 있도록 상황을 바꿔주신 하나님의 선하심과 공의로우심을 내내 생각했다.

검찰 수사과정에서 모든 것을 모른다고 발뺌하여 검사들로 치를 떨게 했던 유병언은 방청 온 교인들을 의식해서인지, 아니면 몸에 밴 '방어기제' 때문인지 변호사의 질문에 "모른다, 생각이 나지 않는다"고 답변했다.

목사안수를 받은 사실이나 '피고인'과 함께 유럽과 이스라엘을 여행한 사실도 부인하거나 자신과 관계가 없었던 일처럼 억지를 부리는 그의 안간힘은 측은하기까지 했다. 자신의 책임을 일체 시인하지 않고 죄책감도 느끼지 않으며 모든 문제의 원인을 상대방이나 환경에 전가시키는 '성격장애자'의 전형을 보는 듯했다. 그는 오만한 태도로 인해 한두 차례 재판장의 경고를 받기도 했다.

증인심문을 마치고 수갑을 차러 나가는 유 씨는 피고인석의 나를 향해 "재판 끝나고 한번 만나자구. 손보려고 그러는 것은 아니다"라고 소리를 쳤다. 평소에 피고인인 나를 '손봐줘야겠다'고 생각했던 것이 무의식중에서 자기도 모르게 터져 나온 것 같았다. 나는 미소로 응했으나, 검사와 판사는 기가 막히다는 듯 웃음을 터뜨렸다고 방청한 사람들이 말해주었다.

그 선생에 그 제자라 그런 것인지, 똑같이 거짓의 영에 사로잡혀서 그런 것인지 1977년 나를 죽여버리겠다(순교할 각오가 되어 있느냐?)고 협박했던 구원파 교인 김OO은 "그런 일이 전혀 없다"며 연극배우 출신답게 얼굴색 하나 붉히지 않고 거짓말을 했다. 다른 날에 불려나왔던 구원파의 다른 증인들도 모두 한결같이 변호사의 일반적인 질문에는 인정하고 수긍하는 답변을 했으나 핵심적인 질문에는 대답을 회피하거나 모른다고 얼버무렸다.

6년 간의 법정 싸움을 마무리하며

유병언은 언변이 뛰어난 사람이다. 반면 나는 본래 말싸움에 자신이 없다. 그런데 나의 성정을 잘 아시는 하나님이 16년 만에 유 씨에게 당한 수모를 갚을 수 있는 기회를 마련해주셨다. 그로 '하만' 역할을 하게 하시고, 나로 '모르드개' 역할을 담당하게 하신 것이다. 나를 죽이려고 했던 현대판 하만을 대신 감옥에 보내시고, 그와 그의 추종자들을 법정으로 불러내어 변호사의 입을 통해 하나하나 따지고 심문하게 하시는 하나님의 지혜에 나는 오늘도 감탄하고 있다.

검사는 증인들에게 한두 마디 확인질문을 하는 것이 고작이었으나 피고인을 변호한 김종환 변호사의 수십 가지 질문은 그들을 괴롭혔다. 마치 내가 구상한 '시나리오'대로 진행되는 '드라마'를 보는 것 같아 나는 재판 때마다 감사의 기도를 올렸고 하나님은 그때마다 내가 웃으면서 법정을 나서도록 하셨다.

교만한 눈과 거짓된 혀, 무죄한 자의 피를 흘리는 손, 악한 계교를 꾀하는 마음, 거짓을 말하는 망령된 증인 등 하나님이 미워하시는 것(잠 6:16-19)을 서슴지 않고 행하는 구원파 관계자들을 하나하나 법정으로 불러내어 부끄러움을 당하게 하시는 하나님을 나는 더욱 경외하게 되었다. "(여호와께서) 나를 미워하는 자에게 보응하시는 것을 내가 보리로다"(시 118:7).

1993년 9월 1일, 대한예수교장로회(통합) 사이비이단문제연구소장이며 월간 「교회와 신앙」의 주필인 최삼경 목사님은 16차 재판에서 변호인 측 증인으로 나오서서 피고인이 가정과 교회와 사회를 이단사교집단으로부터 보호하려는 일념으로 거짓 선지자의 실체를 폭로한 것임을 명쾌하게 증언해주었다. 구원파는 다른 이단과 마찬가지로 그들의 마땅치 않은 가르침으로 가정을 온통 뒤엎는 가정 파괴범이다(딛 1:11).

나는 피고인 최후진술에서 "오대양 사건의 전모가 밝혀지기를 바란다"는 소망을 표현하고 "국가로부터 오히려 표창과 상을 받을 일을 했다고 생각하며, 처벌받을 일을 하지 않은 것으로 믿는다"고 진술한 뒤 재판장에게 공정한 선고를 호소했다.

이렇게 6년 간에 걸친 긴 법정 싸움을 마무리하면서, 세상의 미련한 것들과 약한 것들을 택하사 지혜롭고 강한 것들을 부끄럽게 하시는 하나님(고전 1:27), 하고자 하는 자를 긍휼히 여기시고 하고자 하시는 자를 강퍅케 하시는 하나님(롬 9:18), 그리고 은밀한 가운데 나를 위해 기도하기를 쉬지 않는 성도들을 생각한다. 나는 싸움을 좋아하는 사람이 아니다. 모든 사람으로 더불어 평화하라는 말씀(롬 12:18)을 따르려고 오늘도 노력한다. 그러나 진리를 왜곡하고 하나님의 교회를 분열로 이끄는 이단과 타협할 수는 없다. 우리의 공의로우신 재판장이신 예수님을 뵈옵는 그날까지 진리를 위한 싸움은 계속할 수밖에 없을 것이다(유 3절).

1990년 말에 시작된 구원파와의 법정투쟁은 1996년 10월까지 6년간에 걸쳐 지루하게 이어졌다. 대법원 재판에서는 미국서남침례신학교에서 신학을 공부한 법조인 주명수 변호사와 고려대학교 김일수 교수가 함께 변호를 맡아주었다.

결국 6년을 끌었던 출판물에 의한 명예훼손 재판은 "이단교주를 비판하는 것은 가정을 파괴하는 사이비기독교집단의 정체를 사회와 정통 교회에 알릴 목적으로 공공의 이익을 위해 한 것이기 때문에 명예훼손에 해당하지 않는다"

는 이유로 1996년 10월에 대법원으로부터 무죄판결을 받았다. 이 판결은 그 후 이단을 비판해도 명예훼손이 되지 않는다는 선례가 되어 이만희 집단이나 안상홍 증인회와 같은 이단과의 재판에도 긍정적인 영향을 끼치고 있다.

유병언, 희대의 상습사기군으로 단죄되다

기독교복음침례회 소속 교인들은 기존 정통 교회 성도들로부터 이단이라는 말을 듣는 것을 불쾌하게 생각하면서도 한편으로 이를 감사하게 받아들이고 있다. "무릇 그리스도 안에서 경건하게 살고자 하는 자는 핍박을 받으리라"(딤후 3:12)는 말씀으로 자위하기 때문이다. 최근에 정통 교회로 돌아온 성도들의 보고에 따르면, 그들은 "세상은 사단의 세력 아래 있다. 주님이 살아 계실 때 고난도 당하고 사도 바울도 이단의 괴수소리를 들었다. 구원 받았으면 핍박이 있는 게 정상이다. 핍박이 없으면 이상한 일이다"라고 가르쳐 동요하는 교인들을 진정시키고 있다. 어떤 사람들은 그동안 '모임'에 붙어있으면서 구원의 확신이 없었는데 기존 교회가 자기들을 핍박하는 것을 보니 구원 받은 것이 확실해졌다고 긴증하고 있다는 어처구니 없는 전언이다. 그들이 경건하게 깨끗하게 성경대로 살기 때문에 핍박을 받고 유병언 사장의 사기행각을 정통 교회뿐 아니라 일반 언론에서까지 비판하고 있다는 말인가?

61명의 증언을 들으며 6차례에 걸쳐 진행된 유병언의 사기사건을 마무리하며, 1992년 1월 18일 이호순 검사는 유 사장에게 15년을 구형했다. "이번 사건은 유병언 피고인이 종교인으로서의 책무를 다하지 않고 자신의 경제적 성취를 위해 성경을 자의적으로 해석, 기업의 사업자금을 마련하기 위해 벌인 사기극이라고 규정하고, 특히 유 피고인은 사채를 모으다 문제가 생기면 중간 모집책을 내세워 지능적으로 법망을 피해왔고 이번에도 자신의 잘못을 뉘우치는 빛이 전혀 없이 궤변을 늘어놓아 법정최고형을 구형한다"(동아일보, 1992.1.19).

구원파 교인들은 유 사장을 돈에 대해 깨끗한 사람으로 믿고 따르고 있다. 그러나 세상 재판 법정의 검사와 판사들은 그를 "경건을 이익의 재료로 생각하는"(딤전 6:5) 돈벌이 사기꾼으로 판정했다.

한편 1992년 1월 30일에 열린 선고공판에서 유병언 사기사건을 심리한 장용국 부장판사는 유 사장에게 8년형을 선고하는 이유를 다음과 같이 밝혔다. "이번 사건은 사채공모여부가 완전히 드러나지 않았지만 송재화 여인이 유 피고인을 광신적으로 쫓아다니며 사채모집을 했고, 유 피고인이 이를 알고 있었다고 인정되므로 증거를 추단해 유죄를 인정하기에 충분하다"(대전일보, 1992, 1.30).

결국 유 사장은 대법원에서 4년형으로 감형되어 1996년에 출소할 때까지 종교를 빙자한 상습사기범으로서 형을 치를 수밖에 없었다.

사도 바울은 이렇게 말한다. "내가 이처럼 전에도 여러 번 당부한 일을 지금 눈물로 호소하는 것은 그리스도인이라 내세우면서도 실제로는 그리스도의 십자가를 대적하는 자들이 많기 때문입니다. 그들에게는 영원한 멸망이 기다릴 뿐입니다. 그들은 욕망을 하나님처럼 섬기고 수치스러운 것을 대단한 것인 양 자랑하는 자들입니다. 그들은 오직 이 세상일에만 마음을 씁니다"(빌 3:18-19, 현대어성경).

계속되는 이단과의 싸움

나는 이단과 싸우는 데 지칠 대로 지쳤다. 그래서 본업으로 돌아가 가정사역에 전념하였다. 전국 교회와 호주, 미국, 뉴질랜드, 캐나다 등지에서 가정생활 세미나 요청이 그치지 않았다. 일본과 베트남, 중국에서도 가정치유집회에 대한 요청이 계속되었다. 그래서 나는 학교에서의 강의와 교회에서의 강연, 통역 및 저술활동을 모두 성실하게 감당하고 있었다.

그런데 하루가 멀다 하고 이단 구원파로 인해 가족 간의 갈등, 이혼의 위기 등에 직면한 피해자들이 전화로, 이메일로, 편지로 도움을 요청하는 일이 계속 있었다. "구원파를 직접 경험한 교수님이 도와주지 않으면 누가 우리를 도와줄 수 있겠어요?"라고 애원하는 사람들이 늘어갔다. 그렇다고 몇 마디로 구원파가 왜 이단인지를 설명한다고 해서 이단에 빠진 사람이 쉽게 돌이키는 것도 아니지 않은가! 우리 내외는 고심하고 기도하던 끝에 피해자들의 의문에 한꺼번에 답변하는 형태로 책을 저술하기로 결심했다. 이미 구원파의 폭력성을 알고 있는 우리였기에 구원파를 비판하는 일을 피하고 가정을 세우는 사역에만 전념하기 원했으나 상황은 이를 허락하지 않았다. 하나님의 교회를 이단에게서 보호하고 순진한 양들을 이단의 마수로부터 지키기 위해서는 이단을 직접 경험한 우리가 진실을 말하지 않으면 안 된다는 사명감이 불일 듯 일어났다. 그래서 겁이 많은 우리 내외지만 "죽으면 죽으리라"는 사명감으로 책을 집필하게 된 것이다.

월간 「현대종교」 탁지원 사장은 다음과 같이 쓰고 있다. "지금으로부터 20년 전, 이단과 관련된 끔찍한 사건 하나가 발생했다. 경기도 용인의 한 공장 식당의 천장에서 수십 구의 시신이 발견된 것이다. 그 공장의 이름을 따 '오대양 사건'이라고 불리게 된 그 일은 세칭 구원파(기독교복음침례회) 이단과 관련되어 있었고, 그 날 이후 교계와 사회는 제법 오랫동안 커다란 충격에서 헤어 나오지 못했다. …… 정말 중요한 것은 오대양 사건과 관련한 구원파(유병언 파)가 현재에도 존재하고 있고, 더 나아가 사건 전부터 두 곳의 구원파(박옥수 파, 이요한 파)가 가세하여 한국 교회와 성도들을 그리고 앞길 창창한 많은 청년들을 미혹하고 포교하고 있다는 것이다"(「현대종교」, 2006, 10).

2004년에 죠이선교회를 통해 출간된 「구원파를 왜 이단이라 하는가」는 2008년 말 현재 16쇄가 재판될 정도로 많은 이들이 읽었다. 그만큼 세 계파의 구원파로 인한 피해가 많다는 반증이다. 드디어 지난 2007년 4월 기독교복음침례회(구원파의 공식 명칭)의 교주 유병언 회장으로부터 출판물에 의한 명예훼손을 했다며 고소장이 날아왔다. "오대양 사건을 일으킨 구원파는 5공 정권에 엄청난 양의 정치자금을 바쳐 신군부세력을 도와주었다. 그들이 운영하는 (주)세모에서는 레이건 대통령 방한 당시 경호를 지원하였고, 그 교주는 민정당 모범 당원과 월계수 회원의 자격으로 활동하였다."(「5·18 광주사태」, 10쪽). 1991년에 내가 번역한 「5·18 광주사태」 서문에 썼던 글이다. 전에도 같은 내용으로 피소되었다가 무혐의처분을 받은 적이 있기 때문에 다시 무혐의처분을 받으리라 기대하였으나 검찰에서 기소함으로 재판을 받게 되었다. 우리 내외는 이 책 「구원파를 왜 이단이라 하는가」에 "유병언 계열은 교인들의 재산을 착취하여 사업에 투자했다든가, 오대양 사건에서 보듯 반대자를 살해하였다는 등의 열매를 통해 그 이단성을 분별할 수 있었다"는 내용을 게재하였고, 2006년 10월 4일 CTS 기독교TV의 금요철야간증집회 프로그램에 방영된 강연에서 "저는 오대양 사건을 일으킨 것으로 알려진 구원파에 빠진 적이 있습니다. 제가 사람을 죽인 게 아니니까 괜히 이상한 눈으로 보지 마세요"라고 강연함으로 공연히 허위를 적시하여 피해자들의 명예를 훼손하였다는 것이다.

이단옹호신문인 〈기독교평론신문〉을 발간하는 이홍선 씨는 2007년 1월 원조 구원파가 나를 일방적으로 매도하는 비판기사를 게재하여 구원파가 오대양과 관계가 없다고 변호하며 교리적으로도 이단성이 없다고 두둔하기도 하였다. (그러나 한기총으로부터 이단으로 규정받은 이홍선 씨는 2008년 3월 태도를 바꾸어 구원파는 자신이 제시한 기준으로도 이단이 분명하다고 한국교회 앞에 사죄성명을 발표하였다.)

삼각지에 본부를 두고 있는 구원파 측에서는 "오대양 사건을 일으키거나 반대자를 살해한 사실이 없고, 경찰 및 검찰 수사결과 위 사건은 오대양 주식회사를 운영하던 박순자가 사채를 끌어 모아 사업을 하다가 그 채무를 변제하기 어렵게 되자 추종자들을 이끌고 집단자살한 사건"으로 밝혀졌는데도, 필자가 그릇된 사실을 유포하여 자기들의 명예를 훼손하고 있다는 주장이다.

10년 만에 다시 재판대에 서다

나는 이번 소송으로 구원파 측으로부터 14번째 피소된 셈인데, 2007년 9월 19일에 첫 재판이 시작된 이후, 16차례의 재판 끝에 2008년 9월 24일 대전지법은 나에게 무죄를 선고했다. 한편 우리 내외는 같은 혐의내용으로 1억 원과 5천만 원 손해배상 청구 소송, 그리고 출판금지가처분신청까지 네 가지 재판을 동시에 받았다. 명예훼손과 5천만 원 손배소 재판은 15년 전 구원파와의 법정투쟁 당시 변호를 맡았던 주광기 변호사가 맡았다. 출판금지가처분신청과 1억 원 손해배상 사건은 변호사 없이 혼자서 대처했는데 모두 기각되어 승소했다. 나는 2002년 침례신학대학교를 떠난 후 가족관계연구소장으로 현재 한국기독교총연합회 이단사이비대책위원회 부위원장으로 활동하고 있고, 현대종교 편집자문위원으로 봉사하고 있다.

서울북부지방법원은 2007년 5월 14일자로 구원파 측의 「구원파를 왜 이단이라 하는가」 책자의 출판금지가처분신청을 이유 없다고 기각하였고, 서울 고등법원에서도 2008년 1월 17일자로 구원파 측의 항고를 기각하였으며, 대법원은 2008년 6월 17일 구원파 측의 재항고를 심리불속행기각으로 최종

확정한 바 있다.

　최근 2008년 9월 23일에 열렸던 예장합동측 93차 총회에서는 구원파를 이단으로 규정하면서, "구원을 위한 단회적 회개와, 성화를 위한 반복적 회개를 구별하지 못하는 것이나 스스로를 죄인이라고 하면 지옥에 간다는 주장, 구원 받은 날짜를 알아야 구원 받은 것이라는 주장, 율법 폐기론적 성향은 성경의 가르침에 위배되는 명백한 이단사상으로 사료된다"고 밝힌 바 있다.

「하나 되는 기쁨」으로 인한 수난

　이 책은 2005년 예영커뮤니케이션을 통해 발간된 이래로 독자들로부터 부부성생활 안내서로서 호평을 받아왔다. 나를 비롯해 여러 가정사역자들이 그들의 가정사역세미나에서 추천하여 좋은 반응을 얻은 것이다. 그런데 2009년 4월부터 문제로 부각되기 시작했다. 네 가지 재판에서 패소한 구원파측에서 그간 나의 행적을 추적하다가 내가 몇몇 교회 부부생활 세미나에서 이 성생활 지침서를 추천한 것을 포착한 것이다. 이때부터 구원파는 내가 추천해서는 안 되는 책을 추천한 것으로 판단하고 저자가 아닌 추천사를 쓴 추천인을 공격하기로 작정한 것 같다. 이태종이라는 구원파 청년은 각종 안 좋은 말로 나를 공격하다가 내가 부부세미나를 인도하면서 위 책을 추천한 것을 발견하고는 음란하고 비기독교적이며 변태를 부추기는 책을 추천했다고 매도하기 시작하였다. 그리고 이 책의 내용을 정리하여 (이단옹호언론으로 규정된) 교회연합신문 강춘오 목사와 한국기독언론협회(회장 김형원 장로)에 제공하고, 기자회견을 통해 책과 추천자에 대한 포문을 열기 시작했다.

　2010년 말 현재 믿을만한 소식통에 따르면, 구원파의 교주 유병언 회장이 위에 언급한 한국기독교언론협회 김형원 장로와 교회연합신문 강춘오 목사를 만나 상당액의 금품을 건넸다는 것이다. 2009년 4월 잘 팔리지 않던 책이 갑자기 300권이나 주문이 들어왔다고 김승태 사장이 알려왔는데, 결국 구원파 교주가 두 사람을 만나 거액의 돈을 건네고 나를 비방하도록 사주한 것이 드러났다. 이것이 사건의 본질로 밝혀진 것이다. 이들은 이 책을 '변태를 부추기는 해괴한 책'으로 매도하기로 작정하고 문제를 계속 확대하여 이 책에 대한 비판 세미나를 열기도 하고 聖(성)경은 性경이라는 말이 있다며 추천사를 쓴 추천인과 性(성)교와 聖(성)교를 동일시하는 저자는 즉각 기독교를 섹스교로 오도한 책임을 지고 한국 교회 앞에 사과하라고 요구하였다. 저들은 전후 문맥을 고려하지 않고 '꼬투리를 잡아' 문제시될 만한 문구만을 부각시키는 전략을 사용하였다.

    우리의 공통된 견해는 ① 성은 하나님이 창조하신 선물이다 ② 성경은 성관계를 할 수 있는 대상을 부부사이로 제한하였다 ③ 부부가 피차 합의하에 성애를 누릴 경우, 어떻게 성관계를 할 것인가에 대하여는 제한하지 않으셨다는 것이다. 이 책에서 저자는 크리스천 부부들을 위한 구체적인 성생활 지침과 팁을 제공하고 있다. 이미 책을 읽은 독자들이 알고 있는 것처럼 이 책은 캐나다 VIEW(기독교세계관)대학원 원장 양승훈 교수가 8년간의 연구 끝에 심혈을 기울여 쓴 책으로 모든 가정사역자들이 동의하는 것처럼 신학적으로 아무런 문제가 없다. 그런데도 한국기독교이단문제연구소 이사장 심영식 장로(통합측)는 구원파의 시각에 그대로 동조해 이 책을 이단서적으로 규정하고 추천사를 쓴 나에게 한국 교회에 사과하고 교계에서 퇴진할 것을 권고한다며 성명서까지 발표하였다. 이단과 싸우는 사람을 이단으로 몰아붙이는 저의가 무엇일까!

    한편 교회개혁네티즌 연대 대표인 박노원 목사(통합측)는 이 책을 반기독교적이고 반성경적이라 규정하고, 양승훈 교수가 실제 저자라는 것을 확인한 후에도 나를 '매장'하려는 운동에 앞장서며 내가 겸임교수로 있는 한동대 김영길 총장에게 공문을 보내어 나의 교수직을 박탈할 것을 종용하였고, 서울 극동방송과 울산극동방송 상담학교에 "「하나 되는 기쁨」 언론보도 백서"와 함께 비난공문을 보내어 "저질강사" 정동섭 교수의 강의를 취소해줄 것을 요청하기도 하였다. 구원파에서는 내가 임원으로 있는 (연세대학교 내) 한국기독교상담·심리치료학회 회장단에게 메일과 전화로 나의 회원자격을 박탈할 것을 종용하기도 하였다. 내가 자주 강의하고 있는 서울 온누리교회, 안산동산교회, 할렐루야교회, 높은 뜻 숭의교회 등에도 강의취소를 요구하는 공문을 보낸 것으로 알려졌다.

이 일로 양승훈 교수의 명예도 많이 실추되었고, 나 역시 가정사역자와 치유상담사역자로서 적지 않은 이미지의 타격을 입게 되었다. 저들은 여기에 그치지 않고 한국기독교총연합회(한기총) 이단대책위원회에 이 책의 저자와 추천자를 조사해 이단으로 규정해줄 것을 위촉하였다. 교계와 학계를 대표하여 손봉호 교수, 양인평 변호사, 이희범 목사, 박성민 목사, 김요셉 목사 등 40여 명이 우리 두 사람은 복음주의자들이며 이단과는 전혀 관계가 없는 학자들이라고 변호하는 탄원서를 한기총 회장에게 올렸다. 결국 이대위에서는 우리를 조사한 후, 저자와 추천자는 "삼위일체, 기독론, 구원론, 성령론, 교회론, 종말론, 성경관 등에서 복음주의적 관점을 견지하고 있는 이들이며, 본서로 인해 이단으로 규정할 이유가 없다"는 결론을 내렸다.

빛과 어둠, 정통과 이단의 싸움이 치열하게 벌어지고 있다. 이단들은 이단을 비판하는 사역자들을 거짓으로 송사하여 진리를 왜곡하고 꼬투리를 잡는 전략을 사용하고 있다. 안타까운 것은 정통 교회 안에 이단에 동조하고 이단 활동을 옹호하는 이들이 있다는 것이다. 나는 아무 문제가 없는 책을 '반성경적이고 반기독교적'이라고 매도하여 문제를 확대시키고 물의를 일으킨 분들이 저자와 추천인에게 공개적으로 사과해야 마땅하다고 믿는다. (2010년 1월에 있었던 한국가정사역협회 주최 기자회견에서 이희범 목사, 박수웅 장로, 박병은 실장 등 10여 명의 가정사역자들은 이 책이 복음주의적인 견해를 대변하는 아주 좋은 성생활지침서라고 서평을 써서 공개한 바 있고, 이미 한기총에 제출한 바 있다). 그러나 안타깝게도 논란의 와중에 예영출판사는 이 책을 절판하기로 결정하여 독자들은 더 이상 이 책을 읽을 수 없게 되었다.

진리와 기름은 반드시 수면 위로 떠오른다는 말이 있다. 내가 이단에 충성하다가 정통으로 돌아온 지 벌써 30년 세월이 흘렀다. 이단은 마땅치 않은 것을 가르쳐 영혼을 멸망시키고 가정을 무너뜨린다(딛 1:11). 반면에 정통은 영혼을 살리고 가정을 세워주는 일에 앞장서고 있다. "악인을 의롭다 하고 의인을 악하다 하는 이 두 사람은 다 여호와의 미움을 받느니라"(잠 17:15). 의인을 악하다고 허위 비방하는 일이 없으면 좋겠다.

구원파와 나의 싸움은 어둠의 세력과 빛의 세력 간의 싸움이다. 진리와 거짓, 정통과 이단의 싸움이다. 나는 양지에서 드러내놓고 진리와 사랑을 외치며 가정과 하나님의 교회를 이단의 공격에서 방어하려 애쓰고 있지만, 저들은 인터넷 사이버 공간이라는 음지에서 나를 공격하면서 그들의 이단적 속성을 드러내고 있다. 과연 어느 쪽 말이 진실인지는 독자들이 더 잘 판단하리라 믿는다.

빛이 되시는 하나님이 나의 억울한 누명을 벗겨주시고 진리가 드러나고 진실이 밝혀지게 하신 것에 감사드린다. 하나님이 거짓의 아비 사단의 궤계를 물리치시고 그의 의를 드러내시기를 기도한다.

2부

SOS! 이단에 빠진 사람들

2. SOS! 이단에 빠진 사람들

|사례1| **엄마를 이단에서 구해 주세요**

정동섭 교수님, 초면에 실례합니다. 우선 제 소개부터 하겠습니다. 제 이름은 조현경이며, 현재 미국 뉴욕 주의 씨라큐스라는 곳에서 석사 과정으로 유학하고 있는 학생입니다. 이곳 씨라큐스 한인교회에 다니고 있으며 김상영 목사님께서, 정동섭 교수님께 연락을 해보라는 권유가 있어서 이렇게 용기를 내어 메일을 보냅니다.

다름이 아니오라 지금 저희 어머니께서 박옥수 목사의 구원파 교회에 빠지셨는데, 이렇게 멀리 있는 저는 자세히 알 길이 없어 더 답답합니다. 실은 작년에 제가 이곳에 유학을 오기 전에도 박옥수 목사 교회에 몇 번 다니시다가(그동안 식구들은 몰랐음) 어느 날 갑자기 미용실도 문 닫고(저의 어머님은 미용실을 경영하심) 그쪽에서 하는 기도회에 며칠간 가시겠다고 하며 박옥수 계열 교회에 다니시겠다고 선언하신 적이 있었습니다.

우리 식구들은 자세히는 몰라도 그곳이 이단의 한 종류인 것 정도는 알고 있던 터라 아빠, 남동생, 저는 경악을 하며 엄마를 못 가시게 설득했습니다. 주위 여러분의 도움으로 일주일 가량 전쟁 아닌 전쟁을 치른 후 일단락이 되었지요. 그렇게 끝난 거라 믿고 우리 식구들 모두 너무 방심하고 있었습니다.

일 년이 지난 지금 어머니께서 다시 박옥수 목사 교회에 가시겠다고 하여 또다시 집이 한바탕 뒤집어졌습니다. 아버지께서는 그 교회 나가려면 이혼하고 가라는 입장이시고, 제가 지금 미국에 있는 터라 제 남동생이 두 분 사이에서 많이 힘들어하고 있습니다.

더 큰 문제는 목사님이 어머니를 설득하러 오셨다가 오히려 저희 엄마가 하시는 궤변에 시험받고 가실 정도로 이단 교리에 완전히 무장이 되어 있는 것 같습니다. 동생 말로는 어머니 질문에 속 시원한 답변을 해주신 목사님이 없었고, 그래서 어머님은 더욱더 박옥수 목사의 말이 옳지 않느냐며 심지를 굳히고 계신 중입니다. 참고로 저희 어머님은 예전에는 천주교에 다니셨는데, 제가 중학교 시절 교회를 다니기 시작하면서 엄마 아빠 두 분 다 교회로 전도했고, 이어서 동생도 예수님을 믿게 되었습니다. 그래서 지금까지 쭉 교회를 잘 다니셨는데, 작년부터 우리 가정에 금이 가기 시작하더니 이젠 저희 어머님의 마음을 돌릴 길이 너무나 멀어 보여 눈물 섞인 기도밖에는…….

저는 동생에게 "사탄을 이기는 자는 예수님뿐이다. 그러니 우리는 예수님께 맡기도 기도하자!" 하며 기도를 열심히 하고 있습니다. 시일이 걸리더라도 언센간 엄마가 바른 믿음의 편에 시시게 될 것이란 것도 믿고 있습니다.

그래서 이렇게 초면에 염치 불구하고 부탁을 드립니다. 제 짧은 생각으론 이번 기회에 확실히 엄마 마음에 있는 거짓 선지자의 교리에 대한 잘못된 믿음의 뿌리를 확실히 뽑아야 한다고 생각합니다. 안 그러면 꺼져 있다고 생각했던 불씨가 언제 또다시 불을 피울지 모르겠기에……. 그래서 엄마가 정녕 주님 안에서 성령으로 은혜를 받고 구원을 받아야 한다고 생각합니다.

그러기 위해선 우리 모두의 기도가 아주 중요하고, 또 곁에서 엄마를 바로잡아주실 수 있는 강건한 믿음의 소유자가 꾸준히 도와주셔야 한다고 생각합니다. 어설프게 엄마와 성경말씀을 놓고 토론하다 포기하고 돌아가시는 집사님들, 권사님들, 목사님들은 엄마 눈에 싸움에 진 사람으로 보일 뿐입니다. 구원파에 대해 확실히 알고 계시고 말씀으로 무장된 분의 도움이 너무나 절실한 때입니다. 이때를 놓치면 엄마를 영영 이단의 수렁에서 꺼내오지 못하게 될까 온몸이 떨려옵니다.

목사님이 전화라도 해주실 수 있을까요? 다른 분이라도 엄마를 도울 수 있는 분을 보내 주시면 안 될까요? 너무나 절박한 심정에 얼굴도 모르는 분께 이렇게 메일을 띄웁니다. 멀리 떨어져 있어서 더욱 안타깝고 제 손이 미치는 못하는 정도까지 엄마가 벌써 심각하게 빠지신 건 아닌가 눈물이 앞을 가립니다. 도와주세요. 꼭 도와주세요. 부탁드립니다.

|사례2| **여자친구를 바른 길로 인도하고 싶어요**

안녕하세요. 고려대학교 3학년에 재학 중인 이천수라고 합니다. 서울 염광교회에서 신앙생활을 하고 있습니다.

제가 아는 동생, 정확히 말씀드리면, 얼마 전 제 여자친구가 안양 서울중앙교회(이요한 목사[본명 이복칠])에서 하는 모임에 한 번 갔다 오더니 교회를 바로 옮겼습니다. 저희는 염곡교회를 같이 다니고 있었고, 교회에서 함께 봉사하며 나름대로 세상의 다른 사람들보다 건전하게 교제하고 서로를 도와주던 사이였습니다.

그 모임에 한 번 다녀오더니, 구원과 성경 얘기만 계속하고, 이제 저와 연락도 끊으려고 합니다. 그의 얘기를 들어보니 지금까지 살아온 인간적인 생활은 아무 의미도 없고 앞으로는 하나님을 위해서만 살 거라면서 저를 좋아해서 데이트한 것은 인간적인 감정이기 때문에 더 이상 할 수 없다고 하더군요. 그리고 이 세상에서 가장 좋은 관계는 주님 안의 형제자매 관계라면서 저와 앞으로 그렇게 지내고 싶다고 하네요. 만일 그게 안 되면 헤어질 수밖에 없다고 합니다.

교회에서 하던 일 다 팽개치고 무책임하게 갑자기 교회를 옮긴 것은 인간적으로는 미안한데 신앙적으로는 하나도 미안하지 않다는 식으로 말하더라구요.

구원파에 가면 어떻게 변하는지는 교수님 논문, 여러 글을 보고 잘 알게 되었습니다. 제 여자친구도 이상하게 변해가고 있습니다. 그곳에서 나온 책만 읽고, 구원이 제일 중요하다고 합니다. 제가 감히 바라는 것은 정 교수님께 부탁해서 친구에게 메일이라도 하나 보내 주십사 하는 것입니다. 많이 바쁘시겠지만, 잠깐 시간을 내서서 제 부탁 좀 들어주세요.

|사례3| 남편이 구원파에 빠졌어요

안녕하세요. 저는 수원에 사는 가정주부입니다. 저의 남편은 벤처기업에 다니는, 장래가 촉망되는 사람입니다. 그런데 얼마 전부터 직장 동료의 권유로 박옥수 씨의 구원파 교회에 참석하기 시작하더니, 완전히 다른 사람으로 변해 버렸습니다.

이제는 가정이나 직장일 같은 육신적인 일에는 관심이 없다며 거의 그 사람들 모임에 가서 살다시피 하고, 가정 일은 거들떠보지도 않는답니다. 저도 저희 집 가까이에 있는 장로교회를 나가고 있는데 일반 교회에는 구원이 없으니 자기가 나가는 '침례교회'에 나가서 구원을 받아야 한다고 야단입니다.

제가 정통 교회에서 구원을 받았다고 해도, 저의 말은 곧이듣지도 않고, 박옥수 목사의 설교를 들어보라고 강권하고 있습니다. 저에게는 다섯 살짜리 아이가 있어서 이혼할 수도 없고 어떻게든 우리 가정을 보존하고 싶은데, 점점 더 대화가 이뤄지지 않아 답답해하던 차에 어떤 분이 정 교수님에게 도움을 요청해 보라 해서 연락을 드립니다.

저는 어떻게 해서든 가정을 지키고 싶습니다. 주변에 구원과 교회로 인해 이혼한 사람들을 알고 있는데, 걱정이 앞섭니다. 이 집단에서는 구원 받지 못한 이방인과 사는 것보다는 차라리 이혼하라고 가르친다고 하던데, 그렇게 착실하고 가정적이던 남편을 되돌릴 수 있는 방법은 없을까요?

|사례4| 이성친구가 다니는 교회가 이상해요

저는 올해 서른 살 난 평범한 청년입니다. 이제 결혼을 위해 준비를 하나둘 해나가고 있는 중입니다. 물론 결혼을 약속한 이성도 있고요. 여자친구의 나이는 올해 스물일곱 살입니다. 저는 성경지식이 거의 없는데, 그 친구는 어릴 적에 잠깐 교회를 다녔고 중고등학교 때에는 성당에 다녔다고 합니다. 평소에도 죄의식에 많이 빠져 '천당에 못가면 어쩌나' 하는 걱정도 했다고 합니다.

2003년 4월쯤 평소 신앙에 대한 욕구가 있어 한 친구에게 털어놓은 것이 제 친구가 그곳에 발을 들여놓게 된 계기가 되었다고 합니다. 저는 서울에서 직장생활을 하고, 여자친구는 대전에서 바이올린 교습을 하고 있어 자주 만나지는 못했기에 '그냥 일반 교회겠지'라고 생각한 것이 화근이었습니다.

2003년 10월 중순쯤 교회도 잘 나가고 마음도 편안해졌다며 열심히 하는 자신의 모습에 들떠 있는 것처럼 보였습니다. 내게 교회에 나가길 권해서 집 근처에 있는 교회에 부모님과 함께 나가겠다고 하자 다른 교회는 가지 말고 이요한 계열 교회를 가라고 했습니다. 이유를 물어 보니 그곳에서만 확실한 말씀을 전해 준다고 했는데, 그때부터 뭔가 좀 이상하다는 느낌이 들었습니다. 무슨 교회냐고 묻자 '대한예수교침례회 이요한 계열'이라고 해서, 인터넷에서 조회한 결과 대부분 이단으로 규정하고 있었습니다.

이단이란 사실을 그 친구에게 말했지만, "왜 들어보지도 않고 이단이라고 하냐"며 화를 냈습니다. 그리고 어느 성경 구절을 들며 교회는 많지만 제대로 된 교회는 드물다고 하며, 그 교회 중에 자신이 다니는 교회가 참 교회라고 역설하더군요. 그렇게 해서 한동안 티격태격 다툼이 시작되었습니다. 성경지식이 없는 본인으로서는 할 말이 없어 한번 들어 보기로 약속했습니다. 2003년 1월 초 일주일 간 소집회가 인덕원 서울중앙교회에서 열렸을 때 누구보다 열심히 들었습니다.

더군다나 저희 직장에 다니는 선배님 세 분이 같은 교회에 다니고 있던 터라, 어떻게 연락이 되었는지 저를 위해 그 집회에 함께 참석해 주었습니다. 그리고 성경의 역사와 하나님의 존재에 대해 성경 이곳저곳을 뒤져가며 설명해 주더군요. 예수님이 우리 대신 흘리신 피로 우리의 과거, 현재, 미래의 죄가 모두 용서가 되었다는 것을 믿고, 깨닫는 것이 구원이라고 했습니다. 그리고 구원된 날짜도 정확하게 있으며, 구원된 이후 짓는 죄는 회개가 아니라 반성이라며, 그냥 자백만 하면 된다고 했습니다.

도대체 기존 교회와 뭐가 다른지 모르겠습니다. 그렇게 일주일 교육이 끝나갈 때 마지막 수업 날 상담 시간을 가지게 되었습니다. 믿음에 의한 구원은 인정하겠는데, 죄 짓는 것에 대한 확신이 없다고 하니 제가 구원 받지 못했다고 하더군요.

이후 이요한 목사가 하는 성경 강연회도 일주일간 참석했는데, 소집회 때와 거의 차이가 없었습니다. 성경말씀과 함께 죄와 구원 등에 대해 겁을 주는 듯한 영상물들을 보고 다시 상담을 받았습니다. 구원에 대한 나 자신의 믿음은 확실하지만, 행위에 대한 죄가 항상 존재하므로 나는 죄인이라고 하니, 구원을 못 받았다고 합니다. 이제는 나 자신의 믿음까지 혼란해져 모든 것이 힘들기만 합니다.

　이런 연유로 이성친구와 다툼이 많아졌고, 또 그 친구 가족들까지 전도하겠다고 하고 있어 더 괴롭습니다. 그래서 그 친구 부모님을 만나 뵙고 이런 사실을 말씀드리고 싶은데, 그러면 분명 화목하던 가정에 불화가 시작되겠지요? 도대체 어떻게 해야 할지 도무지 갈피를 못 잡고 있습니다. 다행히 교수님을 알게 되어 이렇게 도움을 요청합니다. 상황 설명이 잘되었는지 모르겠습니다만, 좋은 충고 부탁드립니다.

|사례5| 구원 공포증으로 잠을 이루지 못하고 있어요

　저는 경남의 시골에서 신앙생활을 하고 있는 가정주부입니다. 이곳에 있는 장로교회에서 감사함으로 신앙생활을 하고 있던 차에 동네 아주머니의 권유로 성경공부를 잘 인도한다는 곳에 가보게 되었습니다. 그런데 이들은 스크랩북 같은 것을 펴놓고, 에스겔서와 계시록 같은 데를 주로 인용하면서, 중동정세와 세계정세를 연결시켜 성경을 해석했습니다. 저는 교회생활하면서 들어보지도 못한 이야기에 호기심 반 걱정 반으로 계속 모임에 참석했습니다. 그런데 "임박한 종말에 대비하라"는 이들의 말로 인해 재림공포증이 생겨 요즈음에는 잠을 이루지 못하고 있습니다.

　그동안 새벽기도를 하며 구원 받은 성도로서 신앙생활을 잘 했다고 생각했는데, 지금까지 한 교회생활은 모두 헛믿음 생활이었다고 하면서, "구원 받은 날짜가 있느냐, 당신이 거듭난 증거가 무엇이냐"면서, 주일을 지키고, 십일조를 하고, 새벽기도를 백날 해봤자 모두 헛것이라고 몰아붙입니다. 마음에 혼동이 와서 어찌할 바를 모르겠습니다. 지금까지는 제가 이쪽(기독교복음침례회, 유병언 계열) 모임에 나가는 것을 남편에게 숨기고 있습니다만, 터놓고 말을 해야 할지, 담임목사님에게 말씀을 드려야 할지, 마음에 갈피를 잡지 못하고 있습니다. 간판이 기독교복음침례회라 하여 처음에는 침례교인 줄 알고 갔는데 알고 보니 구원파 교회인 것 같습니다. 그곳에서는 정 교수님이 자기들을 비방하는 적그리스도 같은 반역자라고 하던데요. 아무래도 이곳을 먼저 경험하신 분이라 이해하실 것 같아 도움을 청합니다.

|사례6| 제 여동생이기에 포기할 수 없어요

안녕하세요? 저는 예수님을 영접한 지 약 12년 정도 된 그리스도인입니다. 이렇게 편지를 쓰게 된 것은 유병언, 권신찬 계열의 삼각지교회에 나가는 여동생 때문입니다. 여동생은 제가 예수님을 믿기 전에 벌써 구원파 교회에 나가고 있었는데, 그때는 동생이 어떤 곳에 다니는지 별 관심이 없었습니다. 동생이 저에게 성경책을 보내 준 적이 있지만 "구원파에 와보라, 믿어보라"는 말은 한 번도 하지 않았습니다.

그런데 지금은 자기보다 어린 동생들을 집회에도 데려가고 구원파로 전도하려고 한 것 같습니다. 동생이 잘못된 믿음을 가지고 있다는 것을 안 것은 제가 예수님을 영접하고 나서였습니다. 일단은 신앙적으로 말이 통하지 않았고, 여러 면에서 저의 신앙생활을 율법주의적이라고 생각하고 싫어하는 것 같았습니다.

예를 들면 기도하는 것에 대해서도 하나님은 다 알고 계시는데 일부러 기도할 필요가 없다면서 율법적인 종교 행위라 하여 식사기도도 하지 않고, 신앙서적도 최근 것은 거의 읽지 않으며 구원파에서 나오는 유병언, 권신찬이 쓴 서적류만 읽습니다.

이야기해 보면 성경을 제대로 알고 있지 않으며 구원파에서 세뇌시킨 대로만 생각합니다. 세상에서 구원파가 핍박을 받는 것은 성경에서 "경건하게 살고자 하는 자는 핍박받으리라" 한 것처럼 자기가 다니는 교회가 참된 교회이기 때문에 그런다고 생각합니다.

다른 여러 가지 면에서 정통 교회와 다른 것이 많지만 정동섭 교수님이 쓰신 책 내용과 똑같습니다. 이단 연구자인 고 탁명환 소장님이 쓰신 책에도 구원파에 대해 사실대로 나와 있지만, 저희 동생이 이런 책들을 외면하고 구원파에서 세뇌시킨 교리에만 빠져 있는 게 너무 안타깝습니다.

율법에서 벗어나 종교인이 아닌 참된 신앙인이라고 자처하는 구원파는 천국 시민권을 자기들만 가지고 있다고 생각하는데, 제 동생을 볼 때 오히려 영적으로 어두운 데서 헤매고 있다는 생각이 듭니다.

성경에는 이단을 멀리 하라고 되어 있지만 저는 제 동생이기 때문에 포기할 수 없습니다. 어려서 다른 형제들이 교회에 가지 않았을 때 그 여동생만 교회에 다녔습니다. 그리고 초등학생이었던 어린 동생이 저희들에게 회개하라고 자꾸 이야기했습니다. 마음도 너무나 착하고 순수했습니다. 집안에서는 셋째라 친척들이나 부모님에게서도 관심을 별로 받지 못했습니다. 다른 동생들과 저는 싸우기도 많이 했지만 그 동생은 잘 싸우지도 않았고 싸우는 저희들을 오히려 걱정했습니다.

제 마음이 더욱 안타깝고 슬픈 것은 저희들은 이제 성인이 되어 예수님을 잘 믿게 되었는데, 그 착한 동생만이 그 어둠의 세계에 있다는 것입니다. 정동섭 교수님도 집안에서 관심과 사랑을 받지 못하여 모임을 강조하는 구원파에 들어가신 것처럼 제 동생도 기존 교회에서 은혜 받지 못하고 대학교 때 친구 따라 그곳에 가게 된 것 같습니다.

제 동생이 이단으로 가게 된 데에는 기존 교회에 많은 문제점이 있기 때문인 것 같습니다. 요즘에도 일부 교회는 재정 수입을 늘리기 위해 헌금을 지나치게 강조하거나 새벽기도를 지나치게 강조해서 헌금이든 새벽기도든 하지 않는 자에게 죄의식을 심어 주어 예수님이 "진리를 알지니 진리가 너희를 자유케 하리라"고 하신 말씀을 무색하게 하고 있습니다.

그렇다고 제가 십일조나 새벽기도를 무시하는 것은 아닙니다. 그것은 성경적이지만 강요되어서는 안 된다는 것이지요. 물론 저는 십일조도 하고 있으며 새벽에 골방에 가기를 힘쓰고 있습니다.

이야기하다 보니까 곁길로 흐르고 말았네요. 동생과 논쟁을 하게 되면 아무런 유익이 없어서 다른 믿는 분들께 중보를 부탁드리고 저는 개인적으로 간절히 기도하고 있습니다. 하나님은 오늘도 동생을 위한 저의 기도에 응답하고 계심을 믿습니다. 아무쪼록 교수님과 사모님을 하나님이 이 땅에서도 눈동자처럼 안전하게 신변을 지켜 주시길 기도합니다.

구원파 교회에 실망하고 정통 교회로 돌아오다

저는 현재 ○○장로교회에서 주님을 섬기고 있는 ○○○전도사입니다. 저는 어려서부터 교회생활을 했습니다. 복음적인 교회에서 죄 사함에 대한 말씀을 자주 들어서 내 죄가 사해졌다는 것과 구원을 받았다는 생각을 가지고 신앙생활을 했습니다. 그런데 어느 날 저의 지나간 죄가 생각나서 저를 괴롭혔습니다. 저는 울며 회개하고 기도했지만 얼마 안 가서 다시 죄가 생각나는 것이었습니다. 그래서 교회 전도사님께 저의 죄를 고백했습니다. 그러나 또다시 저의 죄가 생각나서 괴로워하다가 어느 기도원에 기도하러 가게 되었습니다.

능력을 받기 위하여 금식하며 기도하던 중 뜻밖에 히브리서 10장 17-18절 말씀이 생각났습니다. "저희 죄와 저희 불법을 내가 다시 기억지 아니하리라." 전부터 잘 아는 말씀이었지만 그날따라 제 마음에 그 말씀이 하나님의 음성으로 들려왔습니다. 비로소 제가 구원을 받았다는 확신이 생겼으며 "이것(죄)을 사하셨은즉 다시 죄를 위하여 제사드릴 것이 없느니라"는 말씀을 보고 하루 종일 저를 구속하신 주님을 찬양하고 기쁨의 눈물을 흘리며 앞으로 주님과 복음을 위해 살겠다고 고백했습니다.

저는 주님을 위해 살고 싶은 마음이 생겼고 복음을 전하고 싶은 열정이 일어났습니다. 이후 차츰 죄를 멀리하는 생활을 하게 되었고 죄 사함에 대한 의심 같은 것은 일어나지 않았습니다.

그 뒤 저의 가정은 서울로 이사했고, 아내와 저는 1987년 4월부터 1988년 9월까지 구원파라 부르는 대한예수교침례회에서 신앙생활을 하게 되었습니다. 그들은 상담 과정에서 저에게 구원 받았느냐고 물었습니다. 구원 받았다고 답변하자 죄를 지으면 어떻게 하느냐고 다시 물었습니다. 저는 믿음으로 말미암아 하나님의 자녀가 되었지만, 이제 자녀로서 죄를 지은 것이므로 하나님 앞에 용서를 비는 기도를 드린다고 했습니다.

그러자 그분은 저에게 구원을 받지 못했다고 하면서 죄가 있으면 지옥에 간다고 했습니다. 저는 주님을 사랑하고 구원 받은 사람으로서 석연치 않은 점이 있었으나 계속 그 교회에 출석하게 되었는데, 나중에 알고 보니 그 교회는 구원을 받으면 죄가 없고 의인이 된다는 교리를 갖고 있는 구원파였습니다.

그곳에서는 우리 인간이 얼마만 한 죄인인가를 성경을 통해서 설득하기 위해 주로 다음 말씀을 자주 인용합니다. "여호와께서 사람의 죄악이 세상에 관영함과 그 마음의 생각의 모든 계획이 항상 악할 뿐임을 보시고"(창 6:5). "속에서 곧 사람의 마음에서 나오는 것은 악한 생각 곧 음란과 도적질과 살인과 간음과 탐욕과 악독과 속임과 음탕과 흘기는 눈과 훼방과 교만과 광패니 이 모든 악한 것이 다 속에서 나와서 사람을 더럽게 하느니라"(막 7:21-23).

그 외에도 구원파에서는 요한복음 4장에 나오는 사마리아 여인이나 나아만 장군 이야기 등으로 먼저 자신이 죄인이라고 인식하게 하고, 바로 예수 그리스도의 은혜로 죄 사함 받았다고 증거한 뒤 이제는 죄가 없다고 가르칩니다. 그러고 나서 자신이 의인이 된 것을 시인하게 한 뒤 죄인이라는 용어조차 평생 동안 사용하지 않습니다. 그들은 어떤 죄를 범하고 나서 "나는 이번에 이러한 잘못을 했는데, 나는 이럴 수밖에 없는 사람이다"라는 식으로 자신의 잘못을 드러내는 것이 전부이며, 그 죄를 뉘우치고 회개하고 눈물 흘리는 경우가 없습니다.

그곳에서 증거하는 구원은 죄 사함을 깨닫는 하나의 공식과 같이 통용되었고, 자신이 진정한 죄인임을 인식하고 인격적으로 주님을 만나는 과정이 아님을 느꼈습니다. 하나님의 자녀가 되고 구원 받은 사람도 죄를 지을 수 있으므로 지은 죄에 대하여 하나님께 자백하거나 회개해야 한다는 가르침 자체가 없습니다.

그리고 이제 구원 받은 하나님의 자녀가 되었으니 주님을 닮아가야 하고 하나님의 말씀과 법을 지켜야 한다고 하는 말씀이 없기 때문에 처음에는 구원 받았다고 기뻐하고 좋아하는데, 조금 지나면 방종에 빠지고 이상한 형태의 사람이 되어갑니다. 그리고 구원을 받으면 이제 성령의 인도를 받도록 해야 하는데, 그곳 목사나 전도사가 시키는 대로 생활하고 지도자들이 지나치게 성도의 생활에 간섭하고 있습니다.

그리고 제가 경험한 바로는 구원파에서는 다른 교회에서 받은 구원은 일제 인정하지 않고 있습니다. 그들은 어떻게 해서든 정동 교회에서 구원 받았다는 것을 흔들어서 자기 입으로 구원받지 못했다고 시인하게 만듭니다. 그러고 다시 자기들이 주로 사용하는 말씀을 전해서 구원 받게 하고 있습니다.

그곳에 빠진 사람들 100퍼센트가 한결같이 하는 간증은 "내가 장로교회, 감리교회, 성결교회, 침례교회 등에서 10년 혹은 20년 신앙생활을 하고, 집사, 혹은 장로가 되기까지 한 번도 구원을 받아야 한다거나 구원을 받았느냐고 질문하는 사람이 없었고 가르쳐 주는 사람도 없었는데, 이 교회에 와서 복음을 듣고 구원을 받았다"고 합니다.

제가 그곳에 있을 때 일어났던 일들을 몇 가지 더 말씀드리면, 그들은 친지나 이웃의 결혼식이나 잔치 같은 경조사에 가지 못하게 합니다. 그런 경조사에 가는 사람은 육신적인 사람이라고 매도했습니다. 어떤 성도가 병이 들어 집에 있다는 이야기를 듣고 성도가 병문안을 가려 하면 가지 못하게 하고, 하나님 앞에 깨닫게 놔두라면서 아주 냉정한 태도를 보였습니다. 사역자 부부, 교인들끼리 싸움을 자주 하는 편인데, 그들은 상대방을 지적해 주는 것이 사랑이라고 생각하고 있습니다.

박옥수 씨의 구원파에서는 헌금을 지나칠 정도로 많이 강조하는데 그 이유를 알게 되었습니다. 처음에는 자기에게 있는 돈을 가지고 헌금하지만 계속 내다보면 돈이 바닥나게 되는데, 그래도 헌금을 계속 강조하면 그때는 하나님께 기도하게 된다는 것입니다. 그럴듯해 보이지만 결국 성도들은 헌금하느라 지치게 됩니다.

대전에 있는 도마동 수양관을 지을 때 적금을 들어 한두 달 불입하면 그 전체 금액을 대출해 주는 제도가 있었는데, 어떤 자매가 라면을 끓여 먹으면서 절약해 그런 방법으로 헌금했다고 간증했습니다. 그 간증을 듣고 모두 대단하다고 박수를 쳐줬는데 얼마 안 가서 그 자매는 교회에 출석하지 않았습니다.

시집가지 않은 자매들이 자신을 위한 저축은 거의 못하면서 헌금하고 있습니다. 제 조카는 지금도 그곳에 다니고 있는데 직장생활을 하면서 집에 월급을 한 번도 가져오지 않았고, 시집갈 때가 되었는데 저축한 돈이 한 푼도 없어서 결국 부모님의 도움으로 혼수 비용을 마련해 결혼했습니다.

그렇게 헌금을 강조할 수밖에 없는 이유는 선교학생이 육 개월이나 일 년이면 배출되는데, '한 교회 개척 하나 하기 운동'을 하여 헌금을 지속적으로 작정하게 만들기 때문입니다. 수양관을 짓는다든지 대형 프로젝트를 꾸준히 개발하여 헌금을 작정하게 하기 때문에 그곳 교인들의 주머니는 항상 비어 있을 수밖에 없습니다.

그 교회는 구원 일변도로만 말씀을 증거하고 일상생활에 관해서나 성도의 변화와 성장에 관한 말씀을 거의 전하지 않아서 오랫동안 신앙생활을 해도 야생마와 같이 절제와 성장이 없는 편입니다.

그리고 그곳은 박옥수 목사 한 사람의 일인 집권체제로 운영되고 있습니다. 사역하고 있는 목사나 전도사가 교회와 본인의 의사와 상관없이 2, 3일의 여유를 주고 어느 교회로 가라고 하면 아무 말 없이 떠나는 광경을 보았습니다.

거기는 선교학교라고 불리는 신학교가 있는데 그곳에 들어가려면 우선 지역 교회의 사역자의 추천이 있어야 합니다. 일단 추천을 받아서 선교학교에 가게 되면 앞서 자기의 재산을 다 정리하고 온 가족이 함께 선교훈련을 받는데, 거의 다 헌금으로 바치고 선교학교에 들어옵니다.

그런데 훈련 과정에서 은사가 없는 것으로 드러나면 결국 그곳에서 나오게 됩니다. 헌금한 돈은 돌려받지 못하고 빈손으로 나와서 어렵게 생활하는 것을 보았는데, 제 생각에 다 주지는 못하더라도 헌금액의 반이라도 돌려줘서 생활을 꾸려나가도록 하는 것이 도리라고 봅니다.

그리고 그 교회에 다니다가 안 다니면 다른 교회는 거의 나가지 않는 게 현실입니다. 잘못된 구원이지만, 그곳에서 받은 구원만이 확실하다고 믿고 있기 때문에 다른 교회에 나갈 생각을 하지 못하는 것이지요. 이요한, 유병언 씨의 구원파 출신들도 구원파를 떠나게 되면, 그대로 교회를 등지고 다른 교회에 나가지 않고 지방교회와 같은 이단을 전전하든지, 아니면 집에서 혼자 생활을 하고 있는 것으로 알고 있습니다.

구원파 교회에서는 해마다 여름수양회를 열고 있습니다. 그때는 무슨 일이 있어도 모든 교인이 가야 한다고 강조하기 때문에 지하철공사에 다니던 어떤 형제는 회사에 사표를 내고 여름수양회에 참석했습니다. 그 형제는 나중에 직업이 없어져서 전전긍긍하다가 결국 영업용 택시를 하더니 교회에 안 나오더군요. 어느 날 그를 만나 구원의 확신에 대해서 물어봤더니 대답을 못했습니다.

그리고 제가 그 교회에 있을 때 50명 정도 출석했는데, 1년이 지나니 5명 정도 남고 모두 떠나서 새로운 사람으로 채워지는 것을 보았습니다. 거기서는 조금 오래 되면 '골동분자'라는 말을 사용하며 깨져야 한다는 식으로 표현합니다. 먼저 된 성도에 대해 존경하는 일은 거의 찾아보기 어려웠습니다.

제가 그곳에서 나오게 된 것은 구원파 지도자들에게 크게 실망했기 때문입니다. 그들은 교인들에게 "하나님의 말씀을 너희에게 이르고 너희를 인도하던 자들을 생각하며 저희 행실의 종말을 주의하여 보고 저희 믿음을 본받으라"(히 13:7)고 권면하고 있습니다.

그런데 사랑이 없고 신앙의 본을 보이지 못하는 그들의 모습을 보고 의심하던 중 결국 그들의 구원관에 문제가 있다는 사실을 알게 되었고, 우리 내외는 더 이상 유익이 없는 신앙생활을 할 수 없어 그곳을 떠나기로 결심했습니다. 우리가 거기서 나올 때 그들은 여러 가지 말로 그곳에 머물도록 설득했습니다. 심지어 거기서 나오면 우리가 저주를 받을 수 있다고 말했습니다. 그러나 저는 그 말에 개의치 않고 나왔습니다. 박옥수 목사가 저는 원래 구원받지 못한 사람이라고 했다는 소식을 들었습니다.

간증을 마치면서 정통 교회 목회자님들께 감히 한 말씀을 드리고 싶습니다. 주님의 분명한 복음을 공적으로, 개인적으로 자주 전하시고, 성도들에게 구원의 확신이 있느냐고 개인적으로 꼭 점검해 보시고 분명한 구원의 확신을 심어 주시기 바랍니다. 하나님과의 관계를 분명히 해주신다면, 구원파에 빠진다고 할지라도 더 분명하고 밝은 복음과 구원의 확신이 있기 때문에 흔들리지 않는 신앙생활을 할 것으로 생각합니다.

그곳 사람들은 상상을 초월할 정도로 조금만 틈이 있으면 기존 교회에 침투하여 성도들을 흔들어 놓을 것입니다. 큰 병에 걸린 후 치료하려면 힘들고 후유증이 크기에 예방이 무엇보다 중요하다는 말씀을 드리고 싶습니다.

3부

구원파로 고통받는 이들에게 희망을

3. 구원파로 고통 받는 이들에게 희망을

우리 부부는 1970년대에 구원파에서 만나 결혼했다. 그리고 '오대양 구원파'에서 8년 동안 충성, 봉사하다가 하나님의 섭리 가운데 극적으로 그 무리를 탈출하여 1980년에 사랑의교회(전 고 옥한흠 목사, 현 오정현 목사 시무)를 통해 정통 교회로 돌아왔다. 다른 교훈(false doctrine)을 떠나서 바른 교훈(sound doctrine)으로 돌아온 지 30년이 흘렀다. 세월이 흐를수록 빛과 어둠의 차이가 더욱 선명해지고 있다.

권신찬, 유병언, 박옥수, 이요한, 서달석이라는 이름으로 세상에 '구원파'라고 알려져 있는 집단은 우리나라의 개신교회를 대표하는 한국기독교총연합회에서 이단으로 규정한 집단들이다. 다른 종교집단과 달라서 거듭남, 구원, 죄 사함을 전하기 때문에 더욱 미혹적이고 사이비적이다. 예수님은 우리를 거듭나게 하고 구원하시기 위해 오셨기 때문이다.

정통 교회에서는 누구나 '기독교복음침례회'나 '대한예수교침례회'가 이단인 것을 알고 있지만, 왜 이들을 이단이라 하는지 아는 목사님들이나 평신도들은 그리 많지 않은 것 같다. 우리 내외는 여러 해 동안 이 책을 쓰는 일을 회피하려 노력했다. 구원파와 6년 동안 재판하는 과정도 힘들었고, 5년 간 계속된 대성교회 박윤식 씨와의 명예훼손 재판도 힘들었기 때문에, 가능하면 이단을 비판하는 사역을 피하고 싶었다.

그러나 하루가 멀다 하고 구원파 피해자들로부터 걸려오는 전화와 답지하는 이메일을 외면할 수 없는 상황이 되었다. 일일이 답변할 시간이 없어 피해자 가족을 집단 상담하는 심정으로 우리 내외는 '십자가'를 지기로 했다.

마음 같아서는 곧 바로 박옥수, 이요한, 유병언 씨의 가르침이 왜 이단에 해당하는가를 파헤치고 싶지만, 먼저 이단에 관해 독자들이 가질 수 있는 질문에 차례로 답하다가, 구원파가 왜 성경과 정통 기독교에서 볼 때 이단에 해당하는가를 밝히는 순서로 진행하려고 한다. 그런 후에 구원파에 빠진 사람들을 직접 만나 상담을 통해 여러 가정을 건져낸 경험이 있는 나의 아내 이영애 사모가 사례 중심으로 구원파의 잘못된 교리를 논박할 것이다. 구원파로 인해 고통하는 분들에게 조금이라도 도움이 될 수 있기를 바란다.

이단이란 무엇인가?

이단이란 무엇인가? 우선 이단이라는 말은 정통을 전제로 한 말이다. 정통이 있기 때문에 이단이 있는 것이다. 진리가 있기 때문에 거짓이 있는 것이다.

많은 사람들은 이단(異端)이라는 한자어에 근거하여 처음은 비슷한데 끝이 다른 것이 이단이라고 주장한다. 일리가 없는 것은 아니지만, 원래 성경에서 이단(*Hairetikos*)이라고 했을 때는 '학파, 또는 선택'이라는 의미로 사용되었다. 사두개파, 에세네파, 바리새파라고 할 때 '파'라는 의미로 중립적으로 사용하다가 '바른 교훈'(sound doctrine)에서 벗어난 '다른 교훈'(false doctrine)을 의미하는 말로 사용하게 되었다.

영어로는 이단에 해당하는 단어가 두 가지가 있다. heresy와 cult다. 베드로후서에서 '멸망케 할 이단'(destructive heresies)이라 할 때에는 신학적인 정통, 즉 바른 교훈에서 탈선한 다른 교훈을 가리키는 말로 사용되고 있다. cult는 사회과학이 발달하면서 사용되는 용어로, 특정 지도자를 중심으로 형성된 종교집단을 일컫는 말이다. 구원파와 같은 이단은 heretical cult라고 표기하는 것이 적절할 것이다. 이단적인 교리를 중심으로 형성된 사이비종교집단이라는 뜻이다.

이단을 가리키는 용어로 heresy와 cult, 그리고 경우에 따라서는 sect를 사용하고 있다. heresy는 정통(orthodoxy)에 반대되는 신학적 용어다. 정통이 있기 때문에 이단이 있는 것이다.

신학적으로는 '올바른 교리의 표준으로부터의 이탈 또는 탈선', '기독교 신앙을 파괴하거나 거부하는 가르침'을 이단이라고 말한다. 또한 이단은 하나님을 올바로 경외하는 정통 신앙에서 이탈된 그릇되고 거짓된 믿음과 가르침을 지칭한다. 다시 말해 그리스도 안에서 규범적으로 공인되고 신앙고백을 거부하거나 반대하는 자 또는 그 집단이다. 결국 이단이란 기독교의 주류에서 벗어난 일련의 사상이나 행태(A line of thought or practice which deviated from the main stream of Christianity : J. L. Williams)를 가리킨다고 정의할 수 있겠다.

고든 루이스(Gordon Lewis) 교수는 "이단이란 그리스도와 성경의 공인을 받았다고 주장하면서도, 추가적 계시나 이차적 주제로 근본적 신앙신조를 대치시킴으로 성경의 중심적 메시지인 복음을 소홀하거나 왜곡하는 종교단체를 지칭한다"고 정의하였다.

사회학적 요인까지 반영하여 이단을 정의한다면, 월터 마틴(Walter Martin) 교수의 표현대로 "어느 특정 지도자의 그릇된 성경해석을 중심으로 형성된 종교집단"이라고 할 수 있다.

한편 한국 교회를 대표하는 한국기독교총연합회 이단사이비대책위원회에서는 "이단사이비 규정의 기준은 신구약성경이다. 그리고 사도신경(신경)과 니케아신조(A.D. 325)와 콘스탄티노플 신조(A.D. 381)와 칼케돈 신조(A.D. 451)와 종교개혁 전통과 각 교단의 신조다"라고 밝히면서, 이단과 사이비를 다음과 같이 정의하고 있다.

① **이단** : 이단이란 본질적으로 교리적인 문제로서, 성경과 역사적 정통 교회가 믿는 교리를 변질시키고 바꾼 '다른 복음'을 말한다.
② **사이비** : 사이비란 이단적 사상에 뿌리를 두고 반사회적 반윤리적 행위를 하는 유사 기독교를 말한다.

이단에는 지도자(교주)와 그의 가르침(교리), 그리고 추종자들이 있다. 그러나 어느 집단이 이단인가 아닌가 하는 것은 궁극적으로 신학적인 문제다. 이재록의 만민중앙교회나 문선명의 통일교나, 박옥수의 기쁜소식선교회(대한예수교침례회)의 경우, 이들이 이단이냐 정통이냐를 판가름하는 것은 결국 그들의 가르침이 신학적으로 성경의 바른 교훈에서 어떻게 탈선했는가의 문제다.

이단과 이교는 어떻게 다른가?

이교(pagan)와 이단(cult)은 구분해야 한다. 이교는 기독교와 그 연원, 교주, 경전, 그리고 그 근간을 구성하고 있는 근본적 교리가 우리와 전혀 상이한 종교로서, 예컨대, 불교, 도교, 천도교, 이슬람교 등을 지칭할 때 사용하는 말이다. 성경은 이교도를 사랑해서 인도해야 할 대상으로 부각시키고 있지만, 이단은 질시와 정죄의 대상으로 가르치고 있다.

예를 들어, 사도 바울은 "이단에 속한 사람을 한두 번 훈계한 후에 멀리하라"(딛 3:10)고 가르치고 있으며, 사도 요한은 "누구든지 이 (바른) 교훈을 가지지 않고 너희에게 나아가거든 그를 집에 들이지도 말고 인사도 말라"(요이 10절)고 가르치고 있다.

종교는 다음과 같은 특성들을 지니고 있다. ① 초자연적인 존재(신, 신들)에 대한 믿음, ② 성스러운 대상과 세속적인 대상의 구별, ③ 신성한 대상에 초점을 둔 의식행위, ④ 신에 대해 성스러워지고자 믿는 도덕률, ⑤ 신성한 대상의 현존과 의식의 수행중에 일어나는 종교적 감정들, 즉 두려움, 신비감, 죄의식, 동경 등, ⑥ 기도나 다른 형태의 신과의 대화, ⑦ 세계관 또는 전반적인 세계의 청사진과 그 안에서의 개인의 위치, ⑧ 이 세계관에 기초한 다소 전반적인 인생설계, ⑨ 이상의 특성들에 의해 결합된 사회단체들이다(최문형, 2004).

세계의 각 종교들은 위의 특성들을 지니고 있으며, 한국의 신흥종교 또한 마찬가지다. 구원파도 위의 요소들을 지니고 있기 때문에 종교적인 집단임에는 틀림없으나 그 믿음의 내용(도덕률)과 세계관이 전통적인 정통기독교와 상이하기 때문에 한국 교회는 구원파를 이단으로 지목하고 있는 것이다.

성경은 이단에 대해 무엇을 가르치고 있는가?

- 이단의 출현은 전혀 새로운 현상이 아니다. 구약시대에도 거짓 선지자들이 있었다(렘 23:16, 21, 28).
- 예수님과 사도들이 거짓 선지자(거짓 선생)의 출현을 예고했다(마 7:15, 24:4, 행 20:29-30, 딤전 4:1-10, 딤후 4:3-4, 요일 4:1). 예수 재림하실 때까지 거짓 선지자들의 활동은 계속될 것이다.

- 무식한 자들과 (믿음이) 굳세지 못한 자들이 성경을 억지로 해석(우화적 해석, 억지해석[eisegesis], 벧후 3:15-16, 딛 1:11)해 가르치는 과정에서 멸망케 할 이단을 만들어낸다. 정통 교회는 진리를 균형 있게 가르치고 이단은 진리의 한 가지 측면만을 지나치게 강조한다.
- 예수님은 그 행위의 열매를 보고 그들을 분별할 수 있다고 말씀하셨다(마 7:15-23). 입으로는 하나님을 시인하나 사상과 행위로 하나님을 부인한다. 새롭고 현대적인 것이라고 옳은 것이 아니다. 가르침이 인기가 있고 추종자의 숫자가 많다고(몰몬교 1,600만 명) 옳은 것이라 가정하는 것은 잘못이다. 정통 교회 안에서 가르치는 메시지라고 옳다는 보장이 없다. 잘못된 가르침은 언제나 잘못된 생활을 낳는다.

세상에는 신학적 기준(창조)과 윤리적 판단 기준(경건)이 있다. 우리는 신흥종교의 가르침을 접할 때마다 다음과 같은 질문을 던져 보아야 한다. "이 가르침은 하나님을 창조주와 모든 좋은 것을 주시는 분으로 여기면서 그분께 영광을 돌리는가?" "이 가르침은 우리의 경배를 촉구함으로써 하나님께 영광을 돌리는가?"

- 신약성경의 대부분(갈라디아서, 골로새서, 요한일이삼서, 베드로후서, 유다서, 디모데전후서 등)은 이단의 공격으로부터 정통 진리를 변호하기 위해 기록되었다.
- 이단은 기존 정통 교회에 속한 성도를 미혹, 유인한다(행 20:30, 요일 2:18-19). 각종 이단에 빠진 사람들의 80퍼센트가 정통 기독교단에서 넘어간 사람들이다(J. Williams). 몰몬교인과 여호와의 증인의 대부분은 개신교에서 미혹된 사람들이다.

- 성경은 우리가 이단을 형제, 자매로 포용할 수 없다고 가르친다(갈 1:6-9, 요일 7-11, 딛 3:10). 이단은 결국 '그리스도의 몸'에 붙어서 기생하고 있는 악성종양, 즉 암세포이기 때문이다.
- 거짓 선생들을 위해 하나님의 무서운 심판이 예비되어 있다(벧후 2:1, 3, 10, 17). 거짓 선지자와 그 추종자들을 위해서는 캄캄한 흑암이 예비되어 있다고 성경은 증언하고 있다.

예수께서는 이렇게 말씀하셨다. "거짓 선지자들을 삼가라. 양의 옷을 입고 너희에게 나아오나 속에는 노략질하는 이리라"(마 7:15). 문제는 우리가 이 사람들의 속을 볼 수 없다는 것이다. 볼 수 있는 것은 다만 외모밖에 없다. 보이는 면에서는 아무런 차이가 없이 양의 옷을 입고 있다. 교리나 삶에 있어서도 틀린 것이 없는 것처럼 보일 수 있다. 그러한 것들은 그들이 쓰고 있는 일종의 가면일 뿐이다. 우리는 그들의 가면을 벗겨야 한다.

바울은 "이것이 이상한 일이 아니라 사단도 자기를 광명의 천사로 가장하나니"(고후 11:14)라고 말한 적이 있다. 그렇다. 외견상 그들은 양의 옷을 입고 아주 그럴듯한 논리와 모습으로 우리를 향해 접근해 온다.

그들에게는 정확한 신앙고백도 있다. "나더러 주여 주여 하는 자마다 천국에 다 들어갈 것이 아니요"(마 7:21). 예수님을 주라고 부르는 것은 아름다운 신앙고백이다. 바울은 "누구든지 주의 이름을 부르는 자는 구원을 얻으리라"(롬 10:13)고 했지만, 다시 그 구절과 연관된 선행(先行)구절에서 "사람이 마음으로 믿어 의에 이르고 입으로 시인하여 구원에 이른다"(롬 10:10)고 가르친다. 문제는 이들이 입술로는 시인하지만 마음에 '신뢰하는' 믿음이 없다는 것이다. 거짓 선지자들이 바로 그런 사람들이다. 그들에게는 형식은 있으나 내용이 없다. 베드로는 그들을 열매 없는 가을나무라고 부르고 있다.

이들은 이적도 행한다. "그날에 많은 사람이 나더러 이르되 주여 주여 우리가 주의 이름으로 선지자 노릇하며 주의 이름으로 귀신을 쫓아내며 주의 이름으로 많은 권능을 행치 아니하였나이까 하리니"(마 7:22). 하나님은 참으로 기적을 행하셨고 지금도 행하실 수 있다. 문제는 가짜 선지자들이 잘못된 동기를 가지고 잘못된 영을 빌어 외현적인 현상을 행하고 있다는 것이다.

한국문화는 원래 무속적인 문화다. 한 번 현상을 보기만 하면, 한 번 체험을 하기만 하면, 그 현상의 출처도 확인하지 않고 그 체험이 성경적인가 하는 사실도 확인하지 않고 무조건 따라가려 하는 연약한 사람들이 한국 교회 성도가 아닌가 한다. 한국 교회사에 나타난 수많은 이단은 바로 이 현상과 체험에 미혹당한 성도들의 슬픈 역사다.

우리는 물어보아야 한다. "그들의 기적은 무엇에 근거하고 있는가? 참으로 성경에 근거하고 있는가? 성령의 인도함을 받고 있는 것인가, 아니면 다분히 심리적인 것인가? 하나님과 나 사이의 바른 관계, 분명한 관계 속에서 과연 하나님이 나에게 말씀하시고 있는가? 이것이 참으로 성령께서 행하시는 일인가?" 비인격적인 것은 성령으로 말미암은 것이 아니다.

왜 기독교에는 사이비와 이단이 그렇게 많은가?

좋은 질문이다. 불교와 이슬람교와 같은 종교에도 이단이 없는 것은 아니다. 정통 불교에서 파생된 사이비 종파가 있는가 하면, 회교에도 수니파와 시아파가 갈등을 벌이고 있지 않은가! 그러나 우리나라에 이단으로 인한 사회문제가 터지면 대부분 개신교 기독교 계통의 이단과 연계되어 있는 것으로 드러나고 있다. 이재록 목사의 만민중앙교회 사건, 이장림의 다미선교회 사건, 문선명의 참가정 실천 운동, 정명석의 여대생 농락 사건, 조희성의 영생교 살해암매장 사건, 유병언의 오대양 사건, 김기순의 아가동산 사건 등은 다른 종교가 아닌 기독교와 연계되어 있는 사이비 기독교 이단들이 일으킨 사건이다.

왜 그렇게 가짜와 사이비가 많은가? 파스칼은 "진짜가 있기 때문이다"고 대답한 적이 있다. 맞다. 기독교는 상대적인 진리가 아닌 절대적인 진리를 주장하는 종교다. 예수께서 친히 "내가 곧 길이요 진리요(the Truth) 생명이라"고 말씀하셨다. 기독교는 절대적 진리, 영원한 생명을 다루는 고상한 진리이기 때문에 그만큼 사이비와 가짜가 많은 것이다.

이동원 목사가 말한 것처럼, "아무도 가짜를 모방하거나 모조하려 하지 않는다. 진짜가 있기 때문에 가짜가 생긴다. 수많은 가짜 종말론이 횡행하고 가짜 메시아가 우리를 오도하는 것은, 오히려 믿어야 할 진정한 진리가 있다는 사실을 역설적으로 말하고 있는 것이다."

그러므로 진리와 참이 있다는 사실을 기억하고 우리는 우리 주변의 수많은 거짓된 종교지도자와 사이비 집단의 정체를 밝혀내지 않으면 안 된다. 기독교에 이단이 많이 발생하는 것은 기독교의 진리가 사람을 변화시키는 참된 진리이기 때문이다.

정 교수는 상담심리학자이며 가정사역자인데, 왜 전공분야도 아닌 이단 비판 사역에 참여하고 있는가?

물론 나는 기독교교육과 상담심리학, 가정생활교육을 전공한 가정사역자며 상담학자다. 나도 나의 전공을 따라 마음이 상한 사람을 치유하고 가정을 세우는 일에 전념하고 싶다. 나도 다른 이들처럼, 사람과 가정을 세워주는 긍정적인 사역에만 전념하고 싶은 것이 솔직한 심정이다.

성경에 보면, 사도 바울이 이단이 "마땅치 아니한 것을 가르쳐 집들을 온통 엎드러치는도다"(딛 1:11)고 개탄하면서, 이단교주들의 입을 틀어막으라고 의분을 토하고 있는 것을 볼 수 있다.

옛날에는 할례당이나 니골라당이라는 이단이 마땅치 않은 교리를 가르쳐 가정을 파괴했지만, 요즘에는 각종 사이비종교와 이단이 가출과 이혼을 부추겨 가정을 파괴하고 있다. 내가 이단에서 정통으로 돌아와 신학과 상담학을 공부해 보니 불행한 가정 출신이 이단에 미혹되기가 쉽다는 것을 알게 되었다. 이단 교주가 되는 사람도 역기능 가정 출신이 대부분이고, 이단에 미혹되는 이들도 역기능 가정에서 진정한 사랑과 소속감을 경험하지 못한 사람들이라는 것이 통계적으로 드러나고 있다.

원칙적으로 이단에 대하여 가장 잘 알고 있는 분들은 조직신학자와 교회사학자들이다. 그러나 신학자들 가운데 요즘 출현한 이단을 연구할 수 있는 여력이 있는 분은 많지 않다.

나는 이단을 비판하기 위해 자원하고 나선 사람이 아니다. 대학 시절에 이단 구원파에 빠져 8년간 오대양 구원파에 충성한 과거가 있는데, 이것이 계기가 되어 구원파를 비판하다 보니 이단 전문가처럼 되었다. 이단에 몸담았던 배경 때문에, 간증을 통해 이단교주의 행태를 비판하다 보니 감옥에도 가고 법정 투쟁도 하게 되었다. 이단과 맞서 싸우는 일은 쉬운 일이 아니다. 갖가지 테러 위협이 상존하고, 툭하면 명예 훼손으로 피소되고, 재판을 받고 수백 수천만 원의 재판 비용을 부담하는 일은 고달픈 일이다.

하지만 내가 구원파와 몰몬교, 지방교회 같은 이단을 두루 경험한 후에 정통 교회로 돌아오게 하신 분이 하나님이기 때문에, 나에게 주어진 사명으로 알고 지금까지 이단과 싸워왔다. 이런 과정을 통해 나는 이단에 대해 말할 수 있는 발언권을 갖게 되었다고 생각한다.

「월간 목회」에 기고한 이단 비판 기사로 인하여 나는 탁명환 소장을 살해한 집단으로 알려진 대성교회(현 평강제일교회)의 박윤식 씨에게서 명예훼손 혐의로 두 차례나 피소된 바 있다. 1999년 이후 5년째 재판을 받았다. 대법원에서는 2003년 12월, 출판물에 의한 명예훼손 부분에 대하여 최종적으로 무죄를 선고했다.

이단과 싸우는 고통스런 과정을 지켜본 목회자들과 나를 아끼는 친구들 가운데 이제는 이단을 비판하는 일은 그만두고 가정사역에만 전념하는 것이 어떻겠느냐고 조언하는 이들이 적지 않다. 나도 그렇게 하고 싶다. 그러나 각종 이단 때문에 가정이 무너지는 것을 보면 마음이 아프다. 영혼을 멸망케 할 뿐 아니라 가정이 깨지는 것을 보면, 이단을 경험한 사람으로 도저히 좌시할 수 없다는 사명감이 불타오른다.

아시다시피 나는 1980년에 사랑의교회를 통해 정통 신앙으로 돌아왔다. 그 뒤 하나님은 나에게 다양한 경험을 허락하시고, 미국 트리니티신학교에서 4년간 석사, 박사 과정을 공부할 수 있는 기회도 허락하셨다. 나는 루스 터커(Ruth Tucker) 교수와 해롤드 브라운(Harold Brown) 교수로부터 역사신학적 관점과 사회심리학적 관점에서 사이비기독교와 이단을 분별하는 법을 배웠다. 이 과정을 통해, 나는 정통과 이단을 더 명확히 구분할 수 있게 되었다.

나의 주관심은 무너져 가는 가정, 흔들리는 가정을 행복이 넘치는 가정으로 세워 주는 것이다. 이단에서 가정을 보호하는 지름길은 이단의 정체를 성도들에게 알려 거짓된 교리에 미혹되지 않도록 하는 것이다. 그래서 나는 기회가 있을 때마다 거짓 선지자와 이단의 정체를 폭로하는 일을 하는 것이다.

나는 1994년 가정사역학회 초대회장을 역임한 바 있다. 그리고 하나님은 나에게 한국복음주의신학회 이단연구위원, 한국기독교목회자 포럼 이단분과

위원장, 한국기독교총연합회 이단사이비대책위원회 부위원장의 직분을 허락하셨었다. 나는 하나님의 교회를 암세포와 같은 이단의 공격으로부터 보호하자는 일념으로 이 글을 쓰고 있다.

어떤 사람들이 이단 교주가 되는가?

어릴 때부터 이단 교주가 되려고 준비한 사람은 없다. 다만 성경에서는 "그 중에 알기 어려운 것이 더러 있으니 무식한 자들과 (믿음이) 굳세지 못한 자들이 다른 성경과 같이 그것도 억지로 풀다가 스스로 멸망에 이르느니라"(벧후 3:16)고 가르치고 있다. 사회심리학적인 연구에 따르면, 이단 교주가 되는 사람들은 대부분 사회 혼란기에 역기능 가정에서 자라난 사람이며, 사회 주류에서 소외된 가운데 성장한 자기애적 성격장애자로서, 외부세계에 대해 적대적인 태도를 지니고 있다.

영생교의 교주 조희성이나 JMS 정명석의 경우에서 보는 것처럼, 자신이 특별한 사명을 받았다는 망상에 사로잡혀 있으며, 과대망상과 피해망상 증세를 함께 드러내는 경향이 있다. 카리스마가 있는 경영자로서 돈을 관리하고 교세를 확장하는 데 비상한 능력을 나타내기도 한다.

이단 교주들은 정신병리학적으로 편집증세를 나타내며 대부분 자기애적 인격장애자(narcissistic personality)로서 과대망상(egomaniac suffering from Messiah complex) 및 피해망상증세(persecution complex)를 나타낸다. 이들은 어린 시절부터 유난히 갈등 속에서 자라왔고 환상 속에서 소원을 성취하려는 퇴행현상(자아는 건재하면서 유아기의 만족스러웠던 상황으로 퇴행하려는 현상)을 나타낸다. 따라서 이들은 하나님께로부터 직통계시를 받는다고 주장한다. 영권은 물론 재산권까지 통치하면서 교주의 명령을 하나님의 뜻으로 받아들이게 한다.

그리스도의 신격을 격하시키며, 그리스도 중심이 아니라 자기중심적이다. 하나님보다 사람을 높여 신격화한다. 고 탁명환 소장에 따르면, "한국에는 자신이 메시아, 재림주임을 자처하는 교주가 37명이나 되며, 자신을 '보혜사 성령', '천부님', '새 하나님', '심판주' 등으로 부르게 하는 교주도 13명이나 된다"(「현대종교」, 1994년 9월호). 이단교주는 반사회적인 성격장애자들로서 다음과 같은 특징을 지닌다.

① 보통 이상의 지능을 갖고 있으며 겉으로는 상당히 매력적이다.
② 망상이나 비논리적 사고를 나타내지 않으며 정상인처럼 행동한다.
③ 불안이나 신경증적 증상은 보이지 않는다.
④ 중요하든 중요하지 않든 간에 자기가 한 일에 책임감을 느끼지 않는다.
⑤ 진실성이 없고 후회할 줄 모르고 수치심이 없다.
⑥ 충동적으로 보이는 반사회적 행동을 한다.
⑦ 병적인 이기주의를 보이고 진실한 사랑을 하지 못한다.
⑧ 자신을 객관화하지 못하고 자신에 대한 통찰력이 결여되어 있다.

심리학자 제임스 콜만(James Coleman)은 이단교주들이 고등사기꾼으로 "대단한 지능과 사교적 매력으로 사람을 속이기 위해 복잡하고 정교한 계획을 세워 이행하기도 한다"고 진단하고 있다. 그리고 모든 이단에는 숭배 받는 핵심집단이 있다. 사교집단의 교주는 거의 예외 없이 절대적인 권위를 가지고, 추종자들로부터 충성과 헌신을 추출해 낸다. 이러한 과정에서 경외심, 비범한 통솔력, 그리고 영적 심리적 협박을 사용한다. 모든 교주의 배후에는 거짓의 아비 마귀의 영향력이 작용하고 있다는 것을 간과해서는 안 된다.

이단에 미혹되는 사람은 어떤 사람들인가?

일반적으로 불행한 역기능 가정에서 성장한 사람이 이단에 미혹되기 쉽다. 특히 18-28세 범주에 드는 사람들이 이단에 쉽게 미혹된다는 통계가 있다. 여러 가지 전환기나 과도기에 있는 사람이 이단에 현혹되기가 쉽다는 말이다.

아버지가 수동적이고 어머니가 지배적인 가정, 부모가 허용적이거나 지나치게 소유적이고 권위주의적인 가정에서 성장한 성인아이들 역시 이단에 빠지기가 쉽다. 잭 볼스윅 교수는 "허용적이거나 방임적이며 권위주의적인 부모 밑에서 성장한 사람들이 이단에 미혹된다"고 밝혔다. 과도기적인 어려움을 겪는 정상적인 사람들도 이단에 미혹될 수 있다. 입시에 실패했거나, 실직, 실연, 입원 등으로 좌절감을 느끼는 사람들 역시 이단에 미혹되기 쉽다.

종교적인 경험이나 진리를 찾고 있는 이들이나 정통 교회에서 시험받는 사람들도 사이비기독교 집단에 이끌리기 쉽다. 전통적인 교회생활이나 기성 교회에 환멸을 느끼고 있는 사람들은 이단의 밥이 되기 쉽다.

불신자는 이단에 미혹될지 모르지만 거듭난 그리스도인은 이단에 현혹되지 않는다는 것은 널리 퍼져 있는 신화다(Paul Martin). 하나님의 양도 얼마든지 길을 잃을 수 있고 영적인 학대의 대상이 될 수 있다(겔 34:1-7, 마 7:15, 16, 마 24:4-11, 고후 11:2-3, 행 20:28-30).

이단은 언제나 개인적인 부족감이나 외로움, 인생에서 실망감을 경험하고 있는 이들에게 호소한다. 이단에 빠지는 사람들은 "애정결핍증 환자", 즉 사랑에 굶주린 사람들이다. 모든 이단은 포교를 목적으로 애정공세를 펼친다. 소속감과 친밀감에 굶주려 있는 이들은 쉽게 구원파와 같은 이단에 마음을 주기 마련이다.

이단은 보통 두 가지 방법으로 포교활동을 벌인다. 신학적으로 교리적 혼란을 조장하며 전도를 시도하고, 심리적으로 개인이 감지하고 있는 어려움이나 필요(욕구)를 악용하여 포교한다.

이단에는 어떤 종류가 있는가?

이단은 외국에서 들어온 이단, 국내에서 자생적으로 생긴 이단, 그리고 기독교와 관계없는 사이비종교 등으로 구분할 수 있고, 이단이 표방하고 있는 주제를 중심으로 구원론에서 탈선한 이단, 병 고치는 능력이나 예언, 방언 등의 은사에 치우친 신비주의적 이단, 종말론에 치우쳐 있는 이단 등으로 구분할 수도 있다. 지도자가 자신을 메시아나 하나님, 보혜사 성령으로 신격화시키는 이단이 있는가 하면, 예수님을 전한다고 하면서 성경을 잘못 해석해서 가르치는 구원파와 같은 이단도 있다.

문제성 종교를 집중적으로 추적하며 연구하는 「현대종교」에 따르면, 약 100여 개의 문제성 종교가 사회적으로 영향력을 행사하고 있는데, 이러한 사이비 종교에 심취하는 추종자만도 200만 명에 달하는 것으로 추정하고 있다. 한국 문화의 주류를 이루고 있는 기독교의 관점에서 이들 문제성 종교를 분류한다면, 외국에서 유입된 이단과 국내에서 자생적으로 생겨난 이단으로 분류할 수 있다.

다음에 거명된 집단은 한국의 예수교 장로회, 기독교 성결교회, 기독교 한국침례회 등 한국의 기존 정통교단에서 이단으로 규정한 집단이거나 한국기독교총연합회에서 이단으로 규정한 집단임을 밝혀 둔다. 어느 집단의 이단성 여부는 교단의 정치나 이해관계에 의해 결정되는 것이 아니고 신학자들의 연구를 거쳐 정통 교회의 총회에서 규정하는 것이다. 어느 한 사람이 개인 감정에 따라 이단으로 규정할 수 있는 것이다.

(1) 외국에서 들어온 이단

여호와의 증인(Charles Russell), 말일성도예수그리스도의 교회(몰몬교, Joseph Smith), 제7일안식교(Ellen G. White), 지방교회(중국에서 들어온 회복교회 : Witness Lee), 대한천리교, 한국라엘리안 무브먼트.

(2) 국내에서 자생적으로 생긴 이단
① 통일교(세계평화통일가정연합, 참가정실천운동, 문선명), 애천교회(기독교복음선교회, 정명석), 대성교회(평강제일교회, 박윤식).
② 천부교(박태선), 영생교(승리제단, 조희성), 아가동산(김기순), 목단교(손영진), 한국중앙교회(이천성).
③ 구원파(유병언의 기독교복음침례회, 윤방무의 중앙교회파, 이요한[이복칠]의 대한예수교침례회, 박옥수의 대한예수교침례회 중앙교회파는 모두 딕 욕[Dick York]과 케이스 글래스[Kaas Glas]의 사상을 물려받은 자들임, 서달석의 서울중앙침례교회).
④ 안식교에서 파생된 이단들 : 엘리야복음선교원(박명호), 안상홍증인회(안상홍과 장길자), 침예수교.
⑤ 성락교회파(CBA, 김기동), 레마선교회(이명범), 한국예루살렘교회(이초석).
⑥ 장막성전(이삭교회, 유재열), 무료성경신학원(세계신천지증거장막성전, 이만희), 말씀보존학회(King James Bible, 이송오), 실로등대중앙교회(김풍일).
⑦ 다미선교회(이장림)
⑧ 다락방전도훈련(류광수)
⑨ 4단계회개론의 박무수(부산제일교회), 만민중앙교회(이재록)는 한국의

주요 교단에 의해 이단으로 규정됨
⑩ 예수전도협회(이유빈)

(3) 기와 도를 표방하는 토속종교를 기반으로 생겨난 이단들
대순진리회(박한경), 증산도(강증산), 단학선원(이승헌), 천존회(모행룡).

구원파는 어떤 집단인가?

구원파는 사회문화적으로 대변혁기이며 혼란기였던 1960년대에 우리나라에서 활동하기 시작한 기독교 이단이다. 엄격한 의미에서 한국에서 자생적으로 생긴 이단이 아니고 미국에서 수입된 이단이라 할 수 있다. 미국과 네덜란드 등 외국인들에게 사상을 전수받은 한국인들에 의해서 국내에 뿌리를 내리게 되었다.

구원파에 신학적 뿌리를 내리게 했던 이 선교사들은 체계적인 신학을 공부하지 않은 공통점을 지니고 있다. 그들의 세계관에 따라, 당시 기성 교회 안에는 복음이 없고 구원 받은 목회자가 거의 없다는 시각을 가지고 제자들을 양성했다. 특히 딕 욕은 기성 교회를 반복음적인 세력으로 보고 있었으며, 체계적인 신학공부를 하는 것은 믿음을 버리고 세상으로 타락하는 것이라고 주장했다(딕 욕은 필자가 1980년에 사랑의교회에서 회심한 후 1982년에 당시 서울에 살던 저자의 집에서 하루를 유숙한 적이 있었는데, 침례신학대학원에 입학할 준비를 하고 있던 나에게 '타락의 길'을 가지 말라고 설득했다). 이러한 사상을 전수받은 것이 박옥수 씨와 유병언 씨, 그리고 권신찬 씨의 수제자 이요한(본명 이복칠) 씨다.

1987년에 일어난 오대양 사건의 배후로 알려져 있는 구원파는 1960년대 초

권신찬 씨와 유병언 씨에 의해 대구에서 시작되었다. 구원파의 실세로 알려져 있는 유병언 씨는 딕 욕이라는 미국인 독립선교사를 통해 '복음을 깨달은' 사람이고, 권신찬 씨는 같은 시기에 화란인 독립선교사 케이스 글래스(한국명 길기수)에게 영향을 받고 침례를 받았다. 1965년경 권신찬 씨와 유병언 씨는 외국 선교사들과 관계를 단절하고 독자노선을 걷기 시작했다.

1962년 딕 욕 선교사의 영향 아래 '복음을 깨달은' 유병언 씨는 1960년대 중반에 딕 욕과 관계를 단절한 후 그의 장인 권신찬 목사와 함께 오늘까지 기독교복음침례회를 이끌고 있다(권신찬 씨는 1996년에 사망했다). '기독교복음침례회' 초창기부터 이들과 함께 하다가 1983년 헌금을 사업에 전용하는 것에 반대한다 하여 유병언씨의 추종자들에게 집단 구타를 당하고 복음침례회를 이탈한 이요한 목사는 '대한예수교침례회'를 만들어 또 다른 구원파를 이끌고 있다.

한편 1960년대 초에 딕 욕, 케이스 글래스, 데릭 얼(Derek Earl) 등 독립선교사들이 운영하던 대구성경학교에서 잠시 함께 공부한 적이 있는 박옥수 씨는 일찍이 권신찬과 유병언 계열과 결별하고 대구 계명대 앞에 '대구중앙교회'를 목회하다가 1980년대 초부터 '대한예수교침례회'라는 간판 아래 대전, 서울 등 전국 주요 도시로 진출하기 시작했다(브라질 원주민 선교사로 알려져 있는 김성준 선교사도 이들과 함께 대구성경학교에서 공부했으며 몇 년 전까지 박옥수 씨 계열과 왕래한 것으로 알려져 있다). 이들은 서로 적대적인 관계에 있으며, 자칭 목사 박옥수 씨는 1971년 딕 욕에게 목사 안수를 받은 것으로 알려져 있다. 체계적인 신학교육을 받은 적이 없는 '돌팔이' 목사, 자칭 목사가 무자격 목사를 계속하여 남발하고 있는 것이다.

유병언 씨는 고등학교를 졸업했고, 이요한 씨는 중등교육을, 박옥수 씨는 중학교 3학년을 중퇴한 것으로 알려져 있다. 이들의 공통점은 권씨가 6·25

동란 중 잠시 대구에서 신학을 공부한 것을 제외하고 모두 체계적인 신학수업을 받은 적이 없다는 것이다.

유병언의 기독교복음침례회(www.ebcworld.org)

구원파의 원조라고 할 수 있는 유병언 계는 기독교복음침례회라는 공식 간판 아래 활동하고 있는데, 1970년대에는 한국평신도복음선교회(Korea Laymen's Evangelical Fellowship)라는 이름으로 활동하다가 1980년대에 교단 이름을 사용하기 시작했다. 1987년 오대양 사건과 연계되면서 그 영향력이 많이 감소된 것이 사실이다. 지금은 포교보다는 세모 스쿠알렌 사업, 유람선 사업에 주력하고 있는 것으로 알려져 있다. 최근 이탈한 이들이 전하는 바에 따르면, 유병언 사장은 그의 아들에게 설교권을 준 것으로 알려지고 있다.

고 권신찬 씨와 유병언 씨에 의해 1962년에 창건된 이 집단은 사실 교주 유병언의 성격이 변화됨에 따라 다음과 같이 점진적으로 변질되었다고 할 수 있다.

(1) 겸손한 평신도 시절(1962-1967)

'죄 사함으로 말미암는 구원'이 메시지의 중심을 이루었으며 기도와 예배를 강조하던 시기다. 대구 제일모직 여공들과 대구 근교 복성동을 중심으로 전도활동을 벌였다(「새길」, 1989년 11월 창간호). 대구공설운동장 맞은편에 있던 유 씨의 집 '칠성예배당'을 본거지로 삼았다. 그는 사람들을 차별 없이 겸손하게 대했으며, 당시 사람들은 유 씨를 "유 형제"라고 불렀다.

(2) 자신감 넘치는 설교자(1968-1971)

'복음을 깨닫고 구원 받는 사람'이 증가하자 유 씨는 자신감을 얻고 활동영역을 서울, 인천, 안양 등지로 넓혀갔다. '구원 받은 성도들의 교제'가 메시지의 중심이었다. 기도와 예배의 의미를 왜곡하고 '교제가 바로 기도이며 예배'라는 교리를 만들어 가르쳤다. 하나님을 경외하는 겸손한 태도가 사라졌으며, 설교에 자신감을 얻은 그는 서울 약수동 '성동교회'에서 그들의 교리에 미혹된 선교사 3명과 한국인 목사 2명에게서 목사 안수를 받았다. (1991년 상습사기범으로 구속되어 재판을 받게 되었을 때 그는 자신은 목사가 아니며 구원파와도 무관한 사람이라고 주장했다). 이때부터 사람들은 그를 '유 목사님'이라고 불렀다. 1969년부터 '한국평신도복음선교회'라는 단체명을 사용했다.

(3) 거만한 방송부국장(1972-1974)

'한 몸으로서의 교회'와 교제를 강조하던 시기다. 1964년부터 팀(TEAM) 선교부, 즉 미국의 국제복음주의동맹선교회에서 설립 운영하던 극동방송의 방송목사로 재직 중이던 장인 권신찬 씨의 중재로 구원파는 극동방송의 한국어 방송을 담당하게 된다. 유 씨는 극동방송 부국장에 취임하면서 미국인 국장의 기존행정체제를 무시하고 '무질서 속의 질서'를 신봉하는 그의 경영철학을 내라 거만한 행징가로 군림하였다. 권신찬 씨는 〈은혜의 아침〉이라는 설교프로그램을 통해, 기존 교회의 '예배 행위, 십일조 헌금, 장로·집사 제도, 새벽기도, 율법을 지키려는 노력' 등을 모두 종교 행위로 규정하고 종교에서 해방되는 것이 구원이라고 설교하였다.

구원파는 기존 정통교단을 계속 비난하는 설교로 장로교, 감리교, 성결교, 구세군, 하나님의 성회 등 전국 여러 교단과 충돌했다. 그리고 기존 교단을 불신세력으로 규정하고, 당시 국제종교문제연구소 탁명환 소장과 영락교회 소속 기독공보 고환규 편집국장, 서울 서교동장로교회 문용오 목사 등을 명예훼손 혐의로 고소하여 법정투쟁을 벌였다.

구원파의 이단성을 간파한 극동방송 팀 선교부는 구원파 소속 교인들을 모두 해고하였고, 서울 극동방송의 운영권은 FEBC로 넘어가 김장환 목사가 사장으로 취임하여 오늘에 이르고 있다.

(4) 세속화된 사업가(1974-현재)

유병언은 방송국에서 밀려난 후 '교제의 구심점'이 없어졌다며 부도 직전의 부실기업을 교인들의 헌금으로 인수, 1984년 '삼우트레이딩' 사장에 취임하면서 "이제부터는 나를 목사라 부르지 말고 사장이라고 부르라"고 교인과 사원들에게 지시했지만, 그는 '목사'로서 "더러운 이를 취하려고 마땅치 아니한 것을 가르쳐 집들을 온통 엎드러"쳤다(딛 1:11). 위장술에 뛰어난 유 사장은 자신을 '과시적인 자선사업가'로 부각시키기를 좋아했다. 1982년 8월에는 〈한국일보〉에서 그를 '단골 적선가'로 소개한 적도 있다.

아무나 구원 받게 할 필요가 없다는 "영적 산아제한론"를 펴, 의사, 대학교수, 연예인, 정부고관, 부유층을 구원시켜야 한다고 주장하던 시기다. 일과 사업이 강조되는 시기로, 유 사장이 주도하는 '삼우트레이딩'과 '주식회사 세모' 등이 바로 하나님의 일이며 교회라는 논리를 폈다. 송재화 씨와 1987년 집단변사 사건으로 숨진 박순자, 같은 해 이혼당한 강 모 여인이 주로 사업에 필요한 방대한 자금을 담당해 개발실로 공급한 것으로 알려져 있다.

유 씨는 늘 자신의 사업을 '새마을 사업의 성공사례'로 선전해, 5공 시절 전두환 전 대통령은 종종 그의 업체공장을 방문했다. 성공적인 중소기업 사장으로 텔레비전 방송에 자주 출연하기도 했고 일간신문이나 경제신문에 그의 얼굴이 자주 등장하기도 했다. 한편 새마을운동 본부장 전경환 씨는 '오대양 사건'이 있기 14개월 전인 1986년 6월 8일부터 그해 말까지 4차례에 걸쳐 대전에 있는 오대양 본사를 방문, 격려했다.

지금은 다른 회사로 넘어간 곳도 있지만, 구원파는 교회 내에 신용협동조합을 운영하고 있으며, 한강유람선, 영양식품, 세모 스쿠알렌, 컴퓨터 모니터, 자동차 부품, 전자제품 등에 손을 대다가 최근에는 (주)온나라유통, 다정한 친구들, 청해진, 아해, 한국제약, 노른자, 한평신협 등 30여 개 업체를 운영하고 있다(「현대종교」, 2006, 10).

유병언 계열의 구원파는 일찍이 경북 청송군 보현산 일대 270만여 평의 임야를 100억 원에 이르는 거액을 들여 매입하고 집단촌을 건설할 계획을 하고 있는 것으로 알려지고 있다. 청송군 기독교연합회에서는 이들을 추방하기 위해 여러 차례 구원파 추방결의대회를 가진 바 있다(「교회와 신앙」, 2004년 3월 10일). 유 사장은 1970년대에는 새마을운동을 빙자해 활동했는데, 1980년대 이후에는 녹색회라는 이름으로 환경운동을 빙자해 교세를 넓히려 하고 있다.

이상의 행위의 열매는 구원파라는 나무가 왜 이단인지를 보여주고 있다. 그러나 정통 교회가 이에게 '구원파'라는 별명을 붙여준 것은 그들이 구원에 대한 질문을 핵심으로 정통교인들을 유혹하고 혼란에 빠트리기 때문이다. 마치 구원에 대한 비밀을 자기들만 알고 있는 것처럼, 마치 구원을 받았으니 구원의 확신이 필요한 것이 아니라, 구원의 확신(깨달음)이 있으니 구원을 받은 것처럼, 또는 자신들만 구원 받은 무리인 것처럼 주장하기에 이들을 일명 구원파라고 부르게 된 것이다(「2007 이단사이비연구자료」).

박옥수의 기쁜소식선교회(www.goodnews.or.kr)
박옥수 씨는 경북 선산군에서 1944년 6월에 출생하여 중학교를 중퇴했고, 낙동강 유역에서 땅콩 농사를 짓는 농부의 아들로 성장했다. 네덜란드 길기

수 선교사의 금오산 집회에서 크게 감화를 받고, 1962년 19세 때 '예수님의 은혜로 죄 사함'을 받아 외국의 선교사로 나가기 위해 합천 산골에서 훈련을 받다가 군에 입대했다. 1968년 미국의 자칭 선교사 딕 욕에게 목사 안수를 받았다. 그리고 1971년 2년 연상인 김명순 씨와 결혼했다. 그 뒤로 '죄 사함, 거듭남의 비밀'을 전파하며 대구 계명대 앞에서 중앙교회라는 간판 아래 활동하다가 1980년대 말에 대전으로 옮겨 한밭중앙교회를 담임했다. 2005년 서울 서초동 양재동에 있는 기쁜소식강남교회를 중심으로 국제청소년연합(IYF, International Youth Federation)과 기쁜소식선교회를 이끌고 있다.

1983년 기쁜소식선교회를 조직하여 본격적인 세력 확장에 나섰는데 '죄 사함, 거듭남의 비밀'이라는 슬로건을 내걸고 전국 대도시의 체육관을 빌려 교세를 과시하며 성경강연회를 인도하는 것으로 유명하다. 「기쁜 소식」이라는 자체 정기간행물이 있지만 방송과 일간신문 등을 통해 대대적인 광고를 하고 있으며, 월간 중앙, 월간 동아 등에서는 박옥수 목사를 영향력 있는 기독교지도자인 것처럼 대담기사를 게재한 적도 있다.

박옥수는 국제청소년연합이라는 묘한 단체를 만들어 각 대학과 중고등학교에 침투하여 전 세계 35국에 지부와 회원을 두고 있다(2001년 초 사단법인으로 등록되었다). 대학교에서는 IYF라는 동아리를 만들어 영어회화 등을 무료로 가르쳐주는 것으로 학생들에게 접근하고 있다. 해마다 IYF 세계대회, 사진전시회, 중고등 및 대학생 영어 말하기 대회를 열어 젊은이들을 상대로 포교 활동에 열을 올리고 있다.

박옥수 씨가 이끄는 '대한예수교침례회'는 서울 서초구 양재동에 위치한 기쁜소식강남교회를 중심으로 활동 중이다. 2004년 현재 국내에 225개(300여 명의 교역자), 해외에 70개의 지교회(100여 명의 선교사)를 두고 있는 것으로 알려져 있다. 독일, 미국, 일본, 모스크바, 파라과이에까지 진출하여 정통 교회 성도를 미혹하고 있다(「현대종교」, 1993. 1). 이들은 7월과 12월에 김천에 있는 대덕수양관에서 수천 명씩 참석하는 수양회를 갖고 있는데, 교세는 약 1만 명으로 추산하고 있다.

그는 풍유적인 성경해석을 오용 및 남용하고 있다. 중학교 중퇴생으로, 정통신학을 통해 성경해석의 원리를 배운 적이 없기 때문이다(「죄 사함 거듭남의 비밀」, 59-70쪽). 박옥수 씨는 죄와 범죄, 회개와 자백을 구분하여 반복적 회개를 부인하고 삶에서 나타나는 범죄는 하나하나 일일이 고백하여 용서를 구할 필요가 없으며 죄 자체를 인정하기만 하면 된다고 설교한다. 회개로 죄가 사해지는 것이 아니라 예수의 보혈로 사해졌다는 것을 깨닫는 순간 죄가 해결되어 구원 받았기 때문이라는 것이다. 모든 죄가 용서되었기 때문에 회개할 필요가 없으며 회개하는 자는 구원 받지 못한 자라고 주장한다. 반복적으로 회개하는 사람은 구원 받지 못한 사람이라는 것이다(「기쁜 소식」, 1989년 2월호 7-9쪽, 1989년 3월호 14-15쪽).

자신들을 이단이라고 비판하거나 유인물을 만들어 배포한 오정호 목사, 김학수 목사, 곽선희 목사를 명예훼손 혐의로 고소한 것으로 유명하고 공군군목으로 복무했던 최승윤 목사가 비판설교를 했다 하여 명예훼손 혐의로 고소하기도 했다. 박옥수 집단은 지금까지 정통 교회와의 법정투쟁에서 모두 패소하였다. 재판부는 일관되게 "개인의 이익을 위해 상대의 명예를 훼손한 것이 아닌 개신교 단체의 이름으로 상대를 지적했다는 점은 명예훼손에 해당하지 않는다"는 취지로 피소된 모든 목회자에게 무죄를 선고하였다.

이요한의 대한예수교침례회(www.seoul.jbch.org)

이요한은 중학교 졸업 후 6·25 동란 중 대구임시신학교에서 권신찬에게 사사받은 것이 교육배경의 전부인 것으로 알려져 있다. 구원파 초창기인 1960년대 중반부터 목포를 중심으로 활동하다가 1971년에 권신찬에게 목사안수를 받았다. 전남 목포에서 "평신도복음전도회"라는 간판을 걸고 활동하며 기존 교회를 비판하고 시한부종말론을 설교하였다.

1974년 말 유병언은 부도위기에 놓인 삼우트레이딩을 매입하여, 교인들의 헌금으로 사업을 확장해 나갔는데, 이요한은 1983년 이것을 문제 삼아 사업으로부터 '복음을 수호한다'는 유인물을 배포했다. 그는 유인물을 통해 유병언을 노골적으로 비난하고 나섰으며 권신찬은 유병언을 옹호하고 나섬으로 교회는 분열되었다.

결국 이요한은 "교회와 사업은 분리되어야 한다"는 성명을 내고, 서울 서초구 방배동에 '대한예수교침례회'를 설립하였다. 1995년에는 경기도 안양의 인덕원에 1천여 평의 대지를 마련하고 본부교회가 되는 서울중앙교회를 건축했다. 공식적인 사업에 손을 대고 있지는 않지만 원조 구원파에서 배운 그대로 교회 내에 신용협동조합을 운영하고 있다. 미국, 일본, 독일, 중국 등 해외에도 지교회가 있다.

전도인이라 불리는 목사, 전도사를 포함하여 교직자는 270명, 본부교회에 4년 과정의 '중앙성서신학원'에서 교리전파자가 한 해 40여 명씩 배출되고 있다. 인터넷을 통해 전국 지교회 핵심자 300명이 반복교육을 받고 있다. 장로, 권사, 집사라는 직제가 없이 자신들의 주관에 따라 구원 받았다고 인정되면 그때부터 형제자매로 부른다.

기존 교회와 달리 일정한 예배형식이 없고 집회식으로 1시간 30분에서 2시간씩 성경을 강해한다. 저녁에는 예배 대신 교제를 나누면서 각 부서에서 봉사하는 사람들이 모여 교육도 받고 서로의 이야기를 나눈다. 일 년에 네 차례 '성경강연회'를 가지며 일 년에 한 번은 공주에 있는 갈릴리수양관에서 전체 수양회를 갖는다. 예배형식과 기도 등 기존 교회를 흉내 내고 있으나 십일조와 기타 연보, 기도, 예배를 율법과 종교로 간주하던 그의 스승 권신찬의 근본사상에서 벗어나지 못하고 있다. 주기도나 축도를 하지 않는 것으로 유명하다.

전국에 100여 개의 지교회를 두고 있으며 4만 명의 추종자가 있는 것으로 주장하고 있다. 이요한 계열은 금전적으로 무리해서 교회를 건축하고 있는 것으로 이탈자들이 전하고 있는데, 수십 억 공사를 하면서 "은행융자의 원금은 갚지 않아도 된다. 주님 재림 때까지 교인들의 헌금으로 이자만 갚으면 된다"는 사상을 고취시키고 있다고 한다.

정기간행물로 월간지 「생명의 빛」을 발행하고 있으며, 포교를 위해 진리의말씀출판사와 영생의말씀사를 운영하고 있다.

이요한은 중학교를 졸업하고 군소신학에 입학하였다 중퇴한 인물로 체계적인 신학지식이나 교회사와는 거리가 먼 "무식한 자"(벧후 3:16)다. 성서해석에 대한 전문지식이 빈약할 수밖에 없는 그는 그의 스승 권신찬 씨의 평소 지론인 8가지 해석원칙에 따라 주로 영적인 성경해석(우화적인 해석)에 의존하고 있다.

이요한 피는 6, 7일간 성경강연회를 통해 참석자들의 세계관을 차례로 바꾸어 놓는 것으로 유명하다. 원조 구원파나 박옥수 파와 마찬가지로 성경세미나 또는 성경강연회라고 표현하길 좋아한다. 세 계파 모두 성경을 '배워서 깨달아야 할 책'으로 간주하고 있음을 암시하고 있다. 강연회 내용은 편당 2시간 30분 정도 분량으로 제작되어 전도용으로 배포되기도 하는데, 대부분 다음과 같은 내용에 따라 진행된다.

(1) 첫째 날 : 천지를 창조하신 하나님은 존재하는가? 사람은 어디서 와서 무엇 때문에 살며 어디로 가는가? 인생의 목적과 하나님의 존재에 대해 알

게 한다.

(2) 둘째 날 : 창세기 내용은 신화인가, 사실인가? 성경은 사실이며 일점일획까지도 성령에 의해 영감된 완전한 하나님의 말씀임을 강조한다.

(3) 셋째 날 : 이스라엘에 대한 예언과 성취, 이스라엘의 전반적 역사를 다루며 이스라엘의 환란 및 회복을 통해 하나님의 목적이 이뤄짐을 증거한다.

(4) 넷째 날 : 성경에 나타난 인류역사의 현대적 이해. 마지막 시대의 징조에 대해 이야기하며 하나님 앞에서 죄인으로서의 자신의 실체를 알게 한다. 세대주의적 종말론에 입각해, 성경의 일부를 영해(우화적 해석)하여 "우리 시대에 종말이 온다"는 식의 임박한 종말론을 강조한다. 기존 교회를 원색적으로 비난하며 기성 교회에서는 구원 받을 수 없다는 암시와 자신들의 교리를 주입시키고 우월감을 느끼게 한다.

(5) 다섯째 날 : 인생에 대하여, 죄에 대하여 다룬다. 인간의 타락, 죄와 율법, 지옥의 운명, 심판의 절대성과 당연성 등을 배우게 한다. 죽음 후의 심판에 대해 설교하여 죽음 앞에 극단적인 공포감을 느끼게 한다. 하나님과 사람을 이원론적으로 대조하여 죄 문제의 심각성을 설명한다.

(6) 여섯째 날 : 구원에 대하여 설교한다. "대부분의 많은 사람들이 구원 받는다"며 이날을 강조한다. 죄 사함과 관련된 구절을 인용하여 죄가 사함 받았음을 깨달으면 "거듭났다", "구원 받았다"고 인정해 준다.

(7) 일곱째 날 : 구원 받은 사람은 어떻게 살아야 하는가? 구원 받은 이후의 신앙생활에 대해 가르친다. 다른 구원파와는 달리 영혼구원, 생활구원, 몸의 구원의 3단계 구원을 설명한다.

동광감리교회 이수배 목사는 이요한 측의 이단성을 다음과 같이 요약했다.

(1) 교리의 균형을 상실하고 있다. 이들의 교리나 주장들은 한쪽으로 편중되어 다른 쪽을 부인하여 성경의 보편적 진리를 축소 내지 변질시키고 있다. 교리사적인 역사를 돌이켜 볼 때 율법으로 편중되면 율법주의, 은혜로 편중되면 도덕적 타락을 초래하는 반율법주의적 모순에 빠지게 된다. 따라서 성경은 균형 잡힌 믿음을 요구한다. 그럼에도 이요한 파의 교리는 기존 교회에서 행하는 예배의식과 십일조, 기타 연보들, 그리고 기도생활과 예배행위까지도 율법적이라고 지적하여, '기존 교회는 율법과 은혜의 혼합된 형태'라고 하면서 율법적인 것을 부정하게 만든다. 안식교가 율법주의적이라면 구원파는 반율법주의적이라 할 수 있다. 바울은 "율법도 거룩하며 계명도 거룩하며 의로우며 선하다"(롬 7:12)고 말씀하였고, 예수님도 "너희가 나를 사랑하면 나의 계명을 지키리라"(요 14:15)고 말씀하셨다.

이요한 씨의 설교는 신앙과 생활 사이에 균형을 이뤄 보려는 성실함보다는 상호대립시키는 극단적 흑백논리와 언어적 기법을 통해서 교인들로 긴장과 대립의 관계로 몰입하도록 만든다. 가령 가정생활에서 믿는 이와 믿지 않는 이가 있을 때 "서로 영이 다르기 때문"이라고 해서 결과적으로 가족 간 반목과 대립을 조성하게 된다. 그리하여 이들에게 미혹된 많은 이들이 현실적인 생활을 부인하거나 자기를 추스릴 틈도 없이 빠져드는 경우가 많다. 이 집단에 미혹된 이들이 가족 간 갈등을 겪게 되는 교리적 배경이 여기에 있는 것이다.

(2) 극단적 종말론적 교리들 : 이요한 씨의 언어적 논법은 극단적인 흑백논리로 반목과 대립을 고조시켜 청중들로 하여금 자기들의 교리를 따르게 하는 방식이다. 이는 현존하는 다른 이단종파들에서 볼 수 있는 논리적 전개방식과 비슷하다.

예를 들어, 종말에 대한 설교를 들어보자. 먼저 중동사태(설교 당시는 이라크와 UN이 전쟁을 벌일 때였다)와 성경에 예언된 종말론적 사건들을 비교하며 666의 출현으로 인한 성도들의 위기를 극적으로 부각시킨다. 그 다음 위기의식과 두려움을 자극한다(이요한 씨의 설교는 대부분 들음으로써 평온함을 느끼거나 자유롭게 되는 것이 아니라 일종의 두려움이나 위기의식을 고조시킨다). 마지막 단계는 결단을 촉구하는 단계인데, 여기에서는 엉뚱하게도 기존 교회를 원색적으로 비난하면서 '이런 교회에서는 구원 받을 수 없다'고 하는 뉘앙스를 강하게 부각시키면서 자기들의 교리를 주입함과 동시에 우월감을 갖게 한다.

이요한 씨는 성경의 수많은 주제 가운데서 종말론적 긴박성을 조성하는 특정한 주제에 몰입하는 것뿐만 아니라 자기들의 결정적인 교리를 주장할 때는 언제나 영적인(우화적인) 해석방법을 도입하고 있다. 이와 같은 해석방법이 설교 전체를 지배하고 있기 때문에 결과적으로 설교내용이 사람들의 호기심을 자극하는 데는 성공적일지 모르지만, 성경의 의도와는 거리가 멀게 한다. 기존 교회에서 그들을 이단이라 비판하는 것을 의식했는지 이요한 씨는 습관적으로 "그들은 이단이고 우리는 참단이다"라고 주장한다. 그리고 요한복음 7장 45-48절을 인용, 자기들의 입장을 합리화하는 데 많은 시간을 허비한다. "예수도 핍박을 받았고 사도들도 버림을 받았다"며 많은 성구를 자기들의 입장을 합리화하는 데 사용한다.

이들의 이단성을 연구한 이수배 목사는 "구원파에 현혹된 사람들은 마치 마약에 중독된 것처럼 극단적인 신념체계에 몰입하고 있다. 마약에 중독된 사람들에게는 정상적인 약을 투여할지라도 치유의 효과가 없는 것처럼, 이단에 현혹되어 마음을 빼앗긴 사람들은 어떤 방법의 설득으로도 불가능한 경우들이 대부분"이라면서 암세포와 같은 이단을 멀리하고 올바른 신학으로 대처할 것을 주문하고 있다.

이요한 파에서는 "영접식으로는 구원 받지 못한다. 성경에 기록된 내용을 깨달아야 구원 받을 수 있다. 회개는 일생에 단 한 번만 하면 된다. 그렇기 때문에 다시 회개할 필요가 없다. 기성 교회는 미국식 예배를 드린다. 형식을 갖춘 예배는 또 하나의 율법이다. 주기도문을 하는 것은 중언부언이다. 새벽기도, 철야기도, 통성기도는 모두 우리나라에만 있을 뿐, 외국에는 없다"라고 공공연히 말한다. 이러한 이요한 파의 입장은 모두 그의 잘못된 신학과 성경 해석에 기인하는 것이다.

2008년 5월 이요한 측 교역자 출신인 배상범 씨가 구원파를 이탈해 여전도회관에서 기자회견을 열었다. 그는 이요한 측 구원파에 대해 "기성 교회와 달리 회개와 믿음을 도외시한 채 이른바 '깨달음 교리'만 강조한다"며 "이요한 씨는 '기성 교회 모든 목사가 구원 받지 못했다'고 설교한다"고 비판해 구원관이 정통 교회와 다르다는 것을 확인해 주었다.

다른 구원파와는 달리 3단계 구원, 즉 영혼구원, 생활구원, 몸의 구원을 가르치고 있다(「모든 해답은 성경에 있다 Ⅱ」, 34쪽). 육체와 영혼을 분리시켜 구별하는 것은 지방교회나 김기동 계통의 베뢰아의 주장과 일치한다. 육체와 영혼을 분리시켜 육체를 죄악시하는 이원론적 사고는 초대 교회 이단 영지주의와 맥을 같이 한다고 할 수 있다.

예배의식은 일종의 제사의식이라 주장하는데, 이것은 이요한의 스승 권신찬의 사상을 반영하고 있는 것이다. 따라서 사도신경, 주기도문, 방언, 축도, 새벽기도, 금식기도, 철야기도, 크리스마스 행사 등도 부정한다. 십일조에 대해서도 구원 받기 전에 하는 것은 의미가 없다고 한다(고넬료는 구원 받기 전에 구제헌금을 했는데 그것이 하나님께 상달되었다).

대한예수교침례회라는 간판 아래 대전, 천안, 순천, 광주 등 전국대도시로 진출하고 있다. 신길동 인의빌딩에 위치한 서울생명교회는 이요한 파에서 파생된 집단으로 구영석 씨를 교주로 하고 있다. 「현대종교」의 보도에 따르면, 구영석 씨는 대한예수교연합침례회의 총회장으로 새생명선교회 산하에 30여 개의 지교회를 두고 있다.

구원파 초기 60년대부터 생사고락을 함께 했던 소천섭, 서화남, 손영록 씨 등이 유병언 계열을 떠난 것으로 확인되었으며, 서로가 더 성경적임을 내세우는 구원파의 분열은 계속되고 있다. 이 세 계파 외에도 윤창석(윤방무), 서달석 계열이 있으나 그 영향력이 대단치 않기 때문에 이 책에서는 세 계파에 대해서만 주로 언급한다.

자칭 목사 박옥수 구원파는 다른 구원파와 무엇이 다른가?

미국에서 온 자칭 선교사 딕 욕에 따르면, "내가 만든 제자가 한국에 열 명이 있는데 그 중에 하나가 박옥수요, 또한 권신찬의 사위 유병언"이라고 한다(「한국의 종교단체실태 조사」, 2000, 239쪽).

구원파의 세 지도자는 모두 딕 욕에게 영향을 받았다는 공통점과 침례교 간판을 사용하고 있다는 공통점을 지니고 있다. 이들은 모두 1960년대 초에 외국인 선교사들에게 성경을 배웠다는 공통점이 있기 때문에, 성경을 보는 시각과 한국의 기존 교단을 보는 시각에서 크게 일치하고 있다.

딕 욕 등 외국인 선교사들은 한국의 장로교와 감리교, 성결교, 침례교 등 기존 교단 안에는 구원의 복음이 없다는 전제 아래 "죄 사함을 깨달아야 구원 받는다"는 교리를 전수하기 시작했다. 따라서 이들 세 계파가 공통적으로 주장하는 것은 기성 교회에는 구원이 없기 때문에 자기 집단에 와서 복음을 듣고(본인의 의지와 관계없이), 죄 사함의 비밀을 깨달아야 구원을 받는다는 것이다.

이요한 씨는 권신찬 씨의 수제자로서 유병언 계열과 마찬가지로 구원론과 종말론에 치우친 설교로 포교 활동을 벌이는 공통점을 지니고 있는 것에 반해, 일찍이 1960년대 초에 이들과 결별한 박옥수 씨는 종말론에 특별한 관심을 보이지 않고 있다. 따라서 그의 설교는 '죄 사함, 거듭남의 비밀'에 초점이 맞추어져 있는 것이 특징이다. 박 씨 계열에서는 '죄 사함의 복음'이 자신의 전매특허인 것처럼 죄 사함과 구원이라는 주제에 집착한다.

또 하나의 차이가 있다면, 이요한 계열은 유병언의 기독교복음침례회에서 신용협동조합을 운영하는 것을 배워서인지 사업체를 운영하고 있지는 않더라도, 교회 안에서 신용협동조합을 운영하고 있지만, 아직까지 박옥수 계열에서는 교인들의 돈을 모아 사업 구상을 하고 있다는 정보는 들리지 않고 있다.

정통 교단에서 구원파를 이단으로 규정한 이유는 무엇인가?

말 그대로 이들은 모두 구원의 복음을 전하고 있는데, 그 구원이 성경에서 전하거나 초대 교회 사도들이 전파하던 구원이 아닌 다른 구원을 전하기 때문에 이단이라고 규정한 것이다. 구원파에서 전하는 '복음'에는 하나님·성경·기도·예배·교회·종말에 대한 가르침에 두루 문제가 있지만, 이 책에서는 구원관에 초점을 맞추어 비판하다가 후반에 기도관, 예배관, 교회관, 종말관에 대해 이야기하기로 한다. 구원에 대한 가르침에 있어서 유병언, 이요한, 박옥수 등 구원파의 여러 계파는 다음과 같은 공통된 문제점을 드러내고 있다.

- 회개와 믿음이 빠진 '깨달음'을 통해서 구원을 받는다고 한다.
- 회개를 계속하는 것은 구원 받지 못한 증거라고 한다.
- 죄 사함을 받은 이후에 스스로 죄인이라고 고백하면 지옥으로 간다고 한다.

- 정통 교회의 제도(장로, 집사)와 예배형식, 주일성수, 십일조, 새벽기도, 철야기도, 축도를 무시한다. 종교와 복음, 기독교인과 그리스도인, 종교생활과 신앙생활을 구분하여 차별화를 시도하고 있다.

위의 세 계파 지도자들은 모두 자칭 독립선교사인 딕 욕과 길기수의 직간접적인 영향을 받은 이들이다. 기존 정통 교회에는 구원이 없다는 기본전제 아래, '죄 사함을 깨달음으로 구원 받는다'는 거짓된 복음을 전파하기 위해 성경을 우화적, 풍유적으로 억지 해석한다는 공통점이 있다.

그리고 모두 하나님관(신관), 인죄론, 구원론, 종말론 등 모든 분야에서 성경과 정통 기독교의 범주를 이탈하고 있다. 유병언, 이요한, 박옥수 모두 고등학교 이하의 학력을 지닌 "무식한 자들"(벧후 3:16)로서 체계적인 신학교육을 받은 적이 없이 극단적인 세대주의적 종말론에 입각해 성경을 영해하는 성향이 있다는 것도 이들의 공통점이라 할 수 있다.

구원파 지도자들은 "더러운 이를 취하려고 마땅치 아니한 것을 가르쳐 집들을 온통 엎드러치던"(딛 1:11) 할례당과 같은 이단집단으로서 "입으로는 하나님을 시인하나" 그 사상과 교리, 행위로 주님을 부인하는 가증한 자들이라고 할 수 있다(딛 1:16).

이들은 정통 교회에 다니는 성도들에게 "선생님은 거듭나셨습니까? 언제 구원 받았습니까? 모든 죄가 용서되었습니까? 의인입니까, 죄인입니까? 사망에서 생명으로 옮겨진 것을 확신합니까? 구원의 확신이 있습니까?"와 같은 질문으로 접근하여 지금까지의 신앙생활에 회의를 갖게 한 후에 죄 사함을 깨달음으로 구원 받았음을 확신하게 하는 접근을 사용한다는 점에서도 공통점을 지니고 있다.

정통 교회나 구원파는 우리가 믿음으로 구원 받는다는 주장에 동의한다.

믿음으로 의롭다 함을 받는다는 이신칭의(justification by faith)에 동의한다. 그런데 왜 구원파를 이단이라 하는가? 믿음과 구원을 역사적인 기독교와 다른 의미로 이해하고 있기 때문이다.

이신칭의는 교회가 존재하는 이유이기도 하다. 칭의(稱義)는 "예수 그리스도의 의를 기초로 율법의 모든 요구가 충족되었다고 죄인에 대해 선언하시는 하나님의 법적인 행위"다(Berkhof, 765). 칭의는 우주적인 차원에서 하나님이 죄인에게 언도를 내려 그의 신분이나 상태를 바꾸어주는 법적인 행위다. 이를 테면, 재판관이 재판 때 무죄를 선고하면 그 죄인의 내면에 변화가 생기는 것이 아니라 그의 신분 상태가 변하는 것이다.

칭의의 근거는 예수 그리스도의 속죄사역이다. 구원파에서도 그리스도께서 죄인들을 위하여 죽으시고 우리를 의롭다 하기 위하여 죽은 자 가운데서 다시 부활하셨다는 것을 힘주어 가르친다(롬 3:24). 문제는 구원파에서 죄를 존재론적으로, 즉 죄를 인간 속에 존재하는 물질과 같은 그 무엇으로 이해한다는 것이다. "나는 죄악으로 뭉쳐졌기 때문에 …… 나 자체가 죄악 덩어리"라는 것이다(박옥수, 「회개와 믿음」, 166쪽). 정통 개신교회에서는 죄를 관계론적으로 이해한다. 즉 죄를 하나님과의 관계에서 불신, 반항, 불순종하여 하나님의 마음을 아프게 한 것으로 이해하고 있기 때문에 회개하고 예수님을 믿음으로 구원을 받는다는 칭의론을 주장하고 있다.

박옥수는 이런 인간을 죄의 종 그리고 사탄의 종으로 표현한다. 나아가 타락 후 인간은 죄 덩어리로 이해했다. 그는 다윗을 예로 든다. 박옥수는 시편 51편 5절의 "내가 죄악 중에 출생하였음이여 모친이 죄 중에 나를 잉태하였나이다"라는 다윗 고백을 마치 그가 죄 덩어리로 된 것으로 해석했다. 이 구절은 사실 모든 인간이 원죄로 인해 죄의 권세의 지배를 받고 있음을 말하는 것인데 박옥수는 이것을 존재론적으로 설명했다. 나아가 그는 타락한 인간의 마음에는 죄가 흐르고 있다고 표현한다(「내 죄벌이 너무 중하여」, 2003, 202쪽). 이것도 상당히 존재론적이다. 동시에 "그처럼 죄가 가득 가득 붙어 있는 우리 마음은 예수님의 피를 통과해야만 정결케 됩니다"라는 표현도 여기에 속한다.

박옥수에 따르면, 타락한 인간은 더 이상 가능성 없는 죄악 덩어리다. "그러나 우리는 죄악투성이기 때문에, 근본적으로 죄의 나무이며 죄의 자식이고 죄의 씨여서 아무리 스스로 깨끗하게 하려고 해도, 죄를 안 지으려 해도 안 됩니다"(「죄벌이」, 160쪽). 이것은 타락한 인간이 거의 사탄적인 존재라는 말이다. 따라서 죄를 용서받은 상태에 있다는 것을 깨닫는 순간 죄인이 의인으로 변화된다는 것이다. 죄를 존재론적으로 이해한 것이다. 다른 두 계파도 죄를 관계론적으로 이해하지 않고 존재론적으로 이해한다는 점에서 크게 다르지 않다.

특히 이들은 회개를 계속하고 자신을 죄인이라고 시인하면 구원 받지 못한 증거라고 주장하는데, 이것은 역사적인 정통 개신교의 입장과 판이한 것이다.

구원파는 사이비 기독교다. 사이비란 실체는 이단이지만 현상적으로 마치 정통인 것처럼 행동하는 이단의 위장적 형태를 말한다. 사이비는 위장된 이단이다. 구원파는 대한예수교침례회라는 간판으로 정통처럼 위장하고 활동하고 있다. 이단은 그 정체를 밝히고 있기 때문에 방어할 수 있으나 구원파와 같은 사이비는 스스로 진리라고 주장하기 때문에 방어하기가 쉽지 않다. 구원파는 죄 사함과 거듭남과 같은 정통 교리를 왜곡하여 전통적인 복음을 변질시키고 있기 때문에 순진한 성도들이 미혹되기가 쉽다.

따라서 기독교성결교회에서는 1985년 총회에서 구원파를 이단 사이비 집단으로 규정했고, 대한예수교장로회 고신측 총회에서는 1991년에, 그리고 예수교장로회 통합, 합신, 합동측 총회에서는 1992년에 유병언과 이요한, 박옥수 씨의 구원파를 이단으로 규정한 바 있다.

이단과 정통은 큰 그림에서 어떻게 다른 모습을 보이는가?

정통 교회는 하나님의 진리를 옳게 분변해 하나님의 뜻을 두루(균형 있게) 가르침으로(행 20:27) 하나님의 교회를 하나 되게 하고 가정을 세워 주는 역할을 한다. 반면에 이단은 언제나 하나님의 진리를 왜곡해 마땅치 않은 것을 가르칠 뿐 아니라 진리의 한 가지 측면만을 강조하여 하나님의 교회를 분열시키고 가정을 파괴한다(딛 1:10-11). 음식에 비유한다면, 이단은 하나님의 뜻(counsel of God)을 고루 가르치는 것이 아니라, 편식을 시킨다고 할 수 있다.

그리스도인은 누구인가? ① 죄를 심각하게 생각하는 사람이다 ② 자신이 죄인 됨을 회개하고 예수님을 신뢰하는 사람이다 ③ 하나님의 사랑의 깊이를 이해하기 시작한 사람이다 ④ 선을 행함으로 구원을 살 수는 없다는 것을 아는 사람이다 ⑤ 하나님의 뜻대로 살기를 원하는 사람이다.

이단 구원파의 공식적인 신앙신조를 읽어 보면, 정통 교회와 다름없는 그럴듯한 표현을 사용하고 있다. 문제는 그들이 같은 용어를 다른 뜻으로 사용한다는 데 있다. 이단은 이중적 언어체계를 가지고 있기 때문이다.

구원파는 다른 이단과 달라서 성경을 믿지 않고 원리강론이나 몰몬경에 신적인 권위를 두기 때문에 이단으로 규정된 것이 아니다. 성경을 하나님의 말씀이라 인정하면서 임의로, 억지로 성경을 해석하여 '새로 깨달은 교리'를 전하기 때문에 이단이라고 규정하는 것이다. 구원파에서는 다른 경전을 믿으라고 하지 않는다. 다만 각 지도자의 가르침에 절대적 권위를 부여하고 있기 때문에 다른 올바른 가르침에 귀를 기울일 여지가 없는 것이다.

구원파 지도자들은 성경을 하나님의 말씀으로 믿고 설교하는데 왜 이단이라 하는가?

이단이란 표면적으로는 성경을 강조하지만 궁극적으로 그릇된 해석으로 성경을 부정하는 자들이며, 예수님을 믿으라고 하지만 사실은 교주가 강조되고, 역사적인 정통 교회의 교리보다 교주의 가르침이나 교리를 더 강조하는 자들이다. 이 같은 이들의 거짓을 밝힐 수 있는 유일한 기준은 성경이며 성경에 대한 태도다. 그런 점에서 성경과 연결시켜 이단을 다음과 같이 나누어 볼 수 있다.

첫째는 성경 외에 분명한 다른 계시, 즉 다른 성경을 가지고 있는 이단이요, 둘째는 성경만 하나님의 완전한 계시로 인정하는 이단이다. 그런데 첫째 부류보다 둘째 부류가 훨씬 더 무서운 이단임을 알아야 한다(최삼경 목사).

왜냐하면 성경 외에 자기 계시를 가지고 있는 자들은 다른 진리, 다른 복음, 다른 구원을 주장하고 있다는 것이 단번에 표면적으로 드러나 버리기 때문이다. 그러나 성경 계시 외에 다른 계시를 주장하지 않는 구원파와 같은 이단은 그 접촉점이 성경이요, 오히려 정통 교회보다 더 성경을 높이고 강조하여 그 이단성이 안으로 깊이 은폐되어 있기 때문에 더 사특하다.

그것은 드러난 질병보다 숨은 질병이 더 무서운 것과 같다. 이단은 그 본성이 미혹하는 자요, 속이는 자요, 노략하는 자이기 때문에 자신의 이단성을 가능한 한 효과적으로 숨기려고 한다. 문선명의 통일교, 장길자의 안상홍 증인회, 이만희의 무료성경신학원같이 '겉에서부터 썩은 사과'는 단번에 부패성이 드러나기 때문에 분별하기가 더 수월하다. 그러나 속은 썩었는데 겉으로는 멀쩡한 사과처럼, 극히 성경적인 것처럼 행세하는 박옥수 씨와 같은 이단은 그 미혹성이 더 크다. 이들은 형식적으로 성경계시를 인정하기 때문에 성도들을 더 쉽게 미혹할 수 있는 것이다.

둘째로 구원파가 많은 성도를 혼란케 하는 데 성공(?)하고 있는 이유는 구원과 죄에 대해 평신도들이 잘 모르고 있기 때문이다. 병은 몸이 약한 부분에서 생기는 법이요, 쥐는 얇은 벽을 뚫는 법이요, 도둑은 낮은 담장을 넘는 법인 것처럼 이단 또한 정통 교회의 약점을 통해 생겨난 것이다. 바로 정통 교회의 구원관과 죄에 대한 약점을 뚫고 나타난 이단이 박옥수 씨의 구원파다.

구원파는 성경을 우화적으로 영해하는 것으로 유명하다. 이것은 모든 이단들의 공통점이기도 하다. 예를 들어, 사마리아인의 비유는 어려움 가운데 처해 있는 이는 누구나 우리가 사랑해야 할 이웃이라는 것을 가르쳐 주기 위해 예수께서 들려주신 비유인데, 박옥수 씨는 이렇게 주장한다.

"사마리아인이 주막 주인에게 데나리온 둘을 주었는데, 그 당시 유대인에게는 한 데나리온이 하루 생활비이며 하루 품삯이었습니다. 두 개는 이틀을 말합니다. 주님은 하루가 천년 같고 천년이 하루 같다고 하셨습니다. 이것은 약 2천 년 후에 주님이 우리를 데리러 다시 오실 것을 약속하고 계시는 것입니다"(「거듭남의 비밀」, 1988, 219쪽).

참으로 이치 구니없는 해석이다. 이단은 이처럼 숨어 있는 비밀을 깨달은 것처럼 성경을 억지로 해석하여 순진한 성도들을 미혹한다. 그의 구원관을 청중에게 설득하기 위해 그가 구약의 리브가와 야곱과 에서를 비유적으로 해석하는 것은 이미 널리 알려져 있는 사실이다.

한편, 권신찬 씨는 기도와 예배를 부인하기 위해 말라기 3장 16절을 역사적 배경이나 문맥과 관계없이 "성도들과 함께 주님의 일을 위해 서로 상의하고 의논하는 성도의 교제는 참으로 중요한 기도가 되는 것이다"(권신찬, 한국일보, 1989. 3. 22, 캐나다 토론토판 전면광고)라고 해석하고 있다. 하나님께 드리는 새벽기도, 합심기도, 금식기도 등 개인적인 기도는 필요 없고, 구원파 교인들끼리 사업과 교회 일을 논의하는 교제가 기도와 예배를 대신한다는 억지해석이다.

한편 유병언 씨는 "성도의 교제를 통해 그리스도의 몸을 이루어 간다"는 그의 선입관을 강조하기 위해 요한복음 14장 6절 "나로 말미암지 않고는 아버지께로 올 자가 없느니라"에서 '나'는 '교회', 즉 구원파 교회를 가리킨다고 영해하는 것을 서슴지 않고 있다. 유병언 목사는 말한다.

"내가 누구인가? 성령이 오셔서 교회를 형성하고 여기에 일원 된 지체들이 서로 연합하고 상합하여 …… 교제를 형성해서 거룩한 몸이 형성되면 '내가' 이루어진다"(「알파에서 오메가까지」, 제4권, 151-152쪽).

유 씨는 자신이 이끄는 구원파가 참 교회임을 입증하기 위해 다음과 같이 요한복음 15장을 영해하고 있다. "'내가 참 포도나무요 내 아버지는 그 농부라 …… 나는 포도나무요 너희는 가지니'(요 15:1, 5)라고 한 포도나무 둥치가 바로 이 땅 위에 성령으로 와 계시다. 거기에 우리가 교제를 형성해 나가는 것이다"(「알파에서 오메가까지」, 제4권, 152쪽). 예수님이 포도나무가 아니라 한국에 이루어져 있는 구원파 교회(교제)가 바로 참 포도나무라는 희한한 해석이다.

구원파 지도자 권 씨와 유 씨는 성서 본문의 의미를 끌어내어 하나님이 의도하신 메시지를 석의(exegesis)하는 것이 아니라 자신의 생각과 선입관을 본문에 집어넣어 해석하는 데 익숙하다. 그래서 이들의 설교는 우화적인 해석과 억지 해석(eisegesis, 벧후 3:16)으로 가득 차 있다.

구원파에서는 개인이 하나님 앞에서 경건의 시간을 갖는다는 의미에서 개인적인 예배를 드리지 않으며, 교인들이 함께 모여 가정에서나 교회에서 공중 예배를 드린다는 관념도 없다. 예배는 성도의 생활 그 자체, 다시 말해 성도의 교제가 기도요 예배라고 믿고 가르치기 때문이다(성경에서도 생활을 통한 예배에 대해 말하고 있으나, 구원파는 개인 및 공중 기도와 경배와 찬양을 부정한다).

유병언 씨는 요한복음 4장을 자의적으로 해석하여 설교한다. "사람들이 드리는 기존예배는 하나님 앞에 정상적으로 드려야 할 예배를 망쳤다. …… 예배드리는 시간과 장소와 의식까지 다 파괴해 버리고 형식적인 예배를 없애 버렸다"(「알파에서 오메가까지」, 제1권, 290쪽).

구원파에서는 권신찬 목사부터 그의 사위 유병언 사장(목사)을 하나님이 기름 부은 지도자나 '모임의 입'으로 믿기 때문에, 일단 유 사장에게 새로운 깨달음이 있으면 억지 해석이라 할지라도(벧후 3:16) 그의 성경 해석이 유일한 진리로 받아들여지는 것이다.

예를 들어, 유병언 씨는 로마서 12장 1절에 나오는 "너희 몸(your bodies)을 …… 산 제사로 드리라"는 말씀에서 "너희 몸"이 단수로 되어 있기 때문에 이것은 구원파 교회를 지칭하는 것이라고 강변한다. 그러나 여기에 나오는 '너희 몸'(your bodies)은 굳이 영어나 헬라어 원문을 보지 않아도, '여러분의 몸들'(your bodies)을 뜻한다는 것을 알 수 있다. 아무리 억지를 부린다 해도 이것은 단수가 될 수 없다. 옳고 그른 것은 중요하지 않다. 다만 교주가 성경을 어떻게 해석하느냐가 중요하다.

구원파 지도자들의 엉뚱한 성경 해석 사례를 더 확인하고 싶다면 필자의 논문 「구원파와 남침례회의 비교 연구」(침례신학대학 대학원, 1984)를 직접 참고하기 바란다.

역사학자 해롤드 브라운(Harold Brown) 교수는, "이단은 지난 2천 년 동안 정통 교회를 향해 시어머니 노릇을 했다"고 지적했다. 구원파는 한국 교회를 향해 지난 40여 년 동안 성도들에게 올바른 구원을 전하라고 시어머니처럼 잔소리하고 있는 셈이다.

정통 신학 자체가 구원과 죄에 대해 답을 제시하지 못하고 있는 것은 아니다. 문제는 평신도들 가운데 올바른 복음에 대한 이해가 부족한 사람이 많다는 데 있다. 이 기회에 구원파의 잘못된 구원관을 성경적인 구원관과 대비해 설명할 수 있는 것을 다행으로 생각한다.

구원이란 무엇인가? 어떻게 구원 받을 수 있는가? 구원 받은 날짜를 반드시 알아야 하는가? 구원의 확신이 있어야만 구원 받았다고 할 수 있는가? 구원 받으려면 모든 죄가 다 사해져야 하는가? 구원 받은 자는 과거·현재·미래의 모든 죄가 다 사해진 것인가? 구원 받고도 회개하는 자는 구원 받지 못한 증거인가? 등의 질문에 대해 확신 있게 대답할 수 없는 성도는 구원관에 혼선을 겪을 수 있고 구원파의 접근에 미혹될 수 있다.

구원 문제는 기독교의 최초 문제이면서 최후 문제가 아닌가? 그럼 점에서 구원파 이단은 이단 중의 이단이요 다른 어떤 교리에서 생긴 이단보다도 기독교 신학의 심장부에서 생겼다는 점에서 주의를 요한다.

죄 사함, 거듭남의 비밀을 깨달으면 의인이 되어 회개하지 않아도 된다는 가르침은 무엇이 잘못되었는가?

예수님은 "거짓 선지자는 그 행위와 생활의 열매를 보고 분별할 수 있다"고 경고하셨다. 유병언 계열은 교인들의 재산을 착취하여 사업에 투자했다든가 오대양 사건에서 보듯 반대자를 살해했다는 등의 열매를 통해 그 이단성을 분별할 수 있었지만, 이요한과 박옥수 씨는 아직 사회적으로 물의를 일으킨 사건이 없다. 다만 그들의 마땅치 않은 가르침으로 '죄 사함을 깨닫고 구원을 받게 되면' 부부 갈등이 잦아지고 이혼하는 사례가 늘고 있다.

또한 구원파에서 '구원'을 받으면 다른 교회(기성 교회)에서 신앙생활을 하는 이들은 목회자와 성도를 막론하고 '구원 받지 못한 인간'으로 취급하여 무시하고 구원 받아야 할 대상으로 몰아붙인다. 이런 열매만 보아도 이들이 사이비 기독교 이단인 것을 분별할 수 있다. 그렇지만 이단학의 권위자 월터 마틴(Walter Martin, 1985)이 말한 것처럼, "이단에 관한 한 문제의 핵심은 신학적이다. 이단에 관한 정통 교회의 대응은 신학적이고 교리적이어야 한다. 사회학적·문화적 평가도 도움이 되겠으나 그러한 평가는 부차적인 것이다." 신학적으로 바른 교훈(sound gospel)에서 이탈한 것이 이단 곧 다른 교훈(another gospel 또는 false gospel)이기 때문이다.

박옥수 씨가 이끄는 구원파는 대한예수교침례회 또는 기쁜소식선교회라는 이름으로 활동하고 있다. 그러나 왜 사람들이 그들을 구원파라고 부르는가? 이 파에서는 구원의 개념이 가장 중요하기 때문이다. 구원관을 빼놓고는 이 단체를 이해할 수 없다. 이 집단에서는 모든 교리가 구원관을 중심으로 흐르고 있다. 박옥수 씨는 구원지상주의자다.

이미 잘 알려진 바와 같이 '기독교복음침례회'와 '대한예수교침례회'는 '죄 사함으로 말미암는 구원', '깨달음에 의한 구원', '율법과 종교에서의 해방(자유)'을 강조하기 때문에, 세상 사람들은 그들에게 '구원파, 깨달음파, 중생파, 구원깡패' 등의 별명을 붙여 주었다. 예수 그리스도는 잃어버린 자를 찾아 구원하려고 세상에 오셨다(눅 19:10). 하나님은 모든 사람이 구원을 받으며 진리를 아는 데 이르기를 원하신다(딤전 2:4). 구원의 복음을 전하기 때문에 이단이라면 기독교의 모든 정통 교단도 이단이라 규정해야 마땅할 것이다.

하지만 구원파를 이단이라 단언하는 것은 그들이 전하는 구원이 성경에서 말하는 구원이 아니라고 보기 때문이다. 교회사나 성서신학의 기준을 모르는 평신도들이 자신도 모르는 사이에 이들의 가르침에 현혹(미혹)되어 넘어가는 이유는 그들이 성서적 용어를 정통 기독교와 다른 의미로 사용하기 때문이다. 이단은 구원, 종교, 기도, 예배 등의 단어를 기존 교회와 전혀 다른 의미로 사용한다. 그러면 구원파에서 말하는 구원이 왜 성경이 말하는 구원이 아닌지 살펴보기로 하자.

옥스포드대학의 앨리스터 맥그래스(Alister McGrath) 교수가 지적한 것처럼, "기독교적이고 기독교적이 아닌 것 사이의 구분은 이신칭의의 교리를 받아들이는가 받아들이지 않는가에 있는 것이 아니다. 정통과 이단의 차이는 일단 이 교리를 수용한 이후에 이 교리를 어떻게 이해하는가에서 드러난다. 이단은 기본적으로 이 교리를 받아들이면서 그 의미를 내적 일관성 없는 모순된 방식으로 해석함으로 생기는 것이다."

믿음으로 의롭다 함을 받는다는 이신칭의(justification by faith)의 교리는 '교회가 서게 할 수도 있고 쓰러지게 할 수도 있는 교리'다. 기독교의 성패가 이 교리에 달려 있다고 해도 과언이 아니다.

먼저 죄에 대한 이해가 다르다. 원죄와 자범죄에 대한 주장이 특이하다. 박옥수 씨의 주장을 직접 들어보자. 그는 죄와 범죄가 근본적으로 다르다고 주장한다. 그리고 요한1서 1장 9절을 근거로 죄(원죄)를 고백하기만 하면 의롭게 된다고 주장한다.

박 씨는 죄(원죄)와 범죄(자범죄 : 도둑질, 거짓말, 살인, 간음 등)를 구별한다. 박옥수 씨가 말하는 죄는 아담의 원죄를 가리키고, 범죄는 우리의 자범죄를 일컫는다. 이단의 특징은 성경의 용어를 그대로 사용하되 자기들의 목적에 맞추어서 그 의미를 바꾼다는 것이다. 그에 따르면 구원을 받은 후에는, 즉 죄 사함을 받은 후에는 죄 씻음을 받았고 의인이 되었기 때문에 죄를 안 짓든지 아니면 죄를 지어도 죄가 아니라는 말이 된다.

박옥수 씨의 핵심적인 가르침은 다음과 같다. 죄에 대한 회개는 한 번 하는 것인데(박 씨는 죄 사함 받는 데 회개가 필요 없다고 가르친다), 기성 교인들이 죄를 회개하거나 고백하지 못하고 계속 범죄만 회개하는 것은 구원 받지 못했기 때문이라는 것이다. 그렇기 때문에 죄인이냐 의인이냐 물었을 때 의인이라고 고백하지 못하고 죄인이라고 하면 역시 구원 받지 못한 사탄의 자식으로 정죄해 버리는 것이다. 이 점을 직접 그의 글 속에서 살펴보자.

"요한일서 1장 9절 '만일 우리가 우리 죄를 자백하면 저는 미쁘시고 의로우사 우리 죄를 사하시며 모든 불의에서 우리를 깨끗케 하실 것이요'라는 말씀을 잘 이해하지 못하고 내가 지은 죄를 하나하나 모두 고하면 죄가 씻어진다는 말로 알았습니다. 그런데 나중에 알고 보니까 달랐습니다. '만일 우리가 우리 죄를 자백하면'이라고 되어 있지요?

여러분, 죄가 무엇입니까? 도둑질하고 거짓말하고 살인하고 간음하는 것이 죄입니까? 천만에요. 그것은 죄가 아닙니다. 여러분, 문둥병이 무엇입니까? 손가락이 빠지고 눈썹이 빠지고 코가 일그러지면 문둥병입니까? 아닙니다. 그것들은 문둥병의 증상이고 문둥병의 결과이지, 문둥병 자체는 아닙니다. 여러분, 장티푸스가 무엇입니까? 열이 나고 머리카락이 빠지는 것입니까? 그것이 장티푸스가 아닙니다. 그것은 장티푸스균이 들어갔을 때 일어나는 현상이지요. 그것처럼 죄와 범죄도 근본적으로 다릅니다"(「죄 사함 거듭남의 비밀 1」, 1993. 33쪽).

"성경은 '죄'와 '범죄'를 명백하게 나눕니다. '만일 우리가 우리 죄를 자백하면…….' 이 말씀은 '내가 도둑질했습니다' 하고 범죄한 것을 자백하라는 것이 아니라 죄를 자백하라는 뜻입니다"(「죄 사함 거듭남의 비밀 1」, 36쪽).

"시편 51편 5절을 보십시오. 다윗은 그렇게 고백하지 않습니다. '내가 죄악 중에 출생하였음이여 모친이 죄 중에 나를 잉태하였나이다.' 자신이 무슨 죄를 지었다는 것이 아니고 그는 근본적으로 죄를 지을 수밖에 없는 인간이라는 그 자체를 고백한 것입니다. 나는 죄 덩어리로 뭉쳐진 인간이라는 것입니다. 여러분, 죄의 결과를 고백하는 것과 죄의 근본을 고백하는 것은 상당한 차이가 있습니다"(「죄 사함 거듭남의 비밀 1」, 37쪽).

박 씨에 따르면 죄를 해결해야 범죄가 해결된다. 마치 감기를 고쳐야 열이 내리는 것과 같다는 것이다. 여기에 대해 박옥수 씨에게 묻고 싶은 것은, 예수를 영접하고 회개한 후에는 죄가 해결되어서 죄인이 아닌 의인이 되었으니 그 다음부터는 범죄가 없어져야 하지 않겠는가 하는 점이다.

"예수 그리스도가 여러분의 마음을 지배하시면 더 이상 여러분 자신이 죄와 싸울 필요가 없는 줄 압니다. 여러분이 더 이상 술을 끊으려고, 담배를 끊으려고, 도둑질을 하지 않으려고, 방탕한 생각을 하지 않으려고 노력할 필요가 전혀 없게 됩니다. 여러분 안에 계시는 예수 그리스도가 여러분 마음속에서 그 모든 죄악을 이기게 해주실 것입니다"(「죄 사함 거듭남의 비밀 1」, 16쪽).

물론 구원 받은 후에 죄를 안 짓느냐고 하면 안 짓는다고 하지 않는다. 그러나 그들은 둘 중에 하나인 것만은 틀림없다. 구원 얻은 자는 죄가 해결되었으니 어떤 죄(범죄)도 안 짓는다고 하든지 죄를 지어도 죄가 아니라고 해야 할 것이다.

성경적으로 얼마나 잘못된 것인지 그 증거를 세 군데만 살펴보자.

시편 51편은 그가 가장 많이 사용하는 성경이다. 그는 자기 필요에 의해 여러 번 말했건만 스스로 자기 귀를 막고, 하나님의 말씀을 안 받아들이고 있다. 그의 말대로 하면 14절에서, "하나님이여 나의 구원의 하나님이여 피 흘린 죄에서 나를 건지소서"라고 했는데, 이 '피 흘린 죄'는 '피 흘린 범죄'에서라고 해야 할 것이다. 성경이 구별하지 않는 것을 왜 구별하는가?

사무엘하 24장 10절을 보면, 다윗은 하나님이 하지 말라는 인구 계수를 하여 하나님께 교만의 죄를 범한 뒤, "그 마음에 자책하고 여호와께 아뢰되 내가 이 일을 행함으로 큰 죄를 범하였나이다. 여호와여 이제 간구하옵나니 종의 죄를 사하여 주옵소서"라고 했다. 이 구절은 박 씨의 말과는 정반대다. 죄가 있어서 인구 계수의 '범죄'를 했다고 해야 할 터인데, "이 일을 행함으로 큰 죄를 범하였다"고 했고, 그 죄를 "큰 범죄를 하였다"고 하지도 않았다. 더욱이 "종의 범죄를 사하여 주옵소서"라고 하지도 않았다.

주기도문의 일부인 마태복음 6장 12절은 "우리가 우리에게 죄 지은 자를 사하여 준 것같이 우리 죄를 사하여 주옵시고"라고 했다. 박 씨의 신학대로 하면, "우리 범죄를 사하여 주옵시고"라고 해야 할 것이다. 그리고 그의 말대로 하면 "우리가 우리에게 죄를 지었다"는 말은 불가능하다. 또한 그의 말을 인정한다면 인간이 인간에게 범죄할 수는 있어도 죄를 지었다는 말은 불가능할 것이다. 더욱이 우리가 어떻게 우리의 범죄가 아닌 죄를 용서해 줄 수 있는가?

바울 사도는 로마서 4장 25절에서 "예수는 우리 범죄함을 위하여 내어 줌이 되고 또한 우리를 의롭다 하심을 위하여 살아나셨느니라"고 했는데, 박 씨의 주장대로 하면, "예수는 우리 죄를 위하여 내어줌이 되고"라고 해야 하지 않겠는가?

죄와 범죄는 성경에서 호환적으로 사용되고 있다. 죄를 죄악이라고 할 때도 있고 범죄라고 바꿔 표현할 때도 있다. 박옥수 씨는 중학교 3학년 중퇴 후 신학을 공부하지 않았고, 자칭 선교사들에게 잘못된 신학을 잠시 배운 것 외에 체계적인 신학을 하지 않았기 때문에 이런 웃지 못할 주장을 하고 있는 것이다. 예수 그리스도가 십자가에서 죽으심으로 원죄(박 씨가 말하는 죄)가 해결된 것을 깨달으면 구원 받는다는 그의 구원론을 뒷받침하기 위해 성경을 왜곡하고 비트는 억지를 범하고 있는 것이다.

박옥수 씨에 따르면, 우리가 어떻게 구원을 받을 수 있다는 것인가?

박 씨는 "예수님이 십자가에 못박혀 죽으시면서 '다 이루었다' 하실 그때에 우리의 모든 죄가 사하여졌습니다. 여러분에게는 표가 안 나고, 여러분은 몰라도, 하나님은 그 십자가의 보혈로 여러분들의 죄가 씻어진 것을 보시고 '이젠 됐다' 하시면서 '너희는 의롭다. 다시는 정죄하지 아니한다. 이제는 너희 죄를 기억지 아니하겠다'는 약속을 하신 것입니다"(「죄 사함 거듭남의 비밀 2」, 146쪽)라고 설교한다.

이어서 박 씨는 말한다. "주님은 우리를 의롭게 하셨습니다. 의롭다 하시기 위해서 아들을 십자가에 못 박았고, 그 아들의 죽음이 우리의 죄가 사해져서 의롭게 된 걸 보시고, 그때 비로소 우리에게 의롭다고 말씀하셨다는 것입니다"(「죄 사함 거듭남의 비밀 2」, 147쪽).

박 씨는 심지어 "성경에 회개하면 죄가 씻어진다"는 말이 없다고까지 말한다. "여러분, 아무리 유명한 부흥 목사의 이야기라 해도 성경에 없는 것은 하나님의 길이 아닙니다. 회개하면 죄가 씻어진다는 말이 성경 어디에 있습니까? 회개해서 죄를 씻는 것도 성경적인 방법이 아닙니다"(「죄 사함 거듭남의 비밀 2」, 50쪽).

박 씨는 우리가 어떻게 의롭다 함을 받고 구원을 받을 수 있다고 말하는가? 회개가 우리 죄를 씻어 주는 것이 아니고 예수께서 십자가에서 다 이루어 놓은 구원을 받아들이면 구원을 받는다는 교리다. 성경을 바로 증거하는 것 같지만 여기에 심각한 오류가 있다.

성경은 계속해서 죄 사함을 받으려면 회개해야 한다고 말한다. 예를 들어, 사도행전 2장 38절에서 베드로는 "너희가 회개하여 각각 예수 그리스도의 이름으로 세례를 받고 죄 사함을 얻으라"고 설교한다. 누가복음 24장 47절에서는 "또 그의 이름으로 죄 사함을 얻게 하는 회개가 예루살렘으로부터 시작하여 모든 족속에게 전파될 것이 기록되었으니"라고 되어 있다.

박옥수 씨는 "회개하면 죄가 씻어진다는 말이 성경에 없다"고 단언하고 있다. 그러나 요한일서 1장 8-9절은 구원파 교주 박 씨의 말을 정면으로 논박한다. "만일 우리가 죄 없다 하면 스스로 속이고 또 진리가 우리 속에 있지 아니할 것이요. 만일 우리가 우리 죄를 자백하면 저는 미쁘시고 의로우사 우리 죄를 사하시며 모든 불의에서 우리를 깨끗하게 하실 것이요"라고 말하고 있지 않은가?

요한일서는 이미 죄 사함 받은 그리스도인에게 보낸 편지다. 구원 받은 그리스도인이라도, "죄 없다 하면, 자기를 기만하는 것이요, 하나님을 거짓말하는 자로 만드는 것이라"고 말씀한다. 성경에 자백(confession)은 고백, 시인, 회개와 같은 의미로 사용되고 있다. 따라서 우리가 죄들(sins, 박옥수 씨가 말하는 범죄들)을 회개하고 자백하면, 우리를 깨끗하게 하신다고 말하고 있지 않은가? 박옥수 씨는 자기의 교리에 부합하는 구절만 골라 보기로 한 것이 틀림없다!

초대 교회 사도들은 "이스라엘로 회개케 하사 죄 사함을 얻게 하시려고"(행 5:31) 예수님을 구주로 삼았다고 설교했고, "이방인에게까지 회개하고 하나님께로 돌아가서 회개에 합당한 일을 행하라"(행 26:20)고 설교했다.

특히 사도 바울은 3년간 에베소교회의 유대인과 이방인들에게 "하나님에 대한 회개와 우리 주 예수 그리스도께 대한 믿음을 증거한 것이라"(행 20:21)고 고백했다. 바울은 믿음을 일정한 교리들을 단지 지식적으로 나타내는 것으로 보고 있지 않다. 사도 바울에게 믿음은 살아 계신 구주를 인격적으로 따뜻하게 신뢰하는 것이다(Leon Morris).

사도 시대 이후 정통 교회가 공통적으로 전하는 메시지는 무엇인가? 자신을 잃은 상태에 있으며, 의로우신 하나님 앞에 죄인임을 시인하고 하나님께로 돌이켜 회개하며 예수 그리스도를 믿음으로 죄 없이 함을 받으라는 것이다. 이것이 바로 믿음으로 의롭다 함을 받는다는 이신칭의의 교리다.

박옥수 씨는 성경과 사도들의 입장을 정면으로 반박한다. "회개함으로 죄 사함을 받는다는 말이 성경에 없다"고 다음과 같이 자신 있게 증언하고 있다. 이 얼마나 무지한 이단사상인가? 이는 기독교의 핵심 사상을 정면으로 도전하며 부정하는 입장이다.

구원파에서는 자신이 아담의 죄 때문에 어쩔 수 없이 죄를 지을 수밖에 없는 죄인임을 고백하고 죄 사함을 받으면 그 뒤 의인이 되었으니 회개할 필요가 없다고 말한다. 아직 죄가 남아 있거나 스스로 죄인이라 하며 회개하는 자는 구원 받지 못한 증거라고 주장하고 있다. 구원파의 대부 권신찬 씨는 "영을 자기의 인격적인 활동과 혼돈하며, 인격의 일부인 이지(理知)나 감정, 의지로서 영이신 하나님과 접하려는 것은 불가능하다"(「양심의 해방」, 9쪽)고 주장했다. 구원은 인격적으로 하나님을 만나는 것이 아니라 영으로 죄 사함의 비밀을 깨닫는 문제라고 보는 것이다.

박옥수 씨는 구원 받는 데 어떤 의지나 결단도 요구하지 않는다고 말하고 있다(15쪽). 총신대 김정우 교수의 지적처럼, 성경은 깨달음을 의지적인 결단이나 순종과 분리시키지 않는다. 깨달음을 지나치게 강조하는 것은 기독교보다는 불교에 가까운 접근이라고 그는 주장한다.

유병언과 이요한, 박옥수의 구원관에 빠져 있는 것은 의지적인 회개와 결단으로서의 믿음(신뢰)이다. 예수님과 세례 요한은 "회개하라 천국이 가까왔느니라"는 동일한 메시지를 선포했다(회개하고 예수를 믿고 제자가 되는 것은 동일한 회심에 대한 다른 표현이다).

하나님의 사랑은 무조건적이지만 구원과 용서는 조건적이다. 회개하고 믿는 죄인들만 용서함을 받는다. 그의 이름으로 죄 사함을 얻게 하는 회개가 전파되었다(눅 24:47, 행 17:30, 20:21). 구원에는 하나님께 대한 회개와 우리 주 예수 그리스도께 대한 믿음이 필수 조건이다(행 20:21).

회개(metanoia)란 무엇인가? 죄로부터 하나님께로 돌이켜 그를 섬기기로 작정하는 것이다. 자신과 하나님과 죄에 대한 생각을 바꾸고 죄에서 돌이켜 하나님께로 가는 것이다. 회개란 죄로부터의 돌이킴, 오래된 생활습관과 생활양식으로부터의 돌이킴을 의미하는 것으로 의지적인 결단을 요구한다(DeVern Fromke). 회개하게 되면, 마음이 새로워지고 만사를 새로운 시각으로 바라보게 된다. "너희가 회개하고 돌이켜 너희 죄 없이 함을 받으라"(행 3:19). "회개하고 하나님께로 돌아가서 회개에 합당한 일을 행하라"(행 26:20). 정통 기독교는 회개를 통한 생활의 변화를 촉구한다.

신앙생활에서 무엇보다 중요한 것은 의지적인 회개(돌이킴)와 결단이다. 예수를 믿기로 결심하고 영접하는 것은 의지의 작용이다. 예수님은 "회개하라 천국이 가까왔느니라"(마 4:17), "너희도 만일 회개치 아니하면 이와 같이 망하리라"(눅 13:3)고 말씀하셨다. 베드로 사도는 오순절날 그의 설교를 듣고 어떻게 하여야 구원을 얻을 수 있는가를 묻는 동포들에게 "너희가 회개하여 각각 …… 죄 사함을 얻으라"(행 2:38)고 촉구했다. 우리는 예나 지금이나 하나님 앞에 회개하고 예수님을 신뢰함으로 구원을 받는다.

바울도 "이제는 어디든지 사람을 다 명하사 회개하라"(행 17:30)고 설교했고 "구원에 이르게 하는 회개"(고후 7:10)를 말씀하셨다. 베드로도 "너희가 회개하여 각각 예수 그리스도의 이름으로 …… 죄 사함을 얻으라"(행 2:38)고 구원의 조건으로서 회개를 강조하고 있다. "너의 이 악함을 회개하고 기도하라 혹 마음에 품은 것을 사하여 주시리라"(행 8:22). "하나님이 이방인에게도 생명 얻는 회개를 주셨도다"(행 11:18). "이제는 어디든지 사람을 다 명하사 회개하라 하셨으니"(행 17:30). 회개하고 죄 사함을 받고 하나님과 정상적인 관계를 누리라는 것이 성경의 일관적인 가르침이다. 그런데 구원파에서는 회개가 빠진 피동적인 깨달음에 의한 구원을 전하고 있는 것이다.

구원파의 구원에는 수동적인 깨달음만 있을 뿐이다. 즉, 이해와 지적 동의만 있다. 회개를 부인하는 것은 기독교가 아니다. 성경의 가르침과 비슷하지만 다르다. 그래서 박옥수 씨를 사이비기독교 이단이라 하는 것이다.

믿음의 내용에서 박옥수 구원파와 정통 교회 사이에는 어떤 차이가 있는가?

박옥수 씨는 기성 교회에는 구원이 없고, 자신들에게만 구원 받는 비법이 있다고 다음과 같이 확신 있게 말한다. "한마디로 이야기하자면, 오늘날 목회자들은 대부분 구원 받은 방법을 정확하게 모릅니다. 어떻게 죄를 사함 받는지, 어떻게 해야 거듭나는지 그 방법을 정확하게 모르고 있다는 것입니다"(「염소와 양」, 60쪽). 기존 정통 교회를 무시하거나 적대시하는 태도는 그의 책이나 설교 곳곳에 드러나고 있다.

그는 예수께서 우리 죄를 위해, 우리를 대속하기 위해 십자가에서 죽으셨다는 사실을 많이 강조한다. 이것은 정통 교회와 아무런 차이가 없다. 바로 여기에 구원파의 미혹성이 있는 것이다. 또한 계속해서 예수의 죽으심이 우리의 죄를 사해주시고 거듭나게 하신다고 말하고 있다. 예수님은 "우리를 의롭다 하시기 위해서 아들을 십자가에 못박으시고 …… 우리를 의롭다고 하셨습니다"(「죄 사함 거듭남의 비밀 2」, 147쪽)고 설교한다.

그러나 성경의 전체적인 가르침은 예수님은 우리의 죄를 위해 죽으시고, 우리를 의롭다 하시기 위해서 다시 살아나셨다는 것이다. 로마서 4장 25절은 예수께서 "우리 범죄함을 위하여 내어줌이 되고 또한 우리를 의롭다 하심을 위하여 살아나셨느니라"고 밝히고 있다.

예수님의 십자가 죽으심만이 우리 죄를 도말해주시고 거듭나게 하신 것이 아니다. 예수님의 부활이 우리를 죄에서 사해 주시고 거듭나게 하는 것이다.

말씀을 들어 보자. "네가 만일 네 입으로 예수를 주로 시인하며 또 하나님이 그를 죽은 자 가운데서 살리신 것을 네 마음에 믿으면 구원을 얻으리라"(롬 10:9). 다시 바울의 말을 들어보라. "그리스도께서 다시 사신 것이 없으면 너희의 믿음도 헛되고 너희가 여전히 죄 가운데 있을 것이요"(고전 15:17). 우리는 어떻게 거듭나는가? "찬송하리로다. 우리 주 예수 그리스도의 아버지 하나님이 그 많으신 긍휼대로 예수 그리스도의 죽은 자 가운데서 부활하심으로 말미암아 우리를 거듭나게 하사"(벧전 1:3).

박 씨는 설교에서나 「죄 사함, 거듭남의 비밀 2」에서 예수님의 단순한 부활에 대해서만 몇 차례 언급할 뿐 예수님의 죽음에 대해서만 거듭해서 말하고 있다. 예수님의 십자가 대속으로 우리의 죄가 사해지고, 우리가 의롭게 되고 거듭났다고 주장하는 것이다.

그러나 초대 교회 사도들은 예수님의 죽으심이 아니라 부활하심을 설교의 주제로 삼았다. 십자가의 죽으심보다 부활이 더 비중이 컸기 때문이다. 예수님이 죽은 자 가운데서 다시 사심이 우리를 의롭게 하고 거듭나게 하신다는 것이 성경의 일관된 가르침이다. 기독교는 부활의 종교다(행 1:22-23, 2:23-24, 31-32).

구원을 받기 위해 우리는 무엇을 믿어야 하는가? 박 씨는 예수의 죽으심을 믿는 것을 주로 강조할 뿐 우리를 의롭다 하시기 위해 부활하신 것을 거의 언급하지 않고 있다. 죄 사함과 거듭남, 영원한 속죄를 강조하기 위하여 예수님의 죽으심을 강조하는 것은 아주 성경적인 가르침으로 오인하기 쉽다.

예수님의 죽으심만을 강조하는 것은 온전한 성경적인 가르침이 아니다. 성경은 한 부분만을 결코 강조하지 않는다. 성경은 예수님이 우리의 범죄함을 위하여 죽으시고 우리를 의롭다 하기 위해 부활하셨다는 것을 일관되게 증거하고 있다.

구원파의 가르침이 왜 이단 사상에 해당하는가?

성경의 가르침에 따르면, 우리는 아담의 죄가 아닌 각자의 죄 때문에 멸망한다(신 24:16, 대하 25:4, 겔 18:4, 19-20, 30, 행 3:19, 5:31). 박 씨는 우리가 원죄 때문에 멸망한다고 하는데, 성경은 각자의 죄(자범죄) 때문에 심판을 받는다고 가르친다.

우리는 원죄를 해결하지 않고는 생명에 이를 수 없다. 그래서 원죄의 해결사로서 예수 그리스도가 이 땅에 오셔서 십자가의 대속으로 인류 구원의 길을 열어 놓았다. 그러므로 우리는 우리의 죄를 회개하고 그리스도를 구세주로 믿고 영접하기만 하면 구원에 이르는 것이다(롬 5:17-18). 이러한 회개를 우리는 중생, 또는 구원에 이르는 회개라고 부른다.

그러나 그리스도인의 믿음의 문제는 지금부터다. 구원 받은 자로서, 이신득의 한 자로서의 삶이다. 성경에서 우리에게 날마다 촉구하는 회개는 원죄적 회개가 아니라, 매일매일 저지르는 자범죄(윤리도덕적인 죄, 하나님의 말씀대로 살지 못하는 죄)에 대한 회개다.

결국 박옥수는 타락한 인간이 그리스도의 의로 옷 입었다 해도 여전히 삶의 현장에서 죄 지을 수 있는 옛 사람, 즉 옛 습관에 대한 지속적인 회개를 통한 성화의 과정을 무시함하여 구원을 전매특허 받은 것처럼 사용하면서도 추종자들을 악한 지옥자식으로 만들고 있는 것이다.

우리는 예수를 믿으면 사함 받은 죄인이 되는 것이지 의인이 되는 것이 아니다. 정통 교회의 입장은 우리는 예수를 믿어도 신분상 의롭다 함을 받을 뿐 여전히 사함 받은 죄인으로 생활한다는 것이다. 그래서 바울은 구원을 받은 지 30년이 지난 후에도 자신을 죄인의 괴수라고 고백하고 있다(딤전 1:15). 이것은 원죄로부터 자유함을 입은 자가 현실적인 삶의 영역에서 부딪치고 있는 자범죄에 대한 실존적인 탄식이다. 박 씨의 주장대로 하면, 바울은 구원 받지 못한 셈이다. 왜 이런 주장이 나왔는가?

구원파 소속 교인들은 전도 대상자에게 "구원 받으셨습니까?"라는 질문으로 대화를 시작하는 것으로 유명하다. 이미 그들과 접촉해 본 분들은 공감하겠지만, 그들은 기존 교인을 만나면 먼저 ① 당신은 거듭났습니까? ② 당신은 완전히 중생했습니까? ③ 당신은 지금 죄인입니까, 의인입니까? 등의 질문을 던져 구원의 확신에 대해 혼란을 일으킨다.

제2단계로 그들은 기존 교회의 약점을 들추어(예를 들어, 교인들이 육신적으로 힘겹게 생각할 수 있는 새벽기도, 십일조, 성전 건축, 목회자 우대 등의 부당성을 지적함) 기성 교회의 신앙생활이 무익하고 헛된 것임을 시인하게 유도한다. 즉 자신이 죄인임을 고백하게 한 다음 그들의 구원 공식을 따라 죄의식에서 해방감을 안겨 준다.

이들의 구원관을 한마디로 요약하면, 사람은 자신이 하나님 앞에 아담의 원죄로 인해 멸망할 수밖에 없는 죄인임을 깨닫고 성경의 특정 구절에서 예수님의 보혈로 자신의 죄가 단번에 영원히 용서 받은 것을 깨달아야 한다는 것이다.

여기서도 박옥수의 문제점이 드러난다. 그는 성경의 특정 구절에서 예수님의 보혈로 자신의 죄가 단번에 영원히 용서 받은 것을 깨달아야 한다고 강조하는데, 그것은 성경을 너무도 모르는 주장이다. 구원의 복된 소식은 어느 특정한 몇 구절이 아니기 때문이다. 성경은 처음부터 끝까지가 인류구원에 관한 복된 소식이요 기록된 계시의 말씀이기 때문이다.

박옥수는 바로 이 비밀을 깨달으면 다시는 죄에 대하여 회개할 필요가 없다고 가르치는데, 이것이 바로 구원파가 정통 그리스도인을 미혹하는 무기다. 그리스도인은 중생에 이르는 회개를 통하여 구원을 받는다. 이러한 구원의 회개는 평생에 한 번 하는 것이다. 기성 교회에서 가르치는 회개는 구원을 받은 후, 구원 받은 자녀로서 아버지 앞에 하는 회개다. 그리스도인은 바로 자신의 삶에 대한 책임을 져야 하며, 이 삶에 대한 유일한 기준은 아버지의 마음을 기록해 놓은 성경말씀이다.

정상적인 그리스도인은 믿음 안에서, '나는 구원 받은 하나님의 자녀로 인침을 받았지만 나의 삶의 현실은 여전히 죄 중에 있음'을 인정한다. 바로 이 인정 때문에 구원 받은 자로서의 삶에 대한 책임감을 가지고 날마다 회개의 자리로 나가는 것이다. 이것은 곧 우리 주 예수 그리스도께 대한 믿음(행 20:21)을 통하여 하나님과 개인적이고도 살아 있는 인격적인 관계를 맺고 유지하는 과정이며 두렵고 떨림으로 구원을 이루어가는 것이다.

성경에서도 예수님은 '죄 사함으로 말미암는 구원'을 알게 한다고 했고, 바울도 "우리가 그리스도 안에서 그의 은혜의 풍성함을 따라 그의 피로 구속(救贖) 곧 죄 사함을 받았다"(엡 1:7)고 했다. 따라서 구원파에서 말하는 구원은 지극히 성경적인 것처럼 들린다.

그러나 성경에서는 구원의 첫 단계인 중생의 체험을 "하나님께 대한 회개와 우리 주 예수 그리스도께 대한 믿음"(행 20:21)을 통하여 하나님과 개인적이고 살아 있는 관계를 맺는 것으로 제시한다. 기독교는 하나님과 인간 사이의 개인적인 대면이요 만남이며 관계이기 때문이다.

사람은 예수 그리스도를 개인적인 구주로 영접하여, 즉 그를 구주와 주님으로 믿어 하나님과 개인적이고 살아 있는 관계를 맺음으로 그리스도인(예수님의 제자)이 된다(M. T. Rankin). 성서적인 믿음, 즉 구원 받게 하는 회심은 지·정·의를 포함한 전인격적인 존재인 인간이 그리스도 안에서 하나님과 만나는 사건이다.

구원파의 구원에 가장 두드러지게 빠져 있는 것은 의지적인 회개와 의지적인 위탁(commitment)으로서의 믿음(trust)이다. 구원 받는 믿음에는 진리에 대한 인식과 지식적인 동의, 의지적인 위임(위탁)이 포함되어 있다. 그런데 구원파의 구원관에는 의지적인 위임(내맡김)으로서 믿음(trust)과 의지적으로 죄에서 돌이키는 회개(repentance)가 빠져 있다. 회개와 믿음(행 21:20)은 초대 교회 사도들로부터 교회사 전체를 통해 모든 성도들이 구원의 두 가지 기본 조건으로 제시되어 왔다.

그러므로 죄가 용서되었다는 사실을 깨달음으로 구원 받을 수도 있지만 우리의 죄를 용서해 주시는 구주 예수님을 만나고, 그를 따르기로 결심하는 것이 없이 그리스도인이 되는 것은 불가능하다.

한 번 죄 사함을 깨닫고 용서 받은 후 다시 회개하고 용서 받아야 하는가?

당신이 단번에 예수 그리스도를 믿음으로 사함을 받았다면 왜 하나님과 다른 사람으로부터 다시 용서 받을 필요가 있는가? 죄를 지을 때마다, "주님, 감사합니다. 그 죄는 모두 주님의 보혈 아래 있습니다" 하고 자기 갈 길을 가면 되지 않는가? 하나님이 다시는 당신의 죄와 불법을 기억하지 않는다고 하셨는데 구원 받은 후에도 계속해서 회개하고 용서를 빌 필요가 있는가?

신자들이 그리스도의 죽으심과 부활로 말미암아 단번에 죄 사함을 받았다면 다시 죄를 자백(회개)하거나 용서를 구해야 하는가? 이것은 누구나 가질 수 있는 타당한 질문이다.

제이 아담스(Jay Adams)는 대답한다. "하나님은 의롭다 하심을 받은 자들의 죄를 계속해서 용서하신다. 칭의된 자들은 절대 그 의롭다 칭함을 받은 신분에서 이탈될 수 없다. 그렇지만 그들은 죄를 범함으로 말미암아 하나님 아버지를 불쾌하게 만들 수는 있다. 그래서 하나님이 그들로부터 그 얼굴의 광채를 돌리실 수 있다. 그럴 때는 하나님이 그들에게 그 얼굴의 광채를 다시 비추실 때까지 그들이 자신을 낮추어 하나님께 자신의 죄를 고백하고 용서를 구하며 자신의 믿음과 회개를 새롭게 해야만 한다."

성경에서는 무엇이라고 말하는지 살펴보기로 하자.

■ 요한일서 1장 9절은 신자들이 죄를 고백해야 한다고 말한다. 그런데 박옥수 씨는 구원 받기 위해 죄를 고백하기만 하면 된다고 설교할 때 이 말씀을 인용한다. 이 말씀은 이미 구원 받은 성도에게 주신 말씀이다.

■ 마태복음 6장 12, 14-15절에 있는 주기도는 신자들이 매일 드려야 할 기도의 모델이다. "우리가 우리에게 죄 지은 자를 사하여 준 것같이 우리 죄를 사하여 주옵시고"라는 내용 때문에, 구원파에서는 이 기도를 드리지 않는다. 죄 사함을 받아 의인이 되었기에 다시 죄를 사해 달라고 기도할 필요가 없다는 신학 때문이다.

그러나 요한일서나 주기도는 모두 구원함을 받은 성도에게 주신 말씀이다. 주기도는 하나님을 '아버지'라 부를 수 있는 하나님의 자녀들에게 주신 말씀인 것이다. 이들은 말씀을 듣고 예수님을 믿었기 때문에 영원히 죄 용서함을 받은 자들이다. 바로 "법적인 용서"(judicial forgiveness)를 받은 것이다.

이 법적인 용서는 "아버지로서의 용서"(parental forgiveness)와 다르다. 자녀로서 아버지를 불쾌하게 해드리고 난 다음에는 자신들이 행한 일에 대해 죄송스럽다고 말씀드려야 한다. 자녀가 이런 죄를 저지른다고 해서 가정에서 쫓겨나는 것은 아니다. 그러나 우리는 자신의 잘못을 고백하고 그 일을 한 것에 대해 후회하고 있다는 표현으로, 하나님 아버지께 다시 복종을 다짐하며 다시는 그런 죄를 저지르지 않기로 결심할 때까지는 하나님 아버지와 불편한 관계에 있게 될 것이다. 죄 사함을 받은 우리는 하나님의 자녀로서 아버지 뜻대로 살지 못했기 때문에 신자로서 이 기도를 드려야 한다.

우리는 법적인 용서와 아버지로서의 용서, 이 둘의 차이를 구분해야 한다. 구원파의 세 계파가 공통적으로 저지르고 있는 신학적 오류는 단회적 회개와 반복적 회개의 차이를 구분하지 않는 것이다. 사람이 일단 죄인으로서 회개하여 법적인 용서를 받으면, 아버지로서의 용서는 어떻게 받을 수 있는가? 성경은 자백과 회개, 배상을 제시하고 있다. 하나님께 죄를 자백한다는 것은 자신이 잘못한 것을 정직하게 인정하고 옳고 그름에 대한 하나님의 기준이 맞다고 동의한다는 뜻이다. 성경은 여러 곳에서 신자가 하나님께 죄를 자백해야 한다고 가르치고 있다(시 32:3-5, 요일 1:8-9).

심리학자 브루스 내러모어(Bruce Narramore)는 많은 사람들이 '죄를 지음, 죄책감을 느낌, 자백함, 일시적 평안을 누림, 그런 다음에 다시 죄를 지음'이라는 주기를 반복하고 있다고 지적했다. 이러한 자백은 순전한 자백으로 볼 수 없다. 예수님은 간음하다 현장에서 붙잡혀 온 여인을 용서하시면서 "다시는 죄를 범치 말라"고 말씀하셨다(요 8:11). 자기 죄를 자복하고 버리는 자는 불쌍히 여김을 받을 수 있다고 성경은 말하고 있다(잠 28:13).

성경에는 죄를 자백하라고 가르치는 구절도 있고, 회개하라고 가르치는 구절도 있다. 이 두 단어는 결국 같은 의미다. 다윗은 자신의 살인죄와 간음죄를 자백하고 애통해하며 회개했다. 그리고 다시는 같은 죄를 짓지 않기로 결심하고 같은 죄를 되풀이하지 않았다. 삭개오처럼 회개하고, 이웃에게 해를 끼친 것이나 토색한 것을 배상해야 하는 경우도 있다.

■ 베드로전서 3장 7절은 지식을 따라 아내와 동거하지 않으면 기도가 막힌다고 했다. 남편이 그 역할을 제대로 하지 못해 하나님과의 교제가 방해를 받는다면, 남편이 이를 시정하는 유일한 방법은 회개하고 아내로부터 용서 받고 화해하는 것이다.

하나님의 의인 다니엘이 자신과 이스라엘 백성의 죄를 자복(confess, 自服)하고 회개한 것은 잘못이 아니다(단 9:20). 이스라엘은 자기의 죄와 열조의 허물을 자백하고 회개했다(느 9:2). 에스라도 울며 기도할 때 죄를 자복하고 회개했다(스 10:1).

■ 잠언 28장 13절에 보면 "자기의 죄를 숨기는 자는 형통치 못하나 죄를 자복(자백, 고백)하고 버리는 자는 불쌍히 여김을 받으리라"고 했다.

회개한 후에 또 회개가 필요한가?

모순되는 것처럼 보이는 이 문제를 어떻게 해결할 수 있는가? 하나님은 심판주(Judge, 살후 1:8-9)와 아버지(Father)로서 인생을 다루시고 상대하신다. 우리는 처음에 죄인으로서 의로우신 재판장이신 하나님을 만난다. 그러나 회개하고 예수님을 영접하는 순간 우리는 하나님의 자녀가 되고 하나님은 우리의 아버지가 되신다.

회개하고 예수님을 영접하면 우리 신분은 죄인에서 자녀로 바뀐다. 그러나 성품은 여전히 사함 받은 죄인이다. 따라서 구원 받은 자녀는 영원한 형벌에서 면제되었으나 아버지의 징계로부터 면제된 것은 아니다. 우리는 아버지 뜻대로 살지 못하는 자녀로서 여전히 반복적인 회개가 필요하다. 처벌은 잘못에 대한 형벌을 뜻하고 징계는 교정과 성숙을 위한 훈련을 뜻한다. 구원파는 이를 구분하지 못하고 있다.

구분	처벌(형벌)	징계(훈계)
목적	범과에 대하여 형벌을 가함(살후 1:7-9)	바로잡고 성숙하게 하기 위해 훈련함 (잠 3:11-12)
초점	과거의 잘못(마 25:46)	앞으로의 올바른 행동(히 12:5, 10)
부모의 태도	분노(사 13:9, 11)	사랑어린 관심(계 3:19)
자녀의 감정	두려움, 죄책감, 적개심	안정감과 존경심(히 9:28)

그리스도를 믿고 신뢰할 때, 하나님은 심판주로서 단번에 영원히 우리의 죄를 용서하신다(히 9:12). 앞에서도 말했듯이, 용서에는 법적인 용서(judicial forgiveness)가 있고 부모로서의 용서(parental forgiveness)가 있다. 우리는 법정적 칭의에 의해 사함 받고 의롭다 함을 받는다. 그러나 사함 받은 자녀로서 성화를 위한 반복적 회개가 필요한 존재다. 전자의 용서는 끝났으나 후자의 용서는 계속적이다. 회개하고 예수님을 믿을 때, 죄인의 신분이 의인으로 변화되는 것이 사실이나, 성품은 죄인으로 남아 있다.

박옥수 씨의 잘못은 우리가 죄 사함을 받을 때 신분과 성품이 한꺼번에 의인이 된다고 주장하는 것이다. 우리는 계속 인격적 구원을 받아야 한다. 우리는 죄인으로서 구원 받기 위해 회개할 필요는 없지만, 자녀로서 아버지 뜻대로 살지 못한 것을 반복적으로 회개해야 한다. 따라서 구원파의 구원에는 예수님을 닮아가는 성화로서의 구원이 빠져 있다. 구원파는 결국 초대 교회를 괴롭히던 영지주의, 율법폐기론, 도덕 폐기론(antinominianism)으로 귀착하게 된다.

우리는 하나님 앞에서 회개하고 예수님을 신뢰할 때, 죄인에서 자녀로 신분이 바뀌게 된다. 재판장이신 하나님이 우리의 아버지로 바뀐다. 아버지와 자녀의 관계가 맺어지면 이 관계는 영원히 변화되지 않지만, 아버지 뜻대로 살지 못하는 것을 계속 회개하면서 예수님을 닮아가야 하는 것이다.

마르틴 루터(Martin Luther)는 "우리는 의사의 돌봄 아래 있는 병든 사람과 같다. 우리가 사실은 병들어 있지만, 소망 안에서는 건강하다. 건강해지리라는 소망 중에 살고 있다"라고 했다.

어거스틴(Augustine) 또한 "교회는 병든 환자들로 가득한 병원과 같다. 그리스도인은 자신이 병들었다는 것을 인식하고 치유받기 위해 의사의 도움을 찾고 있는 사람들이다. 우리는 하나님께 눈이 멀어 있다. 그러므로 우리는 은혜에 의해 눈을 떠야 한다. 우리는 그의 말씀에 귀가 멀어 있다. 그러므로 우리의 귀는 은혜에 의해 열려야 한다"고 했다.

우리는 예수 그리스도의 죽으심과 부활을 통해 죄 사함, 구속과 구원, 칭의, 화해를 선물로 받았다. 그리고 살아 있는 하나님과의 창조적 만남을 통해 변화될 수 있다.

신학자들은 이 고귀한 진리를 설명하기 위해 법정적 칭의(forensic righteousness)라는 말을 사용한다. 문제의 판결은 기본적으로 개인의 도덕적 성품이나 미덕보다는 하나님 앞에서 개인의 신분에 대한 것이다. 칭의는 우리의 새로운 신분과 하나님과의 관계에 대한 선언을 포함한다. 칭의는 성품의 근본적 변화보다는 신분의 변화를 의미한다. 신자는 믿음으로는 의롭지만, 여전히 죄인으로 남아 있다. 신자는 의인인 동시에 죄인이다. 우리는 사함 받은 죄인이다. 우리는 이 새로운 신분과 관계를 받아들이는 법을 배워야 한다. 그리고 이에 따라 우리의 생활과 태도를 변형시켜야 한다. 믿음은 선행을 잉태한다. Become what you are! 이제 하나님의 자녀가 되었으니 자녀답게 살라는 것이다.

의롭다 함을 받는다는 것은 불경건한 사람이 의롭게 된다는 뜻이 아니다. 오히려 그는 법정적 의미에서 의롭다고 선언을 받은 것이다(Melanchton). 우리가 받은 의롭다 함은 법정적이며, 전가된 의, 외래적인 의다. 하나님이 나를 의롭다 여기시는 것이지, 내가 의롭다고 주장할 수 있는 처지가 아니다.

선행이 사람을 선하게 만드는 것이 아니라, 선한 사람이 선행을 하는 것이다. 좋은 나무가 좋은 열매를 맺고, 나쁜 나무는 나쁜 열매를 맺는다(마 7:17). 하나님은 자신이 아무것도 아닌 것(nothing)을 아는 사람을 특정한 존재(something)로 만드신다. 하나님은 아브라함이 위대하기 때문에 부르신 것이 아니다. 그분이 그를 위대하고 창대하게 만드신 것이다(창 12:1-3).

요한계시록이 아시아의 일곱 교회에 보낸 편지라는 것은 박옥수 씨도 인정할 것이다. 교회는 죄 사함을 받은, 구원 받은 성도들의 모임이 아닌가? 에베소교회와 서머나교회, 빌라델비아교회, 두아니라교회 모두가 구원 받은 성도들로 이루어져 있었다. 그런데 이 모든 교회를 향하여 예수님은 계속 회개하라고 "네 행위를 회개하라"고 책망하고 있다(계 2:5, 16, 21, 3:3, 19). 주님은 말씀하신다. "무릇 내가 사랑하는 자를 책망하여 징계하노니 그러므로 네가 열심을 내라 회개하라"(계 3:19). 구원 받은 사람은 다시 회개할 필요가 없다고 주장하는 박 씨가 이 사실을 어떻게 논박하겠는가? 그는 사실 예수님의 이름으로 예수님의 가르침에 정면으로 맞서고 있는 거짓 선지자가 분명하다.

칭의를 위한 회개와 성화를 위한 회개를 구분하지 못하는 것이 박옥수 이단의 가장 큰 맹점이다. 구원파에서는 구원 받기 위해서, 즉 거듭나기 위해서는 회개가 필요 없고, 성화를 위해서도 회개가 필요 없다는 회개무용론을 주장하고 있다. 따라서 박옥수 씨는 죄 사함을 강조함으로 참 기독교를 흉내 내고 있지만 회개의 복음을 부정하는 사이비기독교 이단인 것이다.

사도 바울도 구원 받은 후에 죄를 짓고 있는 자신의 모습에 비통해했고(롬 7:24), 다윗도 자신의 죄를 여러 번 회개한 것을 성경에서 볼 수 있다(삼하 24:10, 시 32:5). 저들을 통하여 구원의 확신을 받으면, 어떤 죄를 짓더라도 구원과는 하등의 관계가 없기 때문에 회개가 필요없다는 이 한 가지 주장만 보아도 박옥수의 무리는 이단이 확실하다(총회출판국, 1994, 82쪽).

구원 받은 날짜를 대야 한다는 것이 왜 잘못인가?

박옥수 씨는 구원 받은 날짜와 하나님 나라 생명책에 명확히 기록되는 날이 있어야 한다고 주장한다. 사도 바울도 일정한 날짜에 구원을 받지 않았는가? 구원받은 날짜를 댈 수 있어야 한다는 것이 왜 잘못인가?

박옥수 씨는 그의 책에서 이렇게 주장한다. "죄 사함 받는 날이 여러분에게 꼭 필요합니다. 여러분, 그날이 없으면 하나님과 여러분 사이에 늘 어두운 죄의 그림자가 막혀 있어서 성령의 능력이 여러분 속에 임할 수 없습니다"(「죄 사함, 거듭남의 비밀 1」, 34쪽). "오늘이 여러분의 이름이 하나님 나라 생명책에 명확하게 기록되는 날이 되기를 바랍니다. 영원히 잊을 수 없는 날 '기쁜 날 기쁜 날 주 나의 죄 다 씻은 날'이 되기를 바랍니다"(같은 책, 220쪽).

박 씨는 구원받은 날, 죄 사함 받은 날, 거듭난 날을 알아야 구원받은 자요, 알지 못하거나 머뭇머뭇거리면 구원 받지 못했다고 단정짓는 것으로 유명하다. 세 계파의 구원파에서는 모두 신자는 반드시 구원의 확신이 있어야 하며 거듭난 날짜와 시간, 장소를 알고 있어야 한다고 주장한다.

구원파의 유병언과 이요한, 박옥수 씨가 1961년이나 1962년 특정한 날짜에 죄 사함을 깨닫고 구원함을 받았다고 간증하고 있는데, 이들의 회심 경험이 참 구원에 이르게 하는 중생의 경험이 아니었다 하더라도 그것은 너무나 분명한 경험이었다. 그래서 권신찬 씨는 "당신이 거듭난 그 날짜를 잊어버린다 해도 그날은 꼭 있어야 할 것이다"(「종교에서 해방」, 75쪽)라고 주장한다. 그럴듯한 주장이다. 그러나 이런 주장은 성경에 근거를 둔 것이 아니다. 성경에서 그 날짜를 알아야 한다고 구원 간증을 하는 사람은 한 사람도 없기 때문이다.

구원의 확신이 없다고 거듭난 그리스도인이 아니라는 증거는 성경 어느 곳에도 없다. 마틴 로이드존스가 말한 대로, "당신은 확신이 없어도 그리스도인이 될 수 있다. 그러나 그리스도인으로서 당신은 확신을 갖고 확신을 누려야 한다"(롬 7:1-8:4, 「로마서 7장 강해」, 296쪽).

구원파는 전도 대상자가 기존 교회 교인인 경우 그의 구원을 의심하게 한 다음 과거의 교회생활이 헛된 종교생활이었음을 인정하게 한다. 그리고 여러 성구를 통해 강한 죄의식을 느끼게 한다. 그 다음 영원한 속죄(죄 사함)에 관계되는 성경구절을 읽게 해 죄 사함을 깨닫게 함으로 확신을 인겨 준다.

그러나 교회에 다니지 않는 불신자에게 접근할 때에는 방법을 달리한다. 개인전도나 5-7일 동안 계속되는 '성경강연회', '성경세미나'를 통하여 이스라엘을 둘러싼 중동정세와 환경오염(공해), 인구 폭발, 기아 등 긴박한 시사문제를 거론하여 하나님의 예언대로 이루어져 가는 현실을 직시하게 하여 하나님의 존재를 인정하게 만든다. 그러나 박옥수 씨는 시사문제를 다루지 않고 죄와 죄 사함에 대하여 집중적으로 듣는 이들의 세계관을 변화시키려 한다.

"성경은 사실이다"라는 강연 제목은 그들이 대규모 수양회 집회 때마다 즐겨 쓰는 문구다. 그들은 세계 종말을 시사하는 신문, 잡지 기사를 수록한 각종 '스크랩 북'을 동원하여 대환난과 예수 재림의 임박함을 강조해 전도대상자에게 공포의식과 위기의식을 느끼게 유도한다. 무서운 하나님의 심판 앞에 죄책감을 느낀 사람은 그들이 즐겨 사용하는 '구원 구절'을 통해 '복음을 깨닫고' 양심의 평안과 자유함을 경험하게 한다. 이들은 '영원한 속죄'와 죄 사함에 대한 구절로 마음대로 다른 사람을 구원시킬 수 있다고 확신한다. 이들에게 구원은 죄를 회개하고 예수님을 신뢰하고 믿는 문제가 아니라 죄 사함을 수동적으로 깨닫는 문제이기 때문이다.

그런데 이들의 전도대상자 중에는 강한 죄책감과 위기의식이 느껴지지 않아 여러 해 고민하는 이도 있고, 임박한 대환난에 대한 거듭된 설교를 듣고도 확신이 서지 않아 '구원 노이로제'에 걸린 채 공포와 불안 속에서 방황하는 이들이 적지 않다고 한다.

정통 교회에서도 사람이 구원 받기 전에 하나님 앞에 성령의 책망을 통해 자신이 죄인임을 깨달아야 할 필요성을 강조한다. 그러나 우리는 죄를 깨닫는 심각성의 정도가 다양함을 인정한다. 어린이와 어른의 감동이 다르고, 기질에 따라 죄책감을 경험하는 것이 다를 수 있다.

그런데 구원파에서는 죄책감의 정도가 심각해야만 이른바 복음을 풀어 그들의 구원 공식에 따라 구원의 확신을 심어 준다. 성령은 또한 구원파 교회에서만 집중적으로 역사하기 때문에 꼭 같은 구원 간증을 해도 그들의 교제권 안에서 깨달아야만 '구원받은 형제, 자매'로 인정함을 받는다.

이 문제에 대해 미국 풀러신학교의 종교심리학 교수 사무엘 써더드 (Samuel Southard)는 다음과 같이 말하고 있다. "우리는 예수께서 사람들을 여러 가지 다른 방법으로 불렀음을 인정할 수 있다. 우리가 섬길 주님은 오직 한 분이나 우리는 다양한 회심의 경험을 통하여 그에게 나아오게 된다"(「회심과 크리스천의 인격」, 11쪽).

요한이나 빌립, 안드레, 루디아 같은 이는 조용히 그리스도를 따르라는 부름을 받았던 예로 생각할 수 있고, 바울이나 삭개오, 빌립보 간수 같은 이는 문자 그대로 극적인 회심을 한 예로 생각할 수 있을 것이다. 구원파에서는 구원을 하나님의 부르심에 죄인이 응답하는 것으로 보지 않고, 이미 이루어 놓은 구원(죄 사함)을 깨달은 것으로 간주하기 때문에 다음과 같은 설명이 그들에게 별 의미가 없겠지만, 독자들을 위해 영국 피터 제프리(Peter Jeffrey) 목사의 설명을 인용한다.

"당신은 어떻게 그리스도인이 되는가? 당신은 성령께서 당신의 죄를 책망하셨을 때, 당신의 진정한 상태를 깨닫고(눅 15:17-19), 회개하며(행 2:38), 믿고(행 16:31), 그리스도를 영접하여(요 1:12) 그리스도인이 된다. 우리는 죄에서 돌이켜 하나님의 자녀가 된다. 그래서 하나님의 자녀로 거듭나는 과정을 흔히 회심(回心, conversion)이라고 부른다."

"구원을 확증하지 못하면 구원이 없다"고 하면서 구원의 확신을 물건처럼 사람들에게 나눠 주는 것은 하나님의 주권을 무시하는 것이다. 확신이 사람을 구원하는 것이 아니고, 하나님이 예수 그리스도로 말미암아 구원하는 것이다. 구원을 받았으니 구원이 있고 구원의 확신이 있는 것이다. 그런데 저들은 구원의 확신이 있으니 구원이 있는 것으로 알고 있다. 성경이 구원을 확증하라고 할 때(고후 13:5), 구원의 확신 여부가 구원을 좌우한다는 의미는 결코 아니지 않은가!

성경은 구원의 확신을 요구하나 예수를 믿고 있으면서도 확신이 없는 사람들을 구원파처럼 구원 받지 못했다고 말한 일이 없다(히 6:1-2). 구원파의 구원이 참 구원이라면 왜 정통 교회 안에서 구원의 확신을 가지고 신앙생활을 하는 형제자매들과 교제가 되지 않는 것일까? 구원파에 속한 교인들은 한

번 반문해 보아야 할 것이다. 성경의 구원은 구원파만의 전매특허 개념이 아니지 않은가?

우리는 성령의 책망에 의해 스스로 죄인임을 깨닫고 하나님 앞에 회개하고 예수 그리스도를 믿고 영접함으로 그리스도인이 된다. 이와 같이 거듭난 경험을 통해 우리는 죄 사함을 받고 하나님의 자녀가 된다. 그러나 우리는 여러 가지 방법으로 예수님 앞에 나아온다. 본인이 번역한 「그리스도인의 첫걸음 내딛기」(두란노)에서 저자 피터 제프리가 분석한 것처럼 우리는 다양한 방법으로 예수님을 만나게 된다.

어떤 사람은 바울처럼, 깊은 종교적 배경을 갖고 생활하다가
극적으로 갑자기 특별한 장소에서 특별한 날짜에 구원함을 받고
또 어떤 사람은 빌립보 간수처럼,
전혀 하나님에 대해 관심도 갖지 않고 극히 세상적인 생활을 하다가
절망적인 환경에 처하게 되어 하나님의 구원의 은혜를 경험한 이가 있다.
즉 하나님을 찾지 않았으나 하나님이 만나 주신 경우다.

자주 장사 루디아처럼, 오랫동안 하나님을 찾고 있다가
아무런 극적인 변화 없이 조용히 마음 문이 열려
예수를 믿게 된 사람도 있다.

그러나 디모데와 같이, 그리스도인 가정에서 자라나
항상 성경을 알았기 때문에 언제부터 예수님을 믿게 되었는지
기억하지 못하나 주님과 풍성한 관계를 누리는 이들이 있다.

어떻게 구원 받았느냐 하는 것은 중요한 게 아니다. 성경 어느 곳에서도 일정한 공식을 따라 구원 받아야 한다고 말하지 않는다. 모든 구원은 하나님이 주신 것으로, 중요한 것은 지금 당신이 하나님 안에 들어와 있느냐 하는 것이다.

20세기의 가장 위대한 설교자로 불리는 영국 웨스트민스터 교회(Westminster Chapel)의 로이드존스 목사님은 구원 받은 날짜와 장소를 고집하는 이단들의 주장에 이렇게 논박한다.

"중요한 것은 당신이 어떻게 하나님 나라에 들어왔느냐 하는 것이 아니다. 지금 당신이 그 나라에 들어와 있느냐 하는 것이다. 당신의 출생(거듭남)이 극적이고 흥분된 것이었느냐, 조용히 거의 알아차리지 못할 성질의 것이었느냐 하는 것은 중요하지 않다. 우리는 성경 어느 곳에서도 당신이 거듭난 순간을 정확히 대고 사용된 성구를 정확하게 인용하며 설교자의 성명을 말할 수 있어야 한다는 말은 발견하지 못한다. 이런 것들은 중요한 게 아니다. 중요한 것 단 한 가지는 당신이 하나님 나라에 들어와 있어야 한다는 것이다"(에베소서 강해, 「영적 연합」, 기독교문서선교회, 88쪽).

베드로와 안드레, 삭개오, 바울 같은 분들이 예수님을 만난 날이 있었던 것처럼 우리 가운데는 분명히 어디서 어느 때에 주님을 만났는지 말할 수 있는 분이 많이 있다. 그러나 디모데처럼 그리스도인 부모 밑에서 성장한 이들 중에는 빌리 그레이엄 목사의 사모님이나 고 옥한흠 목사님처럼 그날과 장소를 기억하지 못할 수도 있다. "사실 그들은 언제 그리스도를 아는 지식에 발을 들여 놓았는지 정확한 시간을 알 수 없다"(빌리 그레이엄, 「불타는 세계」, 222쪽).

의식적으로 또는 무의식적으로 그리스도께 회심했다는 것을 신앙과 생활로 증거하고 있는 그리스도인이 많은 것은 사실이다. 그들은 자신이 구원받은 정확한 시간을 잘 모른다. 그러나 이것은 법칙이라기보다는 하나의 예외라고 생각한다. 그들이 그 정확한 시간을 기억하든 못하든, 그들에게는 사망에서 생명으로 건너뛴 순간이 있었다. "우리는 언제 밤이 변해 낮이 되는지 정확한 시간을 말할 수 없다. 그러나 낮이 되면 낮이 되었다는 것을 알지 않는가?"(같은 책, 225쪽).

한국 개신교회는 왜 박옥수를 포함한 구원파의 세 계파를 모두 이단이라고 규정했는가?

구원파의 이단성은 그들의 성경관, 신관, 인간관, 구원관, 기도와 예배관, 교회관, 종말관에 고루 나타나고 있다. 교회사와 조직신학, 성서해석학에 대해 무지한 구원파 지도자들은 성경을 우화적으로, 임의적으로 억지로 해석하기를 주저하지 않는다. 구원파의 세 계파의 공통점은 하나님의 영성과 초월성은 강조하지만, 하나님의 인격성과 임재성은 무시한다는 것이다. 그리스도의 신성은 강조하나 인성은 격하시키며 죄 사함의 은혜는 강조하면서, 율법의 교훈은 무시한다. 피동적 깨달음에 의한 구원은 강조하지만 의지적인 회개와 인격적인 신뢰(믿음)를 배제한 구원은 기도와 찬양을 소홀히 취급하거나 무시하는 성향을 드러내고 있다.

성경적인 믿음(faith)에는 신뢰(trust)와 확신(belief)이라는 요소가 포함되어 있다. 구원파의 믿음에는 지식과 이해와 깨달음의 요소가 들어 있지만, 예수님에 대한 인격적 신뢰와 헌신이 빠져 있다.

뿐만 아니라 그들은 모임과 교제를 강조하여 자신이 속한 교회가 유일한 참교회라고 주장하면서 자파 교회에 붙어 있는 자만이 그리스도의 재림 때 들림 받는다는 극단적 세대주의 성향을 드러내고 있다.

유병언과 권신찬 계열과 이요한 계열은 극단적 세대주의 사상에 입각해 시한부종말론에 가까운 종말위기위식을 고취시키는 특징이 있다. 그러나 풍유적 성경 해석으로 (원)죄와 범죄, 회개와 자백을 구분하여 죄인이라고 고백하고 회개하면 구원 받지 못한 증거라고 주장하는 박옥수 씨는 구원지상주의자로서 종말에 대해 거의 설교하지 않는다는 점에서 차이를 보인다.

그러나 구원파의 세 분파는 신관이나 구원관에서 아무런 차이를 보이지 않고 있다(대한 예수교장로회 총회, 1992). 따라서 한국의 대표적인 교단에서 한결같이 구원파를 이단으로 규정하는 것이다.

우리는 구원을 받았고, 구원을 받고 있으며, 구원을 받을 것이다. 그러나 구원파의 구원에는 성화과정의 구원이 빠져 있다. 죄 사함을 받을 때 이미 의인이 되었다고 착각하기 때문이다.

구원파는 표면적으로 성경의 권위를 강조하지만 잘못된 성경 해석으로 궁극적으로 하나님 말씀을 부인하는 자들이다. 예수님을 강조하지만 사실상 교주가 강조되고, 정통 교회의 바른 교훈보다 교주의 깨달음에 근거한 다른 복음을 강조한다.

박옥수 씨를 비롯한 구원파 지도자들은 모두 체계적 신학을 연구한 적이 없는 돌팔이 또는 사이비 목사들이다. 무식한 자들이 성경을 억지로 해석하여 멸망의 복음을 만들어낸 것이다(벧후 3:16). 그들은 자칭 선교사 딕 욕의 사상을 물려받아 정통 교회 안에는 구원이 없다는 믿음을 가지고 있다. 일단 죄 사함을 받으면 회개할 필요가 없다고 가르친다. 이신칭의의 교리를 크게 곡해하고 있는 것이다.

구원파는 정통침례교가 주장하는 구원, 거듭남, 죄 사함과 같은 표현을 그대로 사용하기 때문에 순진한 성도들이 미혹되기가 쉽다. 순진한 양들은 이단에서 성경용어를 표리부동하게 다른 의미로 사용한다는 것을 분별하지 못하기 때문이다. 구원파는 진리와 흡사한 거짓을 전하기 때문에 더욱 무섭고 사특한 이단이라 할 수 있다.

박옥수 씨(자칭 목사)가 주도하는 구원파 대한예수교침례회는 정통 침례교회와 아무런 상관이 없는 사이비침례교이며, 회개를 부인하는 적그리스도적 이단이다. 그들이 발간하는 월간 잡지 제목 '구원의 복음과 은혜의 간증을 전하는' 「기쁜 소식」은 실제 분석해 보면 성경적이지도 않고, 역사적인 기독교의 복음과 많은 면에서 상치되는 주장을 하고 있는 사이비 '복음'이며 사이비 「기쁜 소식」이다.

결론적으로 구원파는 영적 비밀을 깨달아야 구원 받는다고 주장하던 초대 교회 당시의 영지주의(gnosticism)가 현대판으로 재현된 것이고, 율법에서 해방되었으니 회개할 필요 없이 은혜를 누리자는 율법폐기론(반율법주의, antinominianism)이 다시 나타난 것이라고 봄이 타당할 것이다.

기독교복음침례회,
속칭 구원파가 가르치는 교리의 핵심은 무엇인가?

"유대인은 예수님을 마음에 영접함으로 구원을 받지만, 우리 이방인은 죄 사함의 복음을 깨달음으로 구원받는다. 하나님은 인간을 사랑하시지만, 인간은 하나님을 사랑할 수 없다. 하나님은 구원과 교회를 예정하신 것이지, 개인을 예정하신 것이 아니다. 하나님은 사람의 영을 구원하시기 때문에, 일단 죄 사함을 받으면 육신으로는 어떻게 생활하든 상관없다. 일단 구원을 받으면 의인이 되었기 때문에 다시는 회개할 필요가 없다. 모든 종교행위와 율법의 요구에서 해방되는 것이 구원이다. 복음의 진리를 피동적으로 깨달으면 구원받는 것이지, 거기에 인격적인 회개나 믿음의 결단이 필요한 것이 아니다.

성도의 교제가 바로 기도이며 예배다. 새벽기도는 한국인의 미신적인 종교성의 표현이다. 세계 역사상 새벽기도를 통해 신령하게 된 사람은 없다. 모임의 일, 즉 한강유람선을 운영하고 스쿠알렌 약품을 팔고, 사업을 의논하는 것이 성도의 교제이며 예배다. 손으로 지은 교회는 필요 없다. 교회의 참모습에 대한 비밀이 우리 구원파 교회에서 처음으로 깨달아졌다. 구원파 모임에 붙어 있는 자만 예수님이 재림하실 때 들림 받을 수 있다."

이상에서 보는 바와 같이, 인격적인 하나님과의 개인적인 관계, 즉 기도와 예배를 부인하는 것은 기독교가 아니다. 구원파는 기독교적인 용어를 사용하면서 엉뚱하고 해괴한 교리를 주장하는 사이비기독교(pseudo-Christian cult)다.

모임을 떠난 지 약 1년쯤 되었을 때, 여의도의 Y침례교회에서 어느 여자 집사님(의사)이 구원파에 현혹되어 갈등 중에 있으니 그 집사님을 만나 상담해 달라고 부탁해 왔다. 나는 구원파가 잘못되었다는 것은 알지만 신학적으로 혼미한 중에 있었기 때문에 마지못해 부탁에 응했다. 어느 식당에서 그 침례교회 부목사와 전도사 한 분이 동석한 가운데 구원파에 대해 이야기를 주고받고 있었다. 나는 공갈과 협박에 못 이겨 모임을 떠났을 뿐, 아직 예수님을 '만나지' 못한 채 혼돈에 빠져있는 상태였기 때문에, 구원파는 이스라엘과 중동을 둘러싼 시사적인 문제에 대해 밝은 것 같지만 기도를 안 하기 때문에 생활에 문제가 따르는 것 같다면서 당시 내가 확신하고 있는 대로 구원파의 문제점을 지적해 주었다.

약 20분쯤 대화하고 있는데 방 밖에서 내 이름을 불러 나가 보니 구원파 교인 수십 명이 식당 안을 메우고 있었다. 2층 식당을 내려가니, 유병언 사장이 안면이 있는 구원파 교인 여러 명에 둘러싸여 1층 계단에서 나를 기다리고 있었다. 약 1년 만의 대면이었다. 조직폭력배들에게 포위된 것 같은 공포감이 엄습했다. 납치당할 것 같은 위압감과 두려움에 휩싸였다. 그러나 부목사님과 전도사님이 동행하고 있었기 때문에 가까스로 위기를 모면할 수 있었다. 유 씨의 대화 요청에 나는 여러 사람 앞에서는 대화할 수 없다고 답변했다. 결국 그 쪽에서 수행원이 한 명 동석하고 우리 측에서 두 분이 동석한 가운데 가까운 교회 안에서 약 20여 분간의 대화가 이루어졌다.

나는 유 사장과 몇 가지 의문되는 것을 주제로 의견을 나누었다. 그런 후 그는 "구원을 전하는데 이를 왜 방해하느냐?"고 따져 물었다. 나는 성경에서 말하는 참 구원을 경험하지 못한 채 구원파에서 나와 방황하고 있는 중이었기 때문에(따라서 신학적인 분별력이 전혀 없었다), 순진하게도 "그것은 미안하다"고 답할 수밖에 없었다. 유 사장은 승리했고 나는 완전히 패배했다. 그는 즉시 삼각지교회에 돌아가서 정동섭을 비웃는 설교를 함으로써 교인들의 믿음을 한층 더 강화시킬 수 있었다.

내가 구원이 무엇인지를 신학적으로나 경험적으로 확신하지 못했기 때문에 이런 웃지 못할 결과를 야기했던 것이다(박옥수와 이요한, 유병언을 교주로 하는 구원파는 구원지상주의자들이다. 나도 이 사상에 세뇌되어 있었기 때문에 이와 같은 어처구니없는 반응을 했던 것이다).

지금도 유 사장의 횡포와 이해하기 힘든 언행에 실망한 구원파 교인들이 수도 없이 그 집단을 이탈한다. 그러나 그곳에서 받은 구원만은 틀린 것이 아니라고 확신하여 각자의 가정에서 모임을 갖고 '폐인'과 같은 생활을 하는 이들이 수백 명에 이르는 것으로 알고 있다. 1990년 중반 이후, 삼각지를 본부로 하는 오대양 구원파에서 2, 3인자 위치에서 설교를 하던 이들은 거의 대부분 쫓겨나거나 탈출한 것으로 전해지고 있다. 이들 대부분이 이민을 갔거나 사회적으로 적응하지 못한 채 방황하고 있는 것으로 알고 있다. 일부 교인들은 제2, 제3의 군소 구원파 교회를 만들어 모이고 있다.

구원파를 떠난 후 나는 지방교회와 몰몬교를 탐색하는 가운데 2년간 방황했다. 지금도 구원파에 환멸을 느낀 수백 명의 교인들이 지방교회로 옮겨가는 것으로 알고 있다. 구원파와 지방교회는 이원론적인 인간관과 깨달음을 강조하는 구원관에서 서로 일치하거나 거의 비슷하기 때문이다.

구원파에서 나는 아담 안에서 '원죄'로 인해 우리 모두가 죄인이 되었다고 배웠다. 그러므로 당신도 죄인으로 태어났기 때문에 어쩔 수 없이 죄를 짓는 것이다. 자범죄(박옥수 씨는 이를 범죄라 부른다)를 아무리 회개해도 아무 효험이 없다. 그리스도께서 아담의 죄를 완전히 담당한 것을 깨달으면 구원을 받는다고 설교한다. 아담의 문제를 예수님이 해결했다는 것이다. 나의 죄의 책임은 아담에게 있는 것이지 나에게 있는 것이 아니다. 따라서 내가 회개할 이유가 없는 것이다.

자신의 죄에 책임감을 느낄 때에만 회개가 가능하다. 원죄를 깨닫고 예수님께 돌이키는 것을 회개라고 말하기도 하지만, 회개에 대한 이해가 정통 교회와 전혀 다르다는 데 문제가 있다. 구원파에서는 자범죄를 회개해도 소용이 없다, 예수님이 원죄를 해결하신 것을 깨닫기만 하면 구원 받는다고 설교한다.

그런데 나는 사랑의교회에서 "아담이 죄인이 아니라 바로 내가 죄인"이라는 것을 알게 되었다. 고 옥한흠 목사님의 설교는 내가 8년 만에 들은 '바른 교훈'이었고, 진리의 말씀이었다. 그는 당시 수련회에서 요나서를 강해하였는데, 그야말로 진리의 말씀을 옳게 분변하여 마땅히 가르쳐야 할 것을 가르쳤다(딛 1:11). 하나님의 말씀은 좌우에 날선 검과 같이 나의 상태를 찔러 쪼갰다.

당시 결혼한 지 8년째였는데, 말씀을 통해 성령님은 내가 아내를 사랑하지 않고 괴롭힌 죄를 책망하셨다. 아내는 당시 위궤양과 편두통, 우울증, 고혈압 등으로 고생하고 있었는데, 그 모든 것이 나 때문이라고 책망하셨다. 나는 거룩한 두려움에 휩싸였고 의로우신 아버지 앞에 내가 죄인인 것을 깨달았다. 내가 죄인이기 때문에 회개할 수밖에 없었다.

> 흙으로 사람을 지으사 그 코에 생기를 불어넣으신 주 하나님
> 우리 위해 아들을 세상에 보내신 사랑의 주 하나님을 사랑해
> 나는 하나님 형상대로 지음 받은 몸이니 이 몸을 주께 바치리
> 항상 내 생활 중에 주를 부인하지 않으며 내 주를 섬기렵니다

수련회에서 반복해서 부른 이 복음성가를 통해 성령께서 내 마음에 역사하셨다. 성령님은 나에게 아내를 사랑하지 않은 것이 하나님 앞에 죄 지은 것임을 깨우쳐 주셨고, 회개하고 하나님 앞에 사랑을 고백할 수 있게 하셨다(권신찬 씨는 나에게 하나님은 인간을 사랑하지만, 인간은 하나님을 사랑할 수 없다고 가르쳤다). 주님이 먼저 나를 사랑해 주셨기 때문에 내가 주님을 사랑한다고 고백하는 것은 극히 정상적인 반응이라는 것을 알게 되었다. 주님은 회개하고 돌아오는 내게 달려 나와 입을 맞추어 주셨고, 내 죄를 용서하시고 나를 받아 주셨다. 그야말로 하나님의 사랑이 내 마음에 부은 바 되었다(더 자세한 내용은 IVP에서 출간된 필자의 저서 「어느 상담심리학자의 고백」을 보라). 그러나 나는 예수님 안에서 인격적으로 하나님을 만나는 것, 즉 하나님과 인격적인 관계를 맺는 것이 구원이라는 사실을 알지 못했다. 거듭나는 경험, 구원 받은 경험을 했지만 갓 태어난 '갓난아이'는 무엇이 무엇인지 아직 분별할 수가 없었다.

그래서 1981년에 하용조 목사님의 초청으로 두란노서원에서 간증할 때에

도 권신찬 목사의 설교를 듣다가 구원은 받았으나 기도생활을 하지 못해 신앙이 잘못되었던 것처럼 이야기했고, 1983년 침례신학대학 대학원에 입학해 침신대 학보에 '이단의 사슬에서 하나님의 품으로'라는 제목으로 간증을 기고했을 때도, 나는 구원파 안에서 (깨달음에 의한) 구원을 받았다고 당시의 확신을 진솔하게 표현했던 것이다.

구원파를 비롯해 몰몬교, 여호와의 증인과 같은 이단들이 중생, 구원, 기도, 교회와 같은 성서적인 용어를 사도적 권위를 계승한 정통 교회와 다른 의미로 사용한다는 것을 발견한 것은 훨씬 뒤의 일이다.

구원파에서는 그들의 자체 홍보용 월간지 「새길」(1991년 6월호)에서, 정동섭 교수는 "왜 그리스도의 복음을 바꾸려 하는가?"라는 장문의 비판 기사를 통해, 본인이 구원파에서 구원을 받았다고 했다가 자기 입지를 정당화하기 위해 입장을 번복하는 자기 모순에 빠져 있는 소영웅주의자라고 매도했다. '편집부'의 이름으로 나를 비판했기 때문에 누가 쓴 글인지는 알 수 없지만, 그런 대로 예리한 분석을 했다고 생각한다. 이번 기회에 지면을 통해서나마 그들의 힐문에 답할 수 있게 된 것을 다행으로 생각한다.

앞에서 말한 대로, 1983년까지만 해도 나는 구원파에서 권신찬 목사의 설교를 통해 구원을 받은 것으로 확신했다. 그러나 그 후 '구원'에 관한 한 본인의 입장과 이해가 완전히 바뀌게 되었다. 사도 바울도 바리새파 교인으로 있다가 그리스도인으로 회심(conversion, 구원의 경험)한 후 아라비아에서 오직 하나님과만 함께하면서 '다메섹으로 가던 길에 부활하신 주님과 만났던 사건'의 의미를 깊이 되새기는 기간을 가졌다.

그는 선교사역을 하기 전에 자신의 경험을 신학적으로 '재정립'하는 기간을 가졌다(나는 사도 바울과 견줄 만한 인물이 되지 못한다. 다만 독자의 이해를 돕기 위해 나의 경험을 바울의 경험과 비교하고 있을 뿐이다). 내가 대전 침례신학대학에서 기독교 교육석사 과정을 공부했던 2년간은 사랑의교회에서 예수님을 만난 경험을 신학적으로 재구성해 볼 수 있도록 하나님이 허락하신 황금과 같은 기간이었다.

구원에 대해 신학적으로 나의 입장을 확실하게 정립하도록 도와준 분들은 침신대학원에서 공부할 때 조직신학(systematic theology)을 강의해 준 도한호 교수와 로마서, 야고보서, 계시록의 주석(exegesis)를 통해 성서신학을 가르쳐준 휄웰(R. H. Falwell, Jr.) 교수, 교회사 강의를 통해 정통 교회가 이단과 싸우면서 정통 교리를 정립해 가는 과정을 보여 주신 허긴 교수(전 침신대 총장)다. 하나님과 성서, 인간의 죄, 구원과 기도, 예배, 교회, 종말에 대한 내 생각이 어떻게 재정립되었는지는 나의 석사학위 논문에 상세히 반영되어 있다.

그리고 남서울은혜교회 홍정길 목사님의 소개로 알게 된 마틴 로이드존스 목사님의 로마서 강해 설교집이 옥한흠 목사님이나 이동원 목사님의 설교와 함께 올바른 신학을 정립하는 데 큰 도움을 주었다. 1985년 미국 유학을 떠나기 전까지 3년간 데니스 레인(Denis Lane) 목사의 '강해설교 세미나'를 통역하면서 나는 권신찬 씨와 유병언 씨의 설교가 그 방법이나 내용 면에서 완전히 사도들의 전통을 이탈한 것임을 거듭 확인할 수 있었다.

구원파 지도자들의 설교가 일반 교인에게 매력이 있는 것은 그들이 성경을 중심으로 설교하기 때문이다. 본인이나 다른 신학자들이 비판하는 것은 성경을 하나님의 말씀으로 믿지 않는다는 것이 아니라 그들의 성서 해석이 자의적인 영해와 풍유적 해석에 치우쳐 있다는 점이다. 좋은 의도로 그렇게 하는지 모르나 그들은 '진실되게 잘못된'(sincerely wrong) 성서 해석을 하고 있는 것이다.

박옥수 씨도 진실된 사람으로 자기 입장에서는 생명을 다하여 '복음'을 전하는 것이겠지만, 그도 '진실되게 미혹되어 있는' 거짓 선지자임이 틀림없다. 지성이면 감천이라고 했다. 그러나 빌리 그레이엄 목사가 말한 것처럼, "진실된 것만으로 구원을 받을 수 없다. 많은 사람이 진실되게 잘못되어 있기 때문이다"(Sincerity alone cannot save a man. For many are sincerely wrong). "어떤 길은 사람의 보기에 바르나 필경 사망의 길이니라"(잠 14:12)고 성경은 경고하고 있다.

우리는 자신이 죄인(아담이 아니고)이라는 사실을 깨달아 회개하고 예수님을 영접함으로 하나님과 개인적이고 살아 있는 관계를 맺음으로 말미암아 하나님의 은혜로 구원함을 받는다(엡 2:8-9). 나는 구원파에서 예수님이 왜 십자가에서 죽으셔야만 했는지 지적으로 깨달은 적은 있지만, 나를 사랑하시는 예수님 앞에 회개하고 그분을 마음에 영접한 것은 1980년 8월 15일, 사랑의 교회 수련회가 열렸던 충현교회 기도원에서다. 이 일에 대해서는 하나님이 증인이시고 나의 양심이 증거한다.

그날 이후로 '성령이 내 영으로 더불어' 내가 하나님의 자녀 됨을 친히 증거하신다(롬 8:16). 나는 하나님과 평화했고 나 자신과도 평화를 이루었다. 무엇보다도 변화된 본인의 삶을 시켜본 나의 아내가 이를 증거힐 수 있을 것이다. 성경에서 말하는 구원에 대한 이해가 달라지고 구원관이 바뀌게 되면서, 구원파 안에서 깨닫기만 한 것은 성경이 말하는 구원이 아니라고 확신하게 된 것이다. 나의 변화된 삶에 대하여는 필자의 아내 이영애 집사가 쓴 책 「멋진 남편을 만든 아내」(베다니출판사, 2002)를 참고하기 바란다.

구원파를 인정했다고 자주 인용하는 총신대 고 천정웅 교수의 지적을 들어보자. "구원은 인간의 깨달음에 달려 있지 않고 하나님의 은혜에 달려 있다. 다시 한 번 강조한다. 구원은 절대 하나님의 손에 달렸고 하나님의 의지에 있는 것이지 인간 편에 그 열쇠가 있지 않음을 기억해야 한다. 하나님이 구원하시고자 하면 은혜도 주시고 은혜를 받으면 믿게 되고 믿어지면 깨달아지고 깨달아지면 구원의 확신도 생기는 것이다. 결코 인간의 노력과 연구와 수고로 깨달아지는 것이 아니다. 그리고 성경에서 중생이면 중생이지 '중생의 체험'이라는 어구는 없다. 예수께서는 '물과 성령으로 거듭나야 하늘나라에 들어가리라'고 하셨지, 중생의 체험이나 깨달음의 체험을 해야 구원을 얻으리라고 하신 적이 없다"(「목회와 신학」, 1991년 3월, 77쪽).

나는 하나님의 말씀이 전파되는 곳이면 누구나 어디서나 구원을 받을 수 있다고 믿는다. 성령은 세계 어느 곳에서나 두루 역사하시기 때문이다. 구원파 안에서도 구도자 본인의 심령 상태에 따라서 하나님의 말씀을 통해 구원받는 역사가 있다고 믿는다. 그리고 구원파를 통해 신앙생활을 시작한 사람들을 나는 상당수 알고 있다.

그런데 선한 양심을 따라 올바로 신앙생활을 하기 원하는 분들 상당수가 기도와 예배를 부인하는 지도자들의 교만한 태도(즉 사업 확장을 위한 대화와 교제를 기도와 예배로 대치시키는 가르침)와 헌금을 사업에 유용하는 행태에 회의를 품고 그곳에서 나와 정통 교단에서 만족한 신앙생활을 하고 있다.

구원파에서 생활하다가 그 잘못됨을 분별하고 나와 신학을 하고 목회자와 선교사가 된 사람을 나는 상당수 알고 있다. 그러나 가슴 아픈 것은 구원파를 통해 구원 받았다고 '착각'한 후 그들의 여러 행동에 환멸을 느끼고 구원파를 이탈한 수많은 이들이 자신들의 배타적인 교회관을 떨쳐 버리지 못한 채 가정생활과 직장생활에 정상적으로 적응하지 못하고 사실상 폐인(social misfit)이 되어 방황하고 있다는 사실이다(구원파 교인들은 기존 교회에서 주기도문으로 기도하고, 목사가 축도를 하기 때문에 정통 교회가 모두 이단이라고 믿고 있다).

어떤 친구는 나에게 구원파와 관계했던 과거를 잊어버리고, 간증에서 구원파는 언급하지 말라고 충고하기도 했다. 그러나 구원파가 없이 오늘의 나는 있을 수 없다.

구원파에서 잘못된 신앙생활을 한 경험이 있기 때문에, 정통 교단 안에서 하나님의 광대하심과 인자하심을 맛보며 폭넓은 교제를 나누는 가운데 주님과 동행하는 것이 더 없이 귀하게 느껴지기 때문이다. 어둠을 먼저 경험했기 때문에, 빛 가운데서의 생활이 더 감격스러운 것이다.

사도 바울에게 바리새파교인 시절이 있었기 때문에 정통 그리스도인으로서 유대교화자들(율법주의자들, judaizers)과 반율법주의자(antinominianism)들을 분별하여 비판할 수 있었던 것이 아닌가?

독자 여러분이 직접 또는 간접 경험으로 알고 있는 대로 구원파에서는 금식기도, 개인기도, 통성기도, 철야기도 등 일체의 경건을 위한 훈련(딤전 4:7)을 배격한다. 나 자신도 구원파에서 8년간 '말씀과 교제'밖에 모르는 인간적으로 편리한 생활을 했다. 구원파 테두리를 벗어난 후 본인이 할 수 있었던 가장 아름다운 경험은 나를 사랑하시는 주님을 기도와 찬양으로 예배하는 일이다. 하나님의 자녀가 할 수 있는 것 중에 기도와 찬양과 경배보다 아름다운 경험이 어디 있겠는가!

이러한 환희에 찬 새로운 경험을 바탕으로 본인이 한국 교회를 위해 번역하여 소개한 책이 피터 제프리의 「모든 것이 새롭습니다」(두란노서원, 2000년에 「그리스도인을 위한 첫걸음 내딛기」라는 제목으로 다시 출간됨)와 오스왈드 샌더스의 「무한한 기도의 능력」(요단)이다. 이 글을 읽는 구원파 교인들은 마음을 열고 이러한 책들을 통해 타당성 있는 진리에 비추어 자신의 잘못된 신앙을 평가해 볼 수 있기를 바란다.

구원파의 구원관은 분명히 잘못되었다. 이 그릇된 구원관(성경해석)이 독자들이 알고 있는 여러 가지 교리적, 윤리적 부작용을 야기하고 있는 것이다.

나는 '두 번' 구원을 받았다. 한 번은 기독교복음침례회라는 구원파 교회에서 '깨달음에 의한' 가짜 구원을 받았고, 두 번째는 1980년 사랑의교회 수련회에서 예수님을 만남으로 참 구원을 받았다. 내가 죄인임을 깨닫고 돌이켜 하나님 앞에 회개하고 예수님을 믿고 신뢰함으로 진짜 구원을 받았다(행 20:21). 구원(회심)은 그리스도 안에서 하나님을 만나는 사건이지 깨달음의 과정이 아니다.

원조 구원파는 기도, 예배, 교회, 종말에 대한 가르침이 어떻게 잘못되었는가?

구원파가 구원론에서 어떻게 성경적인 가르침에서 이탈하였는가는 앞에서 충분히 진술하였으므로 여기서는 구원파의 기도, 예배, 교회, 종말에 대한 가르침을 집중적으로 검토한다.

원조 구원파의 기도관과 예배관, 무엇이 잘못되었는가?
기도는 사랑하는 두 인격, 즉 창조주 하나님과 신자 사이에 오가는 대화다. 그런 만큼 기독교는 기도로 출발해서 기도로 진행되고 기도로 막을 내리는 종교라고 할 수 있다. 예수님의 생애와 사역이 이를 잘 보여준다. 예수님은 세례 받으실 때 기도하시니 성령이 비둘기같이 내렸다고 했으며, 40일 동안 광야에서 기도하심으로 공생애의 첫출발을 하셨고, 최후 십자가에서 기도하심으로 막을 내리셨다. 또한 예수님은 제자들에게 기도를 가르치기 전에 몸소 기도의 모범을 보이셨다(눅 6:12, 마 14:23, 막 1:35).

기도는 영혼의 호흡이며, 우리의 신앙생활에 필수적이고 기본적인 요소로 간주되고 있다. 믿음과 기도를 통하지 않고 하나님과 가까워질 수 있는 다른 방법이 없기 때문이다.

그런데 앞에서 살펴본 것처럼 구원파는 하나님관(신론), 기독론, 인간론, 구원론 등 모든 분야에서 성경과 정통적인 기독교의 범주를 이탈하고 있다. 그러나 구원파의 기도관과 예배관에서 그들의 이단성이 가장 극명하게 드러난다.

(1) 지도자만 할 수 있다는 기도 교리

성경은 "호흡이 있는 자마다 기도하고 하나님을 찬양하라"고 말한다. 그러나 권 씨는 "거듭나기 전에 하는 기도는 새벽기도나 철야기도, 금식기도, 통성기도 등 어떤 기도든지 간에 인간의 종교적 본능의 발산에 불과한 것으로 하나님과 관계가 없다"(「세칭 구원파란?」, 28쪽)고 강변한다. 그의 편견에 따르면, "기독교 역사상 신령한 생활을 한 분 중에 새벽기도를 해서 그렇게 된 분들의 예가 다른 나라에는 없다. 인간의 선행도 신비적인 열심도 전부가 하나님 앞에서는 가증한 것이며 하나님이 싫어하시는 것이다"(「세칭 구원파란?」, 110쪽). 유 씨는 "기도란 마음에 있는 것을 원하는 것"(「알파에서 오메가까지」, 5권, 237쪽)이라 정의하며, "진정한 기도란 성도의 교제로부터 시작된다"고 가르친다. "기도를 해라 해서는 안 된다. 새벽기도는 필요 없고 시간을 내어 기도하는 것도 필요 없다"(「세칭 구원파의 정체」, 154쪽).

다시 말해 그들은 형식적인 기도를 일체 배격한다. 권신찬은 또 기도는 아무나 할 수 있는 것이 아니고 교회를 대표해 일을 맡은 지도자들만 할 수 있다는 이례적인 교리를 만들었다. "성경에는 기도를 하라고 강조한 대목이 있다. …… 사무엘 당시 기도는 사무엘이 맡았지 이스라엘 민족 전체가 한 것이 아니다. …… 누구든지 하나님의 일을 분명히 하나님께로부터 맡은 사실이 있으면 기도하게 될 것이다. 그러나 반드시 기도해야 한다는 법은 없다"(「세칭 구원파란?」, 104쪽).

그들의 주장은 신앙생활을 정상적으로 하는 그리스도인이라면 쉽게 분별할 수 있는 독선과 궤변을 내포하고 있다. 기도에 대한 구원파의 주장을 종합해 보면, 죄 문제를 해결한 거듭난 자만이 기도할 수 있으며, 기도는 형식과 관계없이 마음속으로 하는 것이다. 또한 기도는 개개인이 하는 것이 아니고 교회를 대표해서 일을 맡은 자들만이 할 수 있다는 것이다. 육신의 필요를 위해 기도하는 것은 필요 없고 성도의 교제가 기도를 대신한다는 논리다.

기도는 한국인의 종교성의 발로가 아니다. 예수님은 새벽기도(막 1:35)와 철야기도(눅 6:12)의 모범을 보이셨다(눅 9:18, 28). 제자들은 예수님께 기도를 가르쳐 달라고 요청했으며(눅 11:1) 예수님은 은밀한 중에 아버지께 기도하라(마 6장), 강청하는 기도를 하라(눅 11장), 기도하고 금식하라(눅 5:35)고 우리에게 가르쳐 주셨다. 기도는 기도함으로써 배울 수 있는 것이다. 초대 교회는 "금식하며 기도"(행 13:2, 3, 행 14:23)하는 일을 당연하게 여겼다.

(2) 편리한(?) 기도관

권신찬이 "기도를 해라 해서는 안 되고, 반드시 기도해야 한다는 법은 없다"고 말하는 것은 예수님의 가르침과 모범에 대한 정면 도전이며 기독교의 가장 숭고한 전통에 대한 도전이다. 바울을 비롯한 사도들은 일정한 시간에(제9시 기도 시간, 행 3:1) 주님처럼 한적한 곳, 기도하는 곳(행 16:16)을 찾아 기도했다. 그리고 오순절에 3천 명이 구원 받았을 때, "저희가 사도의 가르침을 받아 교제하며 …… 기도하기를 전혀 힘쓰니라"(행 2:42)고 기록하고 있다. 기도한 사람은 권 씨의 주장처럼 일을 맡은 자가 아니라 일반 성도들이다. 일을 맡은 자, 즉 유병언과 권신찬만 기도할 수 있는 것이 아니다. 모든 그리스도인은 각각 기도와 간구로 하나님의 보좌 앞에 나아가(엡 3:12, 빌 4:6, 히 4:16, 유 1:20) 기도하라는 명령을 받았다. 예수님은 또 기도의 능력 이외에 다른 방법으로는 더러운 귀신을 내쫓을 수 없다고 말씀하셨다(막 9:29).

권신찬은 "거듭나기 전에 하는 기도는 …… 하나님과 관계가 없는 것이라"고 거짓말을 하고 있다. 로마 백부장 고넬료는 구원 받기 전에 "하나님께 항상 기도"했는데(행 10:2) 그의 기도와 구제가 하나님께 상달되었다. 점쟁이 시몬을 베드로가 꾸짖으며, "너의 이 악함을 회개하고 주께 기도하라. 혹 마음에 품은 것을 사하여 주시리라"(행 8:22)고 했는데 이러한 기도가 모두 하나님과 관계가 없다는 말인가 반문하고 싶다. 또 예수님 승천하신 후 120문도가 마가의 다락방에 모여 "마음을 같이하여 전혀 기도에 힘쓰니라"(행 1:14)고 한 것이나, 베드로가 옥에 갇혔을 때 온 성도들이 마음을 같이해 기도한 것에 대하여 나는 "그들이 무릎을 꿇고 기도한 것이 아니고 마음속으로 생각한 것이냐?"고 되묻고 싶다.

유 씨는 1960년대 초부터 1970년대 초까지 규칙적으로 경건의 시간을 가졌던 사람이다. 그러나 유 씨가 기도관을 바꾼 이후부터 이들은 식사기도나 새벽기도 등 이른바 형식적인 기도를 일체 하지 않는다. 단지 교회에서 모일 때에만 설교자가 형식적인 마무리 대표기도를 할 뿐이다.

구원파 교인들은 신용협동조합의 일과 스쿠알렌을 판매하는 일을 의논하기 위해 자주 모여 교제는 하지만 기도하기 위해 모이는 적은 없다. 그들의 '지어낸 거짓말'에 미혹되는 일반 성도들은 그들의 모임 가운데는 새벽기도도, 식사기도도, 철야기도도, 어떠한 '형식적인' 기도회도 없다는 사실에 유의할 필요가 있다.

(3) '신도들의 교제가 바로 기도'

기도에 대한 구원파 측의 주장은 한국의 기존 교회 교파들의 기복적이고 율법적인 기도 성향에 대한 반작용으로 나온 것이다. 그러나 성경의 가르침에 비추어 볼 때 구원파의 가르침은 엄청난 무지를 드러내고 있으며 너무나 많은 모순을 내포하고 있다.

구원파에서는 구약의 사무엘과 모세의 예를 들어 일을 맡은 자만 기도할 수 있다고 했는데, 이것은 권신찬의 왜곡된 교회관에서 나온 발상이다. 반면에 정통 교회에서는 신구약 여러 인물과 예수님의 모범과 가르침을 따라 그리스도인 각자가 항상 성령 안에서 깨어 기도할 것을 가르치고 있다.

구원파의 권신찬은 기도의 모든 형식이 이교도의 제사 의식에서 영향을 받았다고 주장한다. 그러나 머리를 숙이고 무릎을 꿇고, 서서 또는 엎드려 기도하는 것이 모두 이교적인 행습이었는지 자문해보아야 할 것이다. 정통 교단에서는 구약의 성도들과 예수님, 바울, 신약교회의 모범을 따라 여러 모양과 형태로 기도에 힘쓸 것을 가르치고 있다.

미국 남침례회 소속의 빌리 그레이엄 목사는 그리스도인이 영적인 건강을 위하여 지켜야 할 규칙 중 둘째로 기도의 비밀을 배우라고 권면하고 있다. "교회나 하나님의 나라를 위하여 업적을 남기고 간 사람들은 하나도 빠짐없이 모두 기도의 사람들이었다. …… 너무나 바빠서 기도할 시간이 없다는 것은 있을 수 없다. 기도하지 않는 그리스도인은 무능력한 그리스도인이다. 그리스도께서는 많은 시간을 기도로 보내셨다. 그는 때때로 산 위에 홀로 오르셔서 하나님 아버지와 영교하는 시간을 가지셨다. 주님께서 기도하셨다면 우리는 얼마나 더 기도해야 하겠는가?"(「하나님과의 평화」, 231쪽)

구원파는 말라기 3장 16절을 근거로 참다운 기도는 양심의 내적인 기도이며 '신도들의 교제가 바로 기도'라는 정의를 유도해내고 있다. 소속 교인들끼리 모여 '모임의 일, 즉 사업을 논의하는 것'이 교제며 기도라는 논리다. 그들의 지도자가 그렇게 깨달았으면 이것이 곧 진리가 된다. 그러나 이는 교회사에서 유례를 찾아볼 수 없는 궤변이며 억측이다. 신자들 간의 교제(사귐)와 하나님께 드리는 기도는 전혀 차원이 다르다.

또한 이들은 형식적으로 교회 집회 때 기도할 때가 있는데 지도자들은 언제나 '주님'께 기도한다. 성자와 성령을 거론할 때가 있지만, 이들은 하나님 아버지께 기도하지는 않는다. 그들은 '삼위일체의 교리를 부인하면 이단'이라 자인하면서도, 예수님을 교회와 동일시하고 하나님 아버지를 기도 대상에서 배제하며, 성자와 성령을 혼용함으로 사실상 삼위일체 하나님을 부인하고 있다.

(4) 예배에 대한 가르침

예배는 인간의 최상 목표다. 인간은 하나님을 예배하도록 지음 받았다. 죄는 예배를 불가능하게 만들었다. 그러나 예수님의 죽으심과 부활하심으로(롬 4:28) 우리의 죄 문제는 해결되고 처리되었다. 이제 우리는 인간에게 알려진 축복 가운데 최대의 특권을 누리게 되었다. 예배를 대신하거나 대체시킬 수 있는 것은 아무것도 없다.

예배는 하나님의 백성이 하늘과 땅에서 누리는 최상의 특권이다. 우리는 하나님의 하나님 되심으로 말미암아(시 96:8-9, 99:5), 그리고 그분이 우리를 위하여 해주신 모든 일 때문에 하나님을 찬양하고 예배한다(계 5:11-14).

그러나 구원파 교인들은 일반 정통 교회에서 드리는 예배를 드리지 않는다. 신앙생활의 출발점이 우리와 전혀 다르기에 그들의 모임에는 하나님께 기도하고 그의 존전에서 아버지 하나님을 앙모하며 경외심과 사랑을 표현한다는 의미의 예배가 빠져 있다. 그들은 자기들이 받았다고 착각하는 구원을 노래하며 간증하고 지도자의 설교를 들으며 전도하고 교제하기 위해 모일 뿐 예배를 드리기 위해 모이지는 않는다.

성경의 가르침이나 교회의 전통에 비추어볼 때, 교회의 첫째 기능은 예배를 드리는 데 있다. 그런데 과거에 장로 교회를 다니면서 주님과 만난 경험이 없이 종교생활을 했던 유 씨와 권 씨는 자신들의 경험을 근거로 교회의 일차적인 기능을 전면 부인하기에 이른 것이다. 그들의 저술에 나타나 있는 예배관은 다음과 같이 요약할 수 있다.

■ 하나님은 영이시기 때문에 형식을 갖춘 예배는 필요 없다. "예배는 형식을 갖춘 의식이 아니라 영의 동작이다. 그러므로 예배하는 데 있어서 어떤 형식을 갖추느냐 하는 문제는 별로 중요하지 않다. 예배의 형식은 이교도의 제사의식에서 영향을 받았을 가능성이 짙다"(「세칭 구원파란?」, 23쪽).
■ 예배는 성도 간의 교제다. "하나님이 받으시는 제사는 관념도, 습관도, 의식도 아니다. 신령과 진정으로 드리는 예배는 성도의 생활, 성도들의 정상적인 교통이다"(「종교에서 해방」, 70쪽).
■ 인간이 만든 예배당의 단상이나 가정 제단 같은 것은 필요 없다. "제단은 인간이 만들 수 없고 인간 자체의 활동과는 아무런 관계도 없다. 영원히 변찮는 완전한 제단과 제사는 예수님의 십자가에서 다 이루어졌다. 어느 장소에서나 집에서가 아니라 그리스도를 마음에 모신 심령이 바로 제단이며 신령과 진정으로 드리는 제물이다"(「종교에서 해방」, 110-111쪽). 유병언은 또 신령과 진정으로 드리는 예배는 "성도의 생활, 성도들의 정상적인 교제를 말하며 크리스천들이 활동하는 모습 자체가 하나님 보시기에 정상적인 예배이며, 나라는 인간이 하나님 앞에 바쳐진 사실 그 자체가 바로 예배"(「알파에서 오메가까지」, 제5권, 290쪽)라고 주장하고 있다.

구원파 초창기에는 유 씨도 기도와 예배를 강조했다. 그는 말씀과 기도로 경건한 생활을 추구했던 1969년 경까지 대구의 모임 장소에 '칠성예배당'이라는 간판을 사용했다. 그러나 그는 새로운 '깨달음'에 따라 기도와 예배를 중단하기 시작했다. 1970년대까지만 해도 나는 그가 식사 기도하는 모습을 자주 볼 수 있었다. 그 뒤로는 자기 나름대로의 성경해석에 따라 구원파의 주요 교리는 모두 변질되기에 이르렀다. 1981년 이후 그들은 XX교회라는 간판을 사용하기 시작했다. 현재 용산구 삼각지에 세계본부교회를 두고 활동하고 있는데, 서울교회, 대전교회, 디트로이트 복음침례교회 등의 간판을 사용하고 있다.

그들은 예배의 형식과 의식을 중요하게 생각하지 않는다. 뿐만 아니라 성경적인 의미의 예배를 부인하기 때문에, 서울 약수동에 있는 성동교회를 빌어 잠시 모임을 가졌을 때를 제외하고는 광화문에 있는 교육회관, 명지대 강당, 불광동 수양관, 서울여상 체육관, 불광동 양지극장 등을 전전하며 교제 및 모임 장소로 건물을 빌려 썼을 뿐 교회를 예배처로 생각하지 않는다.

위에서 말한 예배 교리를 생활화하는 가운데 그들은 교회에서 (주)세모와 삼우트레이딩의 완구 제품을 만들기도 하고, 신협 활동을 하기도 한다. 유 씨가 주장하는 대로 그러한 활동과 교제 자체가 기도와 교제와 예배에 해당하기 때문이다.

우리는 '하나님이 영'이시라는 구원파의 주장에 전적으로 공감한다. 그러나 그분은 인격을 지니신 영적 존재자(Personal Spirit)로서 지적, 감정적, 자기결정적, 도덕적 존재자(Mullins, 「조직신학원론」, 요단, 268쪽)시다. 하나님을 인격적으로 만난 사람은 누구나 구주와 주님이 되신 하나님을 찬양하고 경배(예배)하기 마련이다. 예배로 이어지지 않는 구원은 성경에서 말하는 구원이 아니다.

구원파는 기존 교회를 부정하면서도 한국 교회가 초교파적으로 편찬한 찬송가를 사용하고 있다. 이들은 모일 때마다 찬송가를 여러 곡 부르고 보통 미리 녹화된 권 씨나 유 씨, 또는 그 아들 유혁기의 설교를 듣는다. 그런데 특기

할 것은 그들이 그들 교리의 강조점에 따라 성경, 구원, 확신, 교제, 교회, 재림에 관계되는 찬송만 골라 부른다는 사실이다. 그들은 찬양과 경배, 기도, 헌신, 축도에 관한 찬송을 부르지 않는다. 구원파의 왜곡된 기도 및 예배관을 이해한다면 이것은 조금도 이상한 일이 아니다.

한마디로, 구원파 교회는 구원과 죄 사함을 노래할 뿐 구원해 주신 주님을 찬양하지 않는다. 성경은 마음에 감사함으로 하나님을 찬양하고(골 3:16), 항상 찬양의 제사를 하나님께 드릴 것(히 13:15)을 권면하고 있다.

로이드존스 목사는 이단의 특징을 말하는 가운데, "이단은 믿음과 구원을 노래하나 참 믿음은 하나님을 찬양한다"라고 간파한 적이 있다. 구원파는 '구원'을 찬송하나 하나님을 찬양하지는 않는다.

구원파의 교주 유 씨는 "예수께서 예배 드리는 장소와 시간과 의식까지도 다 파괴해버렸다. 형식적인 예배를 없애버렸다"(「알파에서 오메가까지」, 제1권, 271쪽)라고 강변한 적이 있다. 교회역사상 처음 있는 기발한 성경해석이요 가르침이다. 예수님은 안식일마다 자기 규례대로 회당에 나가셨으며(눅 4:16), 그리스도인들은 초대 교회와 중세를 거치면서 가정 및 예배처에서 꾸준히 의식과 예배식을 갖춘 예배를 드려왔다.

구원파 모임에 빠져 있는 것은 찬양과 경배, 기도다. 그들의 주일 11시 모임(예배가 아니다)에서 가장 중시되는 것은 순서 없이 부르는 찬송과 권신찬, 유병언, 유혁기 등의 설교다. 어떤 정통 교회에서나 공통적으로 찾아볼 수 있는, 예배 행위로서의 기도와 헌금, 축도가 빠져 있다는 것이 공통된 특징이다.

구원파의 주장은 성경의 가르침과 교회사의 전통을 부정하는 억측에 지나지 않는다. 그들은 기존 교회의 비판을 무마하기 위해 예배 형식을 어느 정도 도입했는지 모르나, 집회를 가질 때마다 그들 나름의 구원을 전하고 구원 간증을 나누고 모임의 사업을 의논하고 자파 교인끼리 사귐을 갖기 위해서 모일 뿐 하나님을 예배하기 위해 모이지는 않는다. 그래서 그들은 '모임에 간다'는 말은 하지만, '예배드리러 가자'는 말은 하지 않는다.

구원파에서 나와 정상적인 신앙생활을 할 수 있게 되면서 무엇보다도 감사한 것은 하나님을 예배하며 하나님을 나의 아버지로 모시고 그분을 사랑한다고 고백할 수 있게 된 것이다.

구원파의 교회관 비판

교회에 대한 가르침은 구원파의 이단성을 보여주는 여러 교리 가운데 핵심적인 부분이라 할 수 있다. 구원파는 다른 이단과 마찬가지로 자기들의 교회가 하나님이 인정하는 유일한 참 교회라는 배타적인 교회관을 특징으로 하고 있다.

권 씨와 유 씨는 교회는 건물이 아니며 구원 받은 성도들의 교제의 집합체라고 말한다(이것은 성경의 가르침과 일치되는 주장이다). "이제는 구원 받은 신자 안에 성령이 계셔서 교회(건물이 아닌), 곧 하나님의 집을 이루고 있다. 오늘날 교회 시대에는 하나님이 교회 안에 계신다. 우리가 하나님이 거하시는 성전 안에 사는 것, 그것이 곧 하나님과 동행하는 생활이다"(「서로 사랑하라」, 권신찬, 90쪽). "개인은 죄 사함의 경험이 있을 뿐이다. 성령이 계신 곳은 교회다"(「알파에서 오메가까지」, 제5권, 유병언, 126쪽). "하나님은 영이신고로 물체와 함께 하시지 않는다. 즉, 예배당에 계시는 것이 아니고 사람의 영에 함께 하신다"(「호소문」, 1977, 권신찬, 4쪽).

이러한 사상 때문에 그들은 개인은 신앙생활을 할 수 없고 하나님과 동행하는 것, 서로 사랑하라는 계명이 이루어지는 것, 성장하는 것 등 신앙생활 일체가 구원파 교회를 통해 이루어진다고 가르친다.

(1) 배타적인 교회관과 독선

하나님은 어느 곳에나 계신 무소부재하신 인격이시다. 그분은 우리의 심령에 거할 뿐 아니라 시공간에도 함께 하신다(시 139편). 그런데 이들의 특이한 주장은 하나님의 속성에 대한 오해와 하나님의 영성에 대한 편향된 강조에서 비롯된 것 같다. 권 씨의 배타적인 교회관과 독선은 구원파의 이단성을 분명히 보여주고 있다. "기독교 역사가 내려오면서 많은 기독교 학자와 신앙인들이 지은 책을 읽어보았다. 그 책을 읽어보면, 오늘날 우리들이 성경 안에서 발견해내고 깨달아지는 근본적인 교회의 모습, 참 교회의 모습을 아직 아무도 정립해 놓은 글이 없다. 교회의 영광스런 모습에 대해 논한 것이 없다"(「불안에서 평안으로」, 1977, 143쪽). "교회의 참 뜻은 성경 속에 특히 비밀히 감추어져 있는 진리로서 기독교 2천 년 역사상 이 진리가 나타난 것은 극히 드문 일로 교회가 교회로서의 기능을 제대로 발휘하지 못한 채 지내온 것이다"("교회의 현세적 의의", 「선구자」, 1980).

교회의 참 뜻과 기능에 대해서 파헤친 글, 교회의 참 모습을 제시한 글은 무수히 많다. 초창기에 권 씨에게 많은 영향을 끼쳤던 워치만 니도 교회에 대해 많은 글을 썼다. 프란시스 쉐퍼(Francis Schaeffer), 루이스 쉐퍼(Lewis Chafer), 존 스토트, 칼뱅, 웨슬리, 벌코프, 멀린스, 로이드존스 등 무수히 많은 교회 지도자와 신학자들이 성경적인 교회의 모습을 제시했다.

권 씨가 책을 제대로 읽어보지도 않고 모든 것을 통달한 것처럼 말하는 것은 편협한 안목을 지닌 이단 지도자나 할 수 있는 일이다. 이들은 이와 같은 독선적인 편견 때문에 성령의 역사가 예루살렘에서 출발하여 세계를 일주한 뒤 현재 한국에 머무르고 있다고 믿으며, 그 성령은 오직 구원파 교회에서만 집중적으로 역사하고 있다는 아집에 빠져 있다. 그러나 하나님의 영은 어느 한 곳에만 국지적으로 역사하는 분이 아니고 전 세계 온 누리에 두루 운행하시며 역사하시는 영이시다.

구원파 지도자들은 역사적인 그리스도의 교회와 기존 교파 교회를 전면 부정하며 자기네 집단만이 영광스런 교회이며 하나님이 인정하는 참 교회라고 가르친다. 유 씨와 권 씨는 수시로 종교개혁 이전의 구교와 개혁 이후의 개신교를 거론하면서 신구교가 다 같이 부패하여 '종교'로 전락했다고 평가하며 모든 교회가 하나님의 생명에서 멀어졌다고 단언한다. 유 씨는 "천주교, 감리교, 성결교, 장로교 등 어느 교파에도 복음은 존재하지만 그곳에 없는 것은 그리스도인의 교제"라고 모순적이며 독선적 견해를 그의 저서에서 밝히고 있다. 참 교제가 이루어지는 이 시대의 진정한 교회는 구원파라는 주장이다. 그의 장인 권 씨는 부흥의 역사가 역사를 통해 여러 곳에서 일어났으나 지금은 한국 구원파에서만 성령이 역사한다는 견해를 다음과 같이 밝힌 바 있다. "한때는 영국, 한때는 아프리카, 또 한때는 인도, 미국, 독일, 인도네시아, 중국 등지에서 이것이 하나님의 뜻을 나타내시는 머리의 일이었다. 이와 같이 어떤 지역에서 일을 하시다가 한 시기가 지나면 다른 곳으로 자리를 옮겨간다. 현재는 한국의 시대다"(「임박한 대환란」, 하권, 310쪽).

(2) 역사적인 교회 규범을 완전히 이탈함

교회 역사를 아랑곳하지 않는 그가 무슨 근거로 이와 같이 엄청난 주장을 하는지 대단한 착각이 아닐 수 없다. 하나님은 한국 구원파에서만 일하시는 분이 아니다. 성령은 지금 세계 각지에서 두루 역사하고 계신다. 하나님은 광대하신 분으로 구원파의 하나님만이 아니시기 때문이다.

구원파는 교회 직책이나 운영 체계가 중앙집권적으로 되어 있으며 지도자의 언행을 규제할 가능성이 있는 장로나 집사 직분을 세우지 않는다. 오직 두 명의 지도자 밑에 많은 평신도(형제, 자매)가 있을 뿐이다. 구원파의 역사적 배경에서 이미 언급한 대로 이 두 명의 지도자란 권신찬과 그의 사위 유병언을 일컫는 말이다. 보통 사람들은 연령이 위인 권 씨를 이 집단의 대표자로 인식하고 있지만, 권 씨 자신은 사위 유 씨를 한국의 유일한 영적 권위자로 확신하고 있다(「인류 역사와 하나님의 교회」, 36-37쪽). 권 씨는 자신이 소속해 있다가 축출당한 바 있는 대한예수교장로회 총회에서 목사 안수를 받았기 때문에 장로교에서 안수를 받은 것은 효력이 없으므로 자신은 사실상 목사가 아니라고 한다. 그러면서도 자신을 복음침례회 서울교회 목사라고 소개하는 것이 흥미롭다. 권 씨는 구원파에서도 새로 목사 안수를 받은 적이 없다. 그런가 하면 구원파 최고 실력자이자 교주인 유병언은 목사 안수를 받고도 목사가 아니라고 주장하고 있다.

일찍이 "아무도 이 집단을 감히 이단이라 부르지 못한다"라는 논문을 발표한 바 있는 (1973년 당시 팀 선교부 소속 선교사였던) 니일 필립핀(Neil Filipin) 목사는 다음과 같이 구원파의 조직을 묘사하였다. "구원파의 조직은 한 사람(현재는 유병언)이 머리 역할을 하고 다른 주요 멤버들이 통제위원회로 봉사하도록 되어 있다. 그리스도가 몸의 머리가 되신다고 말하기는 하지만 그는 서울에 있는 '사무국'을 통해 지시하고 인도하며 방향을 제시한다"(None Dare Call It Heresy, 1973, 3-4쪽).

이들의 교회에 대한 견해는 교주의 새로운 깨달음에 따라 새로운 뜻을 지니게 되었다. 구원파는 극동방송에서 물러난 뒤 1974년부터 대외 무역 사업을 구심점으로 교회를 운영해 왔다. 월간 「현대종교」는 "유병언 사장이 주도하는 사업(삼우트레이딩)이 곧 교회이며 하나님의 일"이라고 한 그들의 가르침을 1983년에 보도한 바 있다. "유 사장은 사업을 시작한 후 오늘까지 사업 경영의 무리로 인하여 발생하는 적자 요인 등 무리한 사업 확장을 만족시키기 위하여 필요한 자금을 교회의 헌금에 의존해왔다. …… 1975년경부터 지방교회의 십일조는 서울로 끌어올렸고, 대전 문화동 꽃동네 모금 운동, 병원 짓기 모금 운동, 수양관 건립 모금 운동 등 각종 돈 끌어 모으는 운동을 전개하여 왔다. 유 사장이 여러 차례에 걸쳐 여러 명목으로 엄청난 액수의 돈을 성도들을 기만하여 끌어 모아 거의 사업에 전용하였지만 그 내역을 밝힐 방도는 없는 것이다." 이 내용은 유병언의 상습 사기사건에 대한 재판 과정을 통해 사실로 판명된 내용이다.

권 씨는 초창기부터 사위 유 씨를 몸의 '입', 성령에 의해 특별히 세우심을 받은 '기름 부음을 받은 자'로 추대하여 왔다. 권 씨의 이러한 사상에 힘입어 일부 신도들은 1982년 하반기부터 유 씨를 '예수', '메시아', '살아 있는 성령' 등으로 부각시키고 있다. 나 역시 한때 '현대의 사도 바울'이라 믿고 외국인들에게 선전했었다. 그래서 일부 구원파 교인들은 유병언을 '모세', 권신찬을 '아론'에 비유하기를 좋아한다. 이들의 특정인 신격화 운동은 그리스도를 머리로 모시고 각 교회가 독립적으로 책임 있게 주님을 예배하며 순종한다는 주요 교단의 입장과 너무나 극단적인 대조를 보이고 있다.

한 가지 분명한 것은 구원파의 교회에 대한 가르침이 교회의 성격, 구성, 활동, 의식, 목적 등 모든 면에서 신약성경의 가르침과 역사직인 교회의 규범을 완전히 이탈하고 있다는 점이다.

구원파의 종말관 비판

종말, 즉 마지막 일들에 대한 가르침은 사망, 사망 후의 중간 상태, 그리스도의 재림, 천년왕국, 부활, 심판, 의로운 자와 불의한 자의 종국적 상태 등으로 나누어 살펴볼 수 있다. 그러나 여기에서는 그리스도의 재림과 천년왕국에 관계된 가르침만을 중점적으로 다루기로 한다.

(1) 극단적 세대주의 종말론을 흉내 냄

구원파는 극단적 세대주의 종말론을 흉내 내고 있는 집단이다. 그들은 "이 세상 마지막 때에는 칠년 대환란이 있고 환란 전에 주님의 공중재림이 있으며 이때 자던 성도들은 그리스도와 같은 영광의 몸의 형체로 부활하고 그 후 살아남은 그리스도인들도 변화함을 입어 함께 공중에서 주님의 영접을 받게 된다"고 가르치고 있다(「영혼을 묶는 사슬」, 242-243쪽).

권신찬은 역사를 이렇게 구분한다. "하나님의 경영에 의한 역사를 크게 시기적으로 나누면 주전과 주후로 나뉘고, 세분하면, 아담으로부터 약 2천 년까지의 시작의 시대이고, 그후 2천년 예수님의 탄생시까지가 선민의 시대이며, 주후 곧 신약인 서기 70년부터 1,900년간은 이방인의 때이고, 다음 환란의 7년간과 주님 재림 후 천 년간은 평화의 기간으로 되어 있다"(「위험한 지구」, 4쪽).

(2) 대환란과 재림에 대한 강박적 관심

구원파에서는 1948년 5월 14일 이스라엘이 새로운 독립국가로 출범한 것, 1967년 6일 전쟁으로 예루살렘을 탈환한 것, 세계 정부의 실현 가능성과 적그리스도의 재림이 1980년대 안에 있을 것이라고 가르쳐 왔다. 그러나 시한부 종말론이 사회 전반에 심한 물의를 일으켰고, 이에 비판이 일자 그들은 최근에는 재림날짜를 못 박는 일을 삼가하고 있다. 유병언과 권신찬은 설교집에서 이스라엘 국가의 독립 및 회복, 666, EEC(유럽경제공동체) 등을 수시로 언급하면서 구약의 에스겔, 예레미야, 아모스, 스가랴, 이사야, 다니엘, 신약의 공관복음 가운데 마지막 때에 관한 부분, 데살로니가전후서, 요한계시록 등을 인용하면서 그리스도의 재림이 임박했음을 강조하고 있다. 권신찬은 성령님이 구원파 형성 초기에 유병언에 기름을 부어 사역자로 세우면서부터 '이스라엘 민족의 회복'이 그들의 중심 메시지가 되었다고 술회하고 있다. "그러한 경험이 있은 후부터는 그 형제(유병언)에게 그렇게 어렵던 성경이 풀리기 시작했고 …… 입을 열기만 하면 사람들이 진리를 깨달았다. 또 하나의 커다란 변화는 그때까지만 해도 이스라엘 민족의 회복을 언급하는 사람이 없었는데 이러한 경험 후에 이스라엘 민족의 회복이 곧 성경을 성취시키는 하나님의 계획이라고 알려지기 시작함으로써 그것이 이 복음운동(구원파)의 중심 메시지가 된 것이다"(「인류 역사와 하나님의 교회」, 37쪽).

임박한 대환란과 예수 재림에 대한 이들의 강박적인 관심은 그들이 초교파적인 잡지처럼 위장해서 발간하고 있는 월간잡지 「크리스챤 월드」(현재는 정간됨)의 표지와 내용에도 잘 반영되어 있다.

7년 대환란이 있기 전 땅에 있는 그리스도의 몸(과거의 성도들을 제외하면 구원파 소속 교인들로 이루어진 공동체를 지칭함)이 들림 받는다는 주장은 또한 구원파에서 일류사(一流社), 중동문화사, 우정출판사, 도서출판 선구자, 평신도 복음선교회, 신아문화사 등 여러 출판사의 이름으로 펴내는 책들에서도 잘 나타난다. 1977년부터 출판한 「임박한 대환란」(상·하), 「세계 독재자와 666」, 「세계 정부와 666」, 「키 오는다오 예수 재림과 휴거」, 「인류 파멸의 징조와 중동 사태」, 「한계에 도달한 인류 역사」, 「이스라엘의 기적」, 「잠시 잠깐 후면」, 「오실 이가 오시리니」, 「가는 자와 남는 자」 등 책 제목에서도 잘 반영되어 있다.

(3) 종말의 위기의식 강조

구원파에서는 그리스도의 지상재림(슥 14:4-5)으로 환란은 끝나게 되며 그리스도가 다스리시는 천년왕국이 건설될 것이라고 가르친다. 그들은 "이방인의 충만한 수가 들어오기까지 이스라엘이 더러는 완악하게 될 것"(롬 11:25)이지만 교회가 들림 받으면 온 이스라엘, 즉 이스라엘 민족이 국가적으로 예수를 믿게 되리라고 가르친다(「서로 사랑하라」, 123쪽).

그리고 권신찬은 곧 제3차 세계 대전이 일어날 것을 지적하고, 예루살렘 대회장의 조감도 그림까지 넣어서 예루살렘 성전 재건을 중심으로 신약시대의 끝을 예언하고 있다. "그러므로 예루살렘에 종교별 성전이 건립될 것은 틀림이 없습니다. 그러나 유대인들에게 있어서는 성전을 재건한다고 하면 그들의 시대가 되는 것이며, 신약시대(이방인의 때)는 끝이 나는 것입니다"(「위험한 지구」, 부록, 7쪽).

구원파에서는 이방인의 때가 끝나고 유대인의 시대가 온다는 종말의 위기의식을 불어넣기 위해 최근에는 「제3성전 건립 시작되다」라는 비디오를 제작해 대대적으로 시판하고 있다. 이러한 내용은 그들이 초교파 신앙 월간지처럼 위장해서 발간하고 있는 「크리스천 월드」에 정기적으로 광고되고 있다.

(4) 임박한 재림의 강조

구원파 지도자들은 "이 천국 복음이 모든 민족에게 증거되기 위하여 온 세상에 전파되리니 그제야 끝이 오리라"(마 24:14)는 말씀을 자주 인용하면서 이 말씀이 성취되었기 때문에 그리스도의 재림이 임박했다고 가르친다. "이제 복음은 모든 민족에게 증거되었으며 땅끝까지 전파되었다. …… 기독교는 전세계 모든 민족들에게 고루 알려져 있다"(「영혼을 묶는 사슬」, 200쪽).

재림은 성경에서 중요하게 취급하고 있는 핵심 교리 가운데 하나다. 그리스도의 재림은 구약에서 선지자들의 주제가 되고 있으며 신약에서만 300회 이상 언급되어 있다. 즉 25절마다 한 번씩 재림이 거론되고 있는 셈이다. 마태복음 24-25장, 마가복음 13장, 누가복음 21장은 장 전체를 재림론에 할애하고 있고, 데살로니가전후서와 계시록은 재림을 주요 주제로 다루고 있다.

재림에 대한 가르침은 성경의 열쇠로서 그리스도의 재림에 대한 인식이 없다면 그리스도의 왕의 직분을 이해하지 못할 것이다. 또한 구원의 미래적인 측면이나 자연과 동물 세계의 회복에 대한 예언 등을 이해할 수 없을 것이다. 그리스도의 재림은 또한 많은 시편의 열쇠가 된다(예를 들면, 시 2, 22, 24, 45, 72, 89, 110편 등). 우리는 신약의 많은 구절(마 16:27, 요 14:3, 살전 4:13-18, 약 5:8, 히 10:37, 계 1:7, 22:12, 20)에서 재림을 대비하라는 경고를 받으며 소망 중에 위로를 받으며 사별당해 슬퍼하는 자를 위로하도록 권고를 받는다. 고난을 견디어 내라는 당부를 받으며 그리스도를 사모하고 경건한 삶을 사는 신자들이 축복과 상을 받으리라는 확신도 얻는다.

구원파에서는 그리스도의 재림과 관련하여 이스라엘의 회복 및 시사적인 사태 발전에 집중적인 관심을 쏟아 재림의 시기에 관한 하나님의 비밀을 캐는 데 주력함으로써 전도 대상자와 소속 교인들에게 절박한 위기의식과 공포감을 심어주고 있다.

구원파에서는 성경을 주로 예언서로 취급한다. 그래서 이들은 성경을 신문(新聞), 세상 신문을 구문(舊聞)이라 부르면서 1948년 5월 14일 이스라엘 독립 이후의 중동 사태와 세계적인 위기에 대한 신문이나 잡지기사를 스크랩해 이를 전도용 교재로 사용하고 있다. '임박한 대환란'을 강조하기 위해 만들어진 교인들의 스크랩북은 성경에 버금가는 권위를 지닌 것이다. 구원파 소속 교인들이 제작한 스크랩북에 수록된 사진과 기사를 보는 전도 대상자가 강한 공포감을 느끼며 역사를 주관하시는 하나님의 존재를 시인하게 되면 구원파는 인간의 전적 타락과 죄인 됨을 가르치고 그들의 구원 공식에 따라 '복음을 깨닫게 한다.' 이와 같은 과정을 거쳐 구원을 받았다고 인정되는 교인들은 마지막 때에 한국에서 이루어지고 있는 '그리스도의 몸'에 지체가 되었기에 그리스도의 재림 때에 공중으로 휴거된다고 가르친다. 따라서 구원파에서는 그리스도의 재림과 천년왕국에 대한 가르침이 소속 교인들에게 선민의식과 집단 우월감과 안도감을 심어 주는 심리적 진정제 역할을 한다고 할 수 있다.

(5) 목적이 잘못된 종말의식 고취

그리스도인이 그리스도의 초림 및 재림에 대한 신구약 예언과 그 성취에 대해 관심을 갖는 것은 당연하다. 그러나 성경이 마치 깨달음에 의한 구원과 교회 중심적인 집단생활과 종말에 대한 교과서나 되는 것처럼 예언에 심취하는 것은 성경의 전체적인 가르침에 어긋나는 태도다. 그리스도인은 마땅히 종말만이 아닌 '전체적인 하나님의 뜻'(the Whole Counsel of God)에 관심을 가져야 한다.

종말 의식을 강조하기 때문에 이단이라는 말은 아니다. 모름지기 교회는 하나님의 말씀을 균형 있게 증거하며 성도들에게 종말과 주님의 재림을 가르치고 설교해야 한다. 그러나 ① 성경에서 강조하는 만큼 강조해야 하고, ② 그 목적이 성경적이어야 하며, ③ 그 내용이 성경적으로 옳아야 한다.

유 씨와 권 씨의 종말의식 고취는 그 목적이 잘못되었다. 그는 하나님 나라의 건설을 위해서가 아니라, 자기들의 왕국 건설을 위하여 종말을 집중적으로 설교하고 있다. 이것은 그들의 그릇된 교회관에서 비롯된 것이다.

권 씨는 앞서 교회관에서 살펴본 것처럼 교회의 참 모습을 2천 년 역사상 처음으로 깨달았다고 주장하면서, 구원과 교회를 사랑하는 것이 곧 하나님을 사랑하는 것이라고 설교하기도 하고(「불안에서 평안으로」, 하권, 147-148쪽), 신앙생활이 교회를 중심으로 이루어진다고 힘주어 말한다. 한편 유 씨는 666, 적그리스도의 인을 들먹이면서, 그의 인을 받지 않으려면 재산을 헌납해 공동생활을 해야 한다고 성경을 자의적으로 해석한다, 그리하여 교인들을 미혹해 여러 가정을 무너뜨리고 있음이 1991년 상습사기 재판 과정을 통해서도 드러났다. 유 씨는 종말에 대한 가르침을 사업 자금을 조달하기 위해 사용하기 때문에 성경적으로 잘못되었다는 것이다.

로이드존스는 구원파와 같은 집단의 행태를 지적하면서 균형 있는 신앙생활의 필요성을 말한다. "예언적 교훈에 대한 지나친 관심처럼 위험한 것은 없다. 현재의 세계정세에 있어서는 특히 그렇다. 어떤 사람들은 차츰 이 관심에 마음을 빼앗겨 정복되는 것 같다. 그리고 그들은 예언 이외에는 아무것도 생각하지 않고 설교도 하지 않는다. 이 예언적 교훈에 대한 지나친 몰두 이상으로 영혼에 대해 위험한 것은 없다. 러시아, 이집트, 이스라엘 및 그 밖의 나라들을 생각하면서, 그리고 에스겔 37, 38장이나 다니엘 7-12장 그 밖의 예언적 관점에서 여러 시기나 경우를 계산하는 데 모든 시간을 소비하며 전 생애를 투입하는 일은 쉬울 것이다. 한편 영적 의미에서는 당신 자신이나 다른 사람들에 대해 점점 무관심하고 둔감히 될 수 있다. 물론 예언적 교훈은 성경의 중요한 일부이고 크게 관심을 가져야 할 것이다. 그러나 장래 세계에서 일어날 사건들에 너무 관심을 가지는 나머지 우리가 지금 살아야 하는 생애가 있다는 사실을 잊어버리고 있음을 자각해야 할 것이다. 여러 가지 점에서 우리들의 일차적인 위험은 균형이나 조화의 감각을 상실히는 데 있다."

정통 교단에서도 예수의 재림이 임박했음을 가르치나 재림 연대와 날짜를 거론하지는 않는다. 오히려 재림에 대한 소망은 정통 그리스도 교인들에게 '개인적인 봉사, 헌금, 선교적 열심, 현명한 조언' 등으로 하나님께 대한 의무를 이행하도록 하는 자극제가 되고 있다. 베드로는 주의 재림의 약속을 상기시키면서 "너희가 어떠한 사람이 되어야 마땅하뇨 거룩한 행실과 경건함으로 하나님의 날이 임하기를 바라보고 간절히 사모하라"(벧후 3:11-12)고 권면한다.

그러나 구원파에서는 그리스도의 심판대 앞에서 신자 각 사람이 상을 받는 것이 아니고 교회가 상을 받는다고 믿고 있기에 교회(포도나무에 비유함)

에 붙어 있기만 하면 들림을 받는다고 가르친다.

한편 정통 교회에서는 재림의 복된 소망이 개인의 거룩한 삶과 그리스도에 대한 헌신적 봉사를 자극하는 역할을 한다고 가르친다. 정통 교단에도 전천년왕국론자들이 상당수 있기는 하나 그들은 구원파와 같이 '임박한 대환란'만을 설교 주제로 다루지는 않는다. 미남침례회의 대표적인 신학자 멀린스는 전천년왕국론이 신약성경 전체를 통해 가장 상징적이고 시적인 문헌에 속하는 계시록의 한 부분에 주로 근거하고 있다는 점, 부활한 성도가 정상적인 인간의 방법으로 태어나서 이 세상 사람들과 함께 천 년 동안 함께 살 수 있다는 주장이 모순을 내포한다는 점, 복음이 하나의 증거로 전파되어야 한다고 주장함으로써 피상적인 활동에 그친다는 점과 재림 때까지 세상이 악화되어 갈 것이라는 신념을 동반하여 비관주의를 지향하게 되므로 인간 편에서 최고의 노력을 유발시키지 못한다는 점 들을 지적하고 있다. 한편 그는 구원파의 분리주의와 당을 짓는 태도 및 광신주의적 경향을 지적이라도 하듯이 다음과 같이 말하고 있다. "전천년왕국론은 부당하게 하나의 진리만을 강조하는 나머지 불가피하게 기타의 다른 진리를 강조하지 아니한다. 따라서 크리스천들 가운데 분리적인 문제를 야기하고 때로는 광신주의에 흐르는 경향이 있다."

그러나 세대주의자로서 전천년왕국설을 지지한다고 해서 모두 이단시할 수는 없다. 미국과 한국 개신교 안에 이런 견해를 취하는 복음주의자들 가운데 균형 있는 그리스도인들이 얼마든지 있다. 중요한 것은 예수께서 다시 오신다는 사실이다. 그러므로 우리는 깨어 기도하는 가운데 성결된 생활을 함으로써 점도 없이 흠도 없이 평강 가운데 주님을 맞을 준비를 하는 것이다(벧후 3장).

천년왕국이라는 주제를 놓고 그리스도인들 사이에 몇 가지 서로 다른 견해와 주장이 있는 것은 잘 알려진 사실이다. 그러나 마태복음에서 계시록에 이르기까지 신약성경 전체를 통해 미래의 환상에서 중심적 위치를 차지하는 단 하나의 사건이 있다. 바로 그리스도의 재림이다. 그 밖의 모든 것은 이 사건에 종속되고 예속되어 있다. 역사적인 사건들 속에서 생기는 일이 많이 있지만 하나의 위대한 일이 있다. 많은 방해와 고난도 있지만 영광스럽고 갑작스런 승리도 있다. 적어도 하나의 부활, 하나의 심판, 하나의 영원한 왕국에 관해서는 의문의 여지가 없다.

그러나 그리스도가 재림하시기 전에 이 세상에 완전히 경건한 천 년 동안의 기간이 반드시 있을 것이라는 확실한 주장도 없다. 또 최후 심판 이전에 그리스도께서 부활한 성도들과 함께 천 년 동안 이 지상에서 문자 그대로 다스릴 것이란 확실한 보증도 없다.

우리는 요한계시록과 다니엘서는 상징으로 가득 차 있는 묵시문학이라는 것을 잊지 말아야 할 것이다. 앞서 말한 조직신학자 에드가 멀린스는 이 문제에 대해 이렇게 결론을 내리고 있다. "그리스도야말로 오는 세대에 감추어진 사실들을 우리를 위해 열어 주시는 열쇠이시다. 그러나 우리는 묵시적인 계산과 추리에 사로잡혀서는 안 된다. 우리는 아직 계시되지 아니한 미래의 계획에 대해 무지한 나머지 다른 사람들이 우리의 특수한 해석을 받아들이지 않는다는 이유를 내세워 우리의 동무들을 때리는 죄악을 범해서는 안 된다. 우리는 일자를 정하려는 시도를 해서도 안 되며 또는 세부적 계획에 대해 지나치게 강조해서도 안 된다. 우리는 다만 온갖 의무에 신실해야 한다. 우리는 시험에 대비해서 경계하고 거룩한 힘을 얻기 위해 기도해야 할 뿐이다. 우리는 개인적·사회적 정의감을 개발해야 한다. …… 우리는 주님의 재림을 놀라지 말고 맞이해야 할 것이다. 우리는 삼가 절제하는 가운데 살면서 혹 그리스도의 재림이 천 년 또는 만 년이나 연기된다 할지라도 조금도 실망하지 말아야 할 것이다. 우리는 그리스도의 재림과 그의 왕국의 확실한 승리를 고대하면서 언제나 기쁜 마음으로 살아가야 할 것이다"(「조직신학원론」, 569쪽).

구원파는 결국 이단이다

　구원파의 이단성은 여기저기서 골고루 나타나고 있는데, 간략하게 정리해 본다.
　조직신학과 교회사를 무시하는 그들은 성경을 우화적으로, 임의대로 영해한다. 그들은 하나님이 영이심을 지나치게 강조하는 데 비해 하나님의 인격성은 거의 언급하지 않는다. 하나님의 초월성은 강조하나 그의 임재성은 무시하고 있다. 그들의 하나님은 구원파 교회 안에서 충만하게 거하시지만 개인에게 거하지 않으며 개인을 지키시거나 인도하시는 분은 아니라고 한다.
　구원파는 그리스도의 십자가 보혈의 효능을 강조하고 그리스도의 신성을 강조함으로써 극히 복음적인 것 같은 인상을 주고 있다. 그러나 그리스도의 인성을 설교 중에 부각시키지는 않는다. 구원파 지도자의 신학에 따르면, 그리스도는 우리의 죄를 사함 받게 하는 도구일지언정, 우리의 경배와 찬양의 대상은 되지 않는다.
　구원파에서는 그리스도께서 이루어 놓으신 영원한 속죄를 깨달아 종교와 율법, 양심의 죄책감에서 해방되어 완전한 해방감을 누리는 것이 구원이라고 가르친다. 피동적 깨달음이 강조되고 있으나 그들은 정통 교회처럼 구원을 '의지적인 회개와 인격적 신뢰(믿음)'를 통해 예수님을 영접하는 것으로 이해하지 않는다. 때문에 개인적인 순종의 필요성과 그분을 사랑하고 그분을 섬기고 헌신하는 것에 대해서는 가르치지 않는다.
　구원파의 구원은 예수께서 이미 이루어 놓은 속죄를 양심에 깨닫는 것이고, 성경에서 말하는 구원은 우리의 전인격(지·정·의)이 포함된 회개와 믿음을 통해 예수 그리스도를 만나는 사건이다. 권 씨는 지·정·의를 통해서는 하나님을 접촉할 수 없고 오직 영(양심)을 통해서만 하나님과 접할 수 있다는 영지주의적인 주장을 하고 있다. 그러나 성경에서는 우리의 전인격이 하나님과 만나는 것을 구원이라고 설명한다.

구원파는 그들의 교회를 통해서만 하나님의 뜻이 이루어진다고 믿는다. 때문에 교회(교제)의 교리를 통하여 성경을 해석한다. 그래서 성도들의 교제, 즉 사업을 논의하는 것이 기도며 예배라고 가르친다. 그럼으로써 하나님과의 수직적인 관계, 즉 기도와 예배를 부인하고 있다. 그들의 모임에 참석해 보면 확인할 수 있겠지만, 구원파 교인들은 간증을 나누고 사업을 의논하며 권신찬의 비디오 설교를 시청하고 자기들이 받았다고 착각하는 구원을 찬송하기 위해 모일 뿐이다. 기존 교회처럼 기도하고 찬양하며 예배를 드리기 위해 모이지는 않는다. 그들은 찬송과 찬양을 구별하지 못한다.

구원파 지도자들은 신구교를 한꺼번에 부정하면서도 칼뱅, 존 번연, 무디, 스펄전, 루터, 진젠돌프, 웨슬리 등 신앙의 선배들이 모두 자기들처럼 '깨달음에 의한 중생'을 경험했다고 주장한다. 이러한 주장은 빌리 그레이엄이 구원받지 못했다는 권 씨의 주장과도 모순되거니와 그들의 독선적 착각과 자기기만에 기인한 억지 주장이 아닐 수 없다.

그들은 개인이 신앙생활을 할 수 없고 교회가 대신한다고 가르쳐 직장생활, 가정생활보다 교회 중심적인 삶을 살도록 유도한다. 그래서 십일조는 내지 않아도 되지만 소금회, 어머니회, 갈렙회 등 각종 모임을 통하여 시간 및 재산을 교회(교회 사업)에 바치도록 가르친다.

전천년왕국설을 신봉하는 그들은 칠년대환란 전에 교회(구원파)가 휴거된다고 믿는다. 그들은 "우리 생전에 세상의 종말이 온다. 구원 받은 교인들은 한데 모여 살아야 한다. 떨어져 있으면 휴거를 받지 못한다. 모임에 붙어 있는 자만 들림 받는다"고 가르쳐 교인들을 집단생활로 유도하고, 저들이 운영하는 (주)세모에 막대한 헌금을 투자하게 한다.

결론적으로 보면, "예수의 재림과 천년왕국에 대한 교리는 구원파 소속 교인들에게 선민의식과 집단우월감 및 안도감을 심어주는 심리적 진정제 역할을 하고 있다 할 것이다"(「기독교의 이단들」, 1997).

전천년왕국설, 환난 전 휴거설을 믿기 때문에 이단이 아니라, 그들이 종말론을 가르치는 동기가 하나님의 말씀에서 이탈되어 있다는 데 문제가 있다. 우리가 경건함과 깨끗함으로 주님 맞을 준비를 갖추어야 한다는 것이 성경의 가르침이다. "이 모든 것이 이렇게 풀어지리니 너희가 어떠한 사람이 되어야 마땅하뇨 거룩한 행실과 경건함으로 하나님의 날이 임하기를 바라보고 간절히 사모하라"(벧후 3:11-12). 그런데 이단들은 엉뚱한 점을 강조한다. 666, 적그리스도의 인을 받지 않으려면 돈을 바쳐 교회가 자급자족할 수 있어야 한다는 희한한 성경해석이다.

베드로는 교회 역사에 거짓 선생들이 계속 나타나 멸망케 할 이단을 가만히 끌어들일 것이라고 경고하였다(벧후 2장). 해롤드 휘켓(Harold Fickett) 목사는 베드로후서 2장에 근거해 "거짓 선생은 대상자에 접근하는 방법이 사특하고 간교하며, 호색적인 성향을 나타내고, 탐심으로 금품을 착취하며, 은혜로 구원 받았다는 미명으로 율법의 권위를 무시한다. 또한 당돌하고, 고집이 세며, 메시지에 일관성이 없고, 내용이 잡히지 않으며, 사기성(이중성)이 있고, 진실성이 없다"라고 간파하였다. 이 가운데 어떤 특징이 구원파 지도자들에게 적용되는지는 독자들이 더 잘 판단할 수 있을 것이다.

빌립보교회의 반율법주의자들에게 경고했던 사도 바울은 현대판 영지주의자들이며 은혜만을 지나치게 강조하는 율법폐기론자들인 구원파 지도자들에게 말한다. "내가 이처럼 전에도 여러 번 당부한 일을 지금 다시 눈물로 호소하는 것은 그리스도인이라 내세우면서도 실제로는 그리스도의 십자가를 대적하는 자들이 많기 때문입니다. 그들에게는 영원한 멸망이 기다릴 뿐입니다. 그들은 욕망을 하나님처럼 섬기고 수치스러운 것을 대단한 것인 양 자랑하는 자들입니다. 그들은 오직 이 세상일에만 마음을 씁니다"(빌 3:18-19, 현대어 성경).

결론적으로 구원파 교회는 사도들이 전해 준 유전(遺傳)인 기도와 금식, 예배 등 교회의 중요한 전통을 지키지 않는 기독교에서 파생된 분명한 사이비 기독교, 짝퉁 기독교, 이단이다. 한국의 최대교단이라 할 수 있는 대한예수교장로회총회를 대표하여 심창섭 교수와 김도빈 목사, 오영호 교수, 박영관 목사는 구원파를 집중적으로 연구한 후 1997년에 다음과 같은 결론을 내린 바 있다. "구원파는 베드로후서 2장에 나오는 '거짓선생'임이 틀림없다. 구원파는 정치사회의 혼란과 기성 교회의 분열 와중에 나타난 신흥종교 집단으로 그 집단의 지도자들의 신학과 교육에 대한 무지로 인하여 폐쇄적이고 독선적인 사이비집단으로 변하였다. 또한 이들은 예수님이나 사도 바울도 당시에는 이단이라 칭함을 받았다고 하면서 자신들의 정당함을 성경이 규정해 줄 것이라고 주장한다. 사도신경과 삼위일체를 부인하면 이단이지만 자기들은 그렇지 않음으로 이단이 아니라고 말하고 있다. 또한 소속교인들도 이미 그들이 전해 들은 복음이 사도들의 가르침을 떠난 '다른 복음'임을 모르고 있다. 이 집단은 전통교리와 모순된 많은 부분을 주장함으로 교회와 사회에 물의를 일으킨 이단임이 분명하다"(312쪽).

참고문헌

권신찬. 「그리스도인의 국가관」, 평신도복음선교회, 1977.

___. 「내가 깨달은 진리」, 평신도복음선교회, 1976.

___. 「불안에서 평안으로」, 일류사, 1977.

___. 「서로 사랑하라」, 중동문화사, 1962.

___. "성경대로 믿는 신앙", 「목회와 신학」, 1991년 3월, 두란노서원.

___. 「양심의 해방」, 일류사, 1977.

___. 「우리의 걸어온 길」, 평신도복음선교회, 1977.

___. 「위험한 지구」, 중동문화사, 1980.

___. 「인류역사와 하나님의 교회」, 중동문화사, 1982.

___. 「종교에서 해방」, 일류사, 1977.

___. 「호소문」, 1977.

콜린스, 게리. 「기독교상담의 성경적 기초」, 안보현 역, 생명의말씀사, 1996.

그레이엄, 빌리. 「불타는 세계」, 정동섭 역, 생명의말씀사, 1979.

___. 「하나님과의 평화」, 정동섭 역, 생명의말씀사, 1974.

기독공보, 1974. 3. 30.

기독교복음침례회. 월간 「교량」, 1988. 7 - 1988. 11.

기독교복음침례회 운영위원회(변우섭, 정행덕, 김진호, 장인순, 지선득, 강윤호, 김성일)에서 기독교한국침례회 김충기 총회장에게 보낸 공개 질의서.

니, 워치만. 「영에 속한 사람」, 제2권, 정동섭 역, 생명의말씀사, 1979.

기독교복음침례회 편집부. 월간 「새길」, 1989. 11 - 1990.

로이드존스, 마틴. 「목사와 설교」, 서문강 역, 예수교문서선교회, 1982.

___. 「로마서 3장 강해」, 서문강 역, 예수교문서선교회.

___. 「로마서 7장 강해」, 서문강 역, 예수교문서선교회.

___. 「영적 연합」, 서문강 역, 예수교문서선교회.

멀린스, 에드가 영. 「조직신학원론」, 권혁봉 역, 침례회출판사, 1982.

스테드만, 레이. 「그리스도의 지체」, 홍성철 역, 생명의말씀사, 1979.

심창섭, 김도빈, 오영호, 박영관. 「기독교의 이단들」, 대한예수교장로회총회, 1997.

유병언. 「알파에서 오메가까지」, 제1권-제5권, 한국평신도복음선교회 편집위원회, 1979.

___. 「영혼을 묶는 사슬」, 우정출판사, 1981.

「이단들의 최근동향 I」, 도서출판 리폼드, 2003.

정동섭. "구원파와 남침례회의 비교연구", 석사학위논문, 침례신학대학 대학원, 1984.

___. 「그것이 궁금하다」, 도서출판 하나, 1994.

제프리, 피터. 「모든 것이 새롭습니다」, 정동섭 역, 두란노서원, 1986.

중동문화사 편집부(권신찬) 편저. 「임박한 대환난(상·하권)」, 중동문화사, 1980.

최삼경. 「박옥수, 권신찬, 이요한이 말하는 구원파란 무엇인가」, 1998.

한국일보(캐나다 토론토 판). 1989. 3. 22, 전면광고.

한국평신도복음선교회 편집위원회(권신찬). 「세칭 구원파란?」, 신아문화사, 1981.

___. 「그리스도인의 국가관」, 설교녹취, 1976.

월간 「현대종교」, 1983년 3월호.

월간 「현대종교」, 1990년 5월호.

Balswick, Jack & Judy Balswick. *The Famil*, Baker, 1989.

Fickett, Harold. *Peter's Principles from 1st and 2nd Peter*, G/L Publications, 1974.

Filipin, Neil. *None Dare Call It Heresy*, Seoul: The Evangelical Alliance Mission, 1973.

Southard, Samuel. *Conversion and Christian Character*, Nashville, Tennessee: Broadman Press, 1965.

Willard, Dallas. *The Spirit of Disciplines*, Harper and Row, 1989. 「영성훈련」(은성).

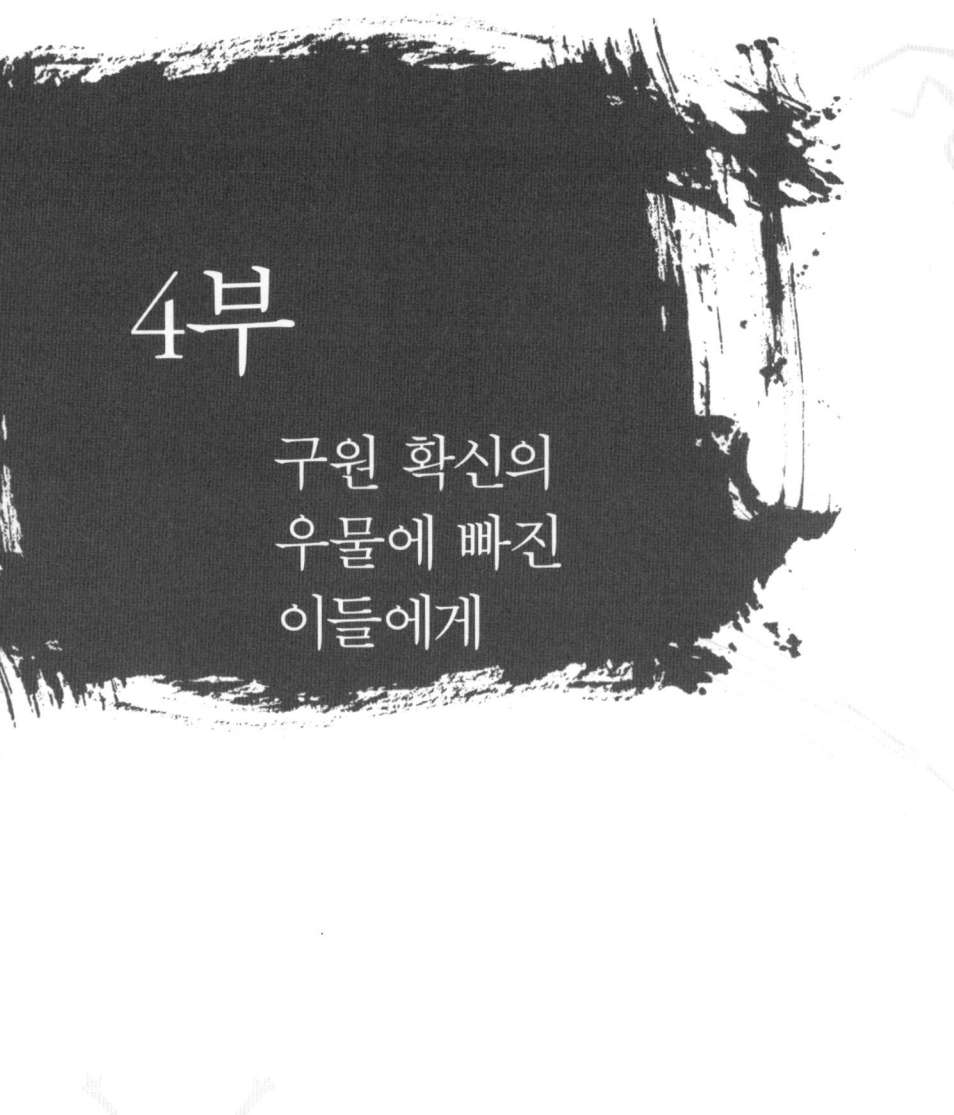

4부

구원 확신의 우물에 빠진 이들에게

4. 구원 확신의 우물에 빠진 이들에게 상담 사례를 중심으로

내가 이 책을 쓴 이유는

　남편과 나는 거의 30년 전에 구원파를 떠났다. 구원파를 떠난 후 처음 몇 년간 몸은 구원파에서 떠났지만 구원파 교리에 대해서 혼동하고 있었다. 구원파에서 주장하고 가르치는 내용이 옳은 것 같은데, 막상 생활하는 현실에서는 별로 도움이 되지 않는 교만하고 배타적인 신앙관을 갖고 있었다. 그러나 기성교회를 다니며 성경공부를 처음부터 새롭게 하면서 교만했던 신앙관이 서서히 바뀌기 시작했다.
　결국에는 삶의 위기 상황을 겪으면서 그동안 내가 믿고 확신하고 있던 구원이 생활 현장에서는 전혀 적용이 안 되는 허구라는 것을 뼛속 깊이 절감하게 되었다. '구원된 상태를 깨달은 것'은 괴로운 상태의 나에게 더 이상 위로가 되지 않았다. 나를 전인격적으로 사랑해 주시는 하나님에게서 위로와 격려를 받고서야 나는 직접 하나님을 만나는 경험을 하게 되었다. "하나님은 사랑이시라." 나는 사랑의 하나님을 인격적으로 만나면서, 그분을 나의 죄도 도말해 주실 수 있는 분으로 신뢰할 수 있게 되었다. 모든 신앙의 갈등과 혼동이 명료하게 정리되면서 나는 참 구원의 길에 들어서게 되었다.
　원래 나는 고향 김포에 있는 작은 장로교회에서 신앙생활을 하고 있었다.

고등학교를 졸업하면서 대구로 이사를 가게 되었다. 구원파의 영향을 받은 고향 교회 목사님의 권유로 나는 대구 칠성동의 구원파 모임을 소개받아서 참석하게 되었다. 그 당시 나는 고향 교회에서 성경공부를 하면서 예수님을 영접하고 구원을 확신하고 있었다.

그러나 나의 구원 간증과 구원파의 구원 간증에는 차이가 있었다. 우선 구원을 확신하던 날을 기억할 수 없었고, 어떠한 죄인이었으며 어떻게 죄 사함을 받았는지에 대한 이야기가 빠져 있었다. 그렇기 때문에 구원을 안 받은 것으로 취급될 것 같았다. 몇 달 후 나는 여러 간증을 들으면서 구원 간증의 방법을 터득하게 되었다. 우선 죄인인 것을 알아야 했고, 죄인임을 고백한 뒤에는 죄를 사해 주시는 성경구절을 깨닫기만 하면 되는 것이다. 그 방법대로 "나는 호리라도 남김없이 죄를 다 처리하지 않은 죄인임"을 깨닫고 히브리서 말씀대로 "저희 죄와 저희 불법을 다시 기억지 아니하리라"(10:17)는 말씀으로 날짜까지 기억하는 구원파식 구원을 받게 되었다.

그래서 처음에 찬송을 통해 구원 받았다고 하면서 침례(세례)를 받았는데(영접은 가짜라고 해서), 이번에는 참 구원을 받았다면서 다시 간증하고 침례를 받게 되었다. 따라서 나는 두세 번 구원을 받았고, 침례도 두세 번 받았다.

지금 돌이켜 보면 이렇게 구원파의 구원은 구원 노이로제 환자를 만들어 간다는 생각이 든다. 구원파 모임 속에서 거듭되는 구원 간증만 들으면서 구원을 확신하고, 그 확신이 주는 기쁨을 느끼면서 종교 중독 상태로 빠져 들어가게 되는 것이다. 그래서 구원파 교인들은 세상이 '구원 확신'과 상관없이 돌아가는 것에 심한 갈등과 불안을 느끼면서 심한 영적 교만을 키워 가게 된다. 무엇이 잘못되어가는 것인지도 모르고 개구리가 서서히 삶아지듯이 '구원 확신의 우물'에 빠져서 다른 세계를 전혀 볼 수 없게 된다.

나는 이 우물에 빠져 있는 사람은 물론 그들의 가족을 위해서 상담해 주고 예방적 차원에서 사이비 구원에 넘어가는 것을 막기 위해 이 글을 쓸 수밖에 없다. 구원파가 날로 교세를 넓혀가는 만큼 상담 요청도 많아지고 있다. 따라서 우리 내외가 일일이 상담할 시간이 없는 데다, 또 한두 마디 말로는 쉽게 이해시킬 수 있는 문제도 아니기 때문에 이렇게 책을 쓸 수밖에 없었다.

사랑하는 가족을 구원파에 빼앗기고 마음고생 하는 많은 기성교회의 성도 여러분이 이 잘못된 관념의 실체를 분명히 분별하시기를 기원하면서, 이 글을 시작한다.

몇 년 전 구원파에 대한 글을 쓸 예정이라고 했더니, 청주에 사는 피해자 한 분이 독자 여러분께 경고하고 싶다면서 편지를 보내 왔다.

구원파에 빠진 남편에게 이혼당했어요

여러분, 세칭 구원파란 것이 얼마나 잔인한지 이 글을 쓰는 저 자신조차 정말 너무나 마음이 아픕니다. 저는 금년으로 하나님을 영접한 지 8년째됩니다. 그동안 하나님의 은혜로 체중도 45킬로그램밖에 되지 않는 몸으로 5년 동안 파출부를 하며 가정을 꾸려나갔습니다. 그간 많은 고난과 시련이 있었지만 하나님의 사랑과 은혜로 평안한 가정을 꾸리며 살았습니다. 남편도 열심히는 아니더라도 하나님을 섬기면서 잘 지내왔는데, 1998년 11월부터 구원파에 발을 들여놓았고, 점점 깊숙이 빠져들기 시작했습니다. 매일 같이 성경공부를 한다며 가정도 외면한 채 박옥수 교회에서만 살다시피 하더군요. 그러다 보니 저희 가정은 하루도 조용한 날이 없었고 매일 다툼의 연속이었습니다.

그래서 저는 교회에서 잠을 자면서 기도와 금식기도로 하나님 앞에 모든 것을 맡겼습니다. 그러나 육신의 생각을 내세우는 남편을 감당할 길이 없었습니다. 남편은 "모든 기성교회는 다 지옥 가고 구원파만 천국 간다"고 했습니다.

저의 남편을 전도한 사람을 만나서 "우리 가정에 평화가 깨지고 있으니 제발 끌어내지 말라"고 해도 "천국 가는 길은 이 길뿐이다"라고 하면서 구원파 목사나 그 교회에 속해 있는 모든 사람들은 한결같이 제가 잘못 믿고 있으며 사단에게 속고 있다고 했습니다.

한번은 그 교회 목사에게 전화를 해서 "우리 가정이 이 정도로 흔들리고 이혼까지 하게 되었다"고 했더니 "말씀으로 살아야 되지 않느냐"고 했습니다. "육적으로 안 된 일이지만 영적으로 어쩔 수 없다"라고 말하는 박옥수 구원파! 주님을 바로 알고 확신이 있다면 이런 데 빠지지 않겠지만, 확신이 없는 사람들은 많이 빠집니다. 박옥수 구원파처럼 잔인하고 몹쓸 단체가 없다는 걸 알아야 합니다.

우리 부부는 결국 5개월 만에 남편이 가정을 버려 이혼하고 말았습니다. 그렇지만 저는 하나님 앞에 저의 아픈 마음과 상처를 위로받으며 "두려워 말라 내가 너와 함께함이니라 놀라지 말라 나는 네 하나님이 됨이니라 내가 너를 굳세게 하리라 참으로 너를 도와주리라 참으로 나의 의로운 손으로 너를 붙들리라"(사 41:10)는 말씀을 붙들고 기도하고 있습니다. 여러분 구원파에 넘어가지 마세요.

청주에서 유00 드림

요즈음 들어서 이런 글과 피해 상담이 점점 많아지고 있다. 개인 상담을 할 시간도 없이 바쁘게 지내고 있는 우리 내외는 앞으로 더 많은 가정이 피해를 보지 않도록 도와주어야겠다는 일념에서 이 글을 쓰고 있다. 그동안 피해자 가족들을 상담한 사연을 중심으로 글을 이어나가겠다.

구원파에 가족을 빼앗기고 괴로워하는 피해자들의 사례를 들어 보겠다. 구원파가 어떠한 집단인지는 그 열매를 통해서 알 수 있다.

|사례1| 구원파 교인들이 구원파 교회에 오라고 강요해

어려서부터 모태 신앙으로 꾸준히 교회를 잘 다니고 있는데, 일 년 전부터 구원파 남자 몇 명이 남편만 출근하면 집에 찾아와서 구원 확신을 해야 한다고 아무 때나 협박 아닌 협박을 해서 피곤해 죽을 지경이다. 마음이 약해서 오지 말라는 말도 못하고, 구원 확신을 강요당하면서 시달리고 있다. 심지어 볼펜으로 콕콕 찌르며, 확신도 못하면서 교회는 왜 다니냐고 한다.

◎ **정리 / 도움말**

그동안 구원의 확신 없이 신앙생활 한 것은
다 무익함을 인정해야 한다구요?

우선 접근 방식이 무척 비인격적이다. 구원을 인위적으로 강요하면서 남편이 부재중일 때 찾아가는 일은 무례하다고 생각한다. 또한 그동안의 신앙생활을 그렇듯 무시할 수가 있는가? 구원파식의 구원 확신이 없다고 해서 그렇게 오랜 세월 동안 주님을 부르며 살아온 믿음을 부인할 수 있는가 말이다.

하나님의 인도는 나의 확신과 상관없이 계속되는 것이다. 본인이 확신하느냐 못하느냐에 구원이 달린 것이 아니라, 하나님이 그 사람을 인도하고 계시느냐가 더 중요하다. 때로는 본인이 전혀 모르고 있어도 구원으로 인도하고 계시는 경우가 있지 않은가? 고넬료는 긴 시간 하나님 앞에 기도했고, 구제를 많이 하면서 살아왔다. 그 삶을 하나님이 멸시치 않으시고 열납해 주셨고, 그 기도와 구제가 하나님께 상달되어 기억하신 바가 되었다(행 10:1-4).

한 예로 태중에 태아가 형성되어가고 있을 때, 부모는 배를 쓰다듬으며 "이놈이 아들이까, 딸일까?" 궁금해 하면서 사랑의 손짓을 한다. 태아가 전혀 의식이 없을 때부터 부모는 사랑을 하는 것이다. 이렇듯 창조주 하나님은 피조물인 우리 한 사람 한 사람을 자기 형상이기 때문에 사랑하실 수밖에 없다. 한 사람의 인생 과정에서 역사하실 분이 인도하고 계신데, 왜 사람들이 "구원을 받았네 못 받았네" 하면서 심판주 노릇을 하는지 모르겠다.

세상에는 무수한 종파가 있다. 각 종파 나름대로 주장하는 교리가 있기 마련이다. 그런데 구원파는 종파 이름에서도 느낄 수 있듯이 구원 확신이 그 무슨 교리보다 중요하다. 아무리 구원 받은 사람으로 살아가고 있다고 해도 본인이 언제 구원 받았다는 확신 없이 살고 있다면 구원을 받지 않았다고 취급한다.

이것은 마치 김치를 만들어 먹는 사람이 김치 만드는 법을 깨닫지 못했다고 해서 무시당하는 것과 같다. 평소에 미국비자를 받은 사람을, 미국비자 받는 방법을 깨달았다고 설명하지 못한다고 해서 비자를 안 받은 사람 취급하는 것과 다름이 없다.

적어도 하나님 아버지를 영혼의 목자로 섬기며 관계를 맺고 인도받고 있는데, 단지 구원의 확신을 이야기하지 못한다고 해서 그동안의 관계를 백지화해 버리고, 구원을 받지 못한 증거라고 취급하는 것은 너무 어처구니없는 편협된 생각이다. 확신을 하고 있기 때문에 관계가 있는 것이고, 확신을 못한다고 해서 관계가 없어지는 것은 아니다. 고아가 남의 아버지를 자기 아버지라고 확신했다고 해서 친아버지가 되지 않는다. 정박아가 친아버지에 대한 인식과 확신이 없다고 해서 친아버지가 없어지는 것은 아니지 않는가?

어린 생명이 어머니 뱃속에서 자라나고 있을 때, 태아는 스스로 탄생을 확신할 수도 없고 깨닫지도 못하는 상태지만 부모가 태아를 잉태했고 자라나게 하며 언젠가는 탄생시킨다는 사실은 분명하다. 이와 같이 본인의 탄생 확신에 탄생 여부가 달린 일이 아닌 것처럼 구원 확신에 구원 여부가 달린 것은 아닌 것이다. 하나님이 그 영혼을 받아 주셨는가가 문제인 것이다. 심지어 불신자 상태에서 하나님을 따르고 섬겼다고 해서 그것이 전혀 무익한 것이 아니다. 우리는 모두 불신자였다가 주님과 관계를 맺은 사람이기 때문이다. 구원은 하나의 과정으로 볼 일이지 무슨 선을 그어서 전과 후를 그렇게 구분 지을 일이 아니다.

|사례2| **내가 받은 구원, 진짜 구원인가?**

어느 날 밤, 한 자매가 힘없는 목소리로 상담을 요청해 왔다. 자기는 구원파에 가서 구원을 받은 지 2년이 다 되어 가는데, 문득 자신이 받은 구원이 진짜로 받은 구원인지 의심이 들며 불안하다고 호소했다.

◎ **정리 / 도움말**

구원 노이로제에 걸렸단 말인가?

그것은 정말 '구원 노이로제' 증상 같다. 구원파 교인들은 그 누구보다도 구원에 대한 확신이 큰 사람들이다.

매일 다른 사람들의 구원 간증을 듣지 않으면 불안해질 확률이 크다. 주중에도 몰려다니며 간증을 나누고, 거의 대부분 구원과 연관된 설교만 듣는다. 따라서 구원 받았다는 기쁨 속에서 다른 현실을 볼 눈이 점점 좁아지게 마련이다. 구원에 대한 이야기가 오고 가지 않는 분위기와 세상에서는 적응하기 어려워진다. 구원 확신의 중독 증상에 빠져 온통 관심이 구원 확신이라는 주제를 못 떠나게 된다. 구원파 교인들의 구원은 구원 확신이란 깨달음의 경험에 근거한 것이기 때문이다.

구원파에서 말하는 구원 확신은 그 구원파에서 말하는 기준에 근거한 구원 확신이다. 마찬가지로 얼마든지 타 종파에서도 그들 나름대로 구원 확신의 기준이 있기 마련이다. 그들도 목숨을 걸 만큼 그들의 교리에 확고한 확신이 있다. 그러면 잘못된 확신도 확신인데 구원파의 확신만이 옳다는 근거가 어디에 있는 것인가? 자기들 집단에서만 통하는 확신에다 절대적인 권위를 둔 확신인 것이다. 세상에 수많은 다른 확신들도 구원파의 구원 확신처럼 절대적이다. 따라서 어떤 확신이 과연 정확한 확신인가는 별개의 문제로 남아 있는 과제인 것이다.

구원을 받았기 때문에 구원 확신을 할 수 있어야지, 구원 확신을 했다고 해서 구원 받았다고는 말할 수 없다. 우리는 잘못된 교리도 얼마든지 확신할 수 있는 무분별한 존재다. 하나님이 인정하시는 참다운 확신이어야지 구원파에서만 통하는 독선적이고 배타적이며 교만하게 만드는 확신은 열매부터가 잘못된 것이다.

극적으로 구원 확신을 깨달은 날을 알 수 있어야 한다?
이 세상에 태어날 때 본인이 태어나는 순간을 깨닫고 아는 사람은 아무도 없다. 어머니가 해산의 고통을 그렇게 하고 우리를 탄생시키지만 정작 본인은 전혀 감각도, 의식도 못하고, 더구나 날과 시간도 모른다. 먼 후일 대화가 될 만큼 아이가 성장한 후에 부모가 생년월일을 알려주어야 알 수 있지 않은가? 아이는 부모가 생년월일을 알려 주어서 알게 될 뿐이다. 심지어 사생아로 낳자마자 입양되거나 고아원에 맡겨지는 아이들은 자기의 정확한 생년월일조차 모르는 경우가 허다하다.

중요한 것은 지금 죽지 않고 살아가고 있다는 사실이다. 하나님을 영혼의 아버지로 섬기며 사랑의 관계를 맺고 신앙생활 잘하고 있다는 사실이 중요하다. 그런데도 구원파에서는 왜 구원받은 날을 확신하는 일에 집착해서 그동안의 과정과 인도를 전면 부인하고 불신자처럼 생각하면서 자기의 신앙 여정을 전면 부인하는지 모르겠다. 탄생하는 날을 몰랐다고 10개월간의 임신 기간을 부인하는 오류를 범하고 있는 것이다. 성도들이 하나님의 인도 속에서 성장하고 있다는 사실도 구원의 확신만큼 귀중한 일이다.

현재 하나님과 관계를 누리며 살고 있는가가 중요하지, 그렇게 강박적으로 구원 받은 날을 꼭 알아야 할 필요는 없다. 구원을 확신한 뒤부터 구원 받은 날짜를 모르는 성도를 인간 취급도 안 하는 예는 성경 어느 곳에서도 본 일이 없다. 구원파 성도들은, 구원 날짜를 말하지 못하는 사람은 마치 사람 취급도 안 하고 무시하는 '교만한 영'을 가진 자들처럼 보인다.

성경에 나타난 구원이란(행 20:21)?

진정한 구원은 참된 회개와 예수 그리스도에 대한 믿음이 있어야 한다. 우리는 자신의 진정한 상태를 깨닫고(눅 15:17-19), 회개하며(행 2:38), 믿고(행 16:31), 그리스도를 영접하여(요 1:12) 그리스도인이 된다. 즉 하나님과 관계를 맺는 것이 구원이다. 하나님과의 만남은 체험이다. 그분을 전 인격으로 알아가고 동의하며 신뢰를 쌓아가는 과정이 필요하다. 시작으로서의 구원과 이루어가는 구원, 미래에 완성되는 구원이 있다. 우리는 구원을 받았으며, 구원을 받고 있으며, 앞으로 구원을 받을 것이다. 칭의와 성화, 영화의 과정이 있는 것이다. 이 과정들이 모두 필요하다(엡 2:8-9, 빌 2:12, 롬 13:11).

어린아이를 낳고 나서 돌보지 않으면 성장하지 않고 죽을 수도 있다. 탄생과 시작으로서의 구원만 강조하고 그 다음에 전인적으로 주님을 닮아가는 성화가 없는 구원은 영적인 불구를 만드는 결과를 가져온다.

예수님이 죽으심으로 구원의 길이 열린 것만을 강조하고 부활신앙이나 재림을 가르치지 않는다면 어떻게 성도가 균형 있는 신앙생활을 할 수 있겠는가? 복음을 편협하게 가르치는 구원파는 별명처럼 구원에 집착하는 사이비 기독교 집단이라 생각한다.

|사례3| 구원파 집회에 참석했다가 협박 분위기에 상처받아

할아버지 한 분이 대전 충무 체육관 구원파 집회에 참석했는데, 남자들이 빙 둘러서서 어찌나 구원 확신이 있느냐고 따지고 묻는지 거의 협박받는 기분이 들었다면서 상처받았다고 했다. 그리고 다시는 그런 협박 분위기를 접하고 싶지 않다고 했다.

◎ 정리 / 도움말

구원받기 전에 마땅히 거쳐야 할 공식처럼
자신이 죄인인 것을 깨달아야 한다?

우리가 예수님을 알기 전에는 죄인인 줄도 모르고 살아가다 예수님을 소개받고 알아가면서 자신이 죄인인 것도 차츰 알게 되는 것이다. 예수님을 구원자일 뿐 아니라 생활의 인도자로 알고 믿고 따라가며, 삶의 주인으로 섬기게 된다. 예수님은 우리의 모든 삶의 영역에 관계하고 도움을 주시는 분이다.

병이 들어서 괴로울 때는 능력을 보여 주시고, 마음의 상처로 아파할 때에는 위로해 주신다. 외로울 때에는 친구처럼 다가와 주시고 방황하고 있을 때는 좋은 안내자가 되어 주시는 분이다. 예수님은 상담자, 친구, 선생님, 치유자, 중보자 등 우리의 모든 필요에 응해 주시는 전지전능하신 하나님이다.

개인의 처지에 따라서 인도하시고 만나 주시는 분으로 만왕의 왕이며 만유의 주다. 구원파에서 주장하듯이 오로지 죄인인 처지에서만 주님을 만날 수 있는 것이 아니다. 어떤 상황에서든 주님을 만나 관계를 맺을 수 있고, 주님을 아버지로 모실 수 있는 길이 열려 있다.

성경에 나오는 많은 사례에서, 우리는 죄인임을 의식하지 않은 가운데서도 예수님과의 관계가 성립되는 여러 모습을 볼 수 있다.

사마리아 여자와의 대화 중에 예수님은 본인을 알리셨다. "나의 행한 모든 일을 내게 말한 사람을 와 보라 이는 그리스도가 아니냐"(요 4:29). 또한 예수님은 왕의 신하의 아들을 말씀으로 고쳐주심(요 4:46)으로 온 가족으로 하여금 자신을 믿게 하셨다. "가라 네 아들이 살았다 하신대 그 사람이 예수의 하신 말씀을 믿고 가더니 …… 자기와 그 온 집이 다 믿으니라"(요 4:50-53).

열두 해 혈루증으로 고생하던 여인(마 9:20)은 예수님의 능력을 믿고 옷자락만 만지고도 은혜를 경험했다. "겉옷만 만져도 구원을 받겠다"라는 생각에 옷자락을 만졌는데, "딸아 안심하라. 네 믿음이 너를 구원하였다"라고 하시며 "평안히 가라"는 말씀까지 들었다.

"내게 손을 댄 자가 있도다. 이는 내게서 능력이 나간 줄 앎이로다"(눅 8:46).
"예수께서 이르시되 딸아 네 믿음이 너를 구원하였으니 평안이 가라 하시더라(눅 8:48).

회당장 딸의 사건은 두려움 없이 믿기만 하고서 구원을 받은 경우다. 죄인임을 깨닫지 않고서도 구원을 받았다. "두려워 말고 믿기만 하라. 그리하면 딸이 구원을 얻으리라"(눅 8:50).

소경은 예수님께 자기를 불쌍히 여겨 달라는 간청을 통해 구원을 받았다. 죄인인 것을 고백도 하지 않고 다만 자비만 구하고서는 구원을 받은 것이다.

"소경이 외쳐 가로되 다윗의 자손 예수여 나를 불쌍히 여기소서"(눅 18:38).

"네게 무엇을 하여 주기를 원하느냐 가로되 주여 보기를 원하나이다(눅 18:41).

"…… 보아라 네 믿음이 너를 구원하였느니라"(눅 18:42).

하나님과의 관계는 꼭 죄인 처지에서만이 아니라 어떤 상황에서나 맺을 수 있는 것이다.

마태복음에 나타난 하나님과의 관계

"회개하라 천국이 가까왔느니라"(3:2).

"자기들의 죄를 자복하고 요단강에서 그에게 세례를 받더니"(3:6).

"회개에 합당한 열매를 맺고 속으로 아브라함이 우리 조상이라고 생각지 말라 ……"(3:8-9).

"…… 좋은 열매 맺지 아니하는 나무마다 찍어 불에 던지우리라"(3:10).

"거짓 선지자들을 삼가라. …… 이러므로 그의 열매로 그들을 알리라(7:15, 20).

"한 문둥병자가 나아와 절하고 가로되 주여 원하시면 저를 깨끗케 하실 수 있나이다. …… 내가 원하노니 깨끗함을 받으라 하신대 즉시 그의 문둥병이 깨끗하여진지라"(8:2-3).

"…… 한 백부장이 나아와 간구하여 가로되 주여 내 하인이 중풍병으로 집에 누워 몹시 괴로와하나이다. 가라사대 내가 가서 고쳐 주리라. …… 다만 말씀으로만 하옵소서. 그러면 내 하인이 낫겠삽나이다"(8:5-8).

"…… 이스라엘 중 아무에게서도 이만한 믿음을 만나 보지 못하였노라 …… 가라 네 믿은 대로 될지어다"(8:10, 13).

"베드로의 집에 들어가사 그의 장모가 열병으로 앓아누운 것을 보시고 그의 손을 만지시니 열병이 떠나가고 여인이 일어나서 예수께 수종들더라"(8:14-15).

"침상에 누운 중풍병자를 사람들이 데리고 오거늘 예수께서 저희의 믿음을 보시고 중풍병자에게 이르시되 소자야 안심하라 네 죄 사함을 받았느니라"(9:2).

말씀을 잘 묵상해 보면, 본인이 죄 사함을 깨달든지 그러지 못했든지 하나님은 우리의 모든 필요에 응답하시는 것을 알 수 있다. 구원파에서는 하나님의 하나님 되심을 몹시 제한한다. 죄를 사해 주신 분으로만 알고 있는 듯하다.

창조주, 심판주, 구세주, 선지자, 왕, 위로자, 아버지, 친구, 남편, 선한 목자, 대제사장, 상담자 등 하나님은 우리와 여러 가지 면에서 관계하실 수 있는 분이다. 그렇기 때문에 우리의 구세주가 되어 주실 수 있는 분이다.

* 구원 받은 사람들이면 예수님의 마음과 향기를 드러내는 겸손함을 보여야 한다. 그러나 그들의 행동을 보면, 바울이나 베드로가 전한 예수가 아닌 다른 예수(고후 11:4)를 전하고 다른 영을 받은 사람들이 아닌가 의심이 간다.

|사례4| 구원파를 탈퇴하기까지 부부 싸움과 갈등 자주 겪어

이 피상담자는 분은 여호와 중인에 다니다가 구원파에 들어가게 되었는데, 구원파에서 죄 사함을 깨달은 지 10년 만에 구원파를 탈퇴하기까지 부부 간에 갈등과 싸움이 많았다. 남편은 장로님 아들에다 정상적인 믿음을 가진 사람인데도 아내는 남편의 믿음을 인정하지 않고 구원파만 유일한 교회라며 10년을 우기고 다녔다. 그동안 남편은 오래 인내하며 참고 기다려 주었다. 그 후 오대양 사건 가담자들이 자수하는 사건이 터지면서 아내는 구원파의 실체를 인식하고 구원파를 탈퇴하였다. 그 뒤 기성교회(기독교한국침례회)에서 새롭게 하나님을 만났고, 뒤늦게 성경에서 말하는 참 구원을 받고 감격적인 신앙생활을 하고 있다.

◎ 정리 / 도움말
구원파를 탈퇴한 뒤 새로 받은 구원을 간증한 편지

재판의 뒤안길에 정동섭 집사님 가정을 만난 것은 하나님의 뜻이었습니다. 저와 정 집사님이 살고 있는 H동은 구원파의 많은 가정들, 그것도 모임에 적극적인 사람들이 가장 많이 사는 곳입니다. 특히 스쿠알렌이나 에펠제과 등에서 일하는 식구들이 많습니다. 은마 5단지를 비롯하여 은마 1, 3단지 대성 아파트 등에 모여 삽니다. 그들이 지나다니는 H동 길가에 위치한 작은 B 침례교회에서 중매쟁이 하나님은 두 가정을 만나게 하셨습니다.

정동섭 집사님은 1991년 봄 연구단지에서 B교회로 옮기셨고 저희는 1989년 7월에 대방동에서 가수원 대성 아파트로 이사했는데, 오대양 사건 후 잘못을 분별하고 1991년 8월부터 출석했습니다. 몇 달 사이지요. 정 집사님을 사단의 앞잡이라 들었기 때문에 B교회로 출석할 것을 망설였지만, "아니다, 구원파가 가짜이면 정동섭 집사님은 진짜일 수 있다"라고 생각하고 등록을 결정했습니다.

선한 일을 시작하신 하나님은 저희를 가르치기 시작하셨습니다. 당시 침신대 교수이신 피영민 목사님을 보내주셔서 사경회를 열었는데, 그 때의 말씀으로 구원파에서 잘못 배운 하나님 말씀을 바로 알게 눈뜰 수 있었고 특히 세대주의 말세론의 공포에서 벗어날 수 있었습니다. 마지막 시간에는 늦게까지 회개 기도를 하다가 성령님의 나타나심도 경험했습니다.

담임 목사님이 이끄시는 예배 시간에는 눈물로 예배를 드렸습니다. 많은 은혜 속에 조금씩 저의 중심과 생각이 변해 갔습니다. 정동섭 집사님이 인도하는 장년성경공부와 구역예배, 그리고 책들을 통해서 저의 잘못된 신앙과 사상이 진리 안에서 정리되었습니다.

"너희가 그 은혜를 인하여 믿음으로 말미암아 구원을 얻었나니 이것이 너희에게서 난 것이 아니요 하나님의 선물이라"(엡 2:8). 저는 하나님이 선물로 주신 것을 믿음으로 구원을 얻었습니다. 구원파에서 알려주는 죄를 알고 죄 사함받은 것, 즉 복음을 깨닫는 것, 거듭난다는 것은 얼핏 보면 진리인 것 같으나 제가 1978년 1월 23일에 받았다는 구원은 예수님과 상관이 없었습니다.

"평안의 복음의 예비한 것으로 신을 신고"(엡 6:15), "평안을 너희에게 끼치노니 곧 나의 평안을 너희에게 주노라. 내가 너희에게 주는 것은 세상이 주는 것과 같지 아니하니라. 너희는 마음에 근심도 말고 두려워하지도 말라"(요 14:27). 평안의 복음, 그렇습니다. 사랑이 많으신 하나님은 말세에 두려움을 주는 분이 아니라 믿음의 자녀에게 평안을 주는 분입니다.

저는 '예수님도 40일 금식하시고 사탄의 시험을 받아 기도하셨다' 등의 설교를 들을 때 한없이 울었습니다. 예수님도 기도하셨고, 또 기도를 가르치셨는데 왜 구원파에 있을 때는 이런 구절들이 내 마음에 보이지 않았는지 …… 그동안 저의 마음에는 수건이 가리워져 있었던 것입니다.

"너는 마음을 다하여 여호와를 의뢰하고 네 명철을 의지하지 말라. 너는 범사에 그를 인정하라. 그리하면 네 길을 지도하시리라"(잠 3:5-6).

이 세상 영적 싸움은 눈으로는 보이지 않습니다. 그렇지만 진리(말씀)의 안경을 쓰고 보십시오. 저는 영적 싸움이 곳곳에 있다는 것을 알았고 개인에게도 매일 영적 싸움은 있을 것입니다. 정동섭 집사님의 영적 싸움을 통해 저와 큰딸은 하나님의 자녀가 되었습니다. 재판의 뒤안길에서 제가 하나님의 자녀가 된 것은 정동섭 집사님, 이영애 집사님을 위로하기 위한 하나님의 계획이었습니다. 또한 하나님은 영적 싸움을 해온 남편에게 강한 마음을 주시고 영을 분별하게 하시며 끝까지 믿음을 지키게 하셨습니다. 오래 참아 준 남편에게도 감사할 뿐입니다.

주님은 말씀을 묵상하고 쉬지 말고 기도하라고 하셨습니다. 1992년도에 우리 교회가 성경 읽기 슬로건을 걸었을 때는 마태복음을 몇 장 썼을 뿐인데, 요즘은 성경을 주야로 묵상하며 기도로 시작하고 기도로 잠이 듭니다. 꽃꽂이 선생님을 도와 강대상에 꽃을 꽂은 지도 2년이 넘었습니다. 저의 손길이 간 꽃마다 하나님을 찬양하게 하셨고, 성가대에 앉아서는 저의 목소리로 하나님을 찬양하게 하셨습니다. 예배 시간 중에는 신령과 진정으로 예배드리려고 노력합니다.

하나님은 돌아온 탕자에게 주님을 찬양할 기회를 주셨습니다. 저를 교육시키시고, 훈련시켜 새사람을 만드셨고, 계속 만들어 가실 것입니다. "우리는 그의 만드신 바라 그리스도 예수 안에서 선한 일을 위하여 지으심을 받은 자니 이 일은 하나님이 선에 예비하사 우리로 그 가운데서 행하게 하려 하심이니라"(엡 2:10). 이글을 마치며 기도문을 적어봅니다.

제가 주님을 바로 알지 못하고 헤맬 때도 주님은 저를 사랑하시고 관찰하시며 눈동자처럼 보호하시고 예비하셨습니다. 때를 따라 저를 하나님 품으로 불러 주시어 믿음으로 자녀가 되는 권세를 주시고 찬양하게 하신 하나님 아버지 감사합니다. 아바 아버지 사랑합니다. 예수님 이름으로 기도드렸습니다. 아멘.

1994년 3월, 정동섭 집사님의 무죄 판결을 축하드리며

|**사례5**| **구원 확신 후 깨달으라고 하는데, 저절로 깨달아지는가?**

구원파 집회를 일주일간 참석했는데, 무언가 홀린 기분이 들고 허탈해졌다. 며칠간은 죄인이라는 것을 주입시키더니 또 의인이 되었다고 하면서 구원 확신을 깨달으라고 하는데 무언가 잡히지 않았다. 의지적인 것은 필요 없다고 하면서 그냥 깨달으면 된다는데 어떻게 저절로 깨달아지는가?

◎ **정리 / 도움말**

회심 과정은 다양하다

구원파의 구원은 때가 무엇보다 중요하다. 구원 받은 날을 알 수 있어야 하고, 구원 확신을 어떤 말씀에 근거해서 깨달아야만 인정하는 구원이다.

사람마다 때가 있다. 그럴듯한 말이지만, 그때를 본인이 모를 수 있고, 몰랐다고 해서 어떤 사실이 없었다고 단정 지을 수 없다. 세상일에는 본인이 인식하지 못하는 중에 많은 일들이 지나가고 있기 때문이다.

다음은 성경에 나오는 다양한 회심 과정이다.

바울(행 9:1-22) : 사도 바울 본인은 죽 매우 종교적인 생활을 해오고 있다가 어느 특정한 날 극적으로 특정한 장소, 특별한 상황에서 예수님과 대면하게 되어 새롭게 예수님과 관계가 맺어진 경우다.

빌립보 간수(행 16:23-34) : 예수님을 생각지도 못하고 세상적인 배경에서 살아가고 있다가 우연히 절망적인 환경을 접하게 된 경우, 어찌할 바를 모르고 있을 때 하나님이 찾아 주셔서 관계를 맺게 된 경우다.

디모데(딤후 3:15) : 어려서부터 복음에 대해 들어서 알고 그리스도인 가정에서 자라면서 항상 성경을 읽었다. 따라서 구원 받은 어떤 특정한 날을 알 수 없고, 예수를 언제 믿게 되었는지 모르지만 분명히 믿음 생활을 잘하고 있는 경우다. 우리 주변에는 이런 경우에 해당하는 분이 많다. 빌리 그레이엄 목사의 사모님과 옥한흠 목사님이 이런 경우에 해당한다.

루디아(행 16:14-15) : 평범하게 살아가면서 오랫동안 마음의 평안을 찾고 있다가 복음을 듣고 조용히 마음이 열려 믿게 된 경우다.

그 외에 사람들의 갖가지 사연을 따라 병이 든 가운데 하나님의 능력을 체험하고 믿게 된 경우도 있고, 실직하거나 좌절에 빠졌을 때 위로를 받기 위해 주님께 손들고 오는 경우도 있다. 또한 사랑의 배반을 당하거나 사별의 어려움, 억울한 일, 사업 실패 등의 어려움을 극복하기 위해서 주님을 믿고 따르기로 결단하고, 그분을 마음에 주인으로 받아들이고 하나님과 관계를 맺을 수 있다. 낭패를 경험하고 실망한 후에 예수님께로 오는 사람이 얼마나 많은가!

인격적인 것은 개인의 자유의지가 포함되어야 한다. 의지적인 결단이 빠진 확신은 거짓된 확신일 수 있다. 예수님은 언제나 인격적인 결단과 의지적인 순종을 요구하신다.

|사례 6| 아들이 구원파에 나가더니 가족과 대화 단절돼

한 어머니가 구원파에 나가는 아들 문제로 찾아왔다. 그분 아들은 대학을 졸업하고 직장생활을 할 때까지 기성 교회를 다니며 죄책감에 늘 빠져 있었다고 한다. 그런데 구원파 교회에 나가 죄 사함을 깨달은 후로는 세상이 다르게 느껴진다며, 이제 의인이 되어 마음이 편해졌으니 다른 가족도 모두 구원을 받아야 한다고 주장한다고 한다. 그러나 기성 교회에 다니는 다른 가족들과는 전혀 대화가 안 되는데다 교만해지고 배타적이 된 아들이 안타깝고 답답해서 상담을 요청해왔다.

◎ **정리 / 도움말**

하나님과의 관계는 죄 사함을 깨달아야만 가능하다?

구원은 하나님을 모르고 무심하게 살던 사람이 하나님과 화목해지고 좋은 관계를 형성해가는 과정이다. 예수님은 단번에 이루신 구속 사업으로 영원한 속죄를 이루어 놓으셨다. 따라서 우리 모두는 하나님의 자녀라는 신분을 얻게 되었다(갈 4:4-5). 히브리서 기자는 "영원한 속죄를 이루사 단번에 성소에 들어가셨느니라"(히 9:12)고 말씀하고 있다. 그렇다고 도매금으로 내가 개인적으로 죄인으로서 하나님과 일대일로 직면하지 않고 예수님이 이루어 놓으신 구속을 하나의 사실로 깨닫기만 한 것으로 구원받았다는 것은 큰 착각일 수 있다.

"모든 영혼이 다 내게 속한지라. 아비의 영혼이 내게 속함같이 아들의 영혼도 내게 속하였나니 범죄하는 그 영혼이 죽으리라"(겔 18:4). 자기의 죄인 됨을 알고 하나님 앞에서 회개하는 과정 없이, 그냥 예수님의 구속 사실만 알고 이해하는 것만으로는 성품의 변화를 기대하기 어렵다. 구원파 교인들은 본인의 죄를 하나님 앞에서 개인적으로 회개하는 과정 없이 단지 구원되었다는 사실만을 객관적으로 깨닫고 인정하는 것을 곧 구원 받은 것으로 생각하기 때문에 자기의 의지와는 상관없는 구원을 받게 된다.

회개를 통하지 않고 예수님이 나를 대속하기 위해 죽으셨다는 사실을 깨닫기만 하면 구원받았다고 하기 때문에 특권 의식을 갖게 된다. '죄 사함, 거듭남의 비밀'을 깨달았기 때문에 그렇게 교만해지기 시작하는 것이다. 기성 교회에서는 모르고 있는 '비밀'을 깨달았기 때문에 선민의식을 갖고 교만해질 수밖에 없는 것이다.

"…… 그가 그 범한 허물과 그 지은 죄로 인하여 죽으리라"(겔 18:24). 인격적인 하나님과의 만남 없이 죄 사함 받은 것을 깨닫기만 한 상태이기 때문에 교만해지는 것이다. 진정 겸손하고 온유한 예수님과의 만남을 경험했다면 그렇게 구원 확신을 했다는 사람들이 교만해지기부터 하겠는가? 교만한 영은 하나님이 제일 싫어하시는 성품이다. 열매를 보고 그 나무를 알 수 있는 것이 아닌가?

구원은 하나님과 피조물인 죄인이 개인이고 인격적으로 만나는 사건이다. 구원 받은 상태를 피동적으로 인정하고 깨닫는 차원이 아니다. 예수님의 구속 사실 때문에 우리의 신분이 죄인에서 하나님의 자녀로 바뀐 것이지 단번에 성품까지 의인으로 성화된 것은 아니다. 우리는 성화 과정이 필요한 사함 받은 죄인이며, 불완전한 인간이다.

이와 관련된 구원파의 오류는, 첫째, 구원파의 구원 경험에는 의지적인 회개의 과정이 빠져 있기 때문에 이를 거짓된 구원이며, 사이비 구원이라고 하는 것이다. 둘째, 그들은 죄 사함을 깨달을 때 우리의 신분과 인격(성품)이 동시에 의인으로 바뀐다고 믿고 있다는 것이다. 이것은 초대 교회 이후, 모든 교부의 가르침과 어긋나는 것이고, 마르틴 루터와 장 칼뱅의 구원에 대한 가르침과 정면으로 배치되는 것이다. 전통적인 기독교의 한결같은 견해는 회개하고 예수를 믿는다고 해도, 우리는 여전히 사함 받은 죄인이라는 것이다.

다시 말해 모든 정통 기독교의 입장은, 구원 받은 그리스도인은 죄인인 동시에 의인이라는 것이다. 신분은 의인으로 인정 받았으나 성품은 여전히 성화가 필요한 죄인으로 남아 있다는 것이다.

구원파에서는 죄 사함을 받을 때 영원한 속죄를 받았기 때문에, 즉 죄가 없는 의인이 되었기 때문에 다시는 회개가 필요 없다고 가르친다. 순진한 사람들에게 기쁜 소식처럼 들릴지 모르지만, 이것은 역사적인 기독교 신앙을 부인하는 것이다. 구원 받을 때 이들은 단회적 회개도 하지 않기 때문에 그 구원을 성경적이라 인정할 수 없다. 그리고 인격의 성화를 위한 반복적 회개가 필요 없다고 하기 때문에 정통 교회에서는 구원파를 이단이라고 규정하고 있다.

구원파에서는 자신의 죄를 반복해서 회개하면, 이를 구원 받지 못한 증거라고 주장한다. 교회사에 대해서도 무지하고 조직신학을 체계적으로 공부한 적이 없는 무지한 지도자들이 성경을 억지로 해석하여 가르치기 때문에 이와 같은 잘못된 신학을 정립하여 가르치게 된 것이다. 박옥수 씨가 중학교 3학년 중퇴생이라는 것은 널리 알려진 사실이다.

기성교회 성도들이 회개하는 것은 구원을 위해서 회개를 하는 것이 아니라 성화를 위해서 매일같이 아니면 주일 공중기도에서 참회의 기도, 회개의 기도를 드리는 것인데, 구원파의 지도자들은 기성교회 성도들의 새벽 기도, 회개 기도를 비웃고 있다.

사도 바울은 구원 받은 이후에도 죄를 짓고 있는 자신의 모습에 비통해했고(롬 7:24), 다윗도 하나님의 사람으로서 여러 번 회개하는 것을 성경에서 볼 수 있다(삼하 24:10, 시 32:5).

그들은 모든 회개 기도를 구원 받기 원해서 하는 일회적인 회개와 구분도 못하고, 무조건 회개 기도를 하면 구원 받지 못한 증거라고 말한다. 따라서 그들의 회개 없는 신앙생활 가운데 성화의 과정이 있을 리 없다. 구원 받은 후에는 아무렇게 살아도, 심지어 살인죄를 지어도 회개할 필요가 없다는 식으로 사는 것이 그들의 신앙생활 방식이다.

앞으로 지어도 될 죄를 단번에 모두 사함 받았다니 반성할 일이 무엇이며, 의롭게 살기 위해 애쓸 필요가 어디에 있겠는가? 분명히 성경에는 "은혜를 더하게 하려고 죄에 거하겠느뇨 그럴 수 없느니라"(롬 6:1-2)고 바울이 반문하고 있지 않은가? 시작이 다르니 끝이 다를 수밖에 없다. 그럴듯하게 구원을 이야기하지만, 성화를 위해 기도하지 않고 사는 그들의 생활에 성령의 아홉 가지 열매가 나타나기는 어렵다.

단번에 신분과 성품이 영원히 의인이 된 것처럼 생각하고 영성 훈련의 필요성을 모르고 살기 때문에 금식 기도나 통성 기도, 중보 기도, 새벽 기도의 의미도 모르고 모든 기도를 회개 못한 증거라고 일축한다. 우리는 모두 영성 훈련이 필요한 존재다. 말씀, 예배, 금식, 회개, 희생, 교제, 봉사, 헌신, 훈련, 교육, 선교, 구제, 전도 등의 영성 훈련을 등한시해도 되는 완전한 의인이 아니다. 신분상 주님의 자녀가 되었을 뿐이다. 따라서 자녀라는 신분에 맞게 살아가야 할 사함 받은 죄인인 것을 인정해야 한다. 사도 바울도 "죄인 중에 내가 괴수니라"라고 하면서 성화의 본을 보여 주길 원했다.

죄 사함에 대한 성경구절 외에
구원 확신을 주는 말씀들(골 1:14 - 구속 곧 죄 사함)

"영접하는 자 곧 그 이름을 믿는 자들에게는 하나님의 자녀가 되는 권세를 주셨으니"(요 1:12).
"이는 저를 믿는 자마다 영생을 얻게 하려 하심이니라"(요 3:15).
"하나님이 세상을 이처럼 사랑하사 독생자를 주셨으니 이는 저를 믿는 자마다 멸망치 않고 영생을 얻게 하려 하심이니라"(요 3:16).
"진리를 좇는 자는 빛으로 오나니 이는 그 행위가 하나님 안에서 행한 것임을 나타내려 함이라"(요 3:21).
"너희가 영생을 얻기 위하여 내게 오기를 원하지 아니하는도다"(요 5:40).
"내 아버지의 뜻은 아들을 보고 믿는 자마다 영생을 얻는 이것이니 마지막 날에 내가 이를 다시 살리리라 하시니라"(요 6:40).
"땅 끝의 모든 백성아 나를 앙망하라. 그리하면 구원을 얻으리라"(사 45:22).

"네가 만일 네 입으로 예수를 주로 시인하며 또 하나님이 그를 죽은 자 가운데서 살리신 것을 네 마음에 믿으면 구원을 얻으리니 사람이 마음으로 믿어 의에 이르고 입으로 시인하여 구원에 이르느니라"(롬 10:9-10).

"누구든지 주의 이름을 부르는 자는 구원을 얻으리라"(롬 10:13).

"너희는 하나님께로부터 나서 그리스도 예수 안에 있고 예수는 하나님께로서 나와서 우리에게 지혜와 의로움과 거룩함과 구속함이 되셨으니 기록된 바 자랑하는 자는 주 안에서 자랑하라 함과 같게 하려 함이니라"(고전 1:30-31).

"우리가 그리스도 안에서 그의 은혜의 풍성함을 따라 그의 피로 말미암아 구속 곧 죄 사함을 받았으니"(엡 1:7).

"너희가 그 은혜로 인하여 믿음으로 말미암아 구원을 얻었나니 이것이 너희에게서 난 것이 아니요 하나님의 선물이라"(엡 2:8).

"또 너희가 내 이름을 인하여 모든 사람에게 미움을 받을 것이나 나중까지 견디는 자는 구원을 얻으리라"(마 10:22).

"그러므로 나의 사랑하는 자들아 너희가 나 있을 때뿐 아니라 더욱 지금 나 없을 때에도 항상 복종하여 두렵고 떨림으로 너희 구원을 이루라"(빌 2:12).

|사례7| 가정주부가 집안일 뒤로하고 자녀 데리고 가출해

평범하게 살던 가정주부가 어느 날부터 구원을 받았다고 하더니, 집안일은 제쳐 두고 구원과 집회에만 따라다녔다. 그러더니 급기야는 어린 자녀를 데리고 가출해서 3년 간 집에도 오지 않고 구원과 모임에만 따라 다니고 있다. 남편은 살림 잘하던 아내가 구원을 받더니 왜 살림을 내버려두고 설교만 들으러 전국을 떠돌아다니는지 이해할 수 없게 되었다. 기다려도 아내는 오지 않고, 모임에 문의해도 모른다고 하며 만나지 못하게 해서, 믿음이 없는 남편은 실의에 빠져서 술로 세월을 보내고 있다며 그 친척 되는 사람이 애절한 목소리로 문의 전화를 걸어왔다.

|사례8| **이방인과 더 이상 살 수 없다면서 이혼을 강요해**

이 부인의 경우는 남편이 구원파 집회에서 구원 받은 후 구원 안 받은 '이방인'과는 더 이상 살 수 없다고 이혼을 강요했다. 결국 이혼당한 뒤 큰 아들은 자살해 죽고, 작은아들은 정신분열환자가 되었다. 억울하고 속이 상해서 하소연해 왔다.

◎ **정리 / 도움말**

구원파는 구원으로 시작해서 구원으로 끝나는 구원 만능주의인가?

구원파에서는 구원 확신을 못한 사람은 사람 취급을 하지 않는다. 목사님이든 유명강사든 구원을 받지 못한 사람은 다 불쌍하다고 말하지만, 그들은 비밀을 깨달은 자의 우월감을 갖고 교만하게 생각한다. 또한 영적인 것은 거룩하고 선하지만 육적인 것은 무익하다는 영지주의자가 되기 때문에 이 세상 친척관계나 가족을 별로 중요하게 여기지 않는다. 그 집단에서 주는 소속감이 너무 크기 때문에 구원 받지 않은 사람과의 관계는 전도 대상일 때만 관심을 갖는다. 더 이상 전도가 안 될 때는 소원해질 수밖에 없는 것이다.

구원을 받으면 집안 살림도 가치 없는 일이 되고, 자녀교육, 부부관계, 사업에 관심이 없어진다. 즉 현실 부적응자가 되기 시작한다. 구원받아서 천국에 간다는 명분만 중요하지 다른 일에는 별 관심이 없어진다. 영적인 구원만 중요하지 육신적인 생활은 중요하지 않다는 초대 교회 이단 영지주의가 다시 나타난 것이다.

예수님은 우리로 더욱 '풍성한 삶'을 누리게 하려고 오셨다(요 10:10). 신명기에서는 "내가 오늘날 네 행복을 위하여 네게 명하는 여호와의 명령과 규례를 지킬 것이 아니냐?"(10:13)라고 묻고 있다.

성경에서는 장로, 집사의 자격을 말할 때 "자기 집을 잘 다스려 자녀들로 모든 단정함으로 복종케 하는 자라야 할지며 사람이 자기 집을 다스릴 줄 알지 못하면 어찌 하나님의 교회를 돌아보리요"(딤전 3:4, 5)라고 묻고 있다. 또한 참된 영성은 가정생활을 통해 나타난다고 바울은 상기시키고 있다. 바울은 성령 충만을 받으라고 권면한 후, 성령 충만의 결과는 기쁨과 감사와 피차 복종으로 나타난다고 하며, 남편은 아내를 사랑하고 아내는 남편을 경외하고 복종하라고 가르치고 있다(엡 5:18-33). 베드로도 도를 순종치 않는 남편, 즉 믿지 않는 남편이 있다면, 말로 말미암지 않고 행위의 본을 보여 믿지 않는 남편으로 구원을 얻게 하라(벧전 3:1)고 가르쳤다.

구원파에서 받았다는 구원은 가정을 파괴하고 이혼시키는 열매를 맺는 경우가 많은 것을 보면, 성령으로 말미암은 구원이 아닌 것 같다. 성령은 진리의 영이며 화평케 하는 영이지, 어지럽히고 파괴하는 영은 아니기 때문이다.

예수님은 "좋은 나무가 나쁜 열매를 맺을 수 없고 못된 나무가 아름다운 열매를 맺을 수 없느니라. …… 그의 열매로 그들을 알리라"(마 7:18, 20)고 말씀하셨다. 그리고 사도 바울도 "저희가 하나님을 시인하나 행위로는 부인하니 가증한 자요 복종치 아니하는 자요 모든 선한 일을 버리는 자니라"(딛 1:16)고 경고하고 있다.

잘못된 가르침은 잘못된 삶을 낳는다. 진리는 가정을 세워주고 거짓된 교리는 가정을 파괴한다. 삶의 열매를 보면, 구원파의 복음이 사도들이나 역사적인 기독교회가 전한 복음과는 거리가 먼 '다른 복음'이며 '다른 교훈'에 해당하는 것을 쉽게 알 수 있다.

* 구원의 교리로 성경 전체를 해석하는 것은 편식을 시키는 것이다(예수님의 부활과 재

림, 성화, 영성훈련, 예배, 기도, 헌금, 절기 등에 대해 고루 가르치지 않는다).

* 하나님의 다양한 역사를 제한하고 하나님의 광대한 능력을 축소시킨다(신유, 축사, 예언, 통성[새벽, 금식] 기도, 예배, 축도 등을 무시하거나 경시한다).

|사례9| 구원 받은 사람이면 결혼에 학벌이 문제가 되나?

대학원까지 다닌 여학생인데, 구원 받은 사람이면 학벌이 무슨 문제가 되느냐고 고등학교 출신인 구원파 청년과 결혼하기로 결정했다. 단 한마디 상의도 없이 일방적으로 통보해 오는 바람에 가족들이 당황하고 낙심되어 도움을 청해 왔다.

|사례10| 교인 집에 가서 테이프만 듣고 오는 것이 예배인가?

외국에 살았던 간호사 자매는 구원을 확신한 뒤에는 구원파 모임 집에 가서 비디오나 테이프를 듣게 되었다고 한다. 매주일 4시간씩 운전해서 구원파 교인 집에 가서 테이프만 듣고 오는 것을 예배라고 생각했다.

◎ 정리 / 도움말

구원만 받으면 질서와 상식, 합리성을 무시해도 된다?

일전에 구원파에서 구원 받았다는 사람을 만났는데, 구원 확신은 구원파에서 했지만 그 교회에는 다니고 싶지 않다고 했다. 이유인즉 구원파는 사생활이 없다는 것이다. 늘 몰려다니고 사생활의 경계가 없어서 싫다는 것이다. 하나님은 질서의 하나님인데 성령의 흐름에 둔한 집단이기 때문에 성령의 열매 중에서 절제가 잘 나타나지 않기 때문이라는 것이다.

가정생활이 원만하지 않은 사람이 많다 보니 강한 소속감을 주고 친밀감을 느끼게 해주는 모임에 온통 마음을 빼앗기기 쉽다. 특히 행복한 가정생활을 영위하지 못하는 사람일수록 이단집단에 강한 매력을 느낄 수밖에 없다.

외로운 청소년들, 남편에게 무시받는 아내, 남편 구실을 잘할 수 없는 남자들이 영적으로 강한 확신을 주는 집단에 끌리는 경우가 허다하다.

겉으로는 교리에 대한 확신으로 참석한다고 하지만, 심리적으로 공허하고 나약한 성격을 소유한 그들은 카리스마가 있는 교주에게 자연스레 포섭되기 마련이다. 자신의 존재를 알아주는 그들의 친절과 흡인력에 마음을 주어 버리는 것이다. 영적인 가정이 육적인 가정을 대치시켜 주는 것이다. 마음을 먼저 주어 버리면 못할 일이 없게 된다. 상식도 없어지고 합리적이지 않아도 상관이 없다. 질서도 무시하고 형식도 중요하지 않다. 이 세상 규범도 더 이상 이들을 막을 수 없다. 가정생활이 붕괴되고, 이혼도 불사하며, 직장생활도 포기하고, 공부도 중요하지 않게 된다.

따라서 한 사람이 구원(?)을 받게 되면 그 사람의 가족은 비상이 걸린다. 상식에 맞지 않는 일이 벌어지기 때문에 당황한 가족들은 상담을 요청할 수밖에 없다.

두 눈 멀쩡히 뜨고 사랑하는 가족을 빼앗기고 냉가슴을 앓아야 하는 경우를 너무나 많이 본다. 왜 그곳에서 구원 확신만 하면 사람들이 그렇게 질서가 없어지는지 모르겠다. 살림 잘하던 아내를 놓치고, 구원받았기 때문에 이혼을 하자고 하며, 집에 잘 들어오지 않고 집회만 따라다니는 떠돌이가 생긴다.

"이런 자들이 더러운 이를 취하려고 마땅치 아니한 것을 가르쳐 집들을 온통 엎드러치는도다"(딛 1:11). 전국에서 이런 일을 당하는 가족들이 상담을 요청해 오기 때문에 우리 내외는 정말 난감해진다. 그곳에선 우리를 흉보겠지만 문제들은 그쪽에서 제공하는 셈이다.

이 글을 혹시 박옥수 구원파에서 읽게 된다면 우리 내외를 욕하지 말고, 우리에게 상담 요청이 오지 않도록 해달라고 부탁하고 싶다. 박 씨는 전에 자기의 잘못을 지적해 주면 고치겠다고 말한 적이 있다. 자기 확신에 차서 한 말인지 겸손해서 한 말인지 모르겠다. 진정으로 사람의 영혼도 구원하고 사람들을 바른 생활로 인도하고 싶다면, 제발 이제라도 정식으로 체계적인 신학을 공부해서 균형 있게 복음을 전하길 기대한다.

| 덧붙이는 말 |
'죄 사함, 거듭남의 비밀'은 더 이상 비밀이 아니다

거리에서 '죄 사함, 거듭남의 비밀'이라는 플래카드를 자주 보게 된다. 무슨 비밀을 그렇게 몇십 년간 변함없이 공개적으로 운운할까? 성경 말씀이 수천 년 전부터 기록되어 읽혀졌고, 오늘도 복음이 땅 끝까지 전파되고 있는데 왜 비밀이라고 하는가? 교회마다 매일 전파하는 내용이 예수님을 믿고 구원 받으라는 메시지인데, 따로 '죄 사함, 거듭남의 비밀'을 깨달으라고 한다.

멀쩡히 신앙생활 잘하고 있는 교인들을 현혹해서 확신을 만들어 주고 교인들을 빼앗아간다. 참다운 구원이라면 구원을 확신한 다음에는 더 겸손히 주님을 섬기고 다니던 교회에서 더욱 열심히 신앙생활 잘하고 가정생활도 더 모범되게 살아가야 하지 않겠는가? 내가 생각하기에는 거듭남이 비밀이 아니라 믿음을 갖게 하는 방식이 비밀스럽고 잘못되었다고 생각한다.

그렇게 전국에 써서 붙이고 알리면서 무엇이 비밀이라고 할 수 있는가? 아마 다른 복음전도 방식은 다 틀렸고 자기들이 전하는 식의 거듭남과 죄 사함을 확신시키는 방법이 비밀스럽다는 것이리라. 벽돌 찍어내듯이 구원과식 확신을 주니까 그것이 비밀스럽다는 것이리라. 그도 그럴 것이 인격적인 하나님을 소개한다는 자들이 개인의 자유의지를 배제하고, 피동적으로 죄 사함의 상태를 깨닫게 하는 확신을 주고 있으므로 인위적이고 비인격적인 하나님을 소개하는 것이 아니고 무엇인가?

　개인이 각각 자기 죄를 회개하고 결단할 필요도 없이 로봇처럼 도매금식으로 원죄가 사해졌다는 사실을 깨닫기만 하면 되는 구원 확신이 진정 구원인가? 그렇다면 앉은 자리에서 죄인을 만들고 같은 자리에서 의인을 만들 수 있지 않겠는가? 구원 확신의 날짜와 분까지 깨달을 수 있으니 얼마나 그 확신이 크고 대단하겠는가? 예수님의 공로는 구원 확신을 위한 액세서리로 이용될 뿐이지 않은가? 2,000년 전에 다 이루어 놓으신 역사적인 사실을 그냥 동의만 하면 되는 구원이니 얼마나 편한 방법일까?

　선물만 보고 매일 북 치고 장구 치고 좋다고 아우성 치는 것이지 선물을 주신 분과는 상관이 없을 수 있다. 먼저 선물을 주시는 분과 만나 관계를 갖고 있는 사람이라야 선물을 대하는 태도가 다를 수 있다. 선물을 준 사람을 만나 본 일이 없는 사람은 선물을 대하고 그 가치에 대해서 느끼는 감각과 태도가 다른 것이다.

　나는 구원파에서 구원 확신을 했던 사람이다. 전인격적으로 하나님을 믿어서 구원을 받은 것이 아니고, 구원 역사를 통해 이루어 놓은 죄 사함을 깨닫고 거듭났기 때문에 생활하면서 위기와 어려움이 닥쳤을 때 큰 어려움을 겪을 수밖에 없었다. 한 사람의 건강은 세균에 대한 저항력에 있는 것처럼 신앙인의 믿음의 분량은 위기 상황과 스트레스 대처 능력에 있다.

　나는 어려움을 겪을 때, 별 도움이 되지 않는 예수님을 믿고 산다는 사실에 놀라지 않을 수 없었다. 2,000년 전에 우리의 죄를 단번에 속죄해 준 예수님이 오늘 나의 고민과 문제에는 별 도움이 되지 않았고 의논 대상도 되지 않았던 것이다. 주님을 나의 '지'(intellect), '정'(emotion), '의'(volition)를 통해서 만나 본 일이 없었기 때문이다. 인격적으로 응답해 주시는 예수님을 알고 믿게 된 후에야 내 죄를 사해 주심도 감사하고, 생활의 인도자, 상담자, 위로

자, 능력을 주시는 분으로 섬기고 의지를 다해 따를 수 있게 되었다고 고백할 수 있다.

나는 한동안 '인격적인 하나님과의 만남'이란 말을 이해할 수 없었다. 구원은 확신하고 있었다. 날짜도 있었고, 죄 사함에 대한 성경말씀도 갖고 있었고, 침례도 두 번이나 받았고, 천국에도 갈 수 있다고 확신했다. 그러나 솔직히 말해서 하나님과 인격적으로 대화할 줄은 몰랐다. 내 영혼이 하나님과 일대 일로 만난 후에는 내가 그분을 알고 그분이 나를 알아주시는데 그 이상 무슨 확신이 필요했겠는가? 하나님 나라는 하나님과 교통이 되는 사람이 가는 곳이다. 본인이 아무리 확실히 구원 확신을 한다고 한들 하나님이 잘 모르겠다고 하시면 아무 소용이 없는 것이다.

구원파 교인들은 한번 자문해 보시기 바란다. "하나님! 정말 저를 진정으로 개인적으로 만나 주셨어요?" "성령의 열매가 내 인격 안에서 영글어 가고 있나요?"

"너희 안에 이 마음을 품으라 곧 그리스도 예수의 마음이니 …… 항상 복종하여 두렵고 떨림으로 너희 구원을 이루라"(빌 2:5, 12).

유병언, 박옥수, 이요한 세 계파의 공통점은 무엇인가? 하나님은 인격이 아니고 영이라는 권신찬의 가르침이 기본적으로 구원파의 신관의 핵심적 사상을 이루고 있다는 것이다. 영은 선하나 육, 즉 혼과 몸은 더럽고 악하기 때문에 부정해야 한다는 이원론적인 영지주의 사상이 세 계파 가르침의 근간을 이루고 있다. 지·정·의를 포함하는 전인격적인 기능을 동원하여 예수님을 믿고 순종하며 사랑하며 섬길 것을 가르치는 정통 교회와는 달리 의지적인 회개와 적극적인 헌신의 필요성을 부정하고 피동적인 믿어짐과 영적인(직관적인) 깨달음만을 강조하는 것도 세 집단의 공통점이라 할 것이다. 개인적인 책임(자범죄)을 인정하지 않고 아담으로 인한 원죄가 예수의 보혈로 사함받은 것만을 깨달으면 의인이 되었기 때문에 다시 회개할 필요가 없다고 가르치는 구원파 지도자들은 결국 같은 구원론을 주장하고 있다고 볼 수 있다. 따라서 이들은 구원 받은 이후에도 회개를 계속하고 죄인이라 고백하는 것은 구원받지 못한 증거라고 주장한다.

설교 내용이나 주제 면에서 차이를 검토한다면, 유병언과 이요한(이복칠) 계열은 영지주의적이고 반율법적인 구원과 극단적인 세대주의사상에 기초한 시한부종말론에 치우쳐 있는 것이 특징이라고 할 수 있고, 박옥수는 신앙생활의 시작단계인 '죄 사함, 거듭남'만을 집중적으로 설교한다는 것이 다른 점이라 할 것이다.

결론적으로 세 계파는 ① 지금은 은혜의 시대이므로 율법이 필요없다 ② 육은 더럽고 영만이 선하다 ③ 구원받은 그리스도인은 하나님의 은혜로 보호되기 때문에 육신적으로 어떻게 살든 구원에는 영향을 주지 않는다고 가르치고 있다. 구원은 죄 사함의 비밀을 영적으로 깨닫는 것이지, 그리스도 안에서 하나님을 만나는 사건이 아니라는 것이다. 이러한 가르침은 니골라당(계 2:6, 15)의 가르침과 흡사한 것으로서, 율법폐기론과 영지주의 사상이 새로운 가면을 쓰고 현대판 이단으로 나타난 것이라고 볼 수 있을 것이다.

5부

이단 분별과 대처

5. 이단 분별과 대처

성경은 이단에 대해 무엇을 말하고 있는가?

앞서 짧게 살펴보았지만 다시 한 번 정리하고 넘어가기로 한다. 성경은 이단과 거짓 선지자에 대해 우리에게 다음과 같이 알려주고 있다.

첫째, 이단의 출현은 전혀 새로운 현상이 아니다(마 24:3-51). 구약시대에도 거짓 선지자들이 있었다(렘 5:31, 23:9-18). 여호와 하나님은 그때에도 성도들에게 말씀하셨다. "너희에게 예언하는 선지자들의 말을 듣지 말라. 그들은 너희에게 헛된 것을 가르치나니 그들의 말한 묵시는 자기 마음으로 말미암은 것이요 여호와의 입에서 나온 것이 아니니라. …… 이 선지자들은 내가 보내지 아니하였어도 달음질하며 내가 그들에게 이르지 아니하였어도 예언하였은즉 …… 거짓을 예언하는 선지자들이 언제까지 이 마음을 품겠느냐. 그들은 그 마음의 간교한 것을 예언하느니라"(렘 23:16, 21, 26). 그리고 신약시대에도 영지주의, 신비주의, 쾌락주의, 금욕주의, 율법주의, 반율법주의를 비롯해, 몬타니즘, 마르시온주의, 아리안주의 등 다양한 이단이 진리를 왜곡해 정통 교회를 어지럽혔던 것을 우리는 교회사를 통하여 알고 있다.

둘째, 예수님과 사도들도 거짓 선지자, 거짓 그리스도, 거짓 사도의 출현을 예고했다. 예수님은 "거짓 선지자들을 삼가라. 양의 옷을 입고 너희에게 나아오나 속에는 노략질하는 이리라"(마 7:15)고 경계하셨고, "거짓 선지자가 많이 일어나 많은 사람을 미혹하게 하겠으며 …… 거짓 그리스도들과 거짓 선지자들이 일어나 큰 표적과 기사를 보이어 할 수만 있으면 택하신 자들도 미혹하게 하리라"(마 24:11, 24)고 예고하셨다. 그리고 사도 바울은 에베소 장로들에게 "내가 떠난 후에 흉악한 이리가 너희에게 들어와서 그 양떼를 아끼지 아니하며 또한 너희 중에서도 제자들을 끌어 자기를 좇게 하려고 어그러진 말을 하는 사람들이 일어날 줄을 내가 아노니"(행 20:29-30)라고 예고하였다. 그밖에 요한과 베드로 사도도 이단과 거짓 선지자들을 경계하라고 권면하고 있다(요일 4:1-6, 벧후 2장). 우리가 알고 있는 것처럼, 갈라디아서, 빌립보서, 골로새서, 디모데전후서, 유다서, 디도서, 요한일이삼서, 베드로후서 등 대부분의 신약 서신서들은 이단을 논박하기 위해 기록된 것이다.

셋째, 예수님은 행위의 열매를 보고 그들을 분별할 수 있다고 말씀하셨다(마 7:15-23). 거짓 선생들은 반드시 교리와 행위의 열매를 맺음으로 본색을 드러낸다. 우리는 행위의 열매를 통하여 그들의 교리와 사상이 잘못되었음을 분별할 수 있다. 이단을 평가할 때는 이단에 속한 여러 집단들이 그 집단의 추종자들에게 끼치는 결과들을 생각하는 것이 중요하다.

네프(LaVonne Neff, 1988)가 지적한 것처럼, "선한 결과들이 나쁜 이론을 성화시키지는 못할 것이다. 그러나 교리가 건전한 것처럼 보인다 할지라도 결과가 나쁘면 경계의 대상이 될 수 있다. 우리는 회원들의 인격, 관계, 직업, 공동체 관계에 어떤 일이 일어나는가를 보고, 즉 열매를 보고 그 나무를 판단할 수 있는 것이다"(233쪽).

넷째, 성경은 숫적, 물리적 성장이 반드시 하나님의 축복을 의미하지 않는다는 것을 가르쳐 준다. 가라지와 잡초일수록 더 풍성할 수가 있다. 귀신을 쫓아내고 많은 능력을 행해 많은 추종자를 거느린다고 해서 그것이 하나님의 축복이 함께 한다는 보증은 되지 못한다(마 7:22, 벧후 2:5). 마틴(Martin, 1968)은 이단들이 일 년에 200퍼센트의 놀라운 비율로 성장하고 있다고 지적한다. 그리고 윌리암스(J. L. Williams, 1989)는 이단에 빠져 있는 모든 사람의 80퍼센트가 정통 기독교단에서 넘어간 사람들이라고 개탄한다(2쪽). 가짜일수록 잎사귀가 더 풍성할 수 있는 것이다.

다섯째, 우리는 이단을 형제, 자매로 포용할 수 없다고 가르친다(고후 11:13-15, 요이 7-11, 딛 3:10). 사도 바울은 "이단에 속한 사람을 한두 번 훈계한 후에 멀리하라"고 명령하고 있고, 사도 요한은 "누구든지 이 교훈을 가지지 않고 너희에게 나아가거든 그를 집에 들이지도 말고 인사도 말라"(요이 10)고 명하고 있다. 정통 교회 성도로서 우리가 이단에 대해 어떤 태도로 접근해야 하는가는 쉬운 문제가 아니다. "이단들은 대부분 매우 교활한 방법을 사용함으로써 그들의 술책에 너무 쉽게 넘어가지 말아야 한다. …… 이미 이단에 빠진 사람들을 구제하기는 매우 어렵다. 스스로 속았다는 것을 느끼기 전에는 빠져나오려 하지 않고, 그것을 느꼈을 때는 대부분 이단이 줄 수 있는 모든 물질적, 정신적 피해를 다 입은 뒤이다. 어떤 특별한 방법이 있을 수 없다. 다만 그 가르침의 잘못과 그 이단의 배경과 여러 가지 비리를 지적함으로써 스스로 그에 대해 회의를 갖도록 하는 길밖에 없을 것이고, 항상 사랑으로 대해주어야 할 것이다. 그러나 그것은 어디까지나 방금 유혹을 당한 사람들의 경우이고, 이미 깊이 빠져 들어가 오히려 역공을 취할 준비가 된 사람들은 이쪽에서 상당한 준비를 하지 않는 한 멀리하는 길밖에 없을 것이다(손봉호, 1987, 104쪽).

트리니티 복음주의신학교의 교회사 학자 브라운(Harold Brown, 1984) 교수는 기독교 이단은 같은 진영 내에서 나타난 반역자들이라고 말한 적이 있다(3쪽). 신약 성경의 가르침에 따르면, 불신자와 이교도는 그리스도인의 원수로서 사랑의 대상이나, 멸망케 할 다른 복음을 전하는 이단들은 저주와 심판의 대상으로 등장한다. 바울은 "우리가 너희에게 전한 복음 외에 다른 복음을 전하면 저주를 받아 마땅하다"(갈 1:8-9)고 선언하고 있다. 만일 이교도(pagans)를 원수들이라 한다면, 이단(heretics)은 반역자들이다.

어떻게 이단을 분별할 수 있는가?

예수님은 열매를 보고 그 나무를 안다고 말씀하셨다. 그러면 우리는 어떻게 거짓 선지자와 이단을 식별할 수 있는가? 이단을 관찰하고 연구한 전문가들의 정리와 사도 베드로와 요한, 바울의 가르침을 바탕으로 이단의 특징을 살펴본다.

첫째, 이단 지도자들은 그들의 추종자들을 완전히 지배하고 있다. 이단은 옛날이나 지금이나 강력하고 권위주의적인 지도자에 의해 시작되었다. 이 지도자들은 초자연적인 능력을 받았다고 주장하거나 개인적으로 '인치심'을 받거나 계시를 받았다고 주장한다. 정한택(1991)은 사람들의 마음을 사로잡는 이단 교주들의 특징을 말하는 가운데, 그들이 과대망상증 환자임을 우선 꼽았다. 임상심리학적으로 볼 때 그들은 성격장애자들이며 과대망상, 피해망상 증세를 함께 드러내는 심리장애자들이다. 문선명이나 유병언, 이장림, 펄시 콜레, 요셉 스미스, 박태선, 정명석, 이만희, 안상홍, 박명호는 모두 과대망상 증상을 나타내는 성격장애자들이라고 할 수 있다. 이들은 자신과 교리에 확신을 갖고 있는 권위주의적이고 카리스마적인 인물들이다. 자신의 가르침이 세계와 개인의 문제를 해결할 수 있는 참되고 실제적이며 이상적인 방법이라고 주장하며 추종자들에게 엄격한 규율을 따를 것을 요구한다.

마틴(1990)은 "이단 지도자들이 자아도취적 고립주의에 의해 자신을 타인으로부터 분리시킨다. 이것은 과장된 자아상, 즉 하나님이 특별히 자신을 인쳐 영적으로 으뜸되는 위치에 승격시켰다는 믿음에 의해 가능하게 된다"(26쪽)고 분석했다.

그들은 자신이 굉장히 위대한 존재로서 하나님께 계시를 받았다고 주장한다. 이들은 대부분 꿈에서 '인류를 구하라'는 특별 지시를 하나님께 받았기 때문에 이것을 하루 빨리 실천에 옮겨야 한다고 말한다. 대부분 제대로 된 학교교육을 받은 일이 없으며 몽상적인 것을 현실적인 것이라고 생각한다. 이단 교주들은 반사회적인 성격장애자들로서 이들은 의지가 강하고 인내심도 대단하다. 또 행동으로 사랑을 실천하기도 한다. 이러한 인간적인 매력이 사람들을 접근하기 쉽게 한다. 심리학자 콜만(James Coleman, 1984)은 이단 교주들이 고등사기꾼으로 "대단한 지능과 사교적 매력으로 사람을 속이기 위해 복잡하고 정교한 계획을 세워 이행하기도 한다"(237쪽)고 설명하고 있다. 문선명, 유병언, 정명석, 이만희, 안상홍 등은 체계적 신학교육을 받지 않았으나 모두 탁월한 재능을 지닌 사람들이다.

마틴(1980)은 대부분의 이단 지도자들이 직업적인 성직자가 아니라는 데 주목하고 있다. 그들은 "어떤 내적 계시에 따라 스스로 목사가 되었거나 집단 내에서 지도자로 추대되었다"는 것이다. 성경학교나 신학교에서 체계적인 신학 교육을 받은 적이 없으며 기존 교회의 신학 교육을 '사단적'이라고 무시하거나 비판한다. 그리고 이단 교주들이 자신을 예수, 메시아, 재림주, 또는 살아 있는 성령으로 신격화하고 있다는 것은 잘 알려진 사실이다.

그러나 이들은 하나님의 부르심을 받은 적이 없다. 자칭 목사들이다. 그래서 사도 베드로는 그들을 '거짓 선지자', 또는 '거짓 선생'이라고 부른다(벧후 2:1). 그들은 성경을 임의로 억지로 해석해(벧후 3;16) 지어낸 거짓말을 가르치기 때문에 거짓되다는 것이다(벧후 2:3).

이단 교주들이 반사회적이고 사기성이 있는 성격을 형성하게 된 배경에 대하여 정한택 교수(1991)는 그들의 우여곡절이 많은 가정환경을 들고 있다. 교주의 부모, 형제, 자녀, 부부 관계를 살펴보면 많은 결함을 발견할 수 있다. 일제 때에 투쟁하다가 투옥되어 고문을 받았다고는 하지만, 부부가 이혼을 했거나 자식이 불량해서 사회에 해독을 끼치거나 물의를 일으키기도 한다. 이단 교주들은 대부분 자신의 과거 경력을 미화, 과장하여 허위로 선전하기를 좋아한다. 그리하여 그들은 자신이 굉장한 인물이라도 되는 것처럼 신도들 앞에 나타낸다.

둘째, 대부분의 이단은 성경 이외에 다른 경전을 가지고 있는데, 이들 경전은 성경에 부가된 것이거나 성경을 대치시키는 역할을 한다. 이것은 이단이 성경 외의 계시(extra-Biblical revelation)에 의존한다는 말이다. 통일교의 원리강론, 몰몬교의 몰몬경, 여호와의 증인의 새세계성경 등이 그 대표적인 예다. 구원파에서는 권신찬과 유병언의 설교집이 사실상 성경을 능가하는 권위를 지닌다. 그들의 우화적이고 풍유적인 성경해석이 성경 본문의 권위를 능가하기 때문이다.

하나님의 계시의 말씀은 변개하거나 고치거나 왜곡해서는 안 된다. 하나님은 어떤 사람도 그분 말씀에 더하거나 감하지 못한다고 선언하셨다(계 22:18-19)

셋째, 이단들은 다른 집단이나 개인에게서 찾아볼 수 없는 절대적인 진리를 독점하고 있다고 주장한다. 보통 이 진리는 교회 역사가 진전되는 중에 상실되거나 부패되었다가 자기들의 집단에서 다시 '회복' 되었다고 한다. 지방교회(1982)는 "교회는 여러 세기에 걸친 역사를 통해 타락되었기 때문에 하나님의 본래의 뜻대로 회복되어야 한다"고 주장한다(6쪽). 구원파의 권신찬(1977)

은 "교회의 참 뜻은 성경에 비밀히 감추어져 있는 진리로서 구원파에서 처음으로 깨달아졌다"(143쪽)고 단언하고 있다. 박옥수(1988)는 "죄 사함과 거듭남의 비밀"을 자기들만 독점하고 있다는 착각에 빠져 있다. 다미선교회를 이끌고 있는 이장림(1991)은 "예수 공중 재림과 휴거"에 대한 진리를 혼자 독점하고 있다고 주장한다. 이러한 독선적 진리에 대한 확신 때문에 이들 이단에 속한 사람들은 나머지 세계로부터 고고한 선민의식을 느끼기 마련이다.

넷째, 이단은 이중적인 언어 체계를 가지고 있으며, 성경의 용어를 기존 교회와 다른 의미로 사용하고 있다. "비정통적인 종교 단체(이단)들의 신도들도 때로는 기독교인들과 똑같은 용어를 사용한다. 그들은 교리적 진술들과 성경 구절들을 다른 방식으로 해석한다. 그들은 거짓 학설을 가지고 군림하려 한다. 심지어 그들은 고의적으로 속이려 하고, 그들의 전반적인 신학을 노출시키길 꺼린다"(Bjorstad, 1979, 152쪽). 따라서 그들은 정통 교인에게 접근하는 방법이 사특하고 간교하다.

이단은 마치 공산주의자들처럼, 역사적인 기독교 용어를 사용하되 그들의 목적에 따라 다른 의미로 재정의하여 사용한다. 성경해석이라는 이름으로 본문과 교리를 문맥과 관계없이 마음대로 영해하며 기존 교회의 성도를 주저 없이 미혹한다. 사단이 에덴동산에서 하와를 유혹하듯, 개구리를 찬 물에 넣고 서서히 삶아버리듯 세뇌시킨다. 거짓과 진리를 교묘히 혼합해 가르치는 가운데 성경적 용어를 다른 의미로 사용한다.

베드로는 이와 같이 이단 교주들이 "멸망케 할 이단 사상을 가만히(몰래, 비밀리에) 끌어 들인다"(벧후 2:1)고 했다. 거짓의 아비, 사단의 조종을 받고 있는 이단 지도자는 그 언행이 항상 이중적이고 기만적이며 은폐적이다.

예를 들어, 통일교는 'heavenly deception'을 정당화하고 있으며, 구원파 교주 유병언의 모든 행동 뒤에는 '우리는 천국의 스파이'라는 사상이 깔려 있다. 그래서 자신의 정체를 꾸미거나 은폐한다. 유병언은 구원파의 실세이며, 창설자로서 권신찬도 우러러보는 존재임이 분명하다. 그럼에도 그는 자신이 구원파와 관계 없는 사업가일 뿐이라고 자신의 정체를 숨기려 한다. 구원파에서는 한국평신도복음선교회(KLEF)라는 집단 명칭을 사용하다가 1992년 이후에는 기독교복음침례회라는 그럴듯한 명칭을 사용하고 있다. 책을 출판할 때도 우정출판사, 중동문화사, 일류사, 문진당, 신아문화사, 도서출판 선구자, 도서출판 춘광, 도서출판 오메가 등 출판사 이름을 바꿔가며 각종 서적을 찍어내어 일반인들은 구원파의 책이 어디서 나오는지 식별할 수 없게 만들고 있다. 그리고 초교파적인 월간 잡지처럼 위장해 일반 교단 매체에 광고를 실어가면서 「크리스천 월드」라는 잡지를 출간한 적도 있다.

「세칭 구원파란?」이라는 책에서 권신찬은 자신의 이름을 밝히지 않으며, 유병언도 「알파와 오메가까지」 6권으로 된 설교집을 내면서 자신의 이름을 숨기고 있다. 한국일보나 조선일보에 불행한 사람들의 기사가 나면 매번 200-300만 원씩 회사를 해서, 한번은 한국일보에서 유 씨를 '단골 적선'이라고 소개한 적이 있다. 거짓 선지자일수록 광명의 천사로 위장하는 것 같다. 예수님은 "거짓 선지자들을 삼가라. 양을 탈을 쓰고 나아오나 속에는 노략질하는 이리"라고 했다.

지금은 자연보호운동을 표방해 운용되고 있는 대학생 동아리 한국녹색회의 배후에 구원파가 있다는 사실을 아는 사람도 많지 않다. 이단은 사단의 조종을 받기 때문에, 언제나 위장술에 능한 것이 특징이다.

다섯째, 거짓 선지자는 정욕적이고 호색적이다(벧후 2:2, 10, 14). 도덕적으로 문란하다는 말이다. 겉으로는 경건하고 의로운 것처럼 행세하나 윤리적으로 문제가 있다는 말이다. 거짓된 교리를 믿을 때 생활이 잘못되는 것은 당연한 현상이다. 참 기독교는 경건과 정절과 절제를 가르치는 데 반해 이단들은 대부분 세속적이고 윤리적으로 저속한 생활을 하는 것으로 나타난다. 통일교와 천부교의 혼음 교리는 문란한 남녀관계를 정당화시키고 있다. 나는 구원파 교주 유 씨의 남녀 관계에 대해 구원파에서 보낸 이중 첩자들 앞에서 선도 목적으로 발언한 내용 때문에 명예 훼손으로 피소되어 재판을 받은 적이 있다.

베드로는 거짓 선생들이 "육체를 따라 더러운 정욕 가운데 행한다"(벧후 2:10)고 했고, "음심이 가득한 눈을 가지고 범죄하기를 쉬지 아니한다"(14절)고 진단했다. 거짓 선생이 늘 음행과 호색을 특징으로 하는 것은 아니겠지만 베드로는 성적 문란을 이단 지도자의 특징이라고 언급했다. 그런데도 이단 추종자들은 자기 지도자가 윤리적으로 흠이 없는 의인이라고 확신하고 따르고 있다.

여섯째, 거짓 선생들은 돈을 사랑하며 교인들을 경제적으로 착취하여 가정을 파괴한다. 이단은 거의 예외 없이 헌금으로 사업을 운영한다. 베드로는 "저희가 탐심을 인하여 지은 말을 가지고 너희로 이를 삼는다"고 했다(벧후 2:3). 여호와의 증인, 몰몬교, 통일교와 전도관, 애천교회, 구원파와 승리제단은 모두 헌금을 착취해 사업에 투자하고 있다는 공통점이 있다.

교주의 삶은 신성불가침이며 지극히 호화로운 생활을 한다. "교인들에게는 염세적일 정도로 내세지향적이나 교주는 항상 호화의 극을 누리며 심지어는 도덕의 제약마저 뛰어넘는 파렴치하고 무도덕적인 경우가 허다하다"(홍정길, 1987).

바울은 경건을 이익의 재료로, 즉 종교를 돈벌이의 수단으로 생각하는 자들 사이에 끊임없는 알력이 생긴다고 말하고 있다(딤전 6:5). 그들은 불의의 삯을 사랑한다고 말한다(벧후 2:15). 그럴듯한 말을 하여 교인들의 돈을 착취해 사업에 투자하도록 한다. 옛날 이단들도 마찬가지다. 그레데 섬에 활동하던 이단 할례당에 대해 말하면서 사도 바울은 "저희의 입을 막을 것이라 이런 자들이 더러운 이를 취하려고 마땅치 아니한 것을 가르쳐 집들을 온통 엎드러치는도다"(딛1:11)라고 경고하고 있다.

정통 교회에서 함께 신앙생활을 하다가 식구 중 한 사람이 이단에 넘어가면 가정이 이혼으로 파탄되기 쉽다. 신앙이 다르다는 이유로 남편이 정통 교회의 장로, 집사라도 이방인으로 취급해 이혼하게 되는 경우가 많고, 재산을 바쳐 알거지가 되는 가정도 많다(국민일보, 1991. 8. 22). 이단 종파에 모든 재산을 헌납함으로써 가난과 굶주림과 헐벗음의 고통 속에서 헤어나오지 못하게 된 부인들과 아이들의 이야기는 끝이 없다. 이단 교주들은 만족할 줄 모르는 탐욕을 지니고 있다(브리즈, 136쪽).

(주)세모 한강 유람선, 세모 스쿠알렌, 세모 회충약, 세모 컴퓨터모니터, 노른자 쇼핑, 세모 페인트, (주)온나라유통 등은 모두 구원파에서 관여하는 것이다(「샘이 깊은 물」 1991. 10, 동아일보 1991. 8. 29, 대전일보 1992. 1. 10, 국민일보 1991. 8. 8, 「현대종교」 2006. 10).

일곱째, 거짓 선생들은 기독교의 기존 권위와 전통을 무시한다(벧후 2:10). 베드로는 그들을 "주관하는 이를 멸시하는 자들"이라고 한다. 하나님의 권위를 무시하고 예수님의 구주 되심을 인정하지 않으며 자신을 최종적인 권위로 부각시킨다. 그리고 자기들의 교회(모임)가 유일한 참 교회라고 가르친다. 유병언(1979)은 요한복음 14장 6절을 곡해하여 '나', 즉 그리스도의 몸 곧 (구원파) 교회로 말미암지 않고는 구원 받지 못한다고 가르친다. 이단은 저항적이며 그들의 신앙과 관심과 가치관은 기성 교회의 그것들과 반대적이다. 그들은 중요한 사회 제도와 교회 전통에 적대적인 자세를 취한다(엔로드 외, 18쪽).

그들은 역사적인 교회의 전통적 질서를 무시하고, 신학 교육 제도를 무시한다. 성경대로 한다고 하면서 성경의 기본적인 가르침까지 무시한다. 기도와 금식, 예배를 전면 부정한다. 그들은 기존 교회가 기도를 하고 사도신경과 주기도를 암송하고 예배 끝에 축도를 하기 때문에 타락하고 부패했다고 가르친다.

여덟째, 거짓 선생들은 당돌하고 고집이 세며 집요하게 목적을 추구한다. 베드로후서 2장 10절에 이들은 담대하고 자기 뜻대로 고집하여, 자기 원하는 대로 행한다고 했다. 이단 교주들은 자기중심적이며 하나님을 두려워하거나 기쁘시게 하는 데 관심이 없다. 자기들의 목적대로 전도하기 위해서는 거짓말도 하고, 반대하는 사람에게는 협박 공갈과 폭력 행사도 불사한다. 이를테면 유병언은 나를 고소하기 위해 1년 전부터 교인 가운데 이중 첩자를 교육시켜 파송하기도 하고, 재판에서 이기기 위해 경찰관 교인을 시켜 집단 타살범 6명을 훈련시켜 자수시키기도 했다. 근래에는 내가 인도하는 부부세미나에 교인을 위장하여 참석하게 한 적도 있다. 이단에게는 목적이 수단, 방법을 정당화하기 때문이다.

이른바 '복음을 전한다'는 목적을 위해서는 수단, 방법을 가리지 않는다. 마치 순수한 복음을 전파하던 사도 바울을 수시로 세상 법정에 고소했던 유대인들처럼, 구원파는 1990년 11월에 그들의 비판 세력인 탁명환 국제종교문제연구소 소장과 나를 세상 법정에 고소했다. 이단 구원파에서 기독교 지도자를 세상 법정에 고소하는 것은 자기들만 '구원'을 받았고 나와 같은 사람은 '구원 받지 못한 이방인'이라고 믿기 때문이다.

아홉째, 거짓 선생들의 메시지는 공허하고 일관성이 없을 뿐 아니라 지어낸 거짓말로 가득 차 있다. 베드로는 그들을 "물 없는 샘"(벧후 2:17)이라고 부르고 있으며, 유다는 "바람에 불려가는 물 없는 구름이요 …… 열매 없는 가을 나무"(12)라고 부르고 있다. 좌절감을 안겨주고, 인간의 깊은 영적 욕구를 충족시키지 못한다. 물 없는 샘이 무슨 쓸모가 있으며 폭풍에 밀려가는 안개가 무슨 영원한 가치가 있겠는가? 하나님을 인격적으로 만나게 하지 않기에 하나님을 만날 때에만 채워지는 소속감의 욕구가 충족되지는 않는다. 그래서 저들은 교제를 강조해 인간적인 소속감을 느끼도록 유도하는 것이다.

구원파 지도자들은 한 번에 보통 한두 시간씩 설교를 하는데, 주로 기존 정통 교단의 약점을 지적하고 기성 교회를 비난하며 해마다 구원과 교회, 종말에 치중한 메시지를 거듭하고 있다. 정통 교회의 역사적, 문법적, 신학적 성경해석의 원리를 배운 적이 없기에 우화적인 영해와 억지 해석을 통해 성경적으로 균형을 잃은 거짓 교훈을 가르치고 있는 것이다.

구원파에서는 사람이 자신의 죄를 회개하고 예수를 영접함으로 구원 받는 것이 아니라 예수님이 자신의 죄를 사해 놓으신 사실을 깨달음으로 구원을 받는다고 가르친다. 자기들만이 갖고 있는 복음을 깨달음으로 구원을 받는다고 가르친다. 게다가 구원을 강조하던 유병언은 세월이 지남에 따라 기도와 예배를 부인하는 교리를 만들어냈다. 권신찬은 말라기 3장 16절을 근거로 성도의 교제가 바로 기도라는 기독교 역사상 유례가 없는 성경해석을 하고 있다. 한편 유 씨는 요한복음 14장 6절과 15장 5절에서 그리스도를 교회로 대치시켜, 구원파 교회로 말미암지 않고 하나님께 올 자가 없으며 교회를 떠나서는 아무것도 할 수 없다는 해괴한 교리를 끌어내고 있다. 신앙생활은 개인이 하는 것이 아니고 교회가 대신해준다는 교리를 지어내서 가르치고 있다. 또 구원파의 기도 교리 가운데 하나는 "일단 구원을 받으면 기도는 하지 않아도 되고 구원파 교회에 붙어 있기만 하면 예수님 재림 때 들림을 받는다"는 것이다.

열번째, 이단 지도자는 입으로는 하나님을 시인하나 사상과 행위로 하나님을 부인한다(딛 1:16). 유다서 4절에 그들은 홀로 하나이신 주재, 우리 주 예수 그리스도를 부인하는 자들이라고 했다. 구원파가 표방하는 12신조는 그럴듯한 내용을 담고 있다. 그러나 그들의 진짜 믿음과 핵심 교리는 엉뚱하고 비성경적인 사상을 내포하고 있다. 이단은 언제나 자체 교육용 교리와 대외 선전용 교리를 갖추고 있다.

이단은 언제나 성경에 나오는 중생, 구원, 기도, 예배와 같은 용어를 다른 의미로 사용하여 순진한 성도들을 미혹한다. 입으로는 하나님을 시인하는데, 사상과 행위로 부인한다는 말이다. 예를 들어, 몰몬교에서는 복음이 몰몬교의 제도와 교리를 가리키는 것으로 이해하고 있으며, 거듭나는 것은 '말일성도 예수 그리스도의 교회(몰몬교)로 세례를 받는 것'을 의미한다. 하나님은 인간과 같은 형상을 지닌 분으로 이해하고 있다. 정통 교회와 같은 용어를 사용하되 전혀 다른 의미로 사용함으로 사실상 그 사상과 행위로 하나님을 부인한다는 말이다(Sandra Tanner).

열한번째, 거짓 선생들은 열심이 있다. "저희가 너희를 대하여 열심 내는 것이 좋은 뜻이 아니요 오직 너희를 이간 붙여 너희로 저희를 대하여 열심 내게 하려 함이라"(갈 4:17). 이단의 교주는 매사에 적극적이고 열성적이다. 이단의 추종자들은 주님과 인격적인 관계가 없기 때문에 주님을 사랑하고 주님을 섬기는 것이 아니라 그들의 집단과 회사를 섬긴다.

여호와의 증인, 통일교, 몰몬교, 구원파, 다미선교회, 애천교회의 공통점은 소속 교인들의 왕성한 전도열이다. 그들은 모두 부지런하고 열성적이라는 사실이다. 하나님에 대한 사랑 때문에 기쁨으로 봉사하는 것이 아니라 교주와 그 집단에 대한 열심으로 충성하고 봉사한다. 오대양 타살범들만 해도 자수하지 않으면 공소시효를 넘겨 살아남을 수 있었다. 그런데도 교주가 시키는 대로 교회의 목적을 위해 자수할 정도로 포교 활동에 열성적이다(한겨레신문, 1991. 8. 10).

열심에 문제가 있는 것이 아니라 열심의 동기가 중요하다. 바울은 갈라디아서 4장 18절에서 "좋은 일에 대하여 열심으로 사모함을 받음은 내가 너희를 대하였을 때뿐 아니라 언제든지 좋으니라"고 했다.

열두번째, 이단들에게는 선민의식과 배타주의가 있다. 고인 물은 썩기 마련이다. 자기들만 구원 받았다는 선민의식에 빠져 하나님의 광대하심을 망각한 채 교만하다. 그리고 배타적이며 판단적이고 독선적으로 행동한다. 그래서 이단은 그들이 역사상 중심적 역할을 담당한다고 믿는다. 특별히 예수께서 재림하실 때 자기들만 들림을 받는다고 착각하고 있다.

열세번째, 이단들은 피해망상적 특성과 아울러 처벌 지향적 특성을 지닌다. 핍박을 받고 있다는 생각은 거의 모든 신흥종교 운동들의 특징이다. 그들은 진리를 전하고 있기 때문에 부패한 기존 교회와 정부에 핍박을 받고 있다고 생각한다. "무릇 그리스도 예수 안에서 경건하게 살고자 하는 자는 핍박을 받으리라"(딤후 3:12)고 했는데, 엉뚱하게도 이 말을 자신들에게 적용하고 있다.

이단은 교주의 깨달음에 따라 추종자들이 지켜야 할 관습과 믿음에 순응할 것을 요구하고 있다. 이를 거부하는 사람들은 즉시 처벌을 받거나 징계 대상이 된다. "철저하게 충성하지 못하는 사람들이나 지나친 의무를 가진 자들, 그리고 규칙들에 불복종하거나 공공연히 거부하는 사람들이 처벌되는데, 즉 공식적으로 파문당하거나 단순히 그 단체를 떠나도록 종용받는다. 그리고 이단은 교인들을 마음대로 다루기 위해 불안, 위협, 그리고 죄책감을 정기적으로 사용한다"(엔로드 외, 21쪽).

열네번째, 거짓 선생들을 위해서는 반드시 하나님의 심판이 예비되어 있다고 성경은 선언한다. 베드로는 그들을 "임박한 멸망을 스스로 취하는 자들이다"(벧후 2:1)라고 했다. 베드로는 그의 두 번째 편지에서 "저희 심판은 옛적부터 지체하지 아니하며 저희 멸망은 자지 아니하느니라"(벧후 2:3)고 쓰고 있다.

이어서 4-11절에서는 범죄한 천사들의 심판과, 노아 시대에 있었던 경건치 아니한 자들의 홍수 심판, 소돔과 고모라의 음란한 자들의 심판을 말하면서 이단 지도자, 즉 거짓 선지자들을 형벌 아래 두어 심판날까지 지키신다고 했다. 그리고 17절에서는 이단 지도자들에게는 캄캄한 어두움이 예비되어 있다고 다시 한 번 확인하고 있다. 그러나 참 목자를 따라 경건한 삶을 추구하는 성도들은 주께서 미혹과 시험에서 건지신다고 약속하고 있다(벧후 2:9).

모리스 버렐(Maurice Bruuell, 1981)은 사회심리학적 관점에서 이단의 특징을 ① 카리스마적인 지도력, ② 교세 확장을 위한 강한 전도열, ③ 배타적이고 독선적인 진리, ④ 집단 우월감, ⑤ 중앙 집권적인 체제와 엄격한 통제, ⑥ 정통 교회의 교리와 전통으로부터의 탈선, ⑦ 비밀스런 은폐성, ⑧ 개성의 말살, ⑨ 체계적인 신학 교육과 기존 성직 제도의 무시 성향 등으로 종합하고 있다.

일찍이 예수님은 "거짓 선지자들을 조심하라. 그들은 양의 옷을 입고 너희에게 나아오나 속에는 노략질하는 이리가 들어 있다"고 했다. 또 "너희가 그 열매를 보고 그들을 알게 되리라"(마 7:20)고 하셨다. 이단학의 권위자 월터 마틴의 말대로, 그들의 '나쁜 열매'는, 교회적-신학적, 윤리-도덕적 영역에 똑같이 나타나고 있다.

기독교복음침례회, 즉 구원파는 그 가르침과 행습의 열매로 볼 때, 역사적인 정통 기독교와 거리가 먼 사이비 기독교임이 판명되었다. 그리고 위에 언급한 이단의 특성들은 통일교, 천부교, 승리제단, 다미선교회, 여호와의 증인, 몰몬교, 신천지교회, 안상홍 하나님의 교회, 대성교회, 애천교회, 베뢰아 등 이단에 공통적으로 적용된다.

이단은 추종자를 어떻게 세뇌시키는가?

이단을 연구할 때 어려움 가운데 하나는 이단이 그 조직과 활동과 호소력의 정도에 있어서 많은 다양성을 보이고 있다는 것이다. 현대 이단의 공통된 특징 가운데 하나는 새로운 회원을 끌어들이기 위해 집중적인 설득이 포함된 교묘한 세뇌 수법을 사용한다는 점이다. 어떤 이단의 경우에는 사람들이 스스로 찾아와 활동에 동참하기 때문에 설득할 필요도 없이 개종자를 얻기도 한다.

그러나 대부분의 이단은 정교한 세뇌방법을 동원하고 있다. 이제 이야기할 사고개조 방법을 모든 이단이 동일한 순서에 따라 보편적으로 사용하고 있다고는 할 수 없다. 하지만 이단은 공통적으로 사람들로 하여금 건전한 판단력에 근거하여 믿음의 결단을 내리게 하기보다는 교묘한 방법으로 개인의 생각을 마비시켜 버린다.

"이단은 보통 두 가지 방법으로 전도한다. 신학적으로, 그들은 교리적 혼란을 조장함으로써 전도를 시도하고, 심리적으로 개인이 감지하고 있는 어려움이나 필요를 이용함으로 포교힌다"(Jim Roche, 1979, 46쪽). 이단이 이러한 방법으로 불신자나 기성 교회 교인에게 접근한다는 것을 염두에 두고 그들이 사용하는 세뇌원리 과정을 살펴보기로 한다.

첫째, 이단이 사용하는 가장 기본적인 세뇌원리는 욕구 충족(need fulfillment)이다. 이단은 그들의 재력을 늘이는 일뿐 아니라 교세를 확장하는 일에도 기업체와 같은 전략을 활용한다. 그들은 아주 기본적인 자본주의 원리를 사용하는데, 그것은 '필요(욕구)를 발견해 채워주라'는 것이다. 이단들은 개인이 정서적으로 곤궁할 때 접근한다. 따라서 그들이 관심을 갖는 대상은 자아 정체감을 확립하지 못해 혼돈에 빠져 있는 중고등학생, 대학 입시에 실패한 재수생, 이혼이나 가족의 사망으로 우울해하고 있는 사람들, 처음으로 부모를 떠나 하숙하고 있는 대학 신입생, 제2의 사춘기를 만난 중년 부인 등이다(Stipes, 1978).

사회학자들의 연구(Underleider & Wellisch, 1979)는 이단 교인들이 강렬한 안전감의 욕구, 어떤 구조와 예측할 수 있는 환경에의 욕구를 갖고 있는 것으로 나타났으며, 다른 사람과 친밀한 관계를 맺을 수 있는 기회를 찾고 있다가 이단에 가입하게 되었음을 보여준다. 애천교회나 승리제단, 통일교회, 구원파, 다미선교회 등 이단에 청소년 대학생들과 중년 부인이 많이 포섭되어 있다는 것은 우연한 일이 아니다.

특히 이단들은 친밀 공동체의 개념을 의도적으로 활용해 추종자들에게 가족의 개념을 부각시킨다. 육적인 가정을 영적인 가정으로 대치시킨다. 따라서 이단 교인들은 서로 형제, 자매라고 부르기를 좋아하며 따라서 이단 지도자는 영적인 부모로 둔갑하게 된다.

인민사원의 짐 존스(Jim Jones)는 추종자들에게 아버지로 불렸으며, 문선명과 그의 부인 한학자는 통일교인에게 '참 부모'로 불린다(Enroth, 1977). 구원파에 속한 교인들은 서로 형제, 자매라고 불러 친밀감을 확인하는 것으로 유명하다. 구원파에 충성하다 이탈한 신도들은 유병언이 부모나 형님과 같은 존재였다고 고백하며, 유병언의 비서실장 역할을 하다 현재 위증죄가 인정되어 복역 중에 있는 송재화 여인은 그를 작은 예수, 지혜자라고 추앙했던 것으로 보도되었다.

오성춘(1991) 교수는 이단의 이러한 특징을 다음과 같이 지적하고 있다. "대부분의 이단은 신도들 개개인을 있는 그대로 받아주며, 각자에게 합당한 가치를 정해주고, 고통당하는 사람들을 지탱해주며 적극적으로 돌보아줌으로써 가끔 기성 교회들이 주지 못하는 소속감의 욕구들을 충족시켜준다"(106쪽).

라쉬(Christopher Lasch, 1977)는 그의 연구 결과에 기초해 "부모 부재의 가정에서 방임된 상태로 성장한 젊은이들은 권위를 상징하는 존재가 없는 가정에서 자라났기 때문에 권위주의적인 이단 교주의 밥이 되기 쉽다"고 지적하고 있다. 이렇게 자라난 사람은 강력한 권위자와 유대를 맺어온 경험이 없기 때문에 강력하고 엄격한 지도자에 "굶주려 있으며 그들에게 접선되기만 하면 의심 없이 순종하게 되는 것이다"(Balswick & Balswick, 1989, 99쪽).

둘째, 이단이 신도를 확보하기 위해 사용하는 세뇌원리는 희생을 요구하는 것이다. 이단이 운영하는 수양관, 모임집, 농장 등은 대부분 외딴 곳에 위치해 있으며, 이단은 이곳을 훈련 및 세뇌 공작 센터로 사용한다(Enroth, 1977). 사교집단 회원들은 새로 들어온 사람들에게 포용, 아첨, 환영 등을 통하여 소속감을 고취시킨다(디한, 1991, 41쪽). 그러나 이 모든 사랑과 안정감과 형제애는 하나의 미끼일 뿐, 머지않아 초신자는 앤로드(1977)가 '희생'이라고 부르는 과정을 통해 그의 첫 번째 헌신(commitment)을 해야 하는 위치에 서게 된다.

이것은 세뇌과정의 둘째 원리로서 후보 신도가 믿음과 충성심의 첫째 시험을 통과하게 되면 그 집단에 남고 싶은 마음이 크게 생겨난다. 이 시점에서 그는 모든 것을 포기하고 바칠 필요가 없다. 그리고 희생하는 것이 꼭 물질적인 것이 아니라도 좋다. 사실 이때 여러 이단에서 포기하고 희생을 기대하는 것은 매력적인 의상이나 화장, 일정한 음식, 기간, 장래 계획, 결혼 같은 것이다. 이것은 주된 투자라 할 수는 없으나, 그가 앞으로 하게 될 점증하는 헌신의 첫 단계가 된다.

셋째, 이단이 충성심을 강화시키기 위해 사용하는 세뇌기술은 주변 환경을 통제하는 것(milieu control)이다. 이단은 그 사교 집단에 가입하는 사람들이 가족이나 친구, 전파매체로부터 자신들을 반대하는 견해에 접촉하지 못하도록 '격리수법'을 사용한다. 자기의 생각을 재정립할 수 있는 시간을 주지 않는다. 이 과정에서 이단의 경우에는 본인의 선택에 의해 끌리는 바가 있어서 참여하고 있다는 점이 특이하다.

"환경의 통제는 개인의 외부와의 의사소통, 내적 대화와 독백에 대한 관할권을 확보하려는 시도다"(Lifton, 1961). 오랜 대화와 학습, 수면 부족과 피로로 인하여 개인은 저항할 기운이 없이 자신의 정체감을 상실해버린다. 후보 교인은 자신과 타인의 구분을 상실하고 개인적인 경계선이 소멸되는 것을 의식하지 못한다. 모든 사람이 같은 말을 하고 같은 행동을 하기 때문이다.

이렇게 해서, 추종자는 "환경의 실재를 시험하고 환경과 분리된 자신의 정체감을 유지하기 위해 누구에게나 필요한 요소라고 할 수 있는 외부 정보를 차단당하고 내적 사고(inner reflection)의 기회를 박탈당하게 된다"(Lifton, 1961, 421쪽). 이것은 정체감 파괴 과정의 시작일 뿐이다.

넷째, 신비적인 조종(mystical manipulation, Lifton, 1961)이다. 조종이란 어떤 구체적인 유형의 행동이나 감정을 촉발하여 마치 그런 행동이 저절로 일어난 것처럼 보이도록 만드는 인위적 노력이다. 이런 형태의 조종은 개인을 지배하도록 돕는다. 뿐만 아니라 개인으로 하여금 그 이단이 특별한 집단으로서 고상한 하나님의 목적을 성취하고 있다고 믿도록 유도한다.

결국 무조건적으로 교주의 교리와 계시를 받아들인 추종자는 이렇게 생각하게 된다. "그들은 신비스런 명령을 이행하기 위해 하나님이 택하여 세운 사자들로서, 이 '복음'을 전파하는 것은 다른 어떤 고상한 추구나 즉각적 인간의 복지를 초월한 일이다. 이 고상한 하나님의 뜻을 의심하거나 따지는 어떠한 행동도 이 위대한 사명 앞에서는 이기적이고 유치하고 하찮은 것이다"(Lifton, 422쪽).

이러한 확신에 스스로 이르지 못한다 하더라도 그는 하나님이 그 집단을 특별히 사랑하시고 특별한 계시와 깨달음을 주셨다는 '사실'을 되풀이해서 듣게 된다. 통일교, 애천교회, 구원파, 여호와 증인 모두가 자신들은 '택함 받은 14만 4천'이라고 믿고 있다. 그리고 추종자는 그들이 세계를 변화시킬 하나님의 대역사 한 부분을 담당하고 있다고 믿는다(Enroth, 1977). 이단들은 모두 그들이 역사의 종말에 중요한 사명을 담당하게 될 것이라고 믿고 있다(Hoekema, 1963).

위에서 말한 초기 세뇌과정을 거치면서, 초신자는 마음속에 인지적 갈등을 겪게 된다. 훼스팅거(Festinger, 1957)는 이러한 현상을 인지적 부조화(cognitive dessonance)라고 불렀는데 사람이 서로 모순되거나 상반되는 두 개의 아이디어나 생각을 소유할 때 일어나는 심리 현상이다.

이단의 세뇌를 받기 시작한 초신자는 그때까지 문화적으로 고취된 가치관과 이단에서 제시하는 가족적인 이단의 매력 사이에서 부조화와 갈등을 겪기 마련이다. 이때 그는 이단에 들어와서 주입받은 새로운 이념과 물질주의, 결혼, 교육, 쾌락 등의 가치에 대해 계속적인 믿음 사이에서 하나를 선택하지 않으면 안 된다.

다섯째, 헌신과 충성의 진정한 시험에 해당하는 투자(investment, Enroth, 1977)다. 여기서 말하는 투자는 앞에서 말한 희생과는 구별된다. 투자는 물질적인 성격을 지니기 때문이다. 시간과 정력은 물론 자동차, 스테레오, 증권, 돈, 집문서까지 몽땅 이단에 바치게 된다. 이단에서 깨달은 진리와 모임을 통하여 충족되고 있는 욕구, 지도자가 보여주는 신비적인 매력에 비추어 신도는 기꺼이 물질을 투자하게 된다.

일단 이런 투자가 이루어지면, 인지적 부조화는 일시에 감소하게 된다. 이단에 참여하는 것과 관련해서 그동안 겪었던 두려움과 염려는 사라지고 이단에 함께 참여함으로써 경험하는 혜택이 극대화된다. 세상의 쾌락적 물질의 가치는 하락하고 기성 교회의 부패상은 더 크게 부각된다. 옛 사회는 하나도 옳은 것이 없으며, 새로 들어온 사회(이단)는 틀린 것이 없고, 잘못이란 있을 수 없다. 완전한 헌신이 이루어진 것이다.

여섯째, 이단이 세뇌하는 원리는 포기(renunciation) 또는 순결을 요구하는 것이다(Lifton, 1961). 포기란 "집단의 응집력에 방해가 될 만한 모든 관계를 청산하는 것이다"(Kanter, 82쪽). 과거의 모든 친구관계, 외부 세계와의 관계, 결혼한 부부 사이의 관계, 가족관계까지 '모임의 목적'에 방해가 되는 것을 모두 단절해버린다. 이러한 관계 단절 뒤에는 세계가 선과 악, 깨끗한 것과 더러운 것, 흑과 백, 구원 받은 자와 이방인으로 구분되어 있다는 믿음이 깔려 있다. 가족과 친구에 대한 세상적인 애착은 이단의 하나님께 완전한 충성을 바치는 데 장애물로 간주된다(Enroth, 1977). 교주의 가르침과 이념에 대한 믿음은 너무나 강력하여서 추종자의 도덕관념과 기준에도 변화가 일어난다.

예를 들어, 구원파의 경우 '깨달음에 의한 구원의 복음'을 전하는 일은 너무나 중요하고 신성 불가침적인 것이다. 그래서 외부 사람을 '구원'하기 위해서는 거짓말을 해서라도 유인해 그들의 성경 강연회와 하계 수양회에 참석시켜도 좋다고 한다. '복음 사역'을 방해하는 원수(탁명환과 정동섭)를 고소하기 위해서는 구원파 교인이 이중 첩자로 훈련받아 고소할 증거를 수집하기도 하고, 교주의 지시라면 공소 시효가 끝나가는데도 불구하고 집단 타살범으로 자수하여 7년형을 선고받기도 한다(경향신문, 1991. 7. 23). 모임의 목적을 위해서 하는 일이면 거짓말을 해도 죄가 되지 않는다고 한다.

기꺼이 희생하고 순종할 때 순결을 쟁취할 수 있는 것이다. 그러므로 순결(purity)을 쟁취하기 위해 시도되는 것은 무엇이나, 비록 그것이 이전에 준수했던 도덕적 원리에 어긋난다 할지라도 궁극적으로는 도덕적인 것이고 죄가 되지 않는 것이다(Lifton,1961). 이단의 관점에서 볼 때, 그들이 하는 일은 범죄

행위(상습 사기, 사채 유용 등)라 할지라도 정당화되고 합리화되는 것이다.

일곱째, 고립(isolation)이다. 일단 새로운 신도가 이단의 이념을 자신의 것으로 받아들인 다음에는, 새로운 믿음이 교주와 동료 교인에 의해 계속 강화된다. 사상의 순결을 유지하기 위해서 교인들은 세상적인 무지 속에 생활하도록 격려 받는다. 그 이단을 지지하지 않는 신문이나 잡지, 책은 금지되며, 텔레비전과 라디오를 듣는 것도 대부분의 이단은 권장하지 않는다.

교회가 전통적으로 지켜온 교회력을 따르지 않으며, 성탄절이나 부활절은 별다른 의미를 지니지 않는다. 대부분의 이단은 시중 서점에 나와 있는 여러 교단의 책을 읽고 참고하라고 권하지 않는다. "집단 밖의 종교 지도자들은 사단적인 인물들로 매도하고 기껏해야 마귀의 음모에 속아 넘어가고 있는 사람들이기 때문이다"(디한, 44쪽). 그리고 경우에 따라서는 국가적인 공휴일도 경축하지 않는다(Enroth, 1977).

여덟째, 친교 또는 영교(communion)다. '투자, 고립, 포기'의 단계를 거친 신도는 동료 신도와의 교제에 모든 것을 의존하게 된다. 여기서 영교라고 하는 것은 다른 회원과 생각과 감정을 나누어 공유하는 것을 의미한다. "함께 일하고, 간증을 나누고, 교제하는 것은 강력한 '우리' 의식을 불러 일으킨다"(Enroth, 1977, 176쪽).

교회에서 운영하는 사업체를 위해 동고동락하는 것은 또한 강력한 연대의식을 느끼게 해준다. 노동 착취로 박봉을 받는 교인들은 교주와 동일시함으로 위로와 힘을 얻는다. 그들은 하나님의 뜻이 교주를 통해 이루어지고 있다고 착각하는 것이다.

또 하나 교인들의 연대감을 강화시켜주는 것은 '기존 교회에서 자기들을 핍박하고 있다는 믿음이다.' 가상적이든 실재하는 것이든 핍박은 사람들을 하나로 묶어준다. 이단에서는 핍박이라고 믿어지는 것에 의해 소속감이 증진

되고 충성심이 더 강화된다(Enroth, 1977, 178쪽). 신문 기자들과 부모, 변호사, 사회학자, 이단 연구가가 모두 사단의 사악한 도구로 송사되고 지탄의 대상이 된다.

아홉째, 의미와 방향을 제공하는 초월감(feeling of transcendence)을 심어주는 것이다. 초월감은 신도에게 지금까지 그가 경험했던 어떤 것보다도 더 큰 대의명분에서 삶의 목적을 발견하도록 도와준다. 사실, '세계 역사의 의미를 통달한 하나님의 특별한 사자(messenger) 가까이에서 생활할 수 있는 기회를 몇 사람이나 누리겠는가?'하는 자부심을 갖게 되기도 한다. 초월감이란 이단에 충성함으로 말미암아 저 세상에서 하나님의 특혜를 받거나 몰몬교의 경우처럼 하나님이 될 수 있다는 믿음을 말한다.

이때쯤 되면 이단의 이념과 생리가 그를 사로잡게 되어 만일 그가 집단의 이념과 모순되거나 상치되는 어떤 사상에 끌리는 자신을 발견하게 되면 죄책감과 두려움까지 느끼기도 한다. "집단을 통해 의미와 확신을 발견하고 집단의 선민의식을 믿는 사람을 설득하여 그 믿음을 돌이키게 한다는 것은 거의 불가능하다"(Stipes, 1980, 71쪽).

열번째, 이단의 세뇌과정의 최종 원리는 인격보다 교리와 이념을 더 중시하는 태도다. 즉 이단의 중심 교리는 이를 위협하는 모든 가르침에 우선하다는 믿음이다. 결국 이단은 그들의 논리를 정당화하기 위해 과거의 역사적 사실을 왜곡하기도 하고 재조정하기도 한다. 이단에서는 교리가 사람에 우선한다. 이단의 경직된 성격에 맞추기 위해 사람의 개성이 변화되어야 하며 개인의 독특한 개성이나 특질은 집단의 필요에 따라 변조되어야 한다(Lifton, 1961).

참 기독교는 개인의 개성을 존중하며 각 사람의 은사가 그의 개성에 따라 발휘되는 것을 격려한다(골 1:28, 벧전 4:10). 반면 이단에서는 집단의 목적을 위해 개성은 무시되어도 좋고 개인의 인격은 침해되어도 괜찮다.

이단에 깊이 관여하고 있는 신도에게 있어서의 비극은 그의 인격적인 욕구가 처음 그가 포섭되었을 때에 비해 조금이라도 더 충족된 것이 없다는 것이다. 회개와 믿음을 통해 그리스도 안에서 하나님을 인격적으로 만나기 전까지 그의 영적, 심리적 욕구는 결코 충족될 수가 없는 것이다(행 20:21).

우리는 이단에 어떻게 대처해야 하는가?

다니엘은 마지막 때가 되면 "많은 사람이 빨리 왕래하며 지식이 더하리라"(단 12:4)고 예언했다. 지난 몇 년 동안 예수의 재림 날짜와 종말론에 관계된 이단 및 신흥종교 운동이 많이 발생하고 있음을 본다. 특히 독버섯처럼 번졌던 시한부 종말론과 666의 현실적 적용 및 유럽경제공동체(EC)의 정치적 통일이 적그리스도의 출현으로 해석되는 문제 등은 오늘날 교계에 큰 혼란을 불러일으키고 있다. 특히 우리나라에는 거짓 선지자가 얼마나 많은지 모른다. 영적인 분별력이 없으면 거짓 선지자의 미혹에 넘어가기 쉬운 시대에 살고 있다. 여러 가지 징조로 보아 우리가 역사의 마지막 시대에 살고 있는 것은 분명하다.

다미선교회(다가올 미래를 대비하라) 같은 곳에서는 예수님이 1992년 10월 나팔절을 기해 재림하신다고 하여 사회적으로 큰 물의를 일으키기도 했다. 그 당시 어떤 이들은 재림에 대비해 직장을 그만두기도 하고, 대입 준비를 포기하기도 하고, 재산을 정리해 교회에 바치기도 하며, 심지어 "그날에는 아이 밴 자들에게 화가 있다"(눅 21:23)고 한 말을 잘못 적용해 귀한 생명을 낙태시키는 일이 빈발하기도 했다. "미혹을 받지 않도록 주의하라. 많은 사람이 내 이름(그리스도)으로 와서 이르되 내가 그로라 하며 때가 가까왔다 하겠으나 저희를 좇지 말라"(눅 21:8)는 예수님의 말씀이 새로운 의미로 다가온다.

2천 년 전 사도들도 "어느 때에 이런 일이 있겠사오며 이런 일이 이루려 할 때에 무슨 징조가 있사오리이까?"(눅 21:7), "주의 임하심과 세상 끝에는 무슨 징조가 있사오리이까?"(마 24:3)라고 예수님께 질문한 적이 있다. 앞으로 될 일에 대해 호기심이 많았던 제자들은 예수님의 승천하시기 직전에 "주께서 이스라엘 나라를 회복하심이 이때니이까?"(행 1:6)라고 물었다. 이 질문에 대한 예수님의 다시 오심에 대한 답변은 간단했다. "그날과 그 때는 아무도 모르나니 하늘의 천사들도, 아들도 모르고 오직 아버지만 아시느니라"(마 24:36). "때와 기한은 아버지께서 자기의 권한에 두셨으니 너희의 알 바 아니요. 오직 성령이 너희에게 임하시면 …… 내 증인이 되리라"(행 1:7-8).

그러면 우리는 어떻게 예수님의 재림에 대비해야 하며 이단의 위협에 대처해야 하는가?

첫째, 우리는 우리에게 맡겨진 사명에 충실해야 한다. 우리에게 맡겨진 사명은 앞서 인용한 사도행전 말씀처럼 땅 끝까지 이르러 복음을 전하기에 힘쓰는 그리스도의 증인이 되는 것이다.

1991년 1월 21-24일에 남서울교회에서 열린 자비량선교세미나 주강사였으며, 회교권 선교에 일생을 헌신하고 현재 고든콘웰 신학교(Gordon-Conwell Seminary) 세계 전도학 교수로 있는 크리스티 윌슨(Christy Willson) 박사에 따르면 현재 복음을 듣지 못한 미전도 민족 집단이 12,000 그룹이나 세계에 흩어져 있다. 그리고 그해 5월, 제3세계 선교에 헌신하다 당시 한남대학교 이원설 총장의 초청으로 대전에 들렀던 존 하가이(John Haggai) 박사는 세계의 26억 인구가 아직 예수라는 이름을 듣지 못했다고 전했다. 아직 선교해야 할 나라와 민족이 우리가 복음을 전해주기를 기다리고 있다.

천국 복음이 모든 민족에게 증거 되지 않았다. 우리는 가서 모든 족속으로 제자를 삼아 삼위 하나님의 이름으로 세례(침례)를 주어야 한다(마 28:19). 우리 이웃에게 전도할 뿐 아니라 타문화권 선교에 참여해야 한다. 선교사를 보내고 후원하는 일에도 신경을 써야 한다.

이단의 복음은 다른 복음일 뿐 아니라 그들의 시한부 종말론은 성경적 가르침에서 크게 벗어나 있다. 여호와의 증인과 통일교, 몰몬교가 해외 선교에 열을 올리고 있는데, 우리가 세계를 복음화하는 이 일에 뒤져서는 안 된다. 우리는 이단들보다 더욱 열심 있는 전도 운동을 전개해야 한다. 때를 얻든지 못 얻든지 복음을 증거해야 한다. 이단 전문가 엔로드(1985)가 지적한 대로, 교회의 일차적인 사명은 이단을 대적해 싸우는 것이 아니고 예수 그리스도의 복음을 선포하는 것이다.

둘째, 우리는 성경을 옳게 분변하며 말씀을 가까이 하고 그 말씀에 굳게 서 있어야 한다. 우리는 정확한 성경 공부로 무장해야 한다. 성경 말씀으로 무장한 사람에게는 이단이 침범할 수 없다. "올바른 성경 지식은 불건전하고 이단적인 성경해석을 금방 분별하도록 영분별의 은사를 준다"(라민호, 1991, 83쪽). 하나님의 말씀인 성경, 성령의 검(엡 6:17)을 준비하지 않기 때문에 영적으로 무방비 상태에서 이단의 속임수에 따라가는 것이 아닌가!

유다는 이단이 횡행하는 마지막 때에 그리스도인이 취할 자세를 제시했다. "사랑하는 자들아 너희는 우리 주 예수 그리스도의 사도들의 미리 한 말을 기억하라"(유 17). 사도들의 가르침을 배워 확신 가운데 거해야 한다. 베드로도 "내가 힘써 너희로 하여금 나의 떠난 후에라도 필요할 때에는 이런 것을 생각나게 하려 하노라"(벧후 1:15)고 하였다.

우리가 이단에 미혹되지 않고 담대히 주님 앞에 서기 위해서는 평소에 하나님 말씀을 가까이 하여 영적인 분별력을 키워야 한다. 하나님의 자녀는 누구나 진리의 말씀을 옳게 분별하여 부끄러울 것이 없는 일꾼으로 인정된 자로 자신을 하나님 앞에 드리기를 힘써야(딤후 1:15) 한다.

이단의 거짓 선생들처럼 성경을 "억지로 풀다가 스스로 멸망"(벧후 3:16)을 자처해서는 안 된다. 정통 교회는 정확하고 확실한 교리 교육에 힘써야 한다. 손봉호 교수(1987)는 이와 관련해 다음과 같은 제안을 하고 있다.

"교리 교육에 대해서 지금보다 훨씬 더 많은 관심을 기울여야 하고, 이에 대한 체계적인 교재가 개발되어야 하며, 교역자들이 교리 교육에 많은 시간을 할애해야 한다. 아울러 한국의 신학교육이 정상화되어야 한다. 자격 있는 교수진 없이 신학교육을 시키는 것은 교육적으로 보아도 비양심적이고 기독교회를 망치려는 가장 악한 짓이다"(103쪽).

적어도 신도들을 교육하는 교역자는 전통적으로 문제되었던 교리에 대한 지식이 있어야 하고, 조직신학과 주경신학, 교회사에 대한 폭 넓은 지식이 있어야 한다.

셋째, 예수 그리스도의 몸 된 교회가 하나 되도록 힘써 지켜야 한다(요 17:22, 엡 4:3). 이단에게는 파당을 짓는 특징이 있다(유 1:18-19). 그러므로 같은 신앙고백을 하는 교회가 서로 사랑으로 연합해야 한다. "교회가 서로 물고 먹는 것은 이단들에게 기회와 구실을 제공해 주는 행위다. 교회가 교파 문제로 다투는 일이야말로 이단들이 활개를 칠 수 있는 활력소를 제공하는 것이다"(홍정길, 75쪽). 그리스도인들이 서로 사랑하는 것은 가장 효과적인 전도 방법이기도 하지만 이단들의 전염을 막아내는 능력이 된다.

손봉호 교수(1987)는 다음과 같이 이단에 대한 대처 방법을 제시한 바 있다.

"오늘날 한국 교회가 도덕적으로 많이 타락되어 있으므로 매우 허약해져 있고, 이 상태가 계속되면 이단의 유혹은 점점 더 커질 것이다. 그러므로 한국 교회 지도자들과 평신도들은 모두 힘을 합쳐서 영적으로 튼튼할 뿐 아니라 경건한 생활을 하고 성경이 가르치는 올바른 사랑을 실천해야 할 것이다. …… 교회만 건강하면 이단은 발붙일 곳을 찾지 못할 것이다"(104쪽).

넷째, 이단에 대해 어떤 평가를 내리기 전에 정확하고 객관적인 정보를 수집해 그들을 자세히 알아야 한다(Enroth & Melton, 94쪽). 이단들이 사용하는 전도 방법과 세뇌과정을 인식해야 한다. 그들의 침투 방법을 알면 미리 대비할 수 있기 때문이다. 그리고 우리는 이단과 신흥종교에 대한 대안으로 긍정적이고 생동감 있는 믿음과 친교의 모습을 제시해야 한다. 이단을 상대해 전도할 때는 먼저 비판하고 무시할 것이 아니라 그의 인격을 존중해주며, 진지하고 사랑으로 따뜻하게 대해주어야 한다(Yamamoto, 1977).

성경 교리로 이단자와 논쟁해서 이기려고 한다면 실패하기 마련이다. 어떤 성경 구절을 인용하여 그들의 논리를 반박하려 하면 그들은 또 다른 구절을 들이댄다. 로쉐(Jim Roche, 1979)는 신학 논쟁이 이단을 대응하는 방법으로 비효과적임을 지적하면서, 교회가 평소에 무조건 믿으라고 할 것이 아니라 질문하는 법을 가르쳐주어 잘못 알고 있는 것을 시정할 수 있는 기회를 제공해야 한다고 제안하고 있다(47쪽).

우리 교회들은 강력한 교육 프로그램과 돌봄과 나눔 프로그램 사이에 균형을 유지해야 한다(Osborne, 1979). 소속감과 사랑과 보호를 느낄 수 있도록 내용과 방법을 둘 다 균형 있게 강조해야 한다. 우리의 무관심으로 갈급해 하는 심령을 이리떼에 내어주어서는 안 된다. 우리에게 보내진 양들을 이리떼들에게 빼앗기지 않기 위해서는 성도들이 외로움과 소외감을 느끼지 않도록 관계와 교제에 더 신경을 써야 할 것이고 활동적인 성향의 사람들을 위해서는 봉사할 수 있는 기회를 마련해주어야 한다(Roche, p.55).

다섯째, 하나님이 세우신 교회 지도자들을 순종하고 따르도록 가르쳐야 한다. 목사, 장로 등 교회 지도자의 생활을 살피고 그들의 믿음을 본받도록 가르쳐야 한다. 바울은 "가르침을 받는 자는 말씀을 가르치는 자와 모든 좋은 것을 함께 하라"(갈 6:6)고 권면했다. "하나님의 말씀을 너희에게 이르고 너희를 인도하던 자들을 생각하며 저희 행실의 종말을 주의하여 보고 저희 믿음을 본 받으라. …… 여러 가지 다른 교훈(이단 사상)에 끌리지 말라"(히 13:7, 9). "너희 가운데서 수고하고 주 안에서 너희를 다스리며 권하는 자들을 너희가 알고 저의 역사로 말미암아 사랑 안에서 가장 귀히 여기[라]"(살전 5:12-13).

거짓 선지자를 분별하는 방편의 하나로 워치만 니의 저서 가운데 「영적 권위」(생명의말씀사, 1973)가 도움을 준다.

여섯째, 가정을 대화가 넘치는 사랑의 공동체로 만들어야 한다. 모든 사람에게는 소속감의 욕구가 있다. 가정에서 소속감을 느끼지 못하고 성장한 사람이 사춘기나 대학 시절에 이단에 빠지기 쉽다. 또한 30-40대 중년기 부인들이 자아실현 욕구를 충족시키려다 이단에 미혹되기 쉽다. 미국의 기독교 사회학자 엔로드는 "대부분의 사람들은 이단에서 표방하는 특정한 이념적 선전 때문이기보다는 수용의 욕구, 친밀, 공동체, 교제, 소속감의 욕구, 그리고 방향과 목적의 필요 때문에 이단 집단에 끌린다"고 간파했다.

우리는 앞에서 사람이 스트레스와 슬픔, 불안을 겪고 있을 때에 이단에 넘어가기 쉽다는 점을 확인했다. 우리에게는 문제에 직면했을 때, 우리를 붙들어 줄 후원 그룹(support group)이 필요하다. 가정은 축소된 교회로서 그 구성원에게 후원 그룹의 역할을 해야 마땅하다.

이단에게서 가정을 보호하는 가장 확실한 방법 가운데 하나는 가정을 성경적인 기반 위에서 서로 존경하고 신뢰하며 상대의 실수를 용서하고 덮어주는 화목한 가정으로 만드는 것이다. 이단은 외형상 신자들끼리 형제, 자매 호칭을 쓰며 따뜻하게 접근하기 때문에 사랑에 굶주린 사람이 함정에 빠지기 쉽다. 따라서 우리는 우리 가정과 교회를 따뜻한 사람의 공동체로 만드는 일에 전력을 다해야 한다.

일곱째, 경건을 연습하는 가운데 하나님의 날이 임하기를 바라보고 간절히 사모해야 한다(벧후 3:11-12). 베드로는 "주 앞에서 점도 없고 흠도 없이 평강 가운데 나타나기를 힘쓰라"(벧후 3:14)고 권면하고 있다. 주님의 재림에 가장 잘 대비하는 방법은 늘 경건을 연습함으로 우리의 사람됨(인격)과 교훈(믿는 교리)을 살피는 것이다(딤전 4:16).

하나님은 우리의 사람됨(being)에 관심이 있으시다. 그래서 베드로는 "주의 날이 도적 같이 오리니 …… 너희가 어떠한 사람이 되어야(becoming) 마땅하뇨?"라고 도전했다(벧후 3:10-11). 바울도 "우리가 하나님을 두려워하는 가운데서 거룩함을 온전히 이루어 육과 영의 온갖 더러운 것에서 자신을 깨끗케 하자"(고후 7:1)고 거듭 권면하고 있다. 사랑의 사도 요한도 주님 재림 때 그와 같이 거룩하고 영광스러운 몸으로 변화되는 소망을 가진 사람마다 "그의 깨끗하심과 같이 자기를 깨끗하게 하느니라"(요일 3:3)고 권면하였다.

거룩한 행실과 경건함보다 우리 주님의 재림에 대비하고 이단에 대처하는 더 좋은 방법은 없다. 금식과 기도, 말씀, 봉사, 교제, 희생, 정결, 근검절약(단순한 삶), 찬양, 예배 등의 영성훈련 외에 주님의 형상을 닮고 하나님께 더 가까이 나가는 방법은 없다(Dallas Willard, 1989). 이단의 사업에 재산을 투자하고 집단생활에 열심을 냄으로 생활의 구원을 이룰 수 있다는 가르침은 성경 어느 곳에도 없다. 주님의 형상을 닮아 거룩함을 좇는 방법은 경건을 연습하는 길 말고는 다른 방법이 없다.

참고문헌

권신찬. 「불안에서 평안으로」, 일류사, 1977.

___.「세칭 구원파의 정체란?」, 한국평신도복음선교회 편집위원회, 신아문화사, 1981.

그레이엄, 빌리.「불타는 세계」, 정동섭 역, 생명의말씀사, 1990.

기독교 대백과사전. 제 12권. 기독교문사, 1984.

김용석. "스쿠알렌 : 그 기름 삼키고 탈난 아이들," 「샘이 깊은 물」, 1991년 10월호.

김순명. 「이단의 정체」, 베드로서원, 미주크리스천신문, 1991.

나학진. "이단에 대한 사회윤리적 진단," 「목회와 신학」, 1991년 3월호.

네프, 라본느. "사이비 종교들과 신흥종교들에 대한 평가," 「신흥종교와 이단들」, 오희천 역, 생명의말씀사, 1988.

노길명. 「한국의 신흥종교」, 가톨릭신문사, 1988.

노길명, 이제민. 「통일교 그 실상과 오해」, 한국사목연구소(한국천주교중앙협의회), 1991.

다미선교회 세계총본부. 「예수 공중재림과 휴거를 준비하라」, 1991.

라민호. 「이단종파의 번성이 사회에 미치는 영향」, 침례신학대학목회대학원 논문, 1991.

로이드존스, 마틴. 「목사와 설교」, 서문강 역, 예수교문서선교회, 1982.

마틴 디한 II. 「어떻게 이단종파의 위험에서 벗어날 수 있나」, 나침반사, 1991.

문상희. "정통과 이단, 교파와 종파란 무엇인가," 「목회와 신학」, 1991년 2월호.

삼천포예수교협의회. 「미혹하는 사람들 : 이단과 그 정체」, 경남 삼천포교회협의회, 1991.

박옥수. 「죄 사함, 거듭남의 비밀」, 기쁜소식사, 1988.

브랜드, 폴. 필립 얀시. 「오묘한 육체」, 정동섭 역, 생명의말씀사, 1984.

브리즈, 데이브. 「이것이 이단이다」, 김지찬 역, 생명의말씀사, 1985.

"사교의 가정파괴 행각 소동," 국민일보, 1991년 8월 22일.

서용원. 「신약성서에 나타난 원시교단의 분파와 이단문제」, 연세대학원논문, 1979.

서봉연, 이장호, 원호택, 조명환, 이관용, 김정우(공저). 「심리학개론」, 박영사, 1984.

손봉호. "이단에 어떻게 대처할 것인가," 「빛과 소금」, 1987년 3월호.

신성종. "교회가 바로 서야 이단이 사라진다," 「목회와 신학」, 1992년 4월호.

신성종 편저. 「엠마오성경전서」, 정음출판사, 1983.

엔로드, 로날드 외. 「신흥종교와 이단들」, 오희천 역, 생명의말씀사, 1983.

오성춘. "이단의 특성과 목회방향의 3원칙," 「목회와 신학」, 1991년 3월호.

니, 위치만. 「영적 권위」, 권혁봉 역, 생명의말씀사, 1973.

원세호. 「이단을 확인하는 법」, 국제신학연구소, 1990.

이원열. 「베뢰아 이단연구」, 국제기독교이단연구학회, 1991.

이장림. 「예수 공중재림과 휴거를 준비하라」, 다미선교회, 1991.

이희득. 「지방교회의 신앙과 생활」, 한국복음서원, 1982.

정동섭. 「구원과 왜 이단이라 하는가」, 침례신학대학 총학생회, 1992.

정한택. "이단에 대한 사회심리적 접근," 「목회와 신학」, 1991년 2월호.

천정웅. 이단적 종말신앙과 목회 대처방안, 「목회와 신학」, 1991년 2월호.

최삼경. 「베뢰아 귀신론을 비판한다」, 기독교문화협회, 1990.

최재선, 허인구, 홍관옥, 이한수, 이제훈. 「현대사회와 종교」, 비울서신사, 1991.

탁명환. 「기독교이단연구」, 국제종교문제연구소, 1986.

___. 「빛을 가리운 자들」, 국제종교문제연구소, 1989.

파산티노, 로버트. 레이몬드 쉐퍼. 「어떻게 이단들에게 답해야 할까」, 탁명환 역. 도서출판 엠마오, 1983.

홀맨 바이블. 「디사이플 성경」, 번역위원회 역, 요한출판사, 1992.

홍정길. "미혹하는 자가 세상에 많이 나왔나니," 「빛과 소금」, 1987년 2월호.

Balswick, Jack O. & Judith K. Balswick. *The family: A Christian perspective on the contemporary home*. Grand Rapids, Michigan: Baker Book House, 1989.

Beck, Hubert F. *How to respond to the cults.* St. Louis, Missouri: Concordia Publishing House, 1977.

Brown, Harold. *Heresies: The image of Christ in the mirror of heresy andorthodoxy from the apostles to the presen.* Garden City, New York: Doubleday & Co., 1984.

Bjorstad, James. *Counterfeits at door.* Glendale, Calif: Regal Books, 1979.

Burrell, Maurice C. *The challenge of the cults.* Leicester, England: Intervarsity Press, 1981.

Coleman, James., James Butcher & Robert Carson. *Abnormal psychology and modern life.* Scott, Foresman and Co., 1984.

Enroth, Ronald. *Youth, brainwashing, and the extremest cults.* Grand Rapids: Zondervan, 1977.

Enroth, Ronald., & Gordon Melton. *Why cults succeed where the church fails.* Engin, Illinois: Brethren Press, 1985.

Festinger, L. *A theory of cognitive dissonance.* Stanford: Standford, 1975.

Hoekema, Anthony. *The four major cult.* Grand Rapids: William Eerdmans Co.,1963.

Kanter, R. M. *Commitment and community.* Cambridge: Harvard.

Lasch, Christopher. *Haven in a heartless world: The family besieged.* New York: Basic.

Lewis, Gordon R. *Confronting the cults.* Philiburg, New Jersey: Presbyterian and Reformed Publishing Company, 1979.

Lifton, R. J. *Thought reform and the psychology of totalism.* New York: Norton, 1972.

Lofland, John. *Doomsday cult.* Englewood Cliffs, N. J. Prentice Hall, 1966.

Lloyd-Jones, D Martyn. *Exposition of Romans 8:5-17.* Banner of Truth Trust, 1974.

___. *Exposition of Romans 8:19-39.* Banner of Truth Trust, 1975.

Martin, Walter. *The kingdom of the cults*. Minneapolis: Bethany House Publishers, 1985.

___. *The new cults*. Ventura, California: Regal Books, 1980.

McManus, Una., & John Cooper. *Dealing with destructive cults*. Grand Rapids, Michigan: Zondervan, 1984.

Melton, J. G. & Robert L. Moore. *The cult experience*. New York: Pilgrim, 1982.

Mortenson, Vernon. *Observations on the Korea Laymen's Evangelical Fellowship(the Salvation Sect)*. The Evangelical Alliance Mission, 1975.

Nelson, G. K. *The concept of cult*. Sociological Review, 16(November), 351.

Osborne, Grant. "Counting the cultic curse." Christianity Today(John 29), 1979.

Peterson, W. J. *Those curious new cults*. New Canaan Keats, 1975.

Roche, Jr. Jim. *Preventive counseling concerning young Christians and the cults*. (Th. M. project) Dallas Theological Seminary, November 1979.

Sire, James W. *Scripture Twisting*. Downers Grove, Ill.: InterVarsity Press, 1980.

Sparks, Jack. *The mind benders : A look at current cults*. Thomas Nelson, 1977.

Stipes, Gregory. "Principles of religious cult indoctrination." Journal of Psychology and Christianity. Vol. 4. No.3., 1978.

Tucker, Ruth. *Another gospel: Alternative religions and the new age movement*. Grand Rapids, Michigan: Zondervan, 1989.

Van Baalen, K. *The chaos of cults*. William Eerdmans Publishing Co., 1956.

Wallis, R. *Ideology, authority, and the development of cultic movements*. Social Research, 41(2), 299.

Williams, J. N. *Identifying and dealing with the cults*. New Directions Ministries. 1989.

Wright, Stuart & Elizabeth Piper. "Families and cults: Familial factors related to youth leaving or remaining in deviant religious groups." *Journal of Marriage and the Family 48*(February 1986).

Yamamoto, Isamu. *The puppet master: An inquiry into Sun Myung Moon and the Unification Church.* Downers Grove, Ill.: InterVarsity Press, 977.

Zaretsky, Irving & Mark Leone. *Religious Movements in Contemporary America.* NJ: Princeton University Press, 1974.

부록

부록1. 문제성 종교의 폐해와 극복 방안

정동섭
가족관계연구소장, 전 침례신학대학교 상담심리학 교수
전 한국기독교총연합회 이단사이비대책위원회 부위원장

인간은 종교적인 존재다. 종교는 인간이 생겨날 때부터, 사회가 형성될 때부터 있어 왔을 뿐만 아니라 인간이 살아가는 데, 사회가 유지되고 변화되는 데 중요한 역할을 담당해 왔다. 세계 인구의 84퍼센트가 종교인이라는 사실이 말해 주듯이 종교적 가치와 규범은 사람들의 삶의 방식, 의식 구조, 태도와 행위에 커다란 영향을 끼쳐 왔다.

심리학자 매슬로우(Maslow, 1968)가 말한 것처럼 인간에게 햇빛, 칼슘, 사랑이 필요한 것과 똑같이 가치 체계, 삶의 철학, 종교, 또는 종교 대용물이 필요하다. 인간은 자신이 필요로 하면서도 가지지 못한 것을 끊임없이 추구하며, 희망이 보이기만 하면, 그것이 선하든지 악하든지 간에 위험을 무릅쓰고라도 그것을 향해 뛰어들려고 한다. 우리는 믿을 수 있고 목숨을 걸고라도 자신을 맡길 만한, 타당성 있고 쓸모 있는 가치를 필요로 하는데, 그러한 가치에 대한 믿음은 누가 '믿으라'고 해서가 아니라 그것들이 참되기 때문에 생기는 것이다(206쪽).

종교는 관계를 암시하며 공동체를 떠나서 종교는 존재할 수 없다. 따라서 종교는 사회적 성격을 지닌다. 종교심리학자 오츠(Oates, 1994)는 종교는 정상적으로 ① 윤리적 억제와 승화의 욕구 ② 부모와 형제의 비중을 줄이려는 욕구 ③ 고립되지 않으려는 욕구 ④ 인류 공동체의 일원이 되려는 욕구 등 네

가지 중요한 욕구를 기초로 해서 형성된다고 했다(77쪽). 인간은 고통스러운 삶은 참을 수 있어도 목적 없는 무의미한 삶은 견디기 어려운 존재다. 따라서 종교가 하나의 사회적 역동성을 지니게 될 때, 그것은 사회구조, 사회제도, 사회변동, 사회문제에 지대한 영향을 끼치게 된다(이원규, 1997).

종교는 가치 중립적일 수가 없다. 따라서 종교의 영향은 긍정적으로나 부정적으로 나타난다. 종교는 사회 안정에 기여하기도 하고, 사회 갈등을 조장하기도 한다. 평화를 가져다주기도 하고, 분쟁을 불러일으키기도 한다. 사회 문제를 예방하기도 하고, 사회 문제를 만들어내기도 한다. 어떤 종교는 가정을 건강하게 세워 주는 역할을 하는가 하면, 어떤 종교는 가정을 파괴하는 역할을 하기도 한다. 이미 2천 년 전에 사도 바울은 할례당이라는 사이비 기독교(이단)가 가정을 파괴하고 있다고 지적한 적이 있다.

"복종치 아니하고 헛된 말을 하며 속이는 자가 많은 중 특별히 할례당 가운데 심하니 저희의 입을 막을 것이라. 이런 자들이 더러운 이를 취하려고 마땅치 아니한 것을 가르쳐 집들을 온통 엎드러치는도다"(딛 1:10-11).

우리나라는 헌법에 종교의 자유를 보장하고 있다. 정해진 국교가 없을 뿐만 아니라 전통적인 무속 종교를 비롯하여 민속 종교는 물론 외래 종교까지 차별 없이 받아들이는 종교적 특성으로 인하여 다른 나라에서 볼 수 없는 다종교국가를 이루고 있다. 그러나 이러한 다종교 사회의 특성 때문에 신흥 종교들이 지속적으로 등장하고 있고, 최근에는 일부 종교간 갈등이 표면화되고 있으며, 문제성(사이비) 종교 단체들에 의해 야기되는 불건전한 종교 현상들이 점차 늘어나고 있는 추세다.

문제성 종교, 즉 이단 또는 사이비종교는 어떤 종교인가? 문제성 종교는 어떤 특징을 나타내는가? 그리고 우리는 문제성 종교의 폐해를 극복하기 위하여 무엇을 할 수 있는가? 이 글은 이와 같은 질문에 답변을 시도하는 것을 목적으로 한다.

문제성 종교란 무엇인가?

종교는 그 기준에 따라 세계종교(world religion)와 지역종교(local religion), 기성종교(established religion)와 대체종교(alternative religion), 제도권종교와 신흥종교, 고등종교와 하등종교, 정통교회(orthodoxy)와 이단교회(heresy) 등으로 구분된다. 필자는 전통적인 개신교의 기본 신조를 고백하는 침례신학대학교의 기독교상담학 교수로서 정통 개신교회의 입장에서 우리나라의 문제성 종교의 폐해와 그 극복 방안을 거론할 것임을 서두에 밝혀둔다.

문화관광부(1999)의 집계에 따르면, 한국의 문화의 주류를 이루고 있는 대표적 종교에는 불교, 개신교, 천주교, 유교, 천도교, 원불교, 대종교가 있다. 문제성 종교란 이와 같은 종교문화의 주류를 이루고 있는 대표적 종교에서 파생된 사이비종교를 지칭하는 말이다.

사이비종교를 정의하는 데는 일반적 방법, 사회학적 방법, 신학적 방법 등 최소한 세 가지 접근을 취할 수 있다. 일반적 방법은 언론에 보도된 내용들에 근거하는데, 언론보도들은 대체로 사이비 종교 행위의 극적인 측면들과 기괴하고 선정적인 측면에 초점을 맞추고 있다. 사회학적 정의에는 사이비종교들이 지니는 독선적, 사기적, 전체주의적, 배타적 특징들이 포함된다. 반면에 신학적 정의는 정통적·신학적 기준으로부터의 탈선에 초점을 맞춘다.

예수께서는 "거짓 선지자들을 삼가라. 양의 옷을 입고 너희에게 나아오나 속에는 노략질하는 이리라. …… 이러므로 그의 열매로 그들을 알리라"(마 7:15, 20)고 말씀하셨다. 기독교적 관점에서 문제성 종교란 주로 사이비 기독교 또는 거짓 선지자의 잘못된 가르침을 따르는 무리를 가리키는 말이다.

정통 기독교는 전통적으로 사이비 기독교를 이단이라고 지칭했다. 그러나 객관적 연구를 추구하는 사회과학이 발달하면서 이단(heresy)이라는 표현 대신에 사이비 종교, 제의운동(cult), 신흥종교, 신종교라는 용어가 사용되고 있다. 제의운동 또는 이단이란 무엇인가? 잉거(Yinger, 1970)는 제의(cult)를 "전적으로 위탁된 멤버들을 가지고 있는, 관교적 구조가 결여되어 있고, 카리스마적 지도자에 의해 인도되는, 비교적(秘敎的) 혹은 신비적 이념들을 주장하는 작은 종교집단"(279쪽)이라고 정의한다. 이 글에서는 지금부터 제의와 이단, 문제성 종교를 같은 의미로 사용할 것이다.

사회학적 측면에서 볼 때, 기존교회와 이단 또는 사이비종교 사이에는 중대한 범주적 차이가 있다. 엔로드(Enroth, 1988)가 지적한 대로, 교회는 문화수용적인 종교적 조직체다. 정통 교회는 주요한 문화적·사회적 현실들에 다양하게 적응하여 왔다. 반대로 사이비종교는 문화적 거부 현상을 보인다. 이단의 신앙체계에는 유대 기독교적 전통에서 어긋나 있을 뿐만 아니라, 이단들은 일반적으로 다른 주요한 사회 구조들 및 지배적인 문화와 크게 이질적인 현상을 보이고 있다(13쪽).

사회학자 로프랜드의 말을 빌면, 사이비 종교는 "관례를 무시하고 실제적인 것, 가능한 것, 도덕적인 것에 관하여 매우 다른 견해를 지지하는 소집단들"이다.

문제성 종교, 사이비종교에 관한 사회적 정의에는 독재적인 지도유형, 충성과 서약 구조들, 생활양식상의 특징들(탈선하는 신도들에 대한), 통제 형태들, 추종자들의 특징 등이 포함된다. 기독교인에게 사이비종교를 정의할 때 가장 중요한 요소는 당연히 신학적인 요소다. 신학적 정의에는 진리와 오류에 대한 근본적 쟁점들이 포함되기 때문이다. 기독교인은 진리와 오류, 성경의 올바른 해석과 임의적 억지 해석을 구별할 수 있어야 한다.

모든 종교의 구미에 맞는 정의를 내리는 것이 불가능함을 전제하면서, 사이어(Sire, 1980)는 사이비종교를 "그 조직에 있어서 독특하고 주요한 가톨릭 및 개신교 교단들에 의해 대표되는 전통적 기독교가 가르치는 성서의 교리들과 관습들, 즉 사도신경과 같은 진술들에서 표현된 교리와 관습에 모순되는 모든 종교운동"(20쪽)이라고 정의하고 있다. 결론적으로, 기독교 세계관의 관점에서 이단은 "어떤 특정 지도자의 그릇된 성경 해석을 중심으로 형성된 종교집단"(Martin, 1965)이라고 이해할 수 있을 것이다.

국내 문제성 종교의 현황

"생각을 심으면 행위를 거두고, 행위를 심으면 습관을 거두고, 습관을 심으면 인격을 거둔다"는 말이 있다. 잘못된 교리는 행위적으로 나쁜 열매를 맺는다(마 7:7-13, 골 2:20-23, 딤전 4:1-5, 벧후 2:1-22, 계 2:14-15, 20, 24). "만약 실천이 이론에서 나온다면, 만약 삶이 가르침에 근거한다면 당연히 잘못된 교리는 하나님과 그리스도에 대한 잘못된 태도를 낳고, 결국 왜곡되고 뒤틀린 기독교인의 삶을 초래할 것이다"(Van Baalen, 1938).

기독교의 중심적인 교리에는 삼위일체, 그리스도의 신성과 인성, 몸의 부활, 십자가상의 그리스도의 대속, 믿음으로 말미암은 은혜에 의한 구원 등이다. 이들 교리는 기독교 신앙의 핵심이며 본질이므로 이 가운데 어느 하나를 제거하거나 왜곡한다면 비기독교적인 신앙이 된다. 중심교리 중 단 하나만 부인해도 이단으로 규정하기에 충분하다(Gomes, 1997).

사이비 기독교 집단의 공통된 교리적 특징은 ① 삼위일체의 부인 ② 믿음으로 말미암는 은혜에 의한 구원 부인 ③ 그리스도 사역의 평가절하 ④ 몸의 부활 부인 ⑤ 성경의 절대적 권위 삭감 ⑥ 성경적 술어의 재정의 ⑦ 배타적이고 독선적인 교리 ⑧ 영원한 형벌교리를 거부 ⑨ 교리보다 경험을 더 강조 ⑩ 하나님으로부터 직접 받은 계시와 환상을 강조 ⑪ 기적과 표적, 기사를 강조 ⑫ 종말에 대한 집착 ⑬ 만인제사장직 부인 ⑭ 건전한 해석학적 원리 무시 ⑮ 성경이 그들의 사교 활동을 지지, 암시하는 것으로 보는 경향 등으로 요약될 수 있다.

여러 종교, 교파, 종단이 공존하는 사회를 종교다원주의 상황이라고 부른다. 이렇게 본다면 한국 사회는 분명히 종교적으로 다원주의 사회다. 1993년 현재 문화체육부에 등록된 기성종교는 모두 28개다. 이중 개신교의 교파는 168개, 불교의 종단수는 39개인 것으로 나타나고 있다. 그리고 신흥종교의 숫자는 393개나 되는 것으로 보고되고 있다(이원규, 241쪽).

문제성 종교를 집중적으로 추적하며 연구하는 「현대종교」에 따르면, 약 100여 개의 문제성 종교가 사회적으로 영향력을 행사하고 있는데, 이러한 사이비종교에 심취하는 추종자만도 200만 명에 이르는 것으로 추정하고 있다. 한국 문화의 주류를 이루고 있는 기독교와 천주교의 견해로 문제성 종교를 분류한다면, 외국에서 유입된 이단과 국내에서 자생적으로 생겨난 이단으로 분류할 수 있다. 다음에 거명될 집단은 한국의 예수교 장로회, 기독교 성결교회, 한국침례회 등 한국의 기존 정통교단에서 이단으로 규정한 집단이거나 한국기독교총연합회에서 이단으로 규정한 단체임을 밝혀둔다.

(1) 외국에서 들어온 이단 : 여호와의 증인(Charles Russell), 말일성도예수그리스도의 교회(몰몬교, Joseph Smith), 제7일안식교(Ellen G. White), 지방교회(회복교회, Witness Lee)

(2) 국내에서 생겨난 이단들 : 세계평화통일가정연합(통일교, 문선명), 기독교복음선교원(애천교회, 국제크리스찬연합, 정명석), 천부교(박태선), 영생교(승리제단, 조희성),

대성교회(현 평강제일교회, 박윤식), 구원파(기독교복음침례회[유병언, 권신찬], 대한예수교침례회 [이요한], 대한예수교침례회 중앙교회, 기쁜소식선교회 [박옥수]), 다미선교회(이장림), 엘리야복음선교원(박명호), 성락교회파(베뢰아 아카데미, 김기동), 레마선교회(이명범), 한국예루살렘교회(땅끝예수전도단, 이초석), 장막성전(이삭교회, 유재열), 무료성경신학원(신천지 예수교증거장막성전, 이만희), 세계복음화다락방전도협회(류광수), 만민중앙성결교회(이재록), 안상홍증인회(안상홍, 장길자), 할렐루야기도원(김계화), 실로등대중앙교회(김풍일).

어떤 사람이 이단에 미혹되는가?

(1) 부모와의 갈등이 많았던 사람 : 부모와의 관계가 만성적으로 불행하다고 느끼며 만족하지 못하는 사람은 사이비종교에 취약한 것으로 알려져 있다. 근원 가정에서 소속감을 경험하지 못하고 사랑을 받지 못한 가운데 성장한 사람이 사춘기와 청년기에 이단에 빠지기 쉽다. 라쉬(Lasch, 1977)는 "권위를 상징하는 사람이 없는 가정이, 방치된 가운데서 성장한 젊은이들을 미혹하는 권위주의적인 지도자나 집단, 또는 이단을 위한 옥토와 같은 역할을 한다"고 믿고 있다. 이단 집단에 빠진 젊은이들 대부분이 방치된 가정 출신이라는 것이 연구 결과 밝혀졌다.

(2) 결혼생활이 불행한 부부 : 남편의 사랑을 받지 못하는 중년부인들, 아내의 존경을 받지 못하는 남편들도 이단에 미혹되기 쉽다. "대부분의 사람들은 이단에서 표방하는 특정한 이념적 선전 때문이라기보다는 수용의 욕구, 친밀공동체, 인정받고 싶은 욕구, 소속감의 욕구, 방향과 목적의 필요 때문에 이단 집단에 끌린다"(Enroth, 1988).

(3) 위기에 직면한 정상인 : 집단에 들어가기 전에 삶의 어려움으로 인해

심리적 고통이 컸던 사람이 이단에 미혹되기 쉽다. 역기능 가정에서 자라난 사람이 항상 이단에 빠지는 것은 아니다. 정상적인 가정 출신도 이단에 넘어가는데 이것을 어떻게 설명할 수 있겠는가? 여러 연구 결과는 많은 이들이 이단에 가입할 당시 실직이나 이혼과 같은 개인적인 위기의 와중에 있었다는 것이다. 그들은 불행하고 우울했으며 혼돈에 빠져 있었고 방향감각을 잃고 있었다.

(4) 정통 교회에서 시험받은 그리스도인 : 성경말씀을 배우기에 갈급한 사람, 교회지도자에게 상처받은 사람, 율법과 은혜의 차이를 분별치 못하는 사람, 사람의 행위를 보고 실족한 사람, 학벌이 낮아 공부하지 못한 사람 등이 이단에 끌리기 쉽다.

이단은 보통 두 가지 방법으로 포교 활동을 벌인다. 신학적으로 교리적 혼란을 조장하여 전도를 시도하고, 심리적으로 개인이 감지하고 있는 어려움이나 필요(욕구)를 악용함으로 포교한다(Jim Roche).

사람들은 왜 이단에 미혹되는가

사람들은 자신의 욕구를 충족시키기 위해 행동한다. 사람들이 이단 집단을 통해 채우고자 하는 욕구에는 사랑과 가족, 용납과 자기가치, 이상주의, 영적인 성취, 지적인 문제들의 해답에 대한 욕구 등이 있다. 사람들은 왜 종교를 믿는가? 콜린스(Collins)는 인간에게는 네 가지 기본적인 욕구가 있다고 지적한다.

① 자신보다 더 큰 대상을 믿고 싶어한다.
② 우주를 이해하고 해석하고 싶어한다.

③ 수용과 인정을 받고 싶어한다.
④ 불안한 상황을 통제하고 싶어한다.

(1) 사람의 종교심이 이단을 찾게 만든다. 사람들은 무엇인가를 의지하고 믿어야 하는 존재로 지음받았다. 사람들은 하나님을 믿는 일을 중단할 때 아무것도 믿지 않게 되는 것이 아니라 아무것이나 믿게 된다(G. K. Chesterton). "이단은 초인적 지도자를 동경하는 인간심리를 충족시켜 준다"(Hans Loffelman). 따라서 지식인도 얼마든지 이단에 미혹될 수 있다.

(2) 거짓의 아버지 마귀(사단)가 사람들을 진리로부터 돌이킨다(고후 11:13-15, 요 8:44). 사단은 이단 교주를 배후 조종한다. 사단도 자신을 광명의 천사로 가장한다. "이 세상 신이 믿지 아니하는 자들의 마음을 혼미케 하여 그리스도의 영광의 복음의 광채가 비춰지 못하게 함이니"(고후 4:4).

(3) 이단은 인간의 기본적 욕구를 충족시켜 준다고 약속한다. 신체적, 정서적, 사회적, 영적으로 건강하지 못한 사람이 개인적인 만족과 행복과 의미를 찾아 방황하다가 이단에서 희망을 제시하면 끌려가게 된다. 이단은 인간의 보편적 욕구를 충족시켜 준다고 약속한다. 대부분의 이단은 건강에 대한 사람들의 관심과 행복한 가정에 대한 욕구에 초점을 맞추어 건강식품을 팔거나 집단생활을 하도록 유인한다.

사람이 대부분 사이비 종교에 가담하는 것은 그가 세계의 종교들을 철저하게 분석해 본 다음 어떤 특정 사교가 가장 훌륭한 교리를 제시한다고 스스로 판단했기 때문이 아니다. 사람들은 전통적인 교회에서 채워지지 않는 개인적 필요들 때문에 사교에 가담한다(Passantinos). 사람들은 사랑과 용납을 원하기 때문에 집단에 가담한다. 그들은 친구들과 그들을 돌보아 주는, 사랑하는 사람을 필요로 한다. 사랑의 관계는 자신들을 붙들어 주고 그들로 하여금 그 기관에 남고 싶게 만든다. 이것은 우리가 사교들과 싸우기 어려운 이유 가운데 하나다.

(4) 급격한 사회변화와 사회적 갈등으로 인한 미래공포증(future fright)과 불안감이 이단을 찾게 만든다. 공해, 핵전쟁의 위협, 인구 폭발에 대한 불안 때문에 사람들은 이단의 거짓말을 믿게 된다. 오존층의 파괴, 엘니뇨 및 라니뇨 현상과 같은 기상변화, 지구의 온난화 현상, 환경오염, Y2K, IMF로 인한 사회적 불안감은 사람들로 하여금 현실도피 심리를 자극해 종말론적 집단에 빠져들게 한다. "결국 극단적인 세대주의 종말론은 정치적 불안감, 사회적 고립감, 문화적 허무감이 사회에 팽배했을 때, 무력감을 느끼면서 현실에 대한 패배주의와 숙명주의에 빠져 있는 사람들에게 임박한 미래의 보상에 대한 기대감을 충족시켜 주면서 확산되는 것이라 하겠다"(이원규, 2000). 사회학자 엔로드(Enroth, 1988)는 이단은 중요한 사회 변화나 문화적 변혁기에 일어났음을 상기시키고 있다.

(5) 컴퓨터 등 과학기술의 발달에 의해 사회가 비인간화되어 갈 때 사람들은 '혹세무민하는 이단'이 약속하는 '안식처와 피난처'로 도피하게 된다. 초자연세계와 영성을 부정함으로 신비주의를 자극할 수 있다. 현재 전세계적으로 파장을 일으키는 뉴에이지 운동은 힌두교사상을 기독교적으로 혼합한 것으로, 만물은 하나이며 모든 것은 신이어서 인간도 신이라는 범신론적 낙관주의 사상이다.

(6) 증가하는 이혼, 잦은 이사와 전근, 성도덕의 문란, 자녀교육에 자신을 상실해 가는 부모들에 의해 특징 지워지고 있는 불안정한 현대가정이 사람들로 하여금 '거짓된 사랑의 공동체'를 찾게 만든다. "젊은이들이 이단에 가담하는 한 가지 이유는 가족을 찾는 데 있다. 이혼과 부모 자녀간의 세대 차와 갈등, 아동학대 등이 새롭고 완전한 가족을 찾도록 만든다"(Dores & Porter,

Kids in Cults).

하버드대학의 니콜라이(Armand Nicholi) 교수는 "우리의 가족 경험은 우리 생애의 가장 중요한 경험이다. 어떤 인간의 상호작용도 우리의 가족 경험보다 우리의 삶에 더 많은 영향을 끼치지 못한다"고 했다. 이혼율은 증가하고 있고 부부 구타, 가출이 늘어나고 있을 뿐 아니라 가족 역할의 변화로 맞벌이 부부가 늘어가면서 자녀는 뒷전으로 밀려나고 있다. 입시 경쟁으로 자녀는 공부하는 기계로 전락하고 있다. 70퍼센트 이상의 중고생들이 가출 충동을 느끼고 소속감을 느끼지 못하며 미래에 대한 비전을 갖지 못하고 있다.

"사회에 소속감을 느끼지 못하는 사람들은 사교에 취약하다. 오늘날 젊은 이들이 사교집단에 가담하고자 결단하는 것은 소외감과 고립감 때문이라고 해도 과언이 아니다. 많은 집단들이 번성하는 것은 자기가치와 정체성이 결핍된 사람들에게 그것을 제공할 수 있었기 때문이다. 이단에 속한 신도들은 그들이 무언가 특별한 일에 참여하고 있으며, 하나님 편에 있는 것으로 느낀다"(Gomes, 165쪽).

마르틴 루터는 가정생활은 인격개발을 위한 학교라고 했다. 그러나 가정은 자녀에게 가치를 전수하고 인격을 개발하는 데 실패하고 있다. 빌리 그레이엄 목사는 "부모들은 자녀들을 위한 시간을 내지 않는다. 따라서 커다란 공백이 생겨났다. 그리고 그 공백 속으로 어떤 이념이 침투하게 되어 있다"고 말했다. 자녀는 삶을 이끌어줄 권위자와 방향을 찾고 있다.

사회학자 엔로드(Enroth)는 말한다. "이들 신흥종교 집단에서는 젊은이들에게 그들의 욕구를 충족시켜 준다고 약속한다. 이단은 단순하고 흑백이 분명한 해답을 제시한다. 집단의 구조는 그들의 불안정감과 고독을 극복하도록 도와준다. 그리고 이단에는 절대적인 확신과 확실함을 나타내는 지도자가 있다." 이단은 개인에게 중요한 역할을 맡기고 인정받는 자리를 마련해 준다. 따라서 가정에서 정체감을 확립하지 못한 젊은이들은 이단에서 자아 정체감을 확인하게 된다. '육적' 가정에서 소속감을 느끼지 못한 젊은이들은 '영적' 가정에서 소속감을 확인하며 이단은 신도에게 '대체가정'의 역할을 하게 된다.

(7) 정통 교회의 분열과 일부 교회의 극단적인 자유주의사상이 사람들로 이단의 확실한 입장을 따르게 한다. 기성종교가 무력하고 부패하며 분열할 때 이단이 성행한다. 자유주의는 종교다원주의, 만인구원론, 영육멸절론, 범신론적 민중신학, 혼합주의적 민중신학으로 나타나고 있다. "한국 교회는 심한 교파 분열, 사이비 신앙의 만연, 사랑의 실천 부족, 수많은 저질 성직자, 지나친 헌금강요와 재산문제 다툼 등 기독교 본래의 뜻을 잃어버리고 사람들에게 진정한 삶의 의미를 제공하지 못한 채 진리 추구보다는 교세 확장에만 관심이 있다고 비판받아왔다. 뿐만 아니라 돌봄과 나눔이 없는 교회 현실에 실망해 교회를 이탈하는 경우도 많이 있다"(이원규, 362쪽). 이단은 결국 교회가 지불하지 못한 청구서(Cults are the unpaid bills of the church)라는 말이 설득력을 더해 가고 있다.

문제성 종교의 특징과 폐해

사교 이단 집단의 공통된 사회학적 특징에는 ① 권위주의 ② (죄의식 및 공포심에 의한) 심리적 조종 ③ 과거, 특히 가족과의 관계 단절 ④ (음식, 수면 등) 감각 박탈 ⑤ 정서적 및 성격적 문제 유발 ⑥ 이례적 헌신과 열심 ⑦ 공동생활 양식 ⑧ 과대망상적인 편집증 또는 박해망상 ⑨ 신체적 폭력이나 위협 ⑩ 가족적 표상 ⑪ 인간의 성적 관심의 왜곡(박탈이나 과용) ⑫ 정통기독교에 대한 적대감 ⑬ 자율적인 사고 못하게 함 ⑭ 사기와 속임수 등이 있다. 문제성 종교의 폐해는 결국 이와 같은 이단의 특징이 낳은 결과라고 할 수 있다.

(1) 카리스마적인 지도자에 대한 맹목적 숭배 : 교주를 절대화, 신격화한다. 강력하고 권위주의적 지도자가 있다. 자신을 메시아로 자처하며 하나님의 특별한 사자나 종으로 신격화시킨다. 교주들은 정신병리학적으로 편집증세를 나타내며 대부분 자기애적 인격장애자(narcissistic personality)로서 과대망상(egomaniac suffering from Messiah complex) 및 피해망상증세(persecution complex)를 나타낸다. 이들은 어린 시절부터 유난히 갈등 속에서 자라왔고, 환상 속에서 소원을 성취하려는 퇴행현상을 나타낸다(자아는 건재하면서 유아기의 만족스러웠던 상황으로 퇴행하려는 현상이다). 따라서 하나님께로부터 직통계시를 받는다고 주장한다. 영권은 물론 재산권까지 통치하면서 교주의 명령을 하나님의 뜻으로 받아들이게 한다.

그리스도의 신격을 격하시키며 그리스도 중심이 아니고 자기 중심적이다. 하나님보다 사람을 높여 신격화한다. 고 탁명환 소장에 따르면, "한국에는 자신이 메시아, 재림주임을 자처하는 교주가 37명이나 되며, 자신을 '보혜사 성령', '천부님', '새 하나님', '심판주' 등으로 부르게 하는 교주들도 13명이나 된다"(「현대종교」, 1994년 9월호). 이단 교주는 반사회적인 성격장애자들로서 다음과 같은 특징을 지닌다.

- 보통 이상의 지능을 갖고 있으며 겉으로는 상당히 매력적이다.
- 망상이나 비논리적 사고를 나타내지 않으며 정상인처럼 행동한다.
- 불안이나 신경증적 증상은 보이지 않는다.
- 중요하든 중요하지 않든 간에 자기가 한 일에 책임감을 느끼지 않는다.
- 진실성이 없고 후회할 줄 모르며 수치심이 없다.
- 충동적으로 보이는 반사회적 행동을 한다.
- 병적인 이기주의를 보이고 진실한 사랑을 하지 못한다.

■ 자신을 객관화하지 못하고 자신에 대한 통찰력이 결여되어 있다.

　심리학자 제임스 콜만은 이단교주들이 고등사기꾼으로 "대단한 지능과 사교적 매력으로 사람을 속이기 위해 복잡하고 정교한 계획을 세워 이행하기도 한다"고 진단하고 있다. 그리고 모든 이단에는 숭배받는 핵심집단이 있다. 사교집단의 교주는 거의 예외 없이 절대적인 권위를 가지고, 주종자들로부터 충성과 헌신을 추출해 낸다. 이러한 과정에서 경외심, 비범한 통솔력, 영적 심리적 협박을 사용한다.

　(2) 성경 외적인 권위 : 성경 이외의 계시를 주장한다. 성경만이 신앙과 생활의 표준이요 권위라는 사실을 부인한다. '성경 외의 성경'을 내세우거나 '성경 내의 성경'을 앞세운다. 계시지향적인 신앙체험을 강조하며 거짓 예언을 하기도 한다. 말씀을 가감하여 어떤 부분은 부인하거나 왜곡하여 특별한 교리를 주장한다. 성경을 사사로이 해석한다(벧후 1:20). 예를 들면, 여호와의 증인의 신세계 성경(New World Translation of the Bible), 몰몬교의 몰몬경(The Book of Mormon), 지방교회, 윗트니스 리(Witness Lee)의 회복역(Recovery Version of the Bible) 등 교주의 설교집만을 집중적으로 읽게 하며 다른 책을 못 읽게 한다.

　(3) 독선적인 교리 : 다른 집단이나 개인에게서 찾아볼 수 없는 절대적 진리를 독점하고 있다고 주장한다. 자신들은 하나님과 직접 교통하고 계시를 받는다고 주장한다. 은폐적이고 자기들만의 내밀한 교리(비밀)가 있다. 집단 공동체를 형성한다. 자기들이 있는 장소야말로 구원의 장소, 새 예루살렘, 또는 천년왕국(신앙촌)이라고 말한다. 자신의 집단을 통해서만 구원을 받을 수 있다고 말해 유일한 피난처를 제공한다. 이단의 신앙과 사고방식, 가치관, 의식은 기존의 문화와 배치된다(전호진).

이단지도자와 추종자들은 선민의식과 배타적(폐쇄적) 태도를 보이며, 피해 망상적, 처벌지향적인 것이 특징이다. 교주의 열등감과 불만은 자아도취적 편집증으로 발전하며 이것이 외계에 투사되면 선민사상이 된다. 이스라엘처럼 핍박을 오래 받을수록 선민사상이 강해지기 마련이다. 핍박받는 것은 당연하다고 생각하는 것이 이단의 공통된 의식이다. 이단들은 주로 종말 지향적이며, 자기 집단만 들어가는 이상세계를 설정한다. 사회학자 라본 네프(LaVonne Neff)는 다음과 같은 질문 목록이 이단의 열매를 분별하는 데 도움을 준다고 제언했다.

- 그 단체와 관계를 맺은 결과 회원의 인격이 더 성숙해지고 더 확신적이 되는가?
- 그 단체의 회원들이 자신의 가족관계를 심화시키고 강하게 하는가?
- 그 단체가 독자적인 생각을 권하며 분별기술의 개발을 권장하는가?
- 그 단체가 믿음과 행위의 개인적인 차이를 허용하는가?
- 회원들 사이에 그리고 회원과 비회원들 사이에 고도의 도덕적 표준을 권장하는가?
- 그 단체가 외부로부터 대화와 충고와 평가를 기꺼이 받아들이는가?
- 그 단체가 신학적인 믿음들에 있어서 발전을 허용하는가?
- 모임 안에서 어떤 종류의 보복도 두려워하지 않고 자유로이 의문을 제기할 수 있는가?
- 그 단체의 회원들은 진리가 발견되면 어디서나 진리를 인정하는가? 그 진리가 단체 밖에서 발견되었어도 그 진리를 인정하는가?
- 그 단체는 비회원들과의 관계에서, 특히 그 단체가 다른 사람들을 그 단체에 끌어들이고자 할 때 정직한가?
- 그 단체는 더 큰 단체와의 관계와 유대를 권장하는가?

(4) 특수 언어 : 이단은 성경용어를 다른 의미로 사용한다(이중적 언어체계와 표리부동한 자세). 은혜로만 구원얻는다는 교리를 부정한다. 구원, 중생, 종교, 율법, 기도, 교제, 예배 등 성경의 용어를 기존 교회와 다른 의미로 사용한다. 다른 종교의 교리(정감록, 무속신앙)을 혼합하여 주장하기도 한다. 진리와 거짓을 혼합해서 가르친다(고후 11:13-15, 마 24:23-25). 주로 그리스도의 신성 및 인성, 은혜에 의한 구원을 부인한다. 그들은 마치 암호처럼 자기들끼리만 통하는 은어를 사용한다.

(5) 비윤리적이고 부도덕하다 : 도덕적으로 문란한 생활을 한다. 정욕적이고 호색적이다(벧후 2:2, 10, 14). 잘못된 가르침과 사상은 잘못된 삶을 낳는다. 입으로는 하나님을 시인하나 사상과 행위로서 부인한다(유 4, 딛 1:16). 비윤리적이고 반사회적이다. 반문화적이고 반지성적이며 비합리적이다. "사교집단의 교주는 미남이어야 하며 성의 스태미너가 강해야 한다. 이런 집단에 모이는 여인들은 교주를 심리적인 남편으로 인식하고 있으며, 교주를 보거나 만지거나 믿는 행위를 통하여 이상적인 남편과의 성행위로 무의식에서 받아들인다"(「현대종교」, 1994년 8월호).

(6) 불분명한 재무관리 : 교인들에게 착취한 돈이 어떻게 쓰여지는지 아는 사람이 없다. 탐심을 인하여 교인들을 경제적으로 착취하며 교리와 금전 착취로 가정을 파괴한다. 불가시적인 사후의 천국보다는 가시적인 천국, 지상에서 이루어지는 천국을 내세운다. 교주는 호화로운 생활을 하지만 추종자들은 비참한 생활을 하게 된다(딛 1:11). 이단 교주들은 종교적 사업가의 성향을 지닌다.

(7) 기존교회의 권위와 전통을 무시한다(벧후 2:10) : 이단은 추종자들에게 의존성을 심어주어 스스로 생각하는 능력을 방해한다. 따라서 그들은 거의 똑같이 행동하며 획일성을 드러낸다. 기독교의 정통성을 부인하고 정통 기독

교를 적대시한다. 장로, 집사제도를 두지 않으며, 절기를 지키지 않는다.

(8) 운영의 은밀함 : 당돌하고 고집이 세며 집요하게 목표를 추구한다(벧후 2:10). 목적 달성을 위해 살상, 고발 등 수단과 방법을 가리지 않는다. 지금도 이단 연구가들은 이단들의 고소로 인하여 각종 소송사건에 시달리고 있다. 이단의 지도자들은 사건이 터지면 그 책임을 수하에 전가시키고 스스로 책임을 지지 않는다.

(9) 지어낸 거짓말을 잘하고 메시지에 일관성이 없다(벧후 2:17) : 교주의 새로운 깨달음에 따라 교리가 계속 바뀐다. 시한부 종말론을 주장해 절박한 위기의식을 고취, 교주에게 절대적 충성을 요구한다. 내세를 부인하고 지상천국을 약속하기도 한다.

(10) 열심(zeal)이 특심하다(갈 4:17, 롬 10:2) : 열심에는 불순한 동기의 열심이 있고 좋은 동기의 열심이 있다. 지식 없는 열심은 감정적 광신을 낳고, 열심 없는 지식은 죽은 정통을 낳는다. 성서적 기독교는 지식으로 말미암는 열심을 낳는다.

종교적 배타성과 독선이 문제성 종교의 한 특징이라면, 또 다른 특징은 인간의 존엄성과 가치를 무시하고 신앙의 이름으로 자행되는 각종 형태의 반인륜적 행위들이다. 오대양 사건, 영생교 사건 등에서 볼 수 있는 것처럼 이단의 폐해는 납치, 감금, 구타, 세뇌, 가족과의 절연, 사회생활의 거부, 재산 갈취, 학업 중단, 혼음이나 강간, 자살 같은 형태로 나타나고 있다.

문제성 종교에 대한 대처 방안

한국에서 사회적 물의를 일으키는 집단은 대부분 정통 기독교 및 사이비 기독교에서 파생된 종교적 반동운동이라 할 수 있다. 정통 교회에서 소홀히 하는 측면을 집중적으로 부각시켜 사람들을 현혹한다. 박태선 장로 사건을 비롯하여, 1980년대 이후의 오대양 사건, 영생교 사건, 휴거 소동 및 아가동산 사건과 심지어 1998년 추석날에 일어난 영생교회 집단소사 사건 등은 모두 사회적으로 큰 문제들을 야기한 사교집단들의 탓으로 간주되어 왔다.

오대양 사건의 배후에 있는 구원파는 기독교복음침례회라는 교단명칭을 사용하고 있고, MBC 난입 사건을 일으킨 이재록의 만민중앙교회는 성결교회 이름을 사용하고 있다. 정명석의 애천교회는 감리교회의 교단 명칭을 사용했다. 탁명환 소장을 살해한 임홍천은 대한예수교장로회 대성교회의 교인으로 밝혀졌다. 따라서 이단 사건이 터질 때마다 치명적 상처를 입는 것은 정통 개신교회였다. 그러나 교회의 공신력이 실추되고 있는 것은 문제성 사이비 종교 때문만은 아니다.

종교에 대한 사회적 인상이 나빠지고 있다. 그리하여 종교의 영향력이 증가하는 일이나 종교단체의 수가 증가하는 것을 부정적으로 평가하는 비율이 증가하고 있다(이원규, 2000, 360쪽). 기존 정통 개신교회는 기복신앙, 물질주의, 반지성주의, 배타주의, 집단이기주의에서 벗어나기 위해 노력하여야 한다. 교회는 돌봄과 나눔의 공동체, 관심과 사랑이 있는 공동체가 되도록 노력하여야 할 것이다. 문제성 종교를 극복하고 대처하기 위해 우리는 무엇을 어떻게 해야 하는가? 몇 가지 가능한 대안을 제시해 본다.

첫째, 한국 교회는 사회적 공신력을 회복하기 위해 노력해야 한다. 이를 위해 교회는 섬기는 교회, 나누는 교회, 사귀는 교회, 돌보는 교회가 되려는 노력을 멈추어서는 안 된다. 하나님을 향한 수직적 신앙과 이웃을 향한 수평적 사랑이 조화를 이루어 교인들로 하여금 신앙적 사회인이 되도록 해야 할 것이다.

둘째, 교회 내적인 과제가 있다. 이것은 교회 자체의 갱신 문제다. 한국 교회는 기복주의, 반지성주의, 물질주의, 배타주의를 극복해야 한다. 목회세습이 사회문제로 부각되고 있다. 교회의 조직구조와 제도가 더 민주화되어야 한다. 다원화 사회에서 목회의 전문화와 다양화를 위한 연구와 실천이 요구된다. 교단과 교회 내에서의 권력 구조가 분권화되어야 한다. 그리고 목회자의 자질 향상과 지도력 개발을 위한 부단한 노력이 있어야 할 것이다. 교단 정치를 추방하고 파벌이나 교파 분열을 지양하려는 노력이 경주되어야 할 것이다.

셋째, 사회적 과제가 있다. 교회는 사회의 빛과 소금으로서 사회적 책임을 감당해야 한다. 한국 교회는 무엇보다 물신숭배, 기술숭배를 배격하고 사회적 도덕성을 확립하여 올바른 가치관을 제시하는 데 기여해야 한다. 계층 간 갈등, 지역갈등, 세대갈등, 성(性)갈등, 노사갈등, 이념갈등과 같은 갈등구조를 극복하고 사회적 통합을 위해 노력할 뿐 아니라, 노인·청소년·아동·여성·장애인 등 사회적으로 소외당하는 약자 계층의 문제에도 사회 복지적 관심을 갖고, 돌봄이 필요한 이들에게 물질적·정신적 도움을 제공하는 공동체로 발전해야 한다.

넷째, 정통 교회는 사이비 무허가 신학교를 정비하고 신학교육의 질을 높여야 할 것이다. 모든 사이비 기독교 집단은 교주의 무지와 극단적 성경 해석 때문에 생겨난다. "무식한 자들과 굳세지 못한 자들이 다른 성경과 같이 그것도 억지로 풀다가 스스로 멸망에 이르느니라"(벧후 3:16)고 성경은 지적하고 있다. 박태선, 조희성, 유병언, 이장림 등은 체계적 신학교육을 받지 않아 성경을 아전인수격으로 은유적으로 해석하였다는 공통점을 지니고 있다.

육신의 병을 치료하는 의사가 되려면 다년간 훈련을 거쳐 면허를 취득해야 한다. 하물며 '영혼을 돌보는 의사'가 엄격한 훈련을 받아야 하는 것은 당연한 이치가 아닌가! 정부는 무인가 신학교를 정비하고 무자격자들이 목회하는 것을 방지할 수 있는 제도적 장치를 마련하는 길을 구상해 볼 수 있을 것이다.

다섯째, 정부에서는 이단이나 사이비종교를 연구하는 학자들이 사이비종교 집단의 테러에서 보호받을 수 있는 장치를 마련해야 한다. 문제성 종교의 피해를 입고 교주의 실체를 알고 탈출한 사람들은 오랫동안 후유증으로 정상적 생활을 하지 못할 뿐 아니라 각종 소송과 테러의 위험에 직면해 있다.

국제종교문제연구소의 고 탁명환 소장은 문제성 종교에 대한 정보를 수집하여 언론과 교회에 제공하는 일을 하다가 살해되었다. 당국에 신변 보호를 요청했으나 제대로 되지 않았던 것으로 알고 있다. 우리나라에서는 헌금에 의한 재산 갈취와 가출로 인한 가정파괴가 가장 심각한 이단 피해 문제로 나타나고 있다. 성폭행과 살인도 자주 자행되고 있다.

경찰과 국가안전기획부 같은 부서에서는 사건이 발생하기 전에 자료를 수집하고 정보를 탐지하는 등 예방적 조처를 취해야 할 것이다. 그들에 대한 객관적 자료가 당사자 및 가족에게 미리 제공된다면 피해를 많이 줄일 수 있을 것이다. 이단연구가들이 법적으로, 제도적으로 보호받을 수 있는 방법을 모색해야 할 것이다. 폐쇄적인 사교집단의 실태 파악은 정부가 우선적으로 착수해야 할 일이며, 다각도의 분석과 대처 방안도 강구해야 할 것이다.

영국의 대표적인 신종교정보센터(INFORM)가 경찰의 기금 후원으로 설립 운영되고 있는 것은 우리에게도 시사하는 바가 크다. 아니면 장로교, 감리교, 성결교, 침례교와 같은 주요 교단에서 헌금을 출원하여 공동으로 이단에 대한 정보를 수집, 연구하는 것도 좋은 방안이 될 수 있을 것이다.

여섯째, 사교집단의 교주를 처벌하고 규제할 수 있는 법적 장치를 마련해야 한다. 종교의 자유가 헌법으로 보장되어 있는 현대 국가들에서 종교적 사실은 사법 심사의 대상이 될 수 없다. 따라서 지금까지 우리 정부는 문제성 종교집단의 교주에 의해 끔찍한 사건이 터질 때마다 그들을 '종교를 빙자한 사기범'으로 처벌할 수밖에 없었다. 사교 집단의 특징은 배타적이고 폐쇄적이라는 것이다. 일단 폐쇄적이 되면 법도 미칠 수 없으므로 극단적인 범죄도 불사하고 막다른 골목에서 선택폭이 좁아지면 집단자살과 같은 대형사고를 저지른다. 따라서 모든 종교단체를 문광부 종무과에 종교법인으로 등록하게 하여 국가가 개입할 수 있는 공간을 확보하는 것도 좋은 방법이 될 것이다.

성폭력이나 아동 폭력에 대하여는 방지법이 시행되고 있으나 '종교적 폭행'(spiritual abuse)으로 인한 폭력에 대하여는 속수무책으로 당할 수밖에 없는 것이 우리나라의 현실이다. 또 다른 대형 사고를 예방하기 위해서도 '무면허, 무자격' 목회자로 하여금 목회활동을 하지 못하게 하는 사이비종교 지도자 규제법 같은 것을 제정해야 할 것이다.

일곱째, 공익을 대변하는 신문과 텔레비전과 같은 언론매체들은 사이비성이 있는 종교집단들을 철저히 파헤쳐 윤리적으로 정죄하고 비판하는 일을 게을리 하지 말아야 할 것이다. KBS, MBC, SBS와 같은 매체들은 그동안 가정을 파괴하거나 성을 헌납하게 하거나 헌금을 강요하는 집단들의 정체를 집중적으로 보도하여 선량한 국민들을 계도하는 일에 적지 않은 역할을 해주었다.

때로는 사이비 집단을 폭로하기보다는 호기심이나 흥미위주로 정통 교단을 매도할 때도 있었다. 앞으로도 언론매체들은 폐쇄적 사교집단들의 행태를 미리 알려주어 피해를 줄이는 일에 앞장서야 할 것이다.

여덟째, 무엇보다도 정통 교회 목회자들은 교인들을 올바로 교육하여 성도들이 진리 위에 설 수 있도록 교리교육을 강화해야 할 것이다. 모든 그리스도인은 진리의 말씀을 옳게 분별해 사도적인 가르침 위에 굳게 서 있어야 한다. "사랑하는 자들아 너희는 우리 주 예수 그리스도의 사도들의 미리 한 말을 기억하라"(유 17). 믿음 위에 자신을 건축하고 하나님의 사랑 안에서 자기를 지켜야 한다(유 20-21).

바울이나 요한, 베드로는 이단의 위험에 대처하는 법을 미리 알려주기 위하여 대부분의 서신을 기록했다. 믿음으로 자기를 건축하고, 성령으로 기도하고, 하나님의 사랑 안에서 자신을 지키며, 영생에 이르도록 긍휼을 기다려야 한다.

"그러므로 사랑하는 자들아 너희가 이것을 미리 알았은즉 무법한 자들의 미혹에 이끌려 너희 굳센 데서 떨어질까 삼가라"(벧후 3:17). 목회자는 강해설교로 성도들의 영적 욕구를 충족시켜 주어야 할 것이며, 교회는 개혁과 갱신을 계속하여 사람들에게 안정감(소속감), 사랑과 교제, 공동체에 대한 욕구를 충족시켜줄 수 있어야 할 것이다.

"이단은 언제나 하나님의 진리를 왜곡해 가정을 파괴하고 하나님의 교회를 분열로 이끈다. 신약교회의 지도자가 해야 할 임무는 하나님의 말씀을 적극적으로 강해해 주는 것뿐만 아니라 그릇된 가르침이 교회에 침투하지 못하도록 막아내는 것이다.

여러 해 동안 목회 경험을 통하여 본인이 관찰할 수 있었던 것은 긍정적으로든 부정적으로든 진리를 배우지 못한 사람들이 언제나 이단과 사교집단에 끌려간다는 것이다. 그들은 미리 경고를 받고 미리 무장할 수 있는 기회가 없었던 것이다. …… 오늘날 우리가 직면하고 있는 가장 큰 위험은 거짓 선지자와 거짓 선생들 사이에서 일어나고 있는 위험이다. 거짓 선지자와 참 선지자를 구분하는 것보다 중요한 것은 없다"(Martyn Lloyd-Jones).

아홉째, 가정을 대화가 넘치는 사랑의 공동체로 만들어야 한다. 교회는 결혼 예비교육, 부부 역할 및 부모 역할 교육에 더 많은 관심을 기울여야 한다. 부모는 자녀를 위해 더 많이 대화하는 시간을 가져야 하며 언제나 고민을 터놓고 대화할 수 있는 대화 통로가 열려 있어야 한다. 우리는 앞에서 이단 교주들이 역기능 가정에서 성장한 반사회성 성격장애자임을 알아보았다. 그리고 이단에 미혹되는 이들은 방치된 가운데 가정에서 소속감과 용납을 경험하지 못한 이들이라는 것을 살펴보았다.

농경사회가 산업사회로 탈바꿈하면서 대가족은 핵가족으로 변모했고, 가치관의 혼란과 성역할의 붕괴로 많은 가정이 깨어지고 있다. 정부와 사회와 언론과 종교는 힘을 합쳐 가정을 강화하기 위해 현대인들에게 대화 기술과 문제 해결 기술을 가르쳐야 할 것이다.

마지막으로 각 교단은 신학자와 목회자로 구성된 이단대책 위원회를 운영하여, 논란을 불러일으키는 집단에 대해 체계적인 연구를 거쳐 정확한 근거에 의해 이단을 규정해야 한다. 이단과 정통의 규정은 개인이 할 일이 아니며 정치적으로 해결해야 할 문제도 아니다.

탁명환 소장이 순교한 것이 계기가 되어 1994년 6월 28일 '한국 기독교 이단, 사이비 피해대책협의회'가 결성되었으나 그 활동이 미진한 상태이고, 1997년에 결성된 한국기독교목회자 포럼 이단분과위원회에서는 수차례 세미나를 열어 문제성 종교집단의 정체를 폭로하였으나 해당 이단집단들의 거센 항의와 고소 등으로 인하여 그 활동이 정체되어 있는 형편이다. 한국 교회는 정통 개신교를 대변하는 한국기독교총연합회의 이단사이비대책위원회의 목소리에 권위를 부여해야 할 것이며, 이단의 가르침을 연구 분석하여 이단을 폭로하는 일에 주력하는 「현대종교」와 같은 잡지와 「교회와 신앙」과 같은 신문에 교단을 초월하여 애정어린 관심과 지원을 아끼지 말아야 할 것이다.

한국기독교총연합회 이단사이비대책위원회와 이단사이비문제상담소에서 편찬한 「이단사이비 종합자료」는 우리 주변에서 활동하고 있는 이단의 실체를 파악하고 대처하는 데 큰 도움을 줄 수 있을 것이다(문의 전화, 02-747-1117).

참고 및 추천도서 목록

문화관광부. 「한국의 종교현황」, 문화관광부 종무실, 1999.

곰즈, 엔런. 「사교란 무엇인가?」, 장미숙 역, 은성, 1997.

엔로드, 로날드. 「신흥종교와 이단들」, 오희천 역, 생명의말씀사, 1988.

___. 「교회에서 상처받은 사람들」, 김현정 역, 두란노, 1996.

오츠, 웨인. 「현대종교심리학」, 정태기 역, 대한기독교서회, 1994.

유사종교연구위원회 편. 「이단 및 불건전집단」, 총회출판국, 1994.

이원규. 「한국교회 어디로 가고 있나」, 대한기독교서회, 2000.

___. 「기독교의 위기와 희망」, 대한기독교서회, 2003.

정동섭. 「그것이 궁금하다」, 도서출판 하나, 1994.

___. 「당신의 가정도 치유될 수 있다」, 하나, 1994.

___. 「어느 상담심리학자의 고백」, IVP, 1994.

진용식. 「안식교의 오류」, 도서출판 복음사역, 1996.

정규훈 외. 「정보기술사회의 윤리매뉴얼」, 서광사, 2004.

피 신디노, 로비트 외 2인. 「어떻게 이단들에 답해야 할까」, 타명해 역. 엠마오, 1989.

전호진, 김의원, 나용화, 심창섭, 정동섭. 「이단연구영상세미나(8부)」, 크리스천비디오아카데미.

총회출판국. 「이단 및 불건전 집단」, (고신측) 총회유사종교연구위원회 편, 1994.

한국기독교문화연구소. 「한국기독교와 사이비이단운동」, 숭실대학교 출판부, 1995.

___, 「한국교회 성장둔화 분석과 대책」, 숭실대학교 출판부, 1998.

한국기독교총연합회. 「이단사이비 종합자료」, 이단사이비문제상담소, 2004.

「현대종교」와 「교회와 신앙」을 구독하여 이단의 움직임을 살피고 대처하도록 하라.

Collins, Gary. *Innovative approaches to counseling*. Word, 1986.

Enroth, Ronald. *Recovering from Churches that abuse*. Zondervan, 1994.

Hutchinson, Janis. *Out of the cults and into the church: Understanding and encouraging Ex-Cultists.* Grand Rapids, Michigan: Kregel Resources, 1994.

Lasch, Christopher. *Haven in a Heartless World: The Family Besieged.* New York: Basic, 1977.

Maslow, Abraham. *Toward a Psychology of Being, 2d ed.* New York: Van Nostrand Reinhold, 1968.

Rhodes, Ron. *The culting of America: The shocking implications for every concerned Christian.* Harvest House Publishers, 1994.

Sire, James. *Scripture Twisting.* Downers Grove, Ill.: InterVarsity Press, 1980.

Van Baalen. *The Chaos of Cults.* Grand Rapids: William Eerdmans, 1938.

* 이 논문은 문화관광부 후원, 종교지도자협의회 주최로 2000년 11월 13일에 서울 프레스센터에서 열린 '건전종교문화발전세미나'에서 당시 침례신학대학교 기독교상담학과장 정동섭 교수가 300여 명의 종교지도자들이 참석한 가운데 주제 발표한 내용이다. 개신교를 대표하여 발표된 이 논문은 K-TV와 기독교TV를 통하여 방송된 바 있다. 마지막 문제성 종교에 대한 대처 방안은 참석자들에게 큰 호응을 얻었다.

〈참된 구원의 확신으로 안내하는 책들〉

1. 도널드 휘트니. 「구원의 확신」, 네비게이토, 1997.
2. 김세윤. 「구원이란 무엇인가」, 두란노, 2001.
3. 이현수. 「네가 거듭나야 하리라」, 두란노, 2002.
4. 김상복. 「당신은 확실히 구원받았습니까」, 나침반사, 1998.
5. 옥한흠. 「로마서 1, 2, 3」, 국제제자훈련원, 2002.
6. 피터 제프리. 「그리스도인의 첫걸음 내딛기」, 두란노, 1986.

부록2. A Psycho-theological Critique of the Salvation Sect's View of Conversion

Andrew Dong-sup Chung
Doctor of Philosophy Program
Trinity Evangelical Divinity School
Deerfield, Illinois, U.S.A.

The Salvation Sect is one of the major Christian cults which Korea has produced under the influence of self-appointed independent missionaries from the Unites States and the Netherlands. The Salvation Sect or the Christian Evangelical Baptists of Korea was founded in 1962 by two men: Shin-chan Kwon and his son-in-law Byung-un Yoo in the midst of the sociopolitical turmoil that followed the Park Chung-hee's Military Revolution of April 19, 1961.

The cult group had operated under the name of the Korea Laymen's Evangelical Fellowship(KLEF) until 1981 when they adopted the denominational name of the "Christian Evangelical Baptists of Korea." The members of the established Protestant denominations refer to this group the "Salvation Sect"(This group will be referred to as the SS in the remainder of this paper. The initials stand for the Salvation Sect.).

During the past 36 years of their history, the SS's membership has grown to more than 100,000 in and out of Korea. Outside of Korea, their target for envangelism have been Korean nationals living in overseas Korean communities in major cities of the countries such as the United States, Canada, West Germany, Brazil, and Argentina. They have not shown much interest in cross-cultural missions.

The SS has since divided into three splinter groups. In the early 1960s, Ok-soo Park separated himself from the group led by Kwon and Yoo. Yohan Lee, an ardent admirer of Shin-chan Kwon, opposed the business investments by

Byung-un Yoo in 1983, and left the original SS with his followers to form his own faction.

The "Jesus Baptist Church" of Korea led by Mr. Ok-soo Park is one of the four major cults (heresies) currently operating in Korea and abroad. They use official title of the "Good News Mission" and are popularly known as the Salvation Sect(구원파). The International Youth Federation(IYF) is an forefront organization they use to proselytize young people of university age into their cultic organization.

The mainstream Baptist churches of Korea use the denominational name: "Christian Baptist Church of Korea." Rev. Billy Kim who translated Billy Graham Crusade during his visit to Korea in the 1970s, is affiliated with this national convention. The Presbyterian, Evangelical Holiness and Baptist Churches in Korea had all declared the "Jesus Baptist Church" a heresey in the 1980s; and the Korea Council of Churches (KCC), an umbrella organization representing most of the mainstream evangelical denominations in Korea has also recognized the Salvation Sect as a heresy. (This writer is currently serving as deputy chairman for the Anti-Cult or Anti-Pseudo-Christian Research Committee of KCC in Seoul).

The Salvation Sect has been divided into three different factions: (1) Jesus Baptist Church (the Good News Mission) led by Oksoo Park; (2) Jesus Baptist Church led by Yohan(John) Lee (Lee's original name was Bokchil); (3) Evangelical Baptists founded by Shinchan Kwon and his son-in-law Byung-un Yoo. Kwon died in 1984. The three cult leaders are all disciples of a self-appointed American missionary by the name of Dick York, who came to Korea in the early 1960s. A self-appointed missionary, he is known to have not received any theological education. He had founded a Bible school in Daegu, and had discipled these cult leaders. He had returned to Korea in early 1980s. Like their teacher, all of these Korean disciples had not finished secondary education, except Byungun Yoo who finished high school in Daegu. Park in particular is a middle school drop out. They all denunciate systematic seminary theological training of any kind.

The Evangelical Baptists (led by Yoo) has shrunk in its membership since 1987, when it became known that they were behind the massacre of 32 people in Yongin near Seoul (Korean version of Jones Town Massacre). Lee, who was one of major preachers within the group, left the original SS to form his own group. Park has since stepped up his outreach efforts and has now a largest following among the three factions, and has a membership of about 20,000.

As their nickname, "the Salvation Sect" implies, their whole belief system revolves around their doctrine of salvation or conversion. Their soteriology is markedly different from that of the major evangelical denominations. All of the three leaders are firmly convinced that they alone preach the true gospel and that the existing evangelical (denominational) churches do not preach the "pure" gospel. They also claim that unless you join their group, you cannot be saved. The historical background and the heretical nature of this group have already been exposed in my M.R.E. thesis(1984) at the Korea Baptist Theological Seminary and in my recent paper for a course at Trinity Evangelical Divinity School, "The Teachings of the Christian Evangelical Baptists of Korea: A Biblical Critique with Particular Reference to Their Theology of Worship"(1988)

The purpose of this paper is to critically evaluate their understanding of conversion from the perspectives of biblical theology and psychology of religion. Before I attempt to criticize the SS's view of conversion, I will briefly summarize their teachings on salvation based on the testimonies of Kwon and Yoo, who acted as founding fathers of this cultic movement in Korea.

Two Leaders' Conversion Experiences

Both of the SS's two leaders, Kwon and Yoo had almost identical conversion experiences at about the same time in early 1960's. The testimonies of other leaders such as Ok-soo Park and Yohan(Bockchill) Lee who are leading SS's splinter groups are almost identical.

Lee says, "I experienced regeneration in 1962." Park was "born again on October 7, 1962." This paper will primarily analyze the experiences and claims of Kwon and Yoo.

Kwon's Conversion
Born in 1923, Kwon was raised under a legalistic Christian influence of his

father, who, as a Presbyterian elder, tried very hard to earn his salvation by doing good works. Having been impressed by his "godly life," he entered the Presbyterian General Assembly Seminary which was located in Daegu (This school has since closed). On completing his theological training during the Korean War, he received his ordination in 1951. Since then, he has pastored four different churches in around Daegu for eight years.

According to his written testimony, Liberation of Conscience, Kwon(1977) "had been constantly suffering under a heavy burden of quilt owing to my inability to love according to the Law. Then one day in October 1961, I had an opportunity to hear a Europian missionary asking in his sermon, 'Have you been born again?' I was deeply shocked to hear this question"(p. 33).

Subsequently as he was preparing his sermon on November 18, 1961, he came to realize(understand) from Roman3:21 (But now a righteousness from God, apart from law, has been made known) that Jesus Christ was the righteousness of God. "The chains of sin that has bound my conscience for over ten years were unshackled at once"(p. 35).

Since he had this conversion experience, he began to focus his messages on "awakening of the souls and salvation" as he preached to his congregation at the Chilsung Presbyterian Church. "After six months, people began to realize the truth one by one"(p. 35). He then received baptism by immersion at the hands of a Dutch independent missionary named Kocsen Ric Glas. The step of obedience "based on the Scriptural teaching" caused the Presbyterian General Assembly to expel him from the denomination in December 1962.

Yoo's Conversion

At about the same time, You (46) was converted under the influence of an independent American missionary from Oregon, U.S.A. named Dick York.

Born in 1941, Yoo was also raised under the influence of a legalistic father who was an elder at Daegu Moonwha Presbyterian Church. Although he was gifted in fine arts such as painting, sculpture and architecture and was trained in martial arts like Taekwondo and boxing, he could barely graduate from a high school after having been expelled from two other high schools because of his delinquency(The Christian Herald, 1980, p. 4).

Recollecting his moment of conversion, Yoo (1981) writes in his book, The Chain That Binds My Soul, "Although I was born a church member from my mother's womb, I tasted the love of God that has forgiven all of my sins at 8:30 p.m. on April 7, 1962"(p.260), while listening to missionary Dick York's message on Matthew 22.

You has since read through Bible numerous times, and became a self-appointed evangelist. At the initial stage, his evangelistic efforts were concentrated in Daegu, but gradually expanded the scope of his influence to other cities throughout Korea.

Current Status

Since 1984, Kwon has concentrated his evangelistic efforts on North and South America with his headquarters in Los Angeles. His son-in-law Yoo has discontinued public preaching since 1984 when his real nature as the cult leader of SS was publicly exposed through the publication of my thesis in February 1984. His activities as president of Samwwo Trading and Semo companies are focused on his business operations in and out of Korea.

Since the departure of Kwon from Korea, the nominal leadership for church work in Korea has passed Chunsop Soh and Hwa-nam Suh, cronies of Kwon and Yoo from the earliest days of SS. Soh and Suh have since left the group in 1990s. Kwon travels frequently to Canada and major cities of U.S.A. to conduct evangelistic meetings. Kwon died in 1986.

SS's Doctrine of Salvation

This is the most important doctrine for the SS. Their view of salvation is central in their theology as we can see in the fact that all of the popular nicknames given to the group : "Salvation Sect," "Realization Sect," "Regeneration Sect," and "Salvation Gangsters" are related to their soteriology.

As we can gather from the two cult leaders' testimony, the SS's soteriology is based on the conversion experience of the two leaders, Kwon and Yoo. Both of them as former members of legalistic Presbyterian churches had suffered from a severe sense of guilt in their consciences until they "suddenly realized" that their sins were forgiven in Christ's substitutionary death.

To the members of the SS, therefore, salvation means deliverance from "religion and the law," or the liberation from the guilt feelings in their consciences. To put it another way, it is a matter of sudden, cognitive grasp of the gospel of the forgiveness of sins by remission of sins.

They have defined "religion" as the practices of the established churches including the pre-dawn prayer meetings, tithing, the observance of the Lord's day, the sacredotal system and worship service in general. They then stress that one must be converted from such "religious bondage."

They sharply distinguish salvation of the spirit from that of the flesh/body. If one's spirit(conscience) is saved, they believe that one's physical life does in no way affect his or her salvation. Such soteriology is, of course, based on their dualistic understanding of human personhood.

Kwon (1977) is convinced that "it is impossible for man to approach or communicate with God by means of one's personality"(p. 12). It is only man's spirit of conscience that can contact God's spirit. It is no wonder that their conversion does not involve repentance and faith as a trust. In their process of salvation, one's volitional act of commitment is not required.

They insist that one's conversion should be sudden and dramatic crisis experience. To have one's salvation authenticated and approved by other members of the SS, one must be able to quote Scripture verses that assured them of his or her forgiveness of sins. One must also be able to point to the date and the time when they obtained their assurance of salvation. Once a person is saved, there is no need to confess one's sin or ask God's forgiveness.

Man is merely a passive recipient of God's saving grace, and man himself does not have the capacity to love God or serve Him. Kwon (1980) insists that truth of the gospel must "be believed." He rarely mentions repentance, and when he does, he redefines repentance as meaning "the process of being led to God. Forgiveness precedes repentance"(p.145).

They stress the benefits or blessings one can receive by being saved, but do not discuss man's responsibility before God. Concepts such as justification, regeneration, redemption, forgiveness of sins, liberation of conscience, peace of mind, freedom, rapture and eternal life are stressed, but concepts that have to do with vertical and personal relationship with God such as calling, adoption, election, conversion, being conformed after the image of Christ and becoming heir of God are either neglected or repudiated.

Psychological Perspective

Now that I have reviewed the SS's views on conversion, it may be appropriate to consider what is involved in conversion before applying psychotheological criticism to the SS's understanding of conversion. I begin with the premise that the psychological descriptions are not as much concerned with the "what"(theological explanations) of conversion as with the "how" and the subjective experience of the individual.

Nature of Conversion

What do we mean by conversion? Webster's dictionary suggests that conversion means to "turn around, transform, or change the characteristics of something." The word conversion is used in the Bible to denote a turning or returning to God. "The person turns away from something and then toward God"(Johnson & Malony, 1982, p. 79.; Vine, 1981, p. 239). There is both repentance and faith.

Conversion can refer to general personality or behavioral changes, but conversion in this paper will refer to religious experiences in which attitudes or actions are dramatically altered as when Paul was converted on the Damascus Road (Acts 9:1~19).

Christian conversion. James(1902) gave the classic definition of this experience :

To be converted, to be regenerated, to receive grace, to experience religion, to gain an assurance, are so many phrases which denote the process, gradual or sudden, by which a self hitherto divided, and consciously wrong, inferior and unhappy, becomes unified and consciously right, superior and happy, in consequence of its firmer hold upon religious realities(p.157).

What are the distinctive components of Christian conversion? A wide range of answers to this question could be discussed. The following propositions would incorporate the essence of current theological and psychological models of conversion :

1. Christian conversion is the experience whereby a person turns to God by means of faith in Jesus Christ.
2. It is a once-for-all, unrepeatable event that has some well-defined precursors and consequences.
3. The process leading up to the conversion crisis consistently involves a period of incubation.
4. The result of such a turning to God is a change of ideas concerning religious beliefs, feelings, values, and coincide to a large extent with those in the community into which the person is incorporated.
5. The change of the person is neither thoroughly unconscious nor completely conscious (Johnson & Malony, p. 11).

The experience of Christian conversion can be described from a number of different perspectives. Collins(1977), for instance, attempted to understand the religious experience of a person in terms of what he calls "expanded empiricism."

Any one event or phenomenon can be explained on several different levels or from several different viewpoints.......As with every other human experience, conversion is a biological event accompanied by minute but detectable changes in the chemistry and physiological functioning of an organism. It is a psychological event involving feelings, thoughts, and behavioral changes. It is a social phenomenon which may involve a decision in response to social persuasion and a change in the interpersonal relations.

It is a philosophical event involving an individual's changing views of metaphysics. It is a religious event involving one's relationship with God (p. 108).

Is conversion a process or a crisis? One of the questions we need to consider is whether conversion is a process or a crisis event. The chief distinction in conversion is the time involved. The crisis emphasizes the moment when the person becomes converted, whereas the process occurs over a period of time.

James considered conversion to be "a process, sudden or gradual." Many psychologists and theologians have thought of it as specific event occurring at a given point in time. However, James contended that these events were part of a process and used the term conversion to apply both to those who could and those who could not point to a specific moment of decision.

The process of conversion is a term used to describe the events that occur over a period of time, in which a person experiences a turning to God or a surrender to the Savior, Jesus Christ. Anthropologist Tippett(1977) has proposed a model that encompasses both gradual and sudden conversions. He has found a consistent pattern involving a preconversion stage(growing awareness), the actual crisis of conversion(consideration and a point of encounter) and a postconversion stage, including incorporation into the church.

His model includes both "periods" of time and "points" of time in alternating sequence. Growing awareness is succeeded by a point of realization, which is then followed by a period of consideration. This period of consideration comes about through an encounter with an advocate for the Christian faith (preacher, or significant others) with whom he/she interacts. The climax of the period is at the point of encounter when the person surrenders to the Savior, Jesus Christ. "The type of crisis differs from person to person (e.g. intellectual or emotional) and is either gradual or sudden"(Johnson & Malony, 1982, p.71). The culture in which the person has the experience influences the nature of the conversion.

Although the sudden convert may have a public event to which he can point, if the truth were known there is a day on which the gradual convert also felt sure of the faith which he espouses. This point of encounter is followed by a period of incorporation during which the new convert is socialized into the new faith.

Biblical Perspective on Conversion

The Bible is essential to a full understanding of conversion. In a study of conversion in the Bible, one always finds a twin emphasis on the divine role and on the human role. On the divine side, God is seen as the One who is active in turning and calling the person to Himself. On the human side, words such as repentance and faith denotes a human response to a divine call. James

Packer(1962) in the New Bible Dictionary recognizes the two sides of the conversion process :

Turning to God under any circumstances is, psychologically regarded, man's own act, deliberately considered, freely chosen and spontaneously performed. Yet the Bible makes it clear that it is also, in amore fundamental sense, God's work in him(p.251).

Biblical View of Conversion

When we look at the conversion accounts of Paul, Ethyopian eunuch, Cornelius, Lydia and Phillipian jailor recorded in the Acts of the Apostles, we can find some common features. The activity of the Spirit of God, the presence of the Scriptures, and a commitment to the living Christ as God and Savior are among the key elements common to each experience(Johnson & Malony, p.77).

A search for common features in each conversion account should not bypass the uniqueness of each experience. When God brings people to Himself, He does so by taking the unique needs of each individual into account.

Demands for a response from the convert. The evangelists in the early church expected people to respond to their message of salvation. They called their audiences to repentance, faith, and baptism. Repentance and faith (Acts 20:21) were a part of the conversion experience, and water baptism was a visible sign that the conversion had already occurred, as well as a sign that the person had been incorporated into the body of believers. Holiness, fellowship, and obedience are also seen as consequences of a conversion experience.

Repentance meant a change in mind toward sin and self as well as toward God (2 Cor. 7:9~10). Faith was the second demand of a potential convert. The type of faith necessary for salvation involves knowledge, assent and trust or assenting to facts and trusting in a person(Erickson, 1983, p. 940). If repentance denotes the negative aspect of conversion, the person turning from sin, then faith is the positive aspect, referring to the person's turn to God in Christ.

To summarize, conversion is accompanied by repentance (a change of mind toward God and sin) as well as faith (a surrender to Jesus Christ). Faith and repentance can be readily seen when we remember that faith is faith in Christ for salvation from sin"(Murray, 1955, p. 113). The turning away from sin and toward God may be either sudden with great emotion(jailer at Philippi) or gradual with no great emotion (Lydia).

Psychotheological Evaluation

"Christians can get into a religious rut and fall into a mere form of godliness without power"(Havner, 1985, p. 185). It might be fair to say that the SS arose as a reactionary movement when most of the established churches in Korea were merely maintaining a form of godliness without power during the 1960's. Religious legalism were the norm of the day, and the message of salvation was a scarce commodity in the Korean churches in the 1960's (It was only after Billy Graham Crusade in Yoido, Seoul that the Korean preachers began to pay attention to the message of salvation).

To quote the diagnosis of Dr. Mortenson (1973), the late General Director of TEAM Mission, this cult was reacting against: (1) superficial evangelism and teaching (2) people's dependence on church membership, gospel ministry and the observance of the law for salvation, (3) elevation of the clergy and (4) excessive emphasis on predestination by majority of the churches in Korea.

There is no doubt that when the two leaders began their movement, they did so with the finest intentions and lofty goals. When it was difficult to hear the good news of God's grace from the most of the pulpits in the land, they began to preach the gospel of redemption and forgiveness of sins apart from the legalistic religion. They began by preaching the gospel of grace according to their experiences. By the mid-1970's, they made a significant impact on the Korean churches. The SS, in a sense, has contributed to the growth of the Korean Church by awakening the churches out of their spiritual slumber and apathy. It seems in retrospect that at least they were able to challenge the denominational churches to reconsider their priorities in ministry.

With anything fresh and new, however, there is always the danger of an overreaction. And the consequences of the SS's overreaction have been manifested in the deterioration of their theology and conduct. We see in their overall attitude an abrupt break with historic Christianity. This is most sharply reflected in their view of conversion.

Psychological Evaluation

As we look at the SS's view of conversion in the light of psychological model of conversion, we can find some similarities and differences between the experience of SS members and that of Christians in the Bible and the major denominational churches.

Similarities and differences. First of all, when we consider the sequence of events in conversion in the light of Tippett model (1976), we can find a similar pattern in the sequence of events that take place in the conversion process.

In the account of the two SS leaders' conversion experiences, for example, we can notice a period of growing awareness before their point of realization. As Tippett(1976) describes the process, "There comes a moment when it suddenly becomes apparent that the passage from the old context to the new is not merely an idea. A vague notion becomes a clear truth"(p. 14). Kwon and Yoo both experienced a growing awareness of deficits in life, as we find it in the experience of other Christians. They experienced severe sense of guilt and conflict, and they needed to be forgiven of their sins. Then when they were exposed to the gospel message, they suddenly realized that their sins were forgiven by Christ's substitutionary death on the Cross. It sounds almost like a Christian conversion experience, but on a closer look, we can see it is closer to brainwashing than Christian conversion.

What is lacking in the SS members' experience is the period of further consideration and the point of encounter with Jesus Christ which follows the incubation or preconversion period. It is for this reason that none of the SS members speak of a new personal experience with God in terms of an encounter with Christ. They only speak of sudden cognitive grasp of realization that their sins are forgiven because of Christ's death for them and that their conscience is released from guilt feelings.

In the experience of SS members, the point of realization is followed by the period of incorporation into their church, without the process of their undergoing a period of consideration and the point of encounter.

Secondly, the SS's conversion does not involve repentance and faith, which are essential for biblical experience of salvation or regeneration.

Ok-soo Park(1993), who is wielding a powerful influence in and out of Korea since the 1980s, and who, unlike other groups, is involved in cross-cultural missions, went so far as to say, "Nowhere in the Bible can we find verses indicating the necessity of repentance before receiving forgiveness of sins(p.50)."

The members of SS understand the human personhood in terms of spirit, soul, and body. According to their trichotomous understanding of human nature, they emphasize the function of the spirit in terms of conscience only, and openly depreciate the function of man's body, emotions, intellect, and volition. Kwon (1977), for example, is convinced that "it is impossible for man to approach or communicate with God by means of his cognition, emotion or volition which are parts of one's personality"(p.12).

This is flat and open denial of the biblical view of human nature. Man is to be treated as a unity, and as an integrated whole. Our spiritual condition cannot be dealt with independently of his physical or psychological condition, and vice versa. Yes, it is true that spirit is essential to the being of man. "The spirit makes of man an embodied soul and besouled body, so the absence of the spirit makes of him a bodiless soul and a soulless body"(Barth, 1960, p.354). God interacts dynamically with the person as a besouled body, as a whole person.

Gospel, therefore, is an appeal to the whole person. It is important to realize that Jesus in his incarnation became fully man, for he came to redeem the whole of what we are. The leaders of SS emphasize the doctrine of total depravity of man, but they seem to believe that only man's spirit is totally depraved. There is no evil part of man that is evil per se. "Total depravity means that sin infects all of what a human is, not merely his body or his mind or emotions"(Erickson, 1983, p. 539).

We have already seen that conversion comprises two elements, namely, repentance and faith. "A journey of a thousand miles must begin with a single step," says an old saying in Korea. And so it with the Christian life. The first step of Christian life is called conversion. "It is an act of turning from one's sin in repentance before God and turning to Christ in faith"(Erickson, p. 933). Conversion is a single entity which has two distinguishable but inseparable aspects: repentance and faith(Acts 20:21).

Repentance. First, let me consider repentance, for it logically precedes faith. The Reformed Christian faith understands repentance as "that change wrought in the conscious life of the sinner, by which he turns away from sin"(Berkohf, 1939, p. 486). But the SS leaders define repentance as "the process being led to God"(Kwon, 1980, p. 145), according to their theology based on their experience.

Berkohf(1939) distinguished three elements in biblical repentance: intellectual, emotional and volitional. An intellectual element, because there is a change of view, a recognition of sin as involving personal guilt, defilement and helplessness (Romans 3:20); an emotional element, because there is a change of feeling, manifesting itself in sorrow for sin committed against a holy and just God (Ps. 51 : 2, 10, 14); and a volitional element, because there is a change of purpose, an inward turning away from sin, and a disposition to seek pardon and cleansing (Ps. 51: 5, 7, 10). What is visibly lacking in the SS's conversion experience is the volitional element of turning away from sin. There is, however, a heavy emphasis on one's need to cognitively understand one's guilt and helplessness before a just God.

Faith. Let us now consider how faith is related to conversion. As repentance is the negative aspect of conversion, turning from one's sin, so faith is the positive aspect, laying hold upon the promises and the work of Christ. Faith is the very heart of the Gospel, for it is the vehicle by which we are enabled to receive the grace of God. Once again let us consider the biblical concept of faith :

Faith, according to the Old and New Testaments, is an activity of the whole person. The object of biblical faith has always been God, who has revealed the way of salvation in Jesus Christ. Horne(1971) has defined faith as :

> an understanding of and mental assent to certain basic facts concerning the person and workof Christ culminating in a commitment of one's entire being to the person of whom those facts testify (p. 55).

The three components of faith that should be evident in the life of the person experiencing conversion are knowledge, assent, and trust. Knowledge has to do with facts about Christ, i.e., His death and resurrection(1 Cor. 15:3-4). The next stage beyond knowledge is assent. Here the person not only knows the truth but accepts it as true. It is accepting a statement as true. The final stage of faith is trust in God. It signifies "personal trust as distinct from mere credence or belief." Faith involves a warm personal trust in a living Savior. It is a person-to-person encounter in which a self-commitment is made to Christ (Johnson & Malony, p. 82).

As we have seen in the account of the SS leaders' conversion experience, what is emphasized in their gospel is faith as knowledge and assent. What is lacking is faith as trust and commitment to Jesus Christ as a personal Savior and Lord. They come as far as giving credence to affirmations, but stop short just before trusting in Christ. Within the SS, faith is regarded as intellectual assent to doctrine of salvation, but never as trusting in God as a person.

In this connection, we should note that although we have depicted conversion as a human response to divine initiative, even repentance and faith are gift from God.

Conversion gradual or sudden. Thirdly, it is important to consider the SS's claim that conversion should be sudden and dramatic crisis experience. It is true that Christian conversion normally occurs at a specific point in time, as we have seen in biblical cases in Acts. The decision to personally accept Jesus Christ as Savior and to commit one's life to his Lordship occurs at a moment in time (Collins, 1969, p. 164).

While conversion is instantaneous, we have seen that the act is often preceded by a period of struggle, hesitancy, deliberation and conviction. Sometimes the preconversion deliberation and the post-conversion growth and spiritual development fuse together so that the convert remember his moment of decision. This can create the impression that conversion is gradual when in fact it is instantaneous.

Over against those who think of conversion only as a definite crisis in life, it should be noted that, while conversion may be such a sharply marked crisis, it may also be a very gradual change as in the case of Jeremiah, John the Baptist and Timothy(Berkohf, p. 485). Crisis conversion are most frequent in days of religious declension, and in the lives of those who have not enjoyed the privileges of a real religious education, and who have wandered far from the path of truth, of righteousness and of holiness.

In this connection, I agree with Wilhoit (1986) that there is no biblical warrant for trying to convert the children of Christian parents in the same way that we attempt to convert adults. "The image of new birth depicts radical change, a complete metamorphosis, but it need not be sudden change. Conception, pregnancy, and birth area process which takes place over a period of time and includes numerous small crises(p. 55).

Conversion can be sudden or gradual. But the SS's conversion, through sudden crisis experience, does not fit into the category of Christian conversion for the reasons elaborated above. Their conversion experiences invariably lacks some of the essential components of Christian conversion such as a personal encounter with the person of Christ, volitional repentance and faith as trust and commitment.

It may be clear by now that SS's conversion is not Christian conversion, but an ideological conversion to a cult. The Reformed theologians like to explain our Christian life in terms of the order of salvation. The Ordo Salutis typically follows the sequence of (1) effectual calling, (2) regeneration, (3) faith and repentance, leading to (4) justification, (5) adoption, (6) sanctification, (8) perseverance and (9) glorification(Murray, 1955, p. 7). What is lacking in the SS's understanding of God's economy for human redemption is the process of effectual calling, faith and repentance, adoption, and sanctification.

Theologically as well as psychologically, the SS has deviated from the historic evangelical faith and practice in their view of Scripture, God, man, salvation, Christ, the Holy Spirit, church and the last things. They do not deny the Lord Jesus with their lips, but they denied Him by their thought processes. I have attempted to show their heretical nature by focusing my discussion on their misguided view on conversion. I conclude on the basis of my discussion in this paper that the Salvation Sect's salvation has nothing to do with the biblical salvation and that SS is a pseudo-Christian cult which denies a personal relationship with God.

References

Barth, Karl, (1960). *Church dogmatics : The doctrine of creation.* Vol. 3, pt. 2.Edinburgh: T & T Clark.

Berkohf, Louis. (1939). *Systematic theology.* Grand Rapids, Michigan: William Eerdmans Publishing Company.

Chung, Dong-sup. (1984). *A comparative study of the Christian evangelical Baptists(the Salvation Sect) of Korea with the U.S. Southern Baptists with particular reference to their doctrines.* Unpublished Master's thesis, Korea Baptist Theological Seminary, Daejeon, Korea.

___. *The teachings of the Christian Evangelical Baptists of Korea: A Biblicalcritique with particular reference to their theology of worship.* An unpublished paper written for Christian Worship Course taught by Dr. James Speer, Trinity Evangelical Divinity Schools, Fall 1987.

Collins, Gary. (1969). *Search for reality: Psychology and the Christian.* Wheaton, Illinois : Key Publishers.

___. (1977). *The rebuilding of psychology.* Wheaton, Illinois: Tyndale.

Erickson, Millard. (1983). *Christian theology.* Grand Rapids, Michigan: Baker Book House.

Havner, Vance. (1986). *The Vance Havner Quote Book: Sparkling gems from the most often quoted preacher in America.* Grand Rapids, Michigan: Baker Book House.

Horne, C. (1971). *Salvation.* Chicago: Moody Press.

James, William. (1902). *The varieties of religious experience.* New York: Doubleday.

Johnson, Cedric B. & Malony, H. Newton. (1982). *Christian conversion: Biblical and psychological perspectives.* Grand Rapids, Michigan: Zondervan.

Kwon, Shin-chan. (1977). *Liberation of conscience.* Seoul, Korea: Illyusa Press.

___. (1980). *The imminent great tribulation. Vol. 2.* Seoul, Korea: Middle-East Press.

Montenson, Vernon. (1973). *An observation on the Korea Layman's Evangelical Fellowship.* Seoul, Korea.

Murray, John. (1955). *Redemption accomplished and applied*. Grand Rapids, Michigan: William Eerdmans Publishing Company.

Packer, J. I. (1962). Conversion, in *The New Bible dictionary*, edited by J. D. Douglas. Grand Rapids, Michigan: Williams Eerdmans Publishing House.

Park, Oksoo, *Mystery of Forgiveness of Sins and Regeneration Vol. II*. Good News Publishers, 1993.

Tippett, A. (1977). *Conversion as a dynamic process in Christian mission. Missiology, An International Review*, April 1977, 5(2), 203-221.

Vine, W. E. (1981). *Vine's expository dictionary of the Old and New Testament words*. Old Tappan, New Jersey: Fleming H. Revel Company.

Wilhoit, Jim. (1986). *Christian education & the search for meaning*. Grand Rapids, Michigan: Baker Book House.

Yoo, Byung-un. (1981). *The chain that binds my soul*. Seoul, Korea: Woojung-Publishing House.

---

* 여기에 전재하는 영어 논문은 필자가 트리니티복음주의신학대학원(Trinity Evangelical Divinity School)에서 유학 중이던 1987년에 게리 콜린스(Gary Collins) 박사가 담당한 "종교심리학" 시간에 발표한 것이다. 구원파를 전반적으로 소개하는 앞의 내용은 2008년 시점에서 추가한 것임을 밝혀둔다. 일부 구원파에서는 미국, 호주, 캐나다 등 외국 교회에까지 타문화권 포교활동을 하고 있기 때문에 외국 교회 성도의 분별을 위해 이 논문을 부록3과 함께 이 책에 수록한다.

부록3. None Dare Call It Heresy! By Rev. Neil Fillipin

"It is interesting to see how heresies function and how the devil wins out," says Francis Schaeffer in his book, *The Super Spirituality*. Balance is the key word, and for a Christian to be balanced, he must feed on the entire body of Scripture truth.

To illustrate how the devil wins out in an unbalanced situation, let's suppose that the entire body of Christian truth ranges from 1 to 100. Then let's suppose that one section of that truth, say 40 to 50, gets neglected.

When this section is unstressed, two things follow. First, the situation is unbiblical. True Christianity is a balanced whole. Second, Satan takes points 40 to 50 cut of the total Christian framework and encourages someone to overemphasize them. And this becomes heresy. In other words, points 40 to 50, instead of being kept in line and in relationship to the rest of Christian doctrine, are moved out and away from the whole system. Being out of place, they somehow become inverted or reversed.

But why does Satan win? He wins because there is a longing and a need in the human heart and mind; points 40 to 50 are needed, not only to give one the right Christian system, but to meet the needs of the total man as he is in the fallen world. Satan wins because when people realize the weakness and the lack of points to 50 and suddenly see someone overstressing them, they are caught in a net. One group is stressing points 40 to 50 but in an overempathizing way, out of relationship to the whole of Christian doctrine. Another group, on the other hand, sees this overemphasis of points 40 to 50 as a heresy and so they retreat in the opposite direction. They preach points 40 to 50 even less than they did before in order to be safe, in order to be seen clearly as not a part of a heresy or wrong teaching. Satan fishes equally on both sides and he wins on both sides.

The proper Christian response to such wrong teaching is not to avoid the doctrine but to see it in the proper Christian framework..."(27-28, Schaeffer, 1972).

Schaeffer is speaking about the modern Charismatic movement and other movements such as God's Children and Jesus People in which a certain element or code exists thereby giving members of the group a feeling of group superiority. But I believe that in Korea we are seeing a different type of super spirituality displayed which has no connection with the Charismatic movement. This movement, like other heresies, has taken a neglected truth and blown it out of proportion. It has overempahized it until wrong doctrine has resulted as well as wrong living. What could have been beautiful has become ugly; what could have helped the Korean Christian church in meeting man's needs is now destroying the church while still not meeting the need.

The group calls itself KLEF, Korea Layman's Evangelical Fellowship, and the overstressed section of neglected truth is "Body Life." This truth has become widely known in the States through Ray Steadman's book by that name. However, actual similarities between Steadman's church and KLEF in practising this truth are few.

Body Life truth is primarily taken from the book of Ephesians chapter 4. Paul is showing that the church is like a human body; Christ being the head, the governing, ruling part and each Christian being a minute member of the whole. Combined head and body make up the whole body. He stresses the need of unity with the entire body, the need to have concern and compassion for every minute member. A similar passage is I Cor. 12: 12-27 in which he states that we have all been baptized into one body. The body is many members, but one body. "Now you are Christ's body, and individually members of it."

The big problem of the overemphasis of the group is a wrong concept of what Paul means by the body. This group verbally admits that the "body of Christ" consists of all those who believe into Christ, all those who have been born again, but in practical experience deny its verbalization by rejecting those outside of its confines. In other words, the group acknowledges the Universal Church but refuses to have anything to do with another local part of that universal church. All the teaching is Ephesians and I Corinthians then becomes introverted to mean having compassion, love, unity, and self-sacrifice for other members within "the group." And when any other Christian attempts to reveal this truth to the group, it then considers that one as "opposed to the gospel" and completely cuts him off from any acceptance or fellowship. Christian unity and fellowship no longer has a basis, "Christ in you, the hope of glory," but rests upon whether a person is a member of the "group." And being a member means submission to the group authority, rule and discipline.

Watchman Nee in teaching his "little flock" theory, states that there can only be one church in a locality, that is in a town. There is one local church for a town and every Christian should worship there regardless of doctrinal differences. This thesis is that divisions should never result from doctrine, only from locality. Each church in its locality is autonomous in its government and responsibility to God (67, Nee, 1962).

KLEF differs with Nee's theory in two ways. This group feels that there is only one church (body of Christ) for a particular country. Therefore, every Christian in a country should worship with and be a member of that group. KLEF then is "the body of Christ" in Korea to its thinking.

The second difference to Nee's teaching is that of autonomy of local churches. KLEF's organization is such that one man (presently Pastor Yu Byung-un) is the head with other important members serving as a controlling committee. The decrees from this committee are absolute law and all must obey explicitly. When local groups begin their fellowships, a representative of the control committee is sent to that locality acting as a guide, observer and informer. Periodical reports are made to the central committee and if a local group or individual in that group, oppose any instruction from the committee, it can be promptly dealt with. (The system is organizationally similar to communism's "cell group").

Christ is said to be the head of the body, and He instructs, guides, and directs through the central committee. (This is not to say that other members may not share their opinions...they do).

Incorrect exegesis has also resulted from the overemphasis of group Christianity. The leaders of KLEF teach that the plural usage of the pronoun 'you' is speaking of the 'body', not individuals. Examples would be Eph. 1:13 (you - the body - were sealed in Him); 4:1 (you - the body - walk, have been called); 4:20, 21 (you - the body - did not learn Christ...); 4:22 (you - the body - lay aside the old self).

English grammar tells a person that plural usage means more than one. If one speaks of a group as a unit, he uses the pronoun 'it.' If, however, he wants individual members within the unit to be referred to he uses the plural 'you', 'they,' or 'them' as the case may indicate. For example, the plural usage of Eph. 4:30 is taken by this group to mean the group (body of Christ). "And do not grieve the Holy Spirit of God by whom you (plural) were sealed for the day of redemption." This group considers the plural 'you' as meaning the body of Christ (within a country). or more definitely its own self.

Likewise, Eph. 5:18 which commands Christians to be filled with the Holy Spirit is relegated to the 'body' rather than individual members of that body. This excuses individuals from responsibility and places responsibility on the group to be filled of the Spirit. If one considers this for just a moment, however, he will see that a body made of many members could never be filled by anything unless each member of the unit are filled.

The responsibility to fulfill this calling of the church belongs to every true Christian. All are called; all are indwelt by the Holy Spirit, all are expected to fulfill their calling in the midst of the world. That is the clear note that apostle sounds throughout the whole Ephesian letter. The expression of the church's witness may sometimes be corporate, but the responsibility to do so is always individual(17, Steadman).

Wrong doctrine regarding prayer is also taught by the group, though not publicly. One is said to need to private regular prayer with God, 'since the group is filled with God's Spirit all one has to do is open his heart to God." I am not sure what is meant by "opening one's heart", but I am sure that prayer both private and public is taught as a means of grace throughout Scripture. The Lord himself has given us the prime example and to ignore this or pervert is indeed dangerous to say the least.

The result of this disasterous teaching are quite evident in the conduct of group members and missionaries who symphasize with this group. First, the group's goal is not to specifically glorify Christ, but to propagate the group. This seems to bring into play the old philosophy that the end justifies the means.

For example, any person (Christian or not) working within the same project who does not join the group and become subject to its authority is eliminated by one means or another. Generally the first cry raised against that person is that they aren't saved, therefore, shouldn't be allowed to work there. If this can't be proven then the voice raises itself saying that this certain person is a "hindrance" to God's work. When this doesn't eliminate the person, the "cold shoulder" treatment (ignore the person as a person) is applied, forcing him to quit of his own volition.

Even "immoral" charges are brought against a person if necessary. The most recent case being against Sohn Sey Un. When the group was pressed for clarification, a pastor of KLEF stated that Sohn Sey Un had dated a non Christian while attending Kwon-dong College (8 or 10 years prior to the present time. Can any of us escape similar chages of the group if our past is dug up?)

Any person who has been in the group and left is labeled "unsaved" in order to cause that one mental anguish, doubt and fear. It is also hoped that such labeling will hinder that one from influencing other people in either not joining the group or not coming out from the group. One such person is David Lee, a dear brother in Christ who has given up a good career as an electrical engineer in order to serve Christ with his whole life. Having left KLEF over two years ago, he is still branded as unsaved and people who attend his Bible classes have been counseled not to attend by KLEF members, even detained in some cases.

TEAM missionaries untilize the same pressure tactics on fellow missionaries trying to force everyone to work exclusively with KLEF. Constant pushing, suggesting, coaxing has gone on for the past two years. Special called meetings and Field Conferences have been held. Yet the majority of the field is strongly resisting this exclusive body teaching; but the pressure continues. Why are pro-KLEF missionaries so consumed with the idea of an exclusive working relationship? Could it be that they too feel there is only one organizational body of Christ in Korea and that body is KLEF?

The truth is, of course, that no religious organization or denomination is or can be the true church. The division does not lay along these lines. True Christianity cannot be separated out on the basis of groups or clusters of groups, yet it has been tried for centuries.

Doctrinal purity, moral conduct, ritualistic practice and state affiliation have been some of the varying measuring sticks by which the true church has been sought - and claimed! Roman Catholics has insisted they had the true church, Baptists have scorned such claims and declared they had the true pattern, and others have said, "A plague on both your houses - we are the true church," and so battle has raged for centuries.

The true church and the false church are intermingled and any attempt to separate the only does harm. The church is made up of people who have been redeemed by Christ's blood, repented of their sin and received life, eternal life, which is Christ himself (See John 3:5; 1: 12; Act 16:31; I John 5:11-13). And these people, this body of Christ, can be found in all kinds of churches and in many walks of life. But never, never does one organization contain all of this body in on locality of any size, let alone a whole country. Jesus himself warned us against trying to separate them. In Matt. 15:24-30 He gives the parable of the wheat and tares. The wheat represents true Christians, and tares false pretenders. When the slaves of the slave owner asked him if they should pull up the tares he answered, "No; lest while you are gathering up the tares you may root up the wheat with them. Allow both to grow together until the harvest; and in the time of the harvest I will say to the reapers, 'First gather up the tares, and bind them in bundles to burn them up; but gather the wheat into my barn.'" First, they would not always be able to distinguish the two while growing side by side in early stages. Some wheat might be torn up. Second, in "chopping out" the false, true wheat might be damaged.

The overzealous efforts to separate the true and false by KLEF Pastor Kwon Shin-chan is doing just that. The wheat is being damaged.

Denominational leaders and pastors are "up in arms" against this group, not because of its doctrine so much but because of the open attack against them and their churches by Pastor Kwon and his son-in-law Pastor Yoo.. They show no mercy in blasting them for unbiblical practices, and feels no twinge of pain in calling leaders and pastors false shepherds.

The writer is not denying that many unbiblical practices exist in the Korean churches or that many pastors are not saved. The same is true in the States. But to openly attack these people, purposely causing them embarrassment is certainly not the best method. At no time have I ever seen a man berated publicly suddenly become converted having seen the love and graciousness of the Christian doing the berating. What must the unsaved world think of such actions?

Francis Schaeffer says that the world has been given the right to judge whether Jesus has been sent by the Father on the basis of observable love (John 13 and 17). This love is to be a real visible oneness, a practical oneness across all lines, among all true Christians.

The Christian really has a double task. He has to practice both God's holiness and God's love. The Christian is to exhibit that God exists as the infinite personal God; and then he is to exhibit simultaneously God's character of holiness and love. Not holiness without his love; that is harshness. Not his love without his holiness; that is only compromise. Anything that an individual Christian or Christian group does that fails to show the simultaneous balance of the holiness of God and the love of God presents to a watching world not a demonstration of the God who exists but a caricature of the God who exists(21, Schaeffer, 1978).

The way to reveal one's love is not by deliberately burting or causing another person embarrassment. We do need to speak against wrong, but speaking we must show love. "The world must observe that when we must differ with some other as true Christians, we do it not because we love the smell of blood, the smell of the arena, the smell of the bullfight, but because we must speak for God's sake. If there are tears when we must speak, then something beautiful can be observed."(27, Schaeffer). When we attempt to correct another we must come to him with the idea of working out a solution, not simply to come out on top.

It is little wonder with this "I have the truth, no one else does" attitude that people are repulsed by this group. J. B. Phillips in his book, *Your God Is Too Small*, calls this the "God in the box" concept. The man on the outside seems to hear the group saying to him, "If you will jump through our particular loop or sign on our particular dotted line then we will introduce you to God. But if not, then there's no God for you." To the outsider this seems to be arrogant nonsense. "If there is a God, then He is big enough to avail His self to everyone without interference from the professionals," he says. (37, Phillips).

If churches give the outsider the impression that God works almost exclusively through the machinery they have erected and, what is worse, damns all other machinery which does not bear their label, then they cannot be surprised if he finds their version of God cramped and inadequate and refuses to "join their union"(38, Phillips).

And in the case of KLEF, one might substitute the word "machinery" for "method," since a person must be saved by its method and within the walls of the group. (This is verbally denied by the group, but revealed through its actions).

No denomination has a monopoly of God's grace, and none has an exclusive recipe for producing Christian character. "It is quite plain to the disinterested observer that the real God takes no notice whatever of the boxes; the Spirit bloweth where it listeth"(40, Phillips). The KLEF group would, of course, ask, "If people are repulsed, why is our fellowship growing?" And the answer lies in the statement by Schaeffer at the beginning of this paper regarding a neglected truth which has become overemphasized. "...And why does Satan win? He wins because there is a longing and a need in the human heart and mind..." People are hungry for real Christian community, a place where others show concern and care about them. They are looking for something which they find missing in the existing Korean church.

It would be interesting to see statistics on how many members of KLEF have come to Christ from unchurched backgrounds and how many have come from some church affiliation. One of the predominant characteristics present in KLEF member testimonies is, "I thought I was saved before, but now I know I wasn't."

This one body, only body, concept further flounts its arrogant super-spiritual attitude by gloating over other Christian organizational problems. The tendency is to show up any visible faults of others (even gleefully), which is supposed to reveal the super-spirituality of "the group." If the church, Billy Graham, Navigators, FEBC or Campus Crusade for Christ can be belittled and scorned

(Kwon has openly declared Billy Graham is not saved), it is done. Why? Apparently in an attempt to create a superior spiritual image of the group. (If others can be shown to be wrong, that must make we right).

One does not need to wholeheartedly agree with other organizations in order to exemplify love. One doesn't even need to agree with them enough to work with them. But tolerance and love must be exhibited if we are to reveal Christ to a watching world. How can I show body truth if gloat over some ill that has befallen a member of the body? I Cor. 12:26 states that "if one members suffers, all the members suffer with it; if one member is honored, all the members rejoice with it." By gleefully calling to attention the mistakes or hardships of other Christians, I am doing two unbiblical things. I am showing division in the body, and revealing my spiritual pride. (Love does not act unbecomingly; it does not seek its own).

Is there a solution to the problem? I believe there is, but it won't come easily. The first steps must come from KLEF.

Until KLEF begins correcting its doctrinal errors by de-emphasizing the body truth somewhat and balancing its teaching by showing individual responsibility, very little healing of the breaches can take place. Perhaps a balance of teaching as shown in James 4:12 ("Humble yourselves in the presence of the Lord, and He will exalt you."), and Romans 12:3 ("For through the grace given to me I say to every man among you not to think more highly of himself than he ought to think, but to think so as to have sound judgment, as God has allotted to each a measure of faith.") would help correct error. Then, too, such a passage as Mark 9:40, "For he who is not against us is for us" might quell some of the "us only" spirit. II Chron. 7:14 is also a must in balanced teaching. "If my people who are called by my name humble themselves and pray and seek my face and turn from their wicked ways, then I will hear from heaven, will forgive their sin, and will heal their land."

And the second thing is for those who have made mistakes to go to their Christian brother and say, "I'm sorry." If public apology is necessary then this must be done. True repentance and broken spirit will result in restitution where possible and will not count the cost of personal humbling. Without apology and forgiveness no healing can take place among Christian brothers or Christian groups. It is not enough to admit to ourselves and to God that we have been wrong, we must admit to the one wronged.

I simply close by quoting at length Schaeffer's conclusion of *the Mark of the Christian.*

What then shall we conclude but that as the Samaritan loved the wounded man, we as Christians are called upon to love all on as neighbors, loving them as ourselves. Second, that we are to love all true Christian brothers in a way that the world may observe. This means showing love to our brothers in the midst of our differences - great or small - loving our brothers when it costs us something, loving them even under of tremendous emotional tension, loving them in a way the world can see. In short, we are to practice and exhibit the holiness of God and the love of God, for without this we grieve the Holy Spirit.

Love - and the unity it attests to - is the mark Christ gave to Christians to wear before the world. Only with this mark may the world know that Christians are indeed Christians and that Jesus was sent by the Father(35, Schaeffer, 1970).

References

Nee, Watchman. *The Normal Christian Church Life.* Kowloon, 1962.
Phillips, J. B. *Your God Is Too Small.* New York, 1970.
Schaeffer, Francis. *The New Super Spirituality.* Downers Grove, IVP, 1972.
_____. *The Mark of the Christian.* Downers Grove, IVP, 1970.
Steadman, Ray. *Body Life.* Glendale, 1972.

* This paper was written by Rev. Neil Fillipin, a missionary of the TEAM Mission, before his departure from Seoul in 1975. Neil had observed the cult behavior for about five years before writing this paper. It was not clear at this point whether the group was a cult. In 1974 the TEAM Mission cut off its ties from KLEF. A few years later, KLEF changed its name to "The Evangelical Baptists of Korea" and declared itself a "Baptist" denomination. Korea's major denominational conventions including the Presbyterian, Holiness, and Baptists declared the three factions of this pseudo-Baptists "the Salvation Sect" beginning in 1985. So-called Salvation Sect has become one of major heresies in Korea since. The cult is divided into three groups: ① the Evangelical Baptists led by Byung-un Yoo; ② Jesus Baptists led by Yohan Lee; and ③ Good News Mission (IYF) led by Oksoo Park. Park's group is currently most influential.

The American missionary could not discern this sect's heretical nature at this point in time; but it was revealed in time that this dogmatic, arrogant, exclusive, and judgmental attitude (observed by Rev. Fillipin) was the fruit of its unbiblical and heretical teaching in the areas of Trinity, Anthropology, Soteriology, Ecclesiology and Eschatology. All three factions of Salvation Sect deny the personality of God (only spirituality is stressed), need for repentance and faith for salvation, and the process of sanctification (prayer and worship). They firmly believe they alone will be raptured at the return of Christ. See the other paper on conversion by the author for further details.

부록4. 감리교 목사의 객관적 증언

　공군 대위 최상윤 목사는 2003년 후반기에 공군서산기지에 있던 박옥수 구원파의 모 소령에게 명예훼손 혐의로 피소되었다. 군부대에서는 「이단사이비란 무엇인가」라는 책자를 만들어 군인들에게 배포하였다. 박옥수 구원파 측에서는 기지교회의 이런 활동에 대해 '책자의 내용이 허위'이며 '박옥수 목사에 대한 명예훼손'이라고 고소했다. 기지교회 500명 신자들에게 설교한 최 목사에 대해서도 같이 고소했다. 그러나 군 검찰에서 최 목사에게 '혐의 없음' 처분을 내렸고, 배포된 책자에 대해서는 "책자 내용은 허위라고 볼 수 없으나 배포대상이 기독교 신자가 아닌 불특정다수라는 점은 인정한다"고 판결했다. 모 소령은 민간 구원파 교단장의 도움을 받아 최상윤 목사와 군종감실과 국가를 상대로 2005년 지방법원에 고소했다. 2006년 군종감실과 최상윤 목사는 승소했지만 국가에는 약간의 책임을 물었다. 이후 구원파는 고등법원에 항소했지만 2007년 오히려 고등법원은 최상윤 목사와 군종감실과 더불어 국가까지도 승소 판결을 내렸다. 이후 그들은 대법원에 항고했으나 모두 기각 당하였다. 그러므로 최상윤 목사가 군부대 내에서 예방차원으로 구원파를 비판한 것은 법적으로 정당하다는 판결을 받게 된 것이다. 최상윤 목사는 공군(대위) 군종목사로 7년간 복무했으며, 현재 예광감리교회 부목사로 사역하고 있다. 다음은 2003년 당시 피소대상이 되었던 설교로 세 개 중 마지막 설교는 주로 필자의 책을 요약한 내용이기에 제외하고 나머지 설교만 최상윤 목사의 허락을 받아 전재한다.

의를 이루는 삶(마태복음 5:17-20)

1998년 김해기지에서 한 중사가 구원파에 깊이 빠졌다가 2년 만에 돌아왔지만 강제 제대를 당하면서 우리 교회 안수집사님 가운데 한 분에게 눈물을 흘리면서 이렇게 말했습니다. "초창기때 집사님이 하신 말씀을 들을 걸 그랬습니다. 이제 제가 잘못된 곳에 간 줄 알았습니다."

최근에는 청주기지에서 조종사 대위가 1년 반 동안 구원파에서 활동하다가 이번 달에 돌아온 사건이 있었습니다. 반면에 한 사람은 금년 7월 목사님의 전속 이동시기를 이용해 구원파로 나가 버렸습니다. 공군 안에서 과거에 큰 물의를 일으킨 구원파는 현재 아직도 그 여파가 많이 남아 있습니다.

현대 기독교의 극우파가 있다면 율법주의자들입니다. 제7일안식교가 대표적입니다. 극좌파가 있다면 바로 구원파입니다. 좌우 성향이 문제라기보다는 좌편향에 서서 새로운 교리를 창출하였습니다. 바로 그것 때문에 이단으로 전락합니다.

군 안에서 이단이 심심치 않게 물의를 일으켜 최근 참모총장께서 이단 방지 대책을 세우라 하였고 그 지시에 따라 군종 목사단에서 이단방지 책자를 조만간 발간하게 됩니다.

현재까지 한국 교회에 가장 큰 피해를 준 이단을 꼽으라면 오대양 사건과 주식회사 세모의 관련설로 물의를 일으켰던 기독교복음침례회를 말하지 않을 수 없습니다.

이들은 교인들을 미혹해서 혼란을 주고 반교회적 적대감을 조성하며, 침례교를 표방한 명칭 때문에 '기독교한국침례회'라는 기성 교단이 큰 피해를 입고 있습니다.

기독교복음침례회에는 권신찬, 유병언 파가 있고 대한예수교침례회에는 이요한 파와 박옥수 파가 있습니다. 이들을 통칭 구원파라고 합니다.

구원파가 표면에 부상하여 한국 교회에 물의를 일으킨 것은 1968년 장신대를 졸업한 소천섭 강도사가 포항에서 교인들을 현혹시키면서 시작되었습니다. 그러나 사실 그 배후는 구원파의 창시자인 장로교 출신 목사 권신찬이며 숨은 실권자는 구원파를 좌우지하는 그 사위 유병언입니다. 그는 삼우무역과 주식회사 세모의 사장입니다.

권신찬은 1923년생이며 늘 율법을 지키지 못함으로 강한 죄책감에 시달려 왔던 중에 1961년 네덜란드의 선교사 케이스 글래스의 설교를 듣고 충격을 받고 그 선교사에게 다시 세례(침례)를 받았습니다. 그로 인하여 이듬해 경북노회로부터 목사직을 제명당하고 결국 그는 장로교단을 탈퇴합니다. 1966년에는 극동방송에서 일했지만 교계에 물의를 일으키고 파면을 당했습니다.

이후 그는 서울 삼각지를 중심으로 기성 교회의 노골적인 대적자로 등장하여 많은 교인을 미혹하기 시작했습니다. 유병언은 미국 선교사 딕 욕이 인도하던 대구 YMCA 집회를 통하여 신앙이 바뀌고 가정집회를 통하여 전국적으로 추종자를 모아나가기 시작했습니다.

권신찬은 목사직을 박탈당했으나 극동방송과 여름수련회를 통하여 암암리에 파벌을 조성하였습니다. 그러나 결국 그 실체가 드러나 극동방송에서 쫓겨났습니다.

현재 그의 계열은 2000년 후반 전국에 100여 개 교회를 가지고 있으며 세계적으로는 40-50여 곳에 분포되어 있습니다.

한편 권신찬의 사위인 유병언이 1961년 한때 같이 어울려서 성경을 공부한 적이 있는 딕 욕 선교사의 지도 아래 이루어진 독립교회인 대한예수교침례회 박옥수 파가 있습니다. 그는 1962년 10월 7일 거듭난 체험을 했다고 주장하면서 죄 사함과 거듭남의 비밀을 주제로 전국 순회 집회를 하고 있습니다.

현재 대전 광역시 서구 도마동 한밭 중앙교회를 본거지로 삼고 있으며 전국에 200여 개 교회가 있고 해외에 50여 개의 지교회가 있으며 교인수는 2만여 명 되는 것으로 추정되고 있습니다.

기독교복음침례회 안에서 권신찬과 유병언의 장인 사위 간 족벌체제와 사업체에 헌금이 투입되는 데 불만을 품고 이요한이 노골적으로 비난했습니다. 그러자 유병언 파가 이요한 파를 형사 기동대가 경비하는 가운데 몰아내고 설교를 통해 이요한을 공격했습니다. 이 결과 이요한은 대한예수교침례회라는 간판을 방배동에 걸고 박옥수는 예수교복음침례회라는 간판으로 구의동에 자리 잡고 전국적으로 지교회를 설립했습니다.

그러다가 80년대 말 교단명을 대한예수교침례회로 개칭하는 한편 기쁜소식선교회를 조직하여 본격적인 세력 확장에 나섰는데 특히 실내 체육관을 빌려 세를 과시하는 등 활발한 활동을 펼치고 있습니다.

이와 같은 구원파의 핵심교리는 무엇입니까? 그들이 가지고 다니는 질문은 다음과 같습니다.

1. 선생님의 이름이 생명책에 기록된 것을 확실히 알고 믿습니까?
2. 선생님은 의인입니까, 죄인입니까?
3. 구원의 근거가 어디 있습니까?

만약 우리가 "우리는 모두 하나님 앞에서 죄인이지요"라고 말한다면 "그럼 선생님은 죄의 삯은 사망이라 했으니 지옥에 가야 하겠습니다"라고 몰아세워

난처하게 만들고 함정으로 몰아넣습니다.

그들은 우선 일차적으로 기성 교회에 다니는 신도를 겨냥하는데 그리스도의 몸인 하나님의 교회를 분열시켜 괴멸시키고 기독교의 역사성과 정통성, 보편성을 오해하게 만듭니다. 그들은 구원의 확신을 받으면 어떤 죄를 짓더라도 구원이 취소되지 않으며 모든 죄를 다 사해 주셨는데 무엇 때문에 지금도 눈물을 짜고 회개하느냐고 말합니다. 지금도 날마다 죄인이라고 눈물을 흘리며 기도하는 것을 보아 아직도 시험받을 죄가 남아 있으니 구원 받지 못한 증거이며 그러므로 지옥에 갈 수 밖에 없다는 것입니다. 그래서 기성교인들이 그들에게 미혹되어 버립니다. 이것은 그들이 구원을 위한 회개와 성화를 위한 회개를 구별하지 못하는 유치한 발상에서 나온 것입니다.

그러나 구원 받은 사람은 구원 받기 전보다 죄를 짓지 말아야 하는 것이 성경적입니다. 인간은 완벽하지 못하고 연약하기 때문에 구원 받은 이후에도 회개해야 하며 하나님의 사죄의 은총이 큰 것을 감격적으로 느껴야 합니다. 그러기에 구원 받은 사도 바울도 죄를 짓고 있는 자신의 모습을 비통해 했고(롬 7:24) 하나님의 넘치는 은혜에 감사했습니다(25). 더욱이 두렵고 떨리는 마음으로 너희 구원을 이루라고까지 강조했습니다. 이것은 이 땅에 살면서 구원 받은 사람답게 어떻게 살아야 할 것인가를 강조한 것입니다.

그들은 결국 인간이 짓는 죄를 합리화하기 위해 성경을 악용하여 죄의식을 없애려고 하는 마귀의 수법을 쓰고 있는 것입니다.

물론 우리는 유일회적으로 예수 그리스도를 믿음으로 의롭다 인정함을 받았고 구원을 받았습니다. 그러나 예수께서는 여전히 주기도문 가운데 회개를 가르치고 계십니다. "우리 죄를 사하여 주옵시고." 주기도문의 회개는 원죄가 아니라 자범죄를 말하는 것입니다. 자범죄를 회개하라는 말씀입니다. 그러므로 회개하는 자를 경멸하는 것은 예수님을 경멸하는 것입니다.

그들은 회개기도가 잘못된 것임을 강조하며 시편 51편 5절을 강조합니다. "내가 죄악 중에 출생하였음이여 모친이 죄 중에 나를 잉태하였나이다"라는 구절을 들어 다윗이 원죄만을 얘기하고 있지 언제 자신의 죄를 나열하면서 용서해 달라고 했느냐는 것입니다. 그러나 사무엘하 24장 10절, 시편 32편 5절에 보면 다윗이 여러 번 회개했다는 말이 나옵니다. 그들의 논리라면 다윗은 지옥에 갈 수 밖에 없습니다.

또한 그들은 요한일서 1장 8-9절을 인용하면서 그 회개를 구원을 위한 회개로만 믿고 있습니다. 그러나 사실 그 말씀은 성도들에게 구원을 위한 회개를 가르치신 것이 아니고 성화를 위한 회개를 권면하고 있는 것입니다.

그들은 교회란 건물이 아니라 구원 받은 사람 그 자체라고 하면서 기성 교회를 전면 부정하고 구원과 집단만이 영광스러운 교회요 유일한 참 교회라고 가르칩니다. 구원 받은 사람들의 모임이 교회라는 말은 일면 옳은 말입니다. 그러나 성경은 무형교회와 더불어 유형교회를 부인하지 않았습니다. 사도들은 제도적인 교회가 잘못되었을 때 서신들과 계시록을 통해서 권면하고 바른 길로 돌아오라고 했지 조직이 필요 없다고 하지 않으셨습니다. 그런데 그들은 스스로 교단과 조직을 만들어 종래의 주장을 뒤엎었습니다.

그들은 기성 교회의 모든 신앙행위를 율법적이니 지킬 필요가 없다고 주장합니다. 구원 받은 사람은 기도가 필요 없다고 주장합니다. 그러나 성경은 그렇게 말하지 않았습니다. 물론 외적 신앙행위가 구원의 조건은 아닙니다. 그러나 구원 받은 성도들이 마땅히 하나님 앞에 행해야 하는 성도의 의무입니다.

그들은 절박한 말세 심판에 대해 위기의식을 끊임없이 가르칩니다. 물론 성경을 보면 틀린 얘기가 아닙니다. 그러나 그들의 종말 교육은 하나님 나라를 건설하기 위한 것이 아니라 자신들의 왕국을 건설하기 위한 술수에 지나지 않습니다.

그들에게는 몇 날 몇 시에 구원 받았느냐가 최대의 관심사입니다.

그들이 회개기도 하지 말라는 것은 대단히 마귀적인 것입니다. 그러나 야고보서는 행함이 없는 믿음은 죽은 믿음이라 했습니다. 물론 우리는 행함이나 율법으로 구원 받는 것은 아닙니다. 그러나 구원 받은 성도들은 마땅히 율법의 의와 행함을 버려서는 안 됩니다. 예수께서도 "너희들이 바리새인이나 서기관들의 의보다 탁월하지 않으면 결단코 천국에 들어가지 못할 것이다"라고 분개해서 말씀하셨습니다. 믿음을 오해한 자들에 대한 경고입니다. 그 당시에도 구원과 같은 멍청한 사람들이 있었나 봅니다.

"내가 율법을 폐하러 온 줄로 생각하지 말라 율법을 완성하러 왔다"고 말씀하셨습니다. 우리가 율법으로 구원 받을 수는 없지만 율법은 여전히 하나님의 의입니다. 이 의를 완전히 무시하면 구원을 받아도 가장 부끄러운 구원을 받을 수밖에 없습니다. 구원 받은 우리는 하나님의 사랑에서 끊어지지 않지만 회개 없는 거짓된 교리의 추종자들에게는 무서운 하나님의 심판이 기다리고 있습니다.

그 교리는 하나님의 백성들로 하여금 폭행, 거짓말, 속임수를 보고도 양심의 가책마저 느끼지 못하게 합니다. 로봇인간을 만듭니다. 그러므로 교회와 가정에 혼란을 가져오고 건전한 성도들의 영육을 노략질하는 이단에 대해 우리는 정신 차려 경계하고 우리의 신앙을 잘 지켜야겠습니다. 이처럼 균형 잡힌 신앙을 잘 지켜 사명을 잘 감당하고 겸손하게 하나님의 뜻을 이 땅 위에 이룩해야 할 것입니다.

구원 받은 하나님의 백성은 경건과 의로움으로 하나님의 의에 더욱 가까이 다가가야 합니다. 그렇게 함으로써 하늘의 상급을 쌓아가고 하늘에서 더 영화로운 자 하늘에서 더 큰 자가 될 것입니다.

두렵고 떨림으로 구원을 이루라(빌립보서 2:12)

구원파의 박 모 목사는 자신이 1962년 10월 7일 구원을 받았다고 주장했습니다. 그 이전까지는 죄와 싸우면서 고통을 받았지만 그 이후에는 죄의식이 없어졌기 때문이라는 것입니다. 결국 그가 내린 결론은 구원 받은 날짜를 모르면 구원을 받았는지 의심스럽다는 것입니다. 그러면서 항상 인용하는 사람이 마르틴 루터와 존 웨슬리 목사님입니다.

존 웨슬리 목사님은 옥스퍼드 대학을 졸업하고 목사가 되었지만 죄 사함을 받지 못했다고 주장합니다. 그후 1738년 5월 24일, 그는 올더스케잇 거리의 한 교회에서 복음을 깨달아 죄 사함을 받고 거듭나게 되어 감리교의 창시자가 되었다고 자주 인용합니다.

그러나 감리교 목사인 여기 최 목사는 구원파의 일개 목사가 자기 교리를 정당화하는 데 웨슬리 목사님을 자주 인용하는 것에 대해 어처구니없음을 느끼지 않을 수 없습니다. 웨슬리 선생님이야말로 구원파를 혐오하고 배격하기 때문입니다. 그의 기본적 신앙관은 성화론입니다. 그리스도인이 이 땅에 사는 동안 두렵고 떨리는 마음으로 구원을 이루기를 애써야 하며 살아있는 동안 죽기 전까지 그리스도인의 완전에 이르도록 노력하여 성화의 단계에 이르기를 강하게 촉구했습니다.

1738년 5월 24일은 구원파의 교리를 반증하는 날짜가 아니라 웨슬리에게 있어서 구원을 확증하는 날입니다. 즉 웨슬리는 이미 하나님의 자녀지만 인식적인 믿음의 단계에서 마음의 확증 단계로 발전한 것입니다. 그는 이미 하나님의 자녀지만 성령을 받음으로 확신이 생기고 능력이 생긴 것입니다.

웨슬리는 칭의만 강조한 모라비안 교도들과 결별할 정도로 개인적 성화와 사회적 성화를 강조한 사람입니다. 이 성화는 믿음의 열매입니다. 그리고 그리스도인의 삶의 내용이기도 합니다. 이런 성화의 경건생활을 강조함으로 건전한 그리스도인의 상을 확립한 웨슬리 목사님이 엉뚱하게도 구원파 설교의 단골 메뉴가 되고 있다는 사실에 대하여 설교자는 감리교 목사로서 분노할 수밖에 없는 것입니다.

한마디로 구원파는 신학적인 기반이 빈약할 뿐 아니라 성경에도 없는 몇 날 몇 시 구원 받은 날짜에 집착하는 비성경적 편파성을 가지고 있는 모임입니다. 구원파가 혐오하는 것이 있습니다. 바로 율법성입니다. 율법을 지키려 하다가 도저히 지키지 못하면 절망하고 죄의식을 갖게 되기 때문에 마음의 해방을 얻지 못한다는 것입니다. 그리고 그런 사람은 아직 죄가 남아 있는 것이기 때문에 구원 받지 못한 증거라는 것입니다.

이것은 율법성에 대한 오해입니다. 언제 기성 교회가 율법으로 구원 받는다고 했습니까? 인간은 율법을 다 지킬 수가 없습니다. 단지 율법이 담고 있는 도덕성, 행위의 열매, 경건성, 믿음의 표현을 하나님의 자녀들이 무시할 수 없는 것입니다.

그런데 저들은 도덕성에 대한 부담, 행위의 열매에 대한 부담, 경건성에 대한 부담을 반 구원적인 요소로 경멸합니다. 특히 종교성을 담고 있는 믿음의 표현에 대한 부담, 이를테면 십일조, 새벽예배, 헌금, 금식에 대한 의무감을 반 구원적인 것으로 치부해 버립니다. 따라서 이런 경건과 기도생활을 통해서 성령을 체험하고 하나님을 만난 사람을 무시하는 격이 됩니다.

구원파가 가지고 있는 문제점은 십자가를 빙자하여 죄를 죄로 여기지 않는 데까지 나아간다는 것입니다. 물론 그들은 마음의 평안을 얻었기 때문에 더 이상 죄를 안 짓는다고 주장하지만 실제로 직간접적으로 경험한 구원파들이 구원론에 입각하여 많은 헌금을 거두어들이고 행음하면서도 전혀 죄의식을 느끼지 못하는 경우를 보았습니다.

두렵고 떨림으로 구원을 이루라(빌립보서 2:12)

구원파의 박 모 목사는 자신이 1962년 10월 7일 구원을 받았다고 주장했습니다. 그 이전까지는 죄와 싸우면서 고통을 받았지만 그 이후에는 죄의식이 없어졌기 때문이라는 것입니다. 결국 그가 내린 결론은 구원 받은 날짜를 모르면 구원을 받았는지 의심스럽다는 것입니다. 그러면서 항상 인용하는 사람이 마르틴 루터와 존 웨슬리 목사님입니다.

존 웨슬리 목사님은 옥스퍼드 대학을 졸업하고 목사가 되었지만 죄 사함을 받지 못했다고 주장합니다. 그후 1738년 5월 24일, 그는 올더스케잇 거리의 한 교회에서 복음을 깨달아 죄 사함을 받고 거듭나게 되어 감리교의 창시자가 되었다고 자주 인용합니다.

그러나 감리교 목사인 여기 최 목사는 구원파의 일개 목사가 자기 교리를 정당화하는 데 웨슬리 목사님을 자주 인용하는 것에 대해 어처구니없음을 느끼지 않을 수 없습니다. 웨슬리 선생님이야말로 구원파를 혐오하고 배격하기 때문입니다. 그의 기본적 신앙관은 성화론입니다. 그리스도인이 이 땅에 사는 동안 두렵고 떨리는 마음으로 구원을 이루기를 애써야 하며 살아있는 동안 죽기 전까지 그리스도인의 완전에 이르도록 노력하여 성화의 단계에 이르기를 강하게 촉구했습니다.

1738년 5월 24일은 구원파의 교리를 반증하는 날짜가 아니라 웨슬리에게 있어서 구원을 확증하는 날입니다. 즉 웨슬리는 이미 하나님의 자녀지만 인식적인 믿음의 단계에서 마음의 확증 단계로 발전한 것입니다. 그는 이미 하나님의 자녀지만 성령을 받음으로 확신이 생기고 능력이 생긴 것입니다.

웨슬리는 칭의만 강조한 모라비안 교도들과 결별할 정도로 개인적 성화와 사회적 성화를 강조한 사람입니다. 이 성화는 믿음의 열매입니다. 그리고 그리스도인의 삶의 내용이기도 합니다. 이런 성화의 경건생활을 강조함으로 건전한 그리스도인의 상을 확립한 웨슬리 목사님이 엉뚱하게도 구원파 설교의 단골 메뉴가 되고 있다는 사실에 대하여 설교자는 감리교 목사로서 분노할 수밖에 없는 것입니다.

한마디로 구원파는 신학적인 기반이 빈약할 뿐 아니라 성경에도 없는 몇 날 몇 시 구원 받은 날짜에 집착하는 비성경적 편파성을 가지고 있는 모임입니다. 구원파가 혐오하는 것이 있습니다. 바로 율법성입니다. 율법을 지키려 하다가 도저히 지키지 못하면 절망하고 죄의식을 갖게 되기 때문에 마음의 해방을 얻지 못한다는 것입니다. 그리고 그런 사람은 아직 죄가 남아 있는 것이기 때문에 구원 받지 못한 증거라는 것입니다.

이것은 율법성에 대한 오해입니다. 언제 기성 교회가 율법으로 구원 받는다고 했습니까? 인간은 율법을 다 지킬 수가 없습니다. 단지 율법이 담고 있는 도덕성, 행위의 열매, 경건성, 믿음의 표현을 하나님의 자녀들이 무시할 수 없는 것입니다.

그런데 저들은 도덕성에 대한 부담, 행위의 열매에 대한 부담, 경건성에 대한 부담을 반 구원적인 요소로 경멸합니다. 특히 종교성을 담고 있는 믿음의 표현에 대한 부담, 이를테면 십일조, 새벽예배, 헌금, 금식에 대한 의무감을 반 구원적인 것으로 치부해 버립니다. 따라서 이런 경건과 기도생활을 통해서 성령을 체험하고 하나님을 만난 사람을 무시하는 격이 됩니다.

구원파가 가지고 있는 문제점은 십자가를 빙자하여 죄를 죄로 여기지 않는 데까지 나아간다는 것입니다. 물론 그들은 마음의 평안을 얻었기 때문에 더 이상 죄를 안 짓는다고 주장하지만 실제로 직간접적으로 경험한 구원파들이 구원론에 입각하여 많은 헌금을 거두어들이고 행음하면서도 전혀 죄의식을 느끼지 못하는 경우를 보았습니다.

물론 대부분은 극단적인 죄를 짓지 않겠지만 죄의식 자체에 대해 혐오하는 것이 구원파의 기본 생리입니다. 그러다 보니 양심이 살아 있어서 나타나는 죄의식의 형태까지도 반구원적인 것으로 치부해 버립니다. 극단적인 예를 들어 죄송합니다만 그들의 논리에 충실하다 보면 구원파가 혹시 실수로 살인 강도짓을 저질러도 절대 죄의식을 느껴서는 안 됩니다. 약간의 죄의식만 느껴도 구원 받지 못한 증거가 될 수 있기 때문입니다.

따라서 이런 죄의식에 대한 철저한 혐오감 때문에 양심까지도 저버릴 위험성을 가지고 있습니다. 다시 말하면 양심과 관련된 일시적 죄의식조차 구원 받지 못한 증거가 되는 반구원적 요소로 치부해 버립니다. 심령술사와 같습니다.

자범죄는 여전히 죄입니다. 그들은 자범죄를 죄의 증상으로 돌려 버리기 때문에 죄의 뿌리에만 관심을 갖고 나머지 일상의 죄를 허구적인 것으로 치부해 버리는 궤변론자입니다. 뿌리 죄가 해결이 되었기 때문에 일상적인 죄에 대하여 양심적으로 괴로워하는 것조차 마귀적인 것으로 주장합니다. 참으로 십자가를 빙자하여 죄를 죄로 여기지 아니하는 십자가 모독행위입니다.

그들은 회개기도라는 단어가 성경에 없다는 이유로 회개기도에 대해 거의 전적으로 반구원적인 것으로 혐오합니다. 그래서 주기도문은 한 번 하고 끝내고 두 번 해서는 안 되는 것으로 주장합니다. 예수님의 의도와는 전혀 상관없는 기괴하고 유치한 해석입니다.

그들은 회개 대신 하나님과의 교제를 회복하는 자백이나 고백행위로 한정합니다. 그러나 교제라는 단어로 회개를 대치하고 있지만 여전히 자백이나 고백 자체가 일종의 과오를 나열하는 것입니다.

터놓고 얘기하면 이런 것입니다. "하나님 당신이 이미 용서한 거짓말, 미움의 행위를 오늘 저질렀습니다. 그런 줄 알고 계십시오." 물론 구원파 교도들이 이 해석을 보면 발끈할 것입니다. 그러나 그들의 기본 교리에 입각하면 이 해석은 틀리지 않습니다. 그들에게 죄에 대한 반성이란 있을 수 없고 죄의 나열만 있을 뿐입니다. 이렇게 죄를 나열하는 것 자체가 이미 그들 교리에 있어서 넌센스입니다.

그들은 '거리낌' 자체를 엄청나게 혐오하기 때문에 거리낌을 조금이라도 언급하는 교회를 증오하고 있습니다. 그래서 구원파에만 구원이 있다고 주장하는 것입니다. 구원파에 한 번 빠진 자들이 다시 돌아오는 것이 불가능에 가까운 이유가 거기에 있습니다. 마음의 평안을 얻었는데 교회 나오면 다시 마음의 짐을 질 것 같아서입니다. 그리고 구원파 사람들의 끈끈한 정이 한 몫 하기도 합니다. 물론 우리는 그들의 친교행위를 본받아야 합니다. 그러나 절대 교리를 배워서는 안 됩니다. 그들의 마음의 평안은 양심을 마비시켜 가면서 얻어낸 거짓 평안입니다. 마취행위를 하고 구원 받았다고 주장합니다.

설교자는 제발 그들도 부끄러운 구원이라도 받기를 바랍니다. 그러나 한 번 받은 구원도 믿음을 저버리고 하나님을 저주하면 철회될 수 있습니다. 하나님 관점에서는 한 번 받은 구원은 철회될 수 없지만 인간 입장에서는 배교하면 철회되는 것입니다. 이것은 예정론과 자유의지의 차원이라 설명할 수 없습니다. 그러나 제대로 된 믿음은 결코 믿음을 저버리지 않습니다.

그들은 교인들과 신앙적 대화를 해보면 구원 받았는지 아닌지 판별이 됩니다. 종교적 의를 조금이라도 강조하는 듯싶으면 구원 받지 못한 것으로 매도합니다. 의를 위해 발버둥치는 모습을 발견하기만 하면 지옥 간다고 선포하는 것이 구원파입니다. 그들은 이미 세뇌와 최면에 빠졌기 때문입니다. 그래서 불신자에 대한 포교보다는 사력을 다해서 먼저 기성 교인들을 대상으로 포교 활동을 하는 것입니다. 왜냐하면 기성 교인들은 거의 다 구원 받지 못한다고 생각하고 있기 때문입니다.

그들의 주장대로라면 기독교 2,000년 역사상 구원 받은 사람이 없습니다. 그들의 논리대로라면 회개와 반성과 참회와 성결과 경건을 강조해왔던 기독교 2,000년사에서 구원 받을 사람은 전무하다고 봐야 합니다. 심지어 칭의에 가장 큰 포커스를 둔 루터나 모라비안 교도들조차 회개하면 큰일 난다는 생각을 해본 적이 없기 때문입니다. 그들의 주장대로라면 사도들의 수고도 헛되며 순교자들도 바보들이고 오직 회개하면 큰일 난다는 1980년대 후반의 신종 구원파들만 구원을 받은 것이 됩니다. 그들은 자신의 교리에 맞지 않는 것 같은 기성 교회 목회자에게서 과감히 돌아설 것을 강조합니다.

예수께서 십자가에서 죽으신 이유가 무엇입니까? 인간 스스로 자신을 구원할 수 없기 때문에 인간의 구원의 의를 만들어 주시기 위해 죽으신 것입니다. 그 죽음은 결코 인간의 미래의 죄를 정당화하려고 죽으신 것이 아닙니다. 미래의 죄에 대한 양심의 가책을 제하려고 죽으신 것이 아닙니다. '하나님 앞에 여전히 죄가 되는 것은 단순히 기침 같은 외적 증상일 뿐인 것이다'라고 주장하며 죄를 정당화하는 것은 십자가를 빙자해서 양심을 마비시키는 행위입니다. 이른바 개념적 오류에 빠져 있습니다. 이런 개념적 오류를 다음의 주장에서 발견할 수 있습니다. 그들의 말입니다.

"예수님이 죄를 씻은 것을 믿는다고 하는데, '죄가 있습니까?' 하고 물어보면 '죄야 있지요' 합니다. 그건 믿는 것이 아니라 아는 것입니다. 완벽하게 주님이 죄를 씻으셨다는 것을 믿어야 여러분 마음이 죄에서 해방될 수 있습니다." 즉 죄가 남아 있으면 예수님이 죽으시나마나란 얘깁니다.

이것이 바로 자신도 모르는 개념적 오류의 언어유희입니다. 이런 유희가 극에 달한 것이 신명기 28장의 축복과 저주의 개념에 대한 해석입니다. 말씀에 순종하는 것이 분명히 축복이라 했는데 그 축복 진술이 단지 지키지도 못할 율법의 본질을 설명하는 것에 그 진의가 있는 양 비꼬듯 해석합니다. 성서의 의도와는 정반대로 해석합니다.

하나님 앞에 굴복하고 회개하고 반성하면 사랑과 용서로 다가오시는 하나님입니다. 그러나 건전한 그리스도인은 사랑과 용서의 이름으로 양심을 마취시키지는 않습니다.

구원파는 자기들만 죄의식 없는 천국의 기쁨을 가지고 산다고 주장합니다. 그래서 그들에게는 이른바 거리낌이 서려 있는 윤리적 훈계도 없으며, 가르침도 없으며, 행실에 대한 윤리적 설교도 아무런 의미가 없습니다. 이것은 군 안에서도 전력적으로 큰 손실이 아닐 수 없습니다.

마취된 자는 바늘에 찔려도 소리를 지르지 않습니다. 마취된 자가 바늘에 찔려 '악' 하고 소리를 지르는 마취 안 된 사람을 보고 문제가 있다고 치부하는 것과 같습니다. 여러분, 천국의 기쁨이라는 것이 무엇입니까? 천국의 일차적 기쁨은 성령의 술에 취해 세상이 줄 수 없는 은혜의 감각에 있습니다.

그리고 일상생활 속에서의 천국의 기쁨은 하나님의 자녀 된 자로서 고난을 당하나 신앙 안에서 기뻐하는 것이요, 죄악 된 세상을 바라보면서 선한 양심이 고통을 당하지만 심층 깊은 곳에서 거역할 수 없는 것으로 나타나는 기쁨입니다.

신앙적 양심이 살아 있어서 하나님 앞에서 항상 부족함을 느끼며 눈물을 흘리지만 여전히 동행하시고 은혜 주시는 하나님을 의지하고 믿는 믿음 안에서 소멸되지 않는 기쁨입니다. 순교를 각오하는 치열한 영적 전쟁에서 비록 마음은 긴장하지만 헌신하고 희생하는 자만이 얻을 수 있는 기쁨입니다.

사랑하는 사람을 구해주다가 팔이 부러져도 그 사랑하는 사람으로부터 사랑과 존경을 얻고 인정을 받는다면 팔의 고통과는 비할 수 없고 설명할 수 없는 기쁨이 연인에게 있는 것입니다. 선한 양심과 하나님의 의 때문에 잠시 고통당해도 천국의 기쁨은 결코 사라지지 않는 것입니다. 구원파는 스트레스

치료사도 아니며, 십자가의 이름으로 영적 마취에 자위하는, 기독교 신앙에 크나큰 해악과 오해를 끼치는 기독교 일탈 동아리입니다.

하나님의 의와 율법과 종교적 의와 경건은 구원의 방법은 아니지만 신앙의 열매요 하늘의 상급이요 믿음의 간접적 표현입니다. 단지 예수님이 문제 삼으신 것은 불순한 동기입니다. 그 외에는 여전히 하나님에 대한 신실함의 표현으로서 축복의 씨앗이요, 그리스도인의 완전을 위해 하나님 이 땅에 남겨놓으신 거룩한 표상입니다.

박옥수·이요한·유병언의
구원파를 왜 이단이라 하는가

초판 발행	2010년 11월 30일
초판 6쇄	2019년 10월 20일
지은이	정동섭·이영애
발행인	김수억
발행처	죠이선교회(등록 1980. 3. 8. 제5-75호)
홈페이지	www.joybooks.co.kr
주소	02576 서울특별시 동대문구 왕산로19바길 33
전화	(출판사역부) 925-0451
	(죠이선교회 본부, 학원사역부, 해외사역부) 929-3652
	(전문사역부) 921-0691
팩스	(02)923-3016
인쇄소	시난기획
제본소	진천제책사
판권소유	ⓒ죠이선교회
ISBN	978-89-421-0301-0 03230

책값은 뒤표지에 있습니다.
잘못된 도서는 교환하여 드립니다.
이 책의 내용을 허락 없이 옮겨 사용할 수 없습니다.